刑法论丛

2022年第3卷 第71卷

CRIMINAL LAW REVIEW VOL. 71

高铭暄／学术顾问

赵秉志／主　编

阴建峰／副主编

苏明月　袁　彬　彭新林　张　磊／专业编辑

中文社会科学引文索引（CSSCI）来源集刊

法律出版社
LAW PRESS CHINA
—— 北京 ——

图书在版编目(CIP)数据

刑法论丛. 2022年. 第3卷 : 总第71卷 / 赵秉志主编. -- 北京 : 法律出版社, 2023
ISBN 978-7-5197-8294-8

Ⅰ. ①刑… Ⅱ. ①赵… Ⅲ. ①刑法-文集 Ⅳ. ①D914.04-53

中国国家版本馆CIP数据核字(2023)第172688号

刑法论丛(2022年第3卷·总第71卷) **XINGFA LUNCONG (2022 NIAN DI-3 JUAN · ZONG DI-71 JUAN)**	赵秉志 主编	责任编辑 黄倩倩 杨悦芊 装帧设计 李 瞻

出版发行 法律出版社
编辑统筹 学术·对外出版分社
责任校对 张翼羽
责任印制 陶 松
经　　销 新华书店

开本 A5
印张 14.75　**字数** 416千
版本 2023年10月第1版
印次 2023年10月第1次印刷
印刷 北京新生代彩印制版有限公司

地址:北京市丰台区莲花池西里7号(100073)
网址:www.lawpress.com.cn
投稿邮箱:info@lawpress.com.cn
举报盗版邮箱:jbwq@lawpress.com.cn
销售电话:010-83938349
客服电话:010-83938350
咨询电话:010-63939796

书号:ISBN 978-7-5197-8294-8　**定价**:79.00元
凡购买本社图书,如有印装错误,我社负责退换。电话:010-83938349

目录

CONTENTS

〔帮助行为专栏〕

容许风险与主观归责路径研究*
——以网络中立帮助行为为例证

施雄文**

目　次

一、问题与视角

“归责”一词最早源于德国哲学家塞缪尔·普芬道夫的著作当中，①传统的归责分别从主观与客观两个层面探讨如何追究行为人的

* 基金项目：2021年度教育部人文社会科学研究青年基金项目：《刑法与治安管理处罚法的冲突研究——以构建轻罪体系为目标》，项目编号：21YJC820040。

** 武汉大学法学院刑法学博士研究生。

① Schroeder F. C., Die Genesis der Lehre von der objektiven Zurechnung, in: Der Blitz als Mordinstrument: Ein Streifzug durch 150 Jahre Strafrechtswissenschaft, Duncker & Humblot (2009), S. 40.

刑事责任。而后来,学者尝试对"归责"的概念进行精细化研究,划分为"事实归责"与"法律归责",并最终发展出客观归责理论。[①] 在我国,也有不少学者对这一理论提出独到的学术见解。[②] 学界研究客观归责,旨在通过考察行为与结果之间的联系,力求解决条件因果关系中归责扩大化的问题,确保刑事司法在该问题中的合理性。然而,随着该理论研究的深入,客观归责的主观性问题受到学者的质疑,并指出所谓的客观归责不是便捷的归责思路,规范的判断学说对归责问题的解决并无实质性作用。[③] 与此针锋相对的观点认为,客观归责是"将价值判断运用在客观事物的认识上",或认为客观归责理论可以克服单纯采用条件说所形成的缺陷,能够通过存在论到规范论进行类型化判断。[④]

可以肯定的是,客观归责是学界探索如何进行归责的一种重要方案。这一方案以风险判断为基础,考察行为人是否创设和实现了法所不容许的风险,在对事实因果关系筛选的过程中融入了规范评价的方法。然而,这一方案是否具有科学性,关键在于其理论逻辑能否自洽,以及能否对刑事司法实践提供实际的应用价值。从逻辑层面来看,客观归责是阶层犯罪论体系中的构成要件符合性范畴的内容,一直标榜归责的"客观性"。但是客观归责构建在"风险"概念的基础上,而"风险"本属于规范价值判断的内容,价值的判断不可能离开人而独

---

① Radbruch, Der Handlungsbegriff in seiner Bedeutung fÜr das Strafrechtssystem, 1904, S. 99.

② 参见陈兴良:《从归因到归责:客观归责理论研究》,载《法学研究》2006年第2期;倪培兴:《解读客观归责理论》,载《中国刑事法杂志》2007年第1期;车浩:《假定因果关系、结果避免可能性与客观归责》,载《法学研究》2009年第5期;冯亚东、李侠:《从客观归因到主观归责》,载《法学研究》2010年第4期;刘艳红:《客观归责理论:质疑与反思》,载《中外法学》2011年第6期;周光权:《客观归责理论的方法论意义兼与刘艳红教授商榷》,载《中外法学》2012年第2期;张明楷:《也谈客观归责　兼与周光权、刘艳红教授商榷》,载《中外法学》2013年第2期。

③ 参见冯亚东、李侠:《从客观归因到主观归责》,载《法学研究》2010年第4期。

④ 参见张明楷:《也谈客观归责　兼与周光权、刘艳红教授商榷》,载《中外法学》2013年第2期。

立存在，规范的评价方法同样需要借助行为人的主观判断方可实现。另外，客观归责是否可以妥当地应对复杂的因果关系流程仍有疑问，这一理论往往从正面关注“禁止的风险”，并且分析了合法替代行为、风险变形等假设的因果关系，但忽视了对容许风险的关注。近些年，随着积极刑法观的提出与犯罪圈的扩大化趋势，人们在判断规范意义的因果关系时更应保持一种谨慎的态度。在此背景下，如何实现刑法规制与社会风险的平衡，避免刑法的过度扩张应当是理论研究的重点问题。

因此，本文尝试在检讨客观归责的基础上，研究刑法归责的合理路径，并且以网络中立帮助行为为例证，对容许风险等归责问题进行分析。网络中立帮助行为，是指网络服务提供者不以追求非法为目的，主观上明知他人利用其独立从事的各类合法网络技术业务行为实施网络犯罪，客观上仍为他人的犯罪活动提供便利或促进他人犯罪行为的实施、犯罪结果发生之情形。① 2015 年生效的《刑法修正案（九）》分别在条文第 286 条与第 287 条增设了拒不履行信息网络安全管理义务罪和帮助信息网络犯罪活动罪，明确了网络中立的帮助行为在立法层面的正犯化。但是，应否对所有的网络中立帮助行为进行归责？以及归责的界限在哪里？仍值得商榷。如帮助信息网络犯罪活动罪，刑法条文当中规定了提供广告推广的帮助行为，但是，广告推广技术能否被认为是犯罪意义的帮助行为？在计算机科学中，广告推广主要是应用了定向推送技术，随着移动终端 IOS 和 Android 系统的推广，软件商场的普及在某种层面上为定向推送技术造就了广阔的发展空间。该项技术利用 HTTP Header 分析、User-Agent 分析、IP 定位、Cookies 分析、关键词分析、数据库挖掘等为互联网客户精准投放广告。② 如日常生活中人们通过购物网页检索某一商品之后，网页后台

① 参见陈伟、谢可君：《网络中立帮助行为独立可罚性之肯定》，载《山东科技大学学报（社会科学版）》2017 年第 5 期。

② 参见马济群：《互联网定向广告和推送技术研究》，载《电脑知识与技术》2015 年第 20 期。

的信息数据库会通过算法分析用户的喜好,进而针对用户网页浏览的痕迹或关键词等精准投放广告。虽然该技术行为促进网络商业经济的发展,提升用户的使用体验,但推送信息收集范围不明确、协议审查不充分和技术监督不规范的弊端,也为网络犯罪的滋生提供了土壤。因此如何确保定向广告、信息推送等电子营销模式健康发展的同时,平衡网络中立性技术与公民个人信息数据安全、网络犯罪认定三者之间的关系就成为了研究的重点,其背后也是涉及刑法归责与风险分配的问题。而本文认为,破解这一难题的关键在于如何运用好容许风险的理论,消解技术发展带来的风险与刑法规制的冲突,最终实现科学归责。

二、容许风险与目的理性主义

(一)容许风险的基本内涵与法哲学反思

在传统的德国刑法学理论中,进行客观归责的条件需要满足行为人制造和实现了不被容许的风险,而容许风险是不被容许风险的对立面,换言之,传统观点认为容许风险应是客观归责的下位规则。[①] 理论上行为人制造了具有法的重要性的风险,但该风险是被容许的,则仍不可归责,所以,讨论容许风险的关键在于研究行为人在何种状态不具备规范上的可谴责性。在德国,罗克辛教授从行为的社会适当性着手界定容许风险的概念,然而社会相当性的概念极其抽象,有违依法治国的法律明确性原则。[②] 因此如何理解和界定法所不容许的风险,至今仍无定论。[③]

1. 作为立法政策的容许风险与利益平衡

事实上,现代社会作为一个风险社会,充满各种不确定的因素,许多危险行为实质上对社会的发展具有重要的意义。因此,容许风险往

---

① 参见许玉秀:《当代刑法思潮》,中国民主法制出版社 2005 年版,第 391 页。

② 参见陈璇:《刑法中社会相当性理论研究》,法律出版社 2010 年版,第 14 页。

③ 参见许玉秀:《当代刑法思潮》,中国民主法制出版社 2005 年版,第 394 页。

往是与网络、医疗、卫生、交通、生产等社会领域相关联。在这些领域当中实施的某些行为，一方面会带来相应的社会效益，但另一方面可能会侵害刑法保护的法益。因此在立法领域中，立法者出于立法政策的需求，必然将部分符合行业规则的高危行为合法化，如在遵守交通规则的情形下出现的交通事故，并不能作为交通肇事罪处理，或者在进行高危的医疗手术过程中，医生严格遵守了医疗准则，即便出现病人重伤或死亡的结果，亦不能视为犯罪行为。这是立法者基于社会的正常运作所作的利益平衡，确保社会机能的正常运转。正如雅各布斯所言，被容许的风险指的是，特定行为仅从其外部的形态来看就没有令人失望，因为接受该类行为，这对于保持社会交往的可能性来说是必要或者通常的。① 而利益平衡原则，在法哲学上是针对相互冲突的利益进行调整，这种调整的关键在于整合社会利益与个人利益之间的关系。容许风险的另一个法哲学思想是"利益评价"（valuation of interests），即相互冲突的利益之间如何确定它们的相对重要性以及先后的位阶顺序。关于这一问题，无论是罗斯科·庞德，还是英美的衡平法都尝试为此寻找出一种解决的方法。但也正如博登海默所言，"人的确不可能凭据哲学方法对那些应当得到法律承认和保护的利益做出一种普遍有效的权威的位序安排"②。法益的位阶会伴随现实社会的情形的变动而发生变化，如《刑法修正案（八）》颁布之前，"醉驾"并不构成犯罪，但是由于汽车使用量的增加，"醉驾"的行为很多时候会导致严重的交通事故。因此，立法者在刑事立法的过程中衡量"醉酒驾车"的自由与生命健康、公共安全利益的位阶，并适时进行调整。

随着网络信息时代的到来，数据的传输体量和传输速度较过去传统的媒体传输有本质的不同，数据类型的多样化给企业带来了广阔的互联网经济空间，也给社会大众提供了方便的网络服务。但与此同时，网络安全也面临严峻的形势，表现出族群化、社会化、独立化和产业化

---

① 参见陈璇：《刑法归责原理的规范化展开》，法律出版社 2019 年版，第 86 页。

② ［美］E. 博登海默：《法理学：法律哲学与法律方法》，邓正来译，中国政法大学出版社 2017 年版，第 98 页。

等犯罪特征。[①]《2020 年网民网络安全感满意度调查活动全国总报告》显示,调查活动开展前近一年有 71.10% 的网民遭遇网络骚扰,54.68% 的网民收到违法信息,49.42% 的网民被侵犯公民个人信息和 32.97% 网民的网络遭到入侵。[②] 网络信息时代需要公民参与其中,但这势必对保护公民网络安全造成严峻挑战。仅凭国家层面对网络违法犯罪的打击难以实现网络健康发展,对网络生态环境的治理必须重视网络监管者的义务。近年来立法强调对网络中立帮助行为的治理:一方面,承认网络服务提供者在一定的范围内实施业务的正当性,如网络服务提供者收集公民的数据信息、实施互联网接入、提供网络储存等业务的合法性。立法为了网络经济的健康发展,对一定程度的数据泄露等风险持容许的态度。另一方面,网络服务提供者如果通过网络管理的优势地位滥用收集而来的个人信息,甚至利用网络平台促进他人实施犯罪时,必然就是打破了原有利益平衡状态,即属于法所禁止的风险,理应动用法律进行规制,这也是近些年立法机关通过刑法修正案加强规制网络中立帮助行为的初衷。

2. 作为解释论的容许风险与功利主义

张明楷教授曾指出,"当一类行为存在发生法益侵害结果的危险时,采取何种立法政策,与现实的某个具体行为是否制造了法益侵害的危险以及是否符合某个犯罪的客观构成要件,是两个不同的问题:前者是立法政策,后者是刑法解释论"[③]。换言之,除了具备立法意义,容许风险理论还应当在刑法解释当中得以适用,即通过判断行为人实施的行为是否属于法所禁止的风险实现归责。如甲意图造成乙的死亡结果,乙外出旅游时,甲希望乙坐飞机出现突发事件坠毁,而乙听信了甲的劝说,选择坐飞机出行,最终因飞机上的恐怖分子劫机失事坠毁,乙

① 参见皮勇:《论新型网络犯罪立法及其适用》,载《中国社会科学》2018 年第 10 期。

② 严明:《〈2020 网民网络安全感满意度调查全国总报告〉发布》,载三穗县人民政府信息公开网 2020 年 10 月 1 日,http://www.gzss.gov.cn/zfbm/gaj/zfxxgk_5692566/fdzdgknr_5692569/shaq/202010/t20201001_63866689.html。

③ 张明楷:《论被允许的危险的法理》,载《中国社会科学》2021 年第 11 期。

也因此死亡。理论上,乙的死亡结果与甲的劝说之间存在条件因果关系,但是为何最终不能追究甲的刑事责任?这是刑法著名的"空难案",而对此研究的重点是被害人乙的死亡,应当是客观上的归责还是偶然事件。[①] 从立法论的角度分析,甲劝说并不是法所不容许的风险,因为无论是劝说,还是坐飞机出行都是日常的生活行为,即便潜藏着飞机事故的风险,但这是社会正常维持中所容许存在的,所以并不能从刑法上对甲进行归责。从解释论的角度分析,单纯的劝说行为虽不能进行刑法上的归责,因为客观上规劝他人坐飞机出行并不符合刑法构成要件的定型性,难以动用刑法进行规制,但是,如果甲提前知道乙乘坐的航班上有恐怖分子,仍极力劝说乙乘坐该航班出行,就不能免除其刑事归责,因为此时甲的行为已不再是法所容许的。由此可见,甲的行为是否受到刑法归责,仍需要结合具体的案件情形,以及行为人的心理状态进行分析,这也就是解释论的容许风险。

对容许风险的解释需要结合功利主义的法哲学思想展开。边沁认为功利主义就是根据任何行为对于利益攸关者的幸福看起来必将产生的增减倾向而决定赞成与否的原则。或者说,根据任何行为对于这种幸福是促进还是阻碍而决定赞成与否的原则。该原则立足人类对于苦乐的理性选择,强调由苦乐指引着人们的生活理性的行动。[②] 这也是一种目的论的道德理论,行为的正当性来源于它能够实现最大的价值。在司法实践中,功利主义影响法律的适用和解释,对法律的经济分析、社会学解释、利益衡量产生重要的影响。而在规范刑法学当中,对法律条文的解释不仅立足于字面文义的内涵,更多时候需要考察刑法条文与社会经济现实、社会秩序稳定的冲突,在学科上形成刑法学与经济学、社会学的交叉。因此,思考网络中立帮助行为与公民个人网络信息安全保护的平衡,应当在刑法解释的过程中尝试理解其背后所代表的

① Karl Larenz, Hegels Zurechnungslehre und der Begriff der objektiven Zurechnung, 1927, S. 61 f.

② 参见[英]杰里米·边沁:《道德与立法原理导论》,时殷弘译,商务印书馆 2000 年版,第 3~8 页。

不同利益之间的博弈。因为一旦承认了功利主义原则的导向前提,那么研究网络中立帮助行为的归责过程,就必须权衡中立的网络帮助技术所带来的经济效益与公民信息保护权益的比重,并试图从中寻找出一个相对合理的平衡点。

如网站的运营者为了提高用户的上网体验,会使用聚类与分类的算法收集网络用户的各种信息,这毫无疑问会侵犯公众的隐私,以及为其他网络犯罪,如网络诈骗等提供数据技术支持。但是,并不能因此而全盘否定网站运营中的聚类与分类的算法技术性价值,甚至直接动用刑法对新兴网络技术进行介入,因为刑罚的本质是一种恶,"如果说刑罚完全被容许的话,那么只有在它有可能排除某个更大恶的情况下,才应该被容许"①。因此,对网络中立帮助行为的刑法解释首先应在功利主义原则的基础下保持一种谨慎的态度。如司法实践中,"帮助信息网络犯罪活动罪"属于"情节犯",仅在行为人的行为满足"情节严重"的情况下才构成犯罪,这需要在刑法解释中结合违法信息的传播量、用户信息泄露的严重后果等进行分析。立法将其规定为"情节犯",正是在法规范的背后蕴含着对功利主义原则的认同,避免因保护网络的信息安全而阻碍网络信息技术的发展,某种意义上属于法律规制向社会经济的妥协与让步。另外基于功利主义的理性平衡,特别是这种技术性风险具有两面性的场合中,立法者对网络中立帮助行为进行归责的同时,司法适用应当为此提供一个"出罪口"。而这一"出罪口"的具体表现,就是在刑法归责的过程中,分析网络帮助行为是否属于法所容许的风险而免除网络服务提供者的刑事责任。

(二)容许风险的目的理性思考

1. 存在论与规范论的争议

康德认为,外部世界只造成感觉的素材,我们生活中存在两个空

---

① [英]杰里米・边沁:《道德与立法原理导论》,时殷弘译,商务印书馆 2000 年版,第 98 页。

间:一个是主观的,另一个是客观的;一个是在经验中知道的,另一个仅仅是推断。[①] 而客观的空间与主观的空间,引申出"事实世界"与"价值世界"的区分,事实的世界是通过经验而感知的表象世界,是属于中立性的判断,而价值世界则是人们通过外界的素材进行整合,与个人情感、意志和目的相互关系,属于规范性判断。而新康德主义更在此哲学的基础上引申出"方法的二元论",即否定客体可以从它本身的存在被直接理解,客体之形成,完全因为主体的理解行动将客体描述成一个可被理解的对象。所以从客观方面来看,网络中立帮助行为只是网络服务提供者对算法的运行与数据的分析,并没有好坏之分,但是该项技术由人所应用,由人赋予其价值,如果运用得当可为网民提供便利,促进网络经济,如果运用不当,则可能侵害利益,构成犯罪。以"网络爬虫"技术为例,其主要通过网页 URL 在 HTML 代码中抓取数据,这个过程当中收集的数据会满足不同领域、不同背景的用户,这些用户往往具有不同的检索目的和需求,但是在使用该项技术的同时,可能"爬取"其他用户的个人隐私信息,并被不法分析利用,甚至会在犯罪领域发挥重要的帮助作用。

任何客观存在之物,只有通过可认知性与可评价性,才具备价值分析的意义。亨里希·李凯尔特认为,自然科学和文化科学有相同的物质基础,而拉斯克提出,认识论上的现实是原始的、直接的、心理兼物理的现实,是任何一种价值无关的现实,这种现实透过先于科学的和先于法学的概念形成程序。即使是外部世界的素材,仍应当以价值科学转换为目的进行划分,从中截取对规范价值形成、判断具有重要意义的素材。客观的网络中立技术,应以刑法归责机能为导向分析,经过法律价值的转换才可以成为评价的对象。而这一价值的转换属于目的理性范畴的内容。

2. 目的理性对容许风险的影响

目的理性主义是以新康德学派的规范论为指导原则,[②]主要包含

① 参见[英]罗素:《西方哲学史》(下卷),何兆武等译,商务印书馆 2018 年版,第 285 页。

② 参见许玉秀:《当代刑法思潮》,中国民主法制出版社 2005 年版,第 90 页。

了“应罚性”与“需罚性”两个层面,“应罚性”分析的是行为主客观可归责性,“需罚性”考虑的是预防的必要性。[①] 笔者认为,可以从这两个角度思考目的理性对容许风险的影响。首先,目的理性的思考是为了弥补事实性思考的不足,存在论的事实是价值中立的,这种中立性的判断对行为的归责而言,没有太大的意义,进而需要结合主观进行价值判断。因此,从“应罚性”的角度分析网络中立帮助行为是否符合法规范的目的或者是否对其他犯罪提供帮助,以及是否值得动用刑法进行规制,不仅只是观察客观外在的网络技术帮助行为,更需要结合个体的主观价值层面展开。只有结合人的价值目的进行解释分析才可以得到网络中立帮助行为是否应受刑法规制的答案。在此逻辑前提下,如果利用容许风险理论为网络中立帮助行为创设一个“出罪口”,那么这个“出罪口”也应当属于主观范畴的内容。由此可得出两个结论:第一,对网络中立帮助行为的归责不可能是价值中立的;第二,容许风险作为从解释论的角度排除归责的事由,其必然也是立足于行为规范展开的,属于主观认知和意志的内容,而并非客观层面的要素。如刑法当中规定的“拒不履行信息网络安全管理义务罪”,立法者设立该罪的目的在于强化网络服务提供者履行信息网络安全管理义务,构成该罪名需要网络服务提供者“经监督管理部门责令采取改正措施而拒不改正”,而“拒不改正”恰恰反映了网络服务提供者与法规范对抗的意志,在主观层面属于故意。由此可见,立法者并非禁止客观事实层面的网络中立帮助行为,而是结合主观,基于法规范价值的判断是否构成犯罪,所以归责的路径并不在于客观,而应是主观层面。

而在“需罚性”角度,考察启动刑罚的必要性,此时容许风险应当属于立法政策的视角。立法者通过利益衡量认识到各种新型网络技术所带来的社会收益,将具有一定社会风险的网络信息服务技术在一定范围内合法化,避免刑事处罚的扩大化干扰网络经济的健康发展,而且将网络中立帮助行为一律视为犯罪行为,对预防网络犯罪也没有任何作用。这亦如同允许交通道路上驾驶汽车一样,只要不违反交通规则,

---

① 参见许玉秀:《当代刑法思潮》,中国民主法制出版社2005年版,第90页。

即属于社会容许风险。

三、客观归责的检讨与容许风险的定位

（一）客观归责的检讨

传统的观点认为客观归责是阶层犯罪论体系中构成要件该当性领域的内容,容许风险作为客观归责的下位规则,属于客观要素。但是,这一观点存在一些疑问。首先,客观归责的内部可分为两种不同的思路:一是事实归责的思路,即通过考察结果是否具有客观目的性(一般人的可控性),以此来判断结果的可归责性;二是规范归责的思路,即通过考察结果是否能实现行为所创设的禁止风险。[①] 传统的客观归责基于事实归责的思路,认为一般人的可控性标准是客观存在,是从众多的因果流程中寻找可供归责的要素。拉伦茨认为对危害结果的目的性控制,是以一般人所处的境地,以及是否具有对结果预见的可能性和操控性为视角进行判断,而并非关注实行行为的个人情况。因此归责仍属客观层面的内容。[②] 但是,拉伦茨的观点值得商榷,一般人的境地、对结果的预见本属于抽象模糊的概念,并不能为归责的判断提供实质性的指导功能,另外使用一般人对结果预见的观点,还是离不开人的主观价值判断,这也正是说明客观归责的主观性。

其次,任何犯罪的发生都是具体现实的,需要结合犯罪人的个人因素进行分析。根据前文所述,存在论与规范论的对立,反映了对"风险"的判断应当是目的理性的。德国学者所支持的客观归责也是立足于规范论的视角进行论述的,罗克辛教授认为,"只要人们将不法理解为通过不允许的危险的实现所导致的法益侵害,就能同时实现一种从

---

① 参见庄劲:《从客观到主观:刑法结果归责的路径研究》,中山大学出版社 2019 年版,第 1 页。

② Karl Larenz, Hegels Zurechnungslehre und der Begriff der objektiven Zurechnung, 1927, S. 81.

存在论向规范论的转变”①。刑法对事实条件因果关系的筛选,最终需要结合行为与结果进行规范性的判断,也就是说在与结果具有因果关系的众多行为当中,只有通过规范的评价,选择制造法所不容许风险的行为进行归责。周光权教授认为,“制造法益风险的实质是违反行为规范”②。行为规范作为社会生活的指导性规范,指引着社会公民实施合法的行为,避免法律的否定性评价。这是行为的规范性判断,而规范又与价值相联系。价值又属于个人主观层面的内容,因为行为人必须对规范有一个正确的理解,才能够要求人们根据规范的要求实施行为,换言之任何的行为规范都不可能是价值中立的。现实生活中的一个玻璃杯,如果离开了社会中的人,其仅仅只是自然界的二氧化硅和其他氧化物,只有被人作为器皿所使用,才具有社会的价值意义。而风险的判断同样如此,不可能离开人而独立存在。因此客观归责当中必然包含人的主观评价,所谓的客观归责也就难以实现“客观”。在判断主观不法之前,虚拟地设置客观的基准并没有意义。③

最后,现实当中对“风险”的判断还需要结合行为人的特别认知,特别认知理论是为了避免一般人标准说的弊端而提出的。如前文所述的“空难案”,行为人明知航班中有恐怖分子,仍劝说被害人去搭乘飞机,与单纯劝说被害人搭乘飞机的行为是不一样的。而客观归责论者也认为,即使行为人外观上实施了一个被允许风险的行为,但行为人对风险有优于一般人的认知时,则不能排除责任。④ 但这无疑是客观归责的悖论,将客观与主观混为一谈。刘艳红教授也指出,“根据行为人主观意思甚至个人人格进行归责判断时,客观归责理论实际就是主观归责,这一理论也就彻底陷入了主客观的迷思之中”⑤。因此,立足于

---

① 张明楷:《外国刑法纲要》(第 3 版),法律出版社 2020 年版,第 98 页。

② 周光权:《行为无价值论的中国展开》,法律出版社 2015 年版,第 183 页。

③ 参见王俊:《客观归责体系中允许风险的教义学重构》,法律出版社 2018 年版,第 40 页。

④ 参见庄劲:《从客观到主观:刑法结果归责的路径研究》,中山大学出版社 2019 年版,第 30 页。

⑤ 刘艳红:《客观归责理论:质疑与反思》,载《中外法学》2011 年第 6 期。

客观归责的角度分析容许风险是违背规范论与目的理性的，并最终混淆主客观之间的界限。

(二)容许风险的定位

那么应当如何定位容许风险？这涉及归责路径方向的选择。学者尝试从不同的角度对容许风险的定位展开分析，如有观点认为，容许风险概念产生于客观归责之前，但后来才被置于客观归责当中。[①] 另有观点指出容许风险并不能一概视为纯粹客观层面的内容，而主观要素可能决定“风险”存在与否。容许风险是排除过失责任的特殊标准，故意犯当中并不存在容许风险。[②] 还有观点在认同容许风险属于主观层面分析内容的同时，提出故意和过失作为允许风险的区分视角。[③] 本文认为，分析容许风险的定位可以从犯罪故意与犯罪过失两个方面展开。

1. 容许风险与犯罪故意

在我国，多数观点认为容许风险仅存在于过失犯当中，而在故意犯罪的场合没有考虑容许风险的余地。如陈兴良教授认为，“对于法所不允许的风险的认定，故意犯与过失犯是不同的。故意犯中的法所不允许的风险更多地表现在行为是否为法所禁止上，一种故意行为只要是被法所禁止，其所造成的风险必然是法所不允许的”[④]。这一观点可以被称为容许风险的“非存在论”，即认为故意犯与过失犯在本质上是存在不同的，因而适用于犯罪过失的容许风险并不能在犯罪故意中发挥作用。与之相对的，是容许风险的“存在论”，如德国学者认为，“在故意犯的情况下，也必须重视客观归责的基本原则，但是故意犯与过失

① 参见李波：《论制造法不容许的风险》，载《刑法论丛》2014 年第 1 期。

② 参见陈兴良：《教义刑法学》，中国人民大学出版社 2010 年版，第 301 页。

③ 参见王俊：《允许风险的解释论意义——以故意与过失允许风险的区分为视角》，载《苏州大学学报(法学版)》2018 年第 4 期。

④ 陈兴良：《教义刑法学》，中国人民大学出版社 2010 年版，第 301 页。

犯中的归责标准的统一性必须被否定”①。而我国也有学者认为,故意犯与过失犯的容许风险判断存在差异,并且在故意犯中以风险降低作为容许风险的判断标准。②

容许风险的“非存在论”的观点一般认为法律一旦规定故意犯罪的情形,是从形式上排除了行为被容许的可能,这是形式主义刑法观的必然理解。但是认为犯罪故意从形式上就排除了容许风险,只是机械地理解刑法条文的结果。首先,从学理上来说,容许风险本质上是属于刑法归责过程中的“出罪”事由,蕴含了主观的价值目的判断,任何犯罪不仅仅需要从法规范的形式层面予以分析,还需要结合实质的违法性进行判断,即便是犯罪故意的情境下也不应忽视实质的违法内容。非存在论者其实是认为如果一旦抛弃了形式地理解法规范,会导致罪刑法定原则的破坏,但是容许风险理论本质就是基于利益平衡与功利主义的机能,限缩刑法归责的范围,所以坚持容许风险理论也不会破坏罪刑法定原则。即便是陈兴良教授也认为,形式解释也并非忽视实质解释。③ 社会发展是日新月异的,而法律条文具有滞后性,单纯从形式层面理解,难以实现社会现实与法律规范的契合。容许风险与新过失论的诞生具有相同的背景,目的在于规制刑法归责的范围以避免造成社会发展的停滞,刑法当中以规定故意犯罪为主,所以没有理由在研究犯罪故意的过程中忽视容许风险。

相对而言,容许风险的“存在论”的观点更具有合理性。就故意犯而言,尽管其对行为的因果流程发挥支配的作用,但在排除义务和被害人自陷风险的场合中,打破了行为人对因果流程的支配性,所以仍有可能成立容许风险。这个过程,需要基于行为时对容许风险进行判断,借助功利主义的法哲学思想加以解释,结合犯罪故意的“明知”、规范的

---

① [德]许廼曼:《关于客观归责》,陈志辉译,载许玉秀、陈志辉:《不移不惑献身法与正义——许廼曼教授刑事法论文选辑》,台北,新学林出版股份有限公司2006年版,第558页。

② 参见王俊:《客观归责体系中允许风险的教义学重构》,法律出版社2018年版,第84~85页。

③ 参见陈兴良:《形式解释论的再宣示》,载《中国法学》2010年第4期。

保护目的与被害人自陷风险等理论进行实质性检视,并将此与行为人主观归责联系起来。正如刑法中充斥着大量的义务犯罪,但是义务犯罪并不等于过失犯罪,正如拒不履行信息网络安全管理义务罪和帮助信息网络犯罪活动罪不仅是义务犯,同时也是故意犯。这表明了在现今社会中,刑法一方面强化个体对社会安全的义务,另一方面,在很多时候行为人并不是对刑法的因果流程起排他性支配作用,其他人同样可以参与到致害的因果关系当中,这也就为成立故意犯的容许风险留有空间。

2. 容许风险与犯罪过失

在主观过失领域,关键在于讨论行为人是否违反注意义务,判断危险是否处在法所容许的范围之内,[①]德国学者也曾提出,"违反注意义务这个标准,只是认定有法所不容许的风险存在的前提要件的总称"[②]。但是传统的客观归责学说并没有形成一套系统的判断标准。本文认为,对注意义务的分析重点在于如何理解旧过失论与新过失论之间的关系。旧过失论认为过失犯的本质在于行为人违反了注意义务而具备可非难性,即行为人应当而且能够预见犯罪事实的发生,但是由于缺乏谨慎注意的心理态度而未预见,最终导致结果的发生,过失属于有责性阶层的内容。而新过失论认为,过失的成立具备预见义务尚且不够,如果行为人履行社会生活上必要的注意,结果就不会发生的场合,其没有采取适当的措施避免结果发生的,将其认定为过失犯是妥当的。由此可见,违法性评价需要结合结果的回避义务进行判断。[③] 新过失论较旧过失论而言,主要是在预见可能性义务的基础上,增加了结果回避义务,从而使过失犯的重心从预见可能性转移到外部的注意义务的违反。[④] 而新过失论符合风险社会的时代背景,目的是防止过失犯泛滥,强调的是社会中的个人应如何行动才不至于超越法律的界限,

---

① 参见陈璇:《刑法归责原理的规范化展开》,法律出版社 2019 年版,第 45 页。

② [德]骆克信:《客观归责理论》,许玉秀译,载《政大法学评论》第 50 期。

③ 参见周光权:《刑法总论》(第 4 版),中国人民大学出版社 2021 年版,第 162 页。

④ 参见张明楷:《论被允许的危险的法理》,载《中国社会科学》2012 年第 11 期。

这与容许风险的存在价值具有一致性。同时,新过失论着眼于行为的侧面,过失的核心要义在于行为不符合一定的基准。在新过失论中的注意义务需要经过“双重判断”,其中结果的回避义务是客观的注意义务,这为容许风险提供具体的判断标准,如行为人在道路上按照道路交通安全法的规定正常驾驶车辆,没有超速并且保持适当的车距,即已履行对危害结果的回避义务。

与此相对,行为人构成过失犯是由于没有实施法所要求的基本准则的行为,而结果的回避义务应当属于不法阶层的内容。此外,行为人的预见危险发生的能力,由于懈怠没有预见结果发生的心理态度,则属于主观的谨慎注意义务,这是有责性阶层讨论的内容。这种以行为无价值论为基础的理论观点实质与容许风险目的理性存在天然的亲和性。因此,在研究过失犯能否成立容许风险的过程中,应回归至新过失论当中,即划定过失犯中容许风险的范畴,应以判断行为人的谨慎义务与履行结果回避义务为基准。如甲在道路上遵守交通规则正常驾驶汽车,此时行人乙突然冲出马路,甲因刹车不及撞到乙,造成乙的死亡结果。虽然甲在公共道路上驾车应保持谨慎义务,但是乙的死亡结果并不能归责于甲,首先,甲在限定的车速内驾驶车辆,并在道路中保持适当的车距,甲正常驾驶车辆没有任何的客观不法行为,其已履行结果的回避义务。其次,甲完全有理由相信道路中的行人会遵守交通规范,法律并不要人们保证在正常驾驶的情形下不出现交通事故。最后,甲在主观上也没有违反谨慎的注意义务。综合而言,甲不构成交通肇事罪,甲在道路正常驾驶车辆的行为属于容许风险。

四、主观归责与容许风险的协同展开:以网络中立帮助行为的可罚性为视角

(一)中立帮助行为的归责争论

如何平衡网络中立技术与刑法规制二者的关系是刑事归责所要思考的重要内容。当前,国家层面已经通过刑事立法将部分网络中立帮

助行为认定为犯罪，那么，在天平的另一端应当考察如何适当地对网络中立帮助行为进行归责，或者说如何为网络中立帮助行为提供归责的"出罪口"，对此学者存在不同的见解。

1. 客观说

所谓的客观说，实质是通过行为客观的、外在的表现形式判断中立的帮助行为是否能够归责。其中有学者认为，限制中性业务活动的关键在于利用客观归责理论，判断行为人是否按照操作规程行事，其伴随的危险是否被规范所允许，是否提升、促进正犯危险性，最终实现归责。① 而德国学者托马斯·魏根特采用危险增加量的方法，判断中立的帮助行为是否能够为危险的结果出现提供重大帮助，最终进行归责。② 但是，无论是客观归责，还是德国的危险增量，实则都如前文所言，忽视了规范的主观价值判断，并非归责的合理路径。而网络中立帮助行为在实践当中，往往并不能直接显现其社会危害性，从纯粹的客观层面难以对其进行准确的归责判断。

2. 假定的替代原因考虑说

日本学者岛田聪一郎认为，中立帮助行为是否属于提高危害结果发生的盖然性的唯一因素，如果存在替代的因素可以促进危害结果发生，那么就不能对中立帮助行为进行归责。③ 但是这一观点类似于客观归责的假设因果关系，以假想的第三者替代行为解决现实的结果归责，无助于判断规范义务的违反与结果之间的关联，甚至会带来理论的混乱和不公平的裁判。④

---

① 参见周光权：《中性业务活动与帮助犯的限定——以林小青被控诈骗、敲诈勒索案为切入点》，载《比较法研究》2019 年第 5 期。

② Tomas wegend, Grenzen strafbarer Beihilfe, in Festscheift für Haruo Nishihara, 1998, S. 2008.

③ 参见李长兵：《网络中立帮助行为刑事处罚的边界新论——以帮助信息网络犯罪活动罪为视角》，载《法学杂志》2020 年第 4 期。

④ 参见庄劲：《从客观到主观：刑法结果归责的路径研究》，中山大学出版社 2019 年版，第 57 页。

3. 利益衡量说

该说认为判断是否应对中立行为进行归责,关键在于衡量中立帮助行为与危害结果之间的价值。对中立帮助行为进行归责,只能是通过行为人的业务自由、行为本身的正当用途及其被他人利用所造成的侵害结果之间进行利益衡量。[①] 但是这一观点并不科学,首先利益衡量的法哲学思想虽然对中立帮助行为具有一定的意义,但是仅限于立法层面。在司法适用当中,关键在于如何将理论精细化以应对复杂的社会问题,单纯的利益衡量只会导致中立帮助行为界限产生模糊,不具有现实的可操作性。

4. 角色期待说

雅各布斯认为,个人彼此之间的往来必须保障往来的安全性,个人具有一个身份、一个位置,这个位置和身份是透过个人必须做什么这种要求,个人可以依自己的意思行使这种许可来实现的,也就是所谓的权利与义务。[②] 那么个人在其规范期待的角色范围内实施的行为,应属于他的权利,"中立帮助行为的特征在于职业性"[③]。但是,在现代社会,角色期待并不一定能够为中立帮助行为提供免责的依据,更多时候法律因行为人具体特定的社会角色而加强其义务责任。另外这一观点实质也和利益衡量说具有一定的相似性,即行为人的职业自由与保护法益之间进行权衡,进而划定中立帮助行为的界限,因此并不科学。

5. 主观说

主观说侧重于从行为人的主观方面来界定中立帮助行为的边界,并从犯罪意图与信赖原则两个方面区分可罚的帮助行为与不可罚的中立行为。[④] 是否存在特定的犯罪故意是判断中立帮助行为是否构成犯罪的重要因素。[⑤] 中立帮助行为是否属于法所容许的风险最终应回归到

---

① 参见陈洪兵:《网络中立帮助行为可罚性探究》,载《学术论坛》2021 年第 2 期。

② 参见许玉秀:《当代刑法思潮》,中国民主法制出版社 2005 年版,第 14 页。

③ 王华伟:《中立帮助行为的解构与重建》,载《法学家》2020 年第 3 期。

④ 参见王华伟:《中立帮助行为的结果与重建》,载《法学家》2020 年第 3 期。

⑤ 参见吴杨传:《论中立帮助行为的司法认定——快播案和 winny 案的比较分析》,载《法律适用(司法案例)》2017 年第 12 期。

规范的价值判断之中,而规范的价值判断与人的主观相联系,因此从理论上来说,主观说应当是研究中立帮助行为的合理路径。但是,仅依靠行为人是否具备故意来认定中立帮助行为的可罚性仍值得商榷。因为这种观点虽然意识到刑法归责的路径是在主观层面,但没有认识到容许风险在主观归责的过程中所发挥的重要作用。思考应如何对中立帮助行为进行归责,需主观层面与容许风险的协同展开。

(二)网络中立帮助行为的归责路径

1. 主观的"明知"与行业规范

实践中,网络服务提供者在提供网络服务的过程中需要大量的技术支持,并且对海量的网络信息进行处理分析。在客观层面,网络服务提供者需要妥当处理各种技术和信息。以《个人信息保护法》为例,其中明确规定个人信息处理者应当制定内部管理制度和操作规程,对信息进行分类管理或制定并组织实施个人信息安全事件应急预案等。在主观层面,对中立帮助行为进行归责,往往需要行为人具备"明知"的认识因素,也就是说只有清楚认识到行为人将某一行为促进结果的手段有意识和成功地使用时,才能够将该行为升格认定为危险。① 另外,在理论中"明知"所认识的内容应当是犯罪构成客观方面的全部事实,即对行为的性质、对象、时间、地点和方法、手段、结果有相应的了解。②并且,行为人对自己的行为是不是违反刑法具有认识。③ 例如,是否构成帮助信息网络犯罪活动罪,在主观的犯罪构成要件上需要认定行为人"明知"的心理要素。2011 年最高人民法院、最高人民检察院、公安部印发的《关于办理侵犯知识产权刑事案件适用法律若干问题的意

---

① 参见庄劲:《客观归责还是主观归责? ——一条"过时"的结果归责思路之重拾》,载《法学家》2015 年第 3 期。

② 参见贾宇:《犯罪故意研究》,商务印书馆 2020 年版,第 87 ~89 页。

③ 参见黎宏:《刑法总论问题思考》(第 2 版),中国人民大学出版社 2016 年版,第 231 页。

见》规定,网络连接行为构成共同犯罪的,应当以网络连接服务提供者对他人犯罪行为具有“特别认知”为前提。

但是,由于“中立的技术可能用于日常交流,也可能用于违法犯罪”①。网络帮助行为在客观上是一种技术含量极高的科技行为。② 因此在网络技术信息领域,这类技术本身具有复杂性特征,网络服务提供者能否及时认识其帮助行为具有违法性存在疑问。所以在适用刑法的“明知”概念认定中立的帮助行为的同时,需要结合信息领域的“红旗规制”与“避风港规则”加以分析。所谓“红旗规则”,源于美国1998年的《千禧年数字版权法》,是指网络侵权行为从一般人视角来看已经是客观存在了,那么网络服务提供者不能对此视而不见,否则推定为主观认知的状态。而“避风港规则”是指当网络服务提供者实际上不知道也没有意识到明显推出侵权行为的事实或情况时,在接到权利人的通知后,及时移除侵权内容的,不承担责任③。据此,我国学者就曾指出,“当网络服务提供者应当知道违法犯罪行为如红旗般显而易见时,仍视而不见的,就失去了避风港原则的庇护,将被认定为承担相应的刑事责任”④。

所以,在判断网络服务提供者是否具有犯罪故意时,一方面,需要网络侵权行为达到显而易见的状态;另一方面,则需要接到“通知”而“拒不履行”,由此表明行为人对抗法规范的态度。如“快播案”,快播公司基于流媒体播放技术,为网络用户提供网络视频服务,其间曾因用户反映快播网络系统中存在大量的淫秽视频而受到相关部门的查处。为了规避版权和淫秽视频等法律风险,在单位负责人的授意下,快播公

---

① 李婕:《技术中立与网络技术提供行为的刑法归责》,载《安徽大学学报(哲学社会科学版)》2017年第5期。

② 参见陆旭:《中立帮助行为研究》,中国政法大学出版社2021年版,第225页。

③ 李婕:《技术中立与网络技术提供行为的刑法归责》,载《安徽大学学报(哲学社会科学版)》2017年第5期。

④ 陆旭:《中立帮助行为研究》,中国政法大学出版社2021年版,第232页。

司技术部门开始对缓存服务器的存储方式进行调整。[①] 该情形也反映了网络服务提供者对法规范的对抗态度。但是,如果网络服务提供者接到改正的通知后能够及时切断对其犯罪的帮助行为,或者因技术限制并没有认识到自己的行为已经构成犯罪,即不认为构成犯罪。因为网络环境和信息技术的复杂性,在一定条件下给予了网络中立帮助行为的"试错"空间,这一空间也是法规范在对网络中立帮助行为进行归责的同时,为容许风险留下的余地。

2. 规范的保护目的与技术困境

实践中,一旦出现网络中立帮助行为侵权的现象时,而且义务人对此持"明知"的态度,是否需要对此"一刀切"地进行归责,仍存在值得商榷的空间。首先,刑法意义上的归责,是通过规范保护之目的思考归责的路径。许内曼教授就曾指出,若发生在规范保护目的之外,即使行为与结果有因果关系,结果仍不能归责于行为。[②] 因此,归责的正确方向应当是确定行为所违反的具体规范之目的,进而观察结果是否发生在该规范之保护的范围内。[③] 对网络中立的帮助行为进行归责,主要是因为中立的技术行为在特殊情况下为其他犯罪行为提供了帮助,促使犯罪的顺利实施与扩大犯罪结果的影响范围。刑法规范对此进行规制的目的在于加强网络服务提供者的注意义务,而且只有在网络服务提供者对信息技术具有支配性能力时,这一规范目的作用才能发挥效用。所以该类行为人具备了"明知"的主观要素,也并不一定能够进行归责,而应当同时考察行为是否在规范保护的目的范围之内,"如果禁止规范对于阻止结果的发生而言不是有用的工具,那么基于侵害禁止规范而启动刑法对结果加以处罚也就没有什么意义"[④]。

由于人类对于科学技术的认知需要一个过程,就目前规范所要求

---

① 参见陈洪兵:《网络服务商的刑事责任边界——以"快播案"判决为切入点》,载《武汉大学学报(哲学社会科学版)》2019 年第 2 期。

② SchÜnemann, Über die objective Zurechnung, GA 5(1999), S. 213.

③ 参见庄劲:《从客观到主观:刑法结果归责的路径研究》,中山大学出版社 2019 年版,第 106 页。

④ 孙运梁:《因果关系与客观归责论》,社会科学文献出版社 2021 年版,第 103 页。

的行为并不足以完全排除危害结果,网络服务提供者即使履行了义务,但是损害结果仍然会发生。当前,从传统的技术角度来看,主要包括网络接入(传输)行为、自动存储(缓存)行为、网络存储行为和搜索引擎技术行为。① 但是随着社会科技的进步,网络技术日新月异,"非典型"的网络技术造成了网络监督管理的困境。如"洋葱路由"的双向匿名技术,其使用源路由协议和层层加密的思想构造洋葱路径,消息按照洋葱路径经过有序中转节点进行转发,隐藏了发送者的地址,实现了发送者匿名,能够有效地防止窃听和流量分析。② 面对"非典型"的技术困境,网络服务提供者很难及时发现违法信息,甚至在发现违法信息之后,"明知"违法信息在传播,因技术条件的限制仍然难以及时处理,或者即便对违法信息进行监控,履行了相应的监督义务,但无法阻止违法信息的传播。义务人虽然认识到致害的风险仍放任这一危险的发生,也实属无奈之举。这个时候就应当免除对义务人的刑事归责,因为"既然判定行为实际上并未以法所禁止的方式升高了危险,那么该行为与那些完全不具备法益侵害性(实行行为性)的不能犯就没有任何区别,故应完全排除其犯罪性"③。因为此时如果对网络服务提供者进行处罚也难以实现法规范的保护目的。同时对于确实因为资源、技术条件限制,没有或者一时难以达到相关部门要求的,也不能认定为"拒不履行信息网络安全管理义务罪"中的"拒不改正"。一方面,这是刑法谦抑性原则的体现,要求网络服务提供者承担刑法作为义务,原则上以必要为限,不应过分要求其承担主动的检查、审查义务,要严格区分刑法上的义务与其他非刑法上的义务。④ 另一方面,这也是因为科技发展所带来的危害结果的不可预测性,而这个对危害结果的不可预测

---

① 参见李婕:《技术中立与网络技术提供行为的刑法归责》,载《安徽大学学报(哲学社会科学版)》2017年第5期。

② 参见赵梦瑶、李晓宇:《基于洋葱路由的双向匿名秘密通信协议》,载《计算机科学》2019年第4期。

③ 陈璇:《论过失犯的注意义务违反与结果之间的规范关联》,载《中外法学》2012年第4期。

④ 参见陆旭:《中立帮助行为研究》,中国政法大学出版社2021年版,第229页。

性，应属于容许的风险。

3. 自陷风险与保证人地位

我国学者曾指出，在被害人自陷风险的情形中，排除归责的考察重心不在于客观，不在于被害人对法益的态度，而在于行为人的主观，即能否信赖被害人能避免结果的发生。[①] 网络犯罪往往是以“网络服务提供者—侵权者—使用者”三方互动模式出现的，网络使用者或者说受害人在网络犯罪中占据着重要的地位。在很多时候，网络服务提供者实施了中立帮助行为，使用者基于自由意志而自陷风险。以 App 运营操作为例，现今的社交、购物、新闻等 App 应用软件都会在使用者安装之前弹出相应的授权框，在授权框当中，使用者可以选择授权事项，将访问、修改或者删除个人信息的权限交给运营者，以此获得更好的服务体验，但是这些信息有可能在网络数据的传输过程中遭到盗窃或者被违法使用。我国有学者认为，只要被害人的任意支配损害结果的发生，损害结果的发生仍然处在被害人的行为所能控制的领域之内，就存在被害人对不发生损害结果的优先负责性，就要由被害人自己对所发生的损害结果予以负责。[②] 所以，应当注意网络使用者具备一定的信息自决权，这一权利是其主观意志自由的选择，可以同意与自身相关的信息在一定范围内传播；另外，这也表明行为人认识到被害人的态度而且能够合理信赖被害人能够自我保护，这是对行为人主观认知的要求。

值得注意的是，需要对网络服务提供者是否具有保证人地位进行实质性判断。网络犯罪是“网络服务提供者—侵权者—使用者”三方互动的模式，使用者的自由与监管者的保证人地位应当是平衡的。在网络服务提供者方面，认识到违法信息在传播或者他人利用信息网络实施犯罪，法规范仍应持谨慎的态度对待该类行为，判断行为人是否在规范上具有角色的期待。如果规范赋予行为人具有对危险源的监督与排除义务，则应当对行为人进行归责。但另一方面，这并不意味着网络

① 参见庄劲：《从客观到主观：刑法结果归责的路径研究》，中山大学出版社 2019 年版，第 153 页。

② 参见冯军：《刑法中的自我答责》，载《中国法学》2006 年第 3 期。

服务提供者要确保对所有信息进行实现全方位监管，这既是难以实现的，也不利于网络服务行业的健康发展。在三方构架之下，如果是“侵权者—使用者”双向对接，网络服务提供者主观上认识到使用者自愿接受使用网络的风险，并且不具有保证人地位，信赖使用者会合理正当地利用网络，拒绝网络危险活动时，规范应当免除网络服务提供者相应的注意义务，这也是行为人主观上不具有归责的可能性。因为现实当中不少网络使用者是由于自身不当使用网络而导致信息泄露或被诈骗财物，这类情形都不宜对网络服务提供者进行归责。

Research on Allowable Risk and Subjective Imputation Path

—Taking Network Neutral Help Behavior as an Example

Shi Xiongwen

［**内容摘要**］容许风险理论的背后蕴含着利益平衡和功利主义的法哲学思想，并且受到规范论与目的理性主义的影响，如何理解容许风险将影响归责路径的选择。刑法归责的关键应当从主观层面展开，在故意犯罪当中需要结合认识因素、规范保护的目的和被害人自陷风险等理论加以检视，在过失犯罪当中需要基于新过失论的观点，利用结果的回避义务划定容许风险的范围。另外，以网络中立的帮助行为为例证，研究如何实现刑法的归责与网络的健康发展协同统一。网络技术中立的本质与容许风险相关联，通过处理好主观层面的“明知”与行业规范、规范的保护目的与技术困境、自陷风险与保证人地位三对关系，实现对网络中立帮助行为的主观归责。

［**关键词**］容许风险；主观；归责；网络中立帮助行为

Abstract: The theory of admissible risk contains the legal philosophy of interest balance and utilitarianism, and is influenced by normative theory and purpose rationalism. How to understand admissible risk will affect the choice of imputation path. The key of Criminal Law Imputation should be carried out from the subjective level. In intentional crime, it needs to be examined in combination with cognitive factors, the purpose of normative protection and the theory of victims' self trapping risk. In negligent crime, it needs to use the combined avoidance obligation to delimit the scope of allowable risk based on the viewpoint of new negligent theory. Furthermore, taking the network neutral helping behavior as an example, this paper studies how to realize the synergy and unity between the attribution of criminal law and the healthy development of the network. The essence of network technology neutrality is related to the allowable risk. By dealing with the three pairs of relations between subjective "knowing" and industry norms, normative protection purpose and technical dilemma, self trapping risk and guarantor status, we can realize the subjective attribution of network neutral help behavior.

Keywords: Allowable Risk; Subjective Imputation; Imputation; Network Neutral Help Behavior

网络中立帮助行为的可罚性界定与罪名选择

孙　鹏*

目　　次

一、问题提出

中立帮助行为的可罚性问题一直以来都是共同犯罪理论中的焦点议题,不仅关涉犯罪论体系内部的一致性问题,更触及刑罚与自由的界限衡量。遗憾的是,刑法理论至今未对该问题达成统一共识。而自《刑法修正案(九)》增设帮助信息网络犯罪活动罪以来,网络犯罪快速增长,[①]该问

* 清华大学法学院刑法学博士研究生。

① 从起诉罪名看,帮助信息网络犯罪活动罪居2021年1月至9月全国检察机关起诉罪名数量的第四位,同比上升21.3倍,相比之下,传统上适用率较高的罪名盗窃罪和诈骗罪则分别同比上升6.7%和同比下降10.9%。参见最高检新闻:《2021年1至9月全国检察机关主要办案数据》,载中华人民共和国最高人民检察院网2021年10月18日,https://www.spp.gov.cn/spp/xwfbh/wsfbt/202110/t20211018_532387.shtml#2。

题也以新的面貌再次呈现——网络平台等主体实施的“中立帮助”行为能否构成犯罪。

案例一:“快播案”。快播公司以通过免费提供资源服务器程序和快播播放器程序的方式,为网络用户提供网络视频服务。然而其搭建的缓存调度服务器加速了淫秽视频的下载、传播。后深圳网监部门对快播公司进行检查,针对该公司未建立安全保护管理制度、未落实安全保护技术措施等问题,给予行政警告处罚并责令整改。于是快播公司成立了信息安全组开展了不到一周的突击工作,投入使用“110”不良信息管理平台,有效报送了“色情过滤”类别的不良信息。但在深圳网监部门验收合格后,快播公司便不再落实检查屏蔽工作,放任淫秽视频在其控制和管理的缓存服务器内存储并被下载,导致大量淫秽视频在网上传播。北京市海淀区人民法院认为,其行为已构成传播淫秽物品牟利罪。[①] “快播案”发生后引起了社会舆论及专家学者的广泛评议,其中“技术中立”的抗辩事由尤为引人注目。[②]

案例二:“微信平台传播淫秽物品案”。被告人陆某开发并运营微信公众号打赏平台,客户关注公众号后可以上传视频或图片,服务器生成打赏链接、二维码后通过公众号发送给客户,客户自行设置打赏费用数额并将打赏链接、二维码发送出去,他人支付打赏费用后即可观看视频、图片,打赏费用进入商户,并由服务器根据预先设定的比例扣除相应手续费,客户随后可以提现。虽然被告人陆某对该平台设置了系统“鉴黄”环节,但为能牟取非法利益,其延迟了屏蔽、删除淫秽视频的时间。后被告人郑某从被告人陆某处购得该平台,为牟取更多非法利益,其取消了人工鉴黄环节,且在调低系统鉴黄识别度的情况下,将延迟删除时间也推后,进一步便于客户传播淫秽视频。法院认为,被告人陆某、郑某以牟利为目的,开发并运营网络平台,明知他

---

① 参见北京市海淀区人民法院刑事判决书,(2015)海刑初字第512号;北京市第一中级人民法院刑事裁定书,(2016)京01刑终592号。

② 参见陈兴良:《快播案一审判决的刑法教义学评判》,载《中国检察官》2017年第13期。

人可能在其平台上传播淫秽视频或图片,仍放任他人传播,构成传播淫秽物品牟利罪。[①]

案例一与案例二中被告人并未亲自实施传播淫秽物品的行为,而是以提供视频、图片传输平台的方式为传播淫秽物品牟利的犯罪行为起到了促进作用。这便引出了以下问题:第一,诸如提供软件服务、平台支持的行为,外观上具有中立性,"技术中立"能否成为出罪的理由,其理论根据是什么?第二,帮助网络犯罪的行为应成立帮助信息网络犯罪活动罪还是具体犯罪之帮助犯,二者之间有何联系或差异?

二、现有理论关于网络中立帮助行为的解释不能

在通常情况下,为网络用户提供互联网接入、服务器托管、网络存储以及广告推广、支付结算等网络技术服务的行为是互联网时代最普遍常见的网络行为,其本身一般是中立无害、不具有任何危害社会的性质,反而有益于当代社会经济发展的行为。[②] 考虑到帮助信息网络犯罪活动罪的设立可能会限制互联网经济的正常发展以及可能会压缩网络行为的自由边界,学者们大都对本罪的适用范围持谨慎态度。其中便不乏有学者试图借助中立的帮助行为理论来限制本罪的适用范围。然而,一方面,中立帮助行为论自诞生以来,各种学说观点就纷繁复杂无法形成统一共识,甚至对"中立的帮助行为"这一概念本身也未作出令人满意的界定,自然无法形成统一的限制入罪的意见。另一方面,即使我国学者引入了中立帮助行为论,并针对《刑法》第287条之二的规定作出了新的解释,但就目前来看,这些解释依然难能脱离中立帮助行为论的固有缺陷。以下分别就几种主要观点展开分析。

① 参见浙江省遂昌县人民法院刑事判决书,(2019)浙1123刑初6号。

② 参见陈洪兵:《帮助信息网络犯罪活动罪的限缩解释适用》,载《辽宁大学学报(哲学社会科学版)》2018年第1期。

(一)主观说面临"明知认定"的解释障碍

中立的帮助行为入罪之所以在理论上存在很大疑问,与帮助者的主观心态有很大关联。按照刑法理论的一般见解,成立帮助犯需要帮助者有双重故意:第一重故意为帮助者认识到自己实施的行为能帮助特定正犯从事犯罪;第二重故意为帮助正犯行为达到既遂的故意,即实现法益侵害或侵害的危险。[①] 然而,《刑法》第287条之二规定的帮助信息网络犯罪活动罪只要求行为人主观上对被帮助者的犯罪有"明知"即可。换言之,单从文义解释的角度来看,成立帮助信息网络犯罪活动罪不需要帮助者认识到他人犯罪行为所侵害的具体法益。这种帮助行为正犯化的立法模式使得成立"帮助犯罪"仅需第一重故意。

对此有观点认为,帮助信息网络犯罪活动罪对应着两种情形,分别为:(1)明知被帮助者的犯罪计划或意图且有促进其犯罪行为更容易实现的意思(明知且促进型);(2)明知被帮助者的犯罪计划或意图但是没有促进该犯罪行为易于实现的意思(明知非促进型)。对于"明知且促进型"的帮助行为人完全可以通过刑法总则予以入罪。帮助信息网络犯罪活动罪的设定实际上是以立法的形式肯定了"明知非促进型"的中立帮助行为的可罚性。而对"明知非促进型"的中立帮助行为的可罚性理应持否定态度。[②] 而所谓的"明知且促进型"实际是将故意的范围限定为了存在认识要素且有"希望"的意欲要素的直接故意情况。对此同样有学者直言,对"正犯化的帮助犯"的责任要素界定应限定为"直接故意"为宜。[③] 但问题在于,为何"间接故意"的中立帮助行为不可罚,该观点没有给出更实质的理由。

---

① 参见[德]乌尔斯·金德霍伊泽尔:《刑法总论教科书》,蔡桂生译,北京大学出版社2015年版,第458页。

② 参见刘艳红:《网络犯罪帮助行为正犯化之批判》,载《法商研究》2016年第3期。

③ 参见阎二鹏:《法教义学视角下帮助行为正犯化的省思——以〈中华人民共和国刑法修正案(九)为视角〉》,载《社会科学辑刊》2016年第4期。

实际上,将帮助信息网络犯罪活动罪的"故意"限定为直接故意是源于中立帮助行为论中主观说的思想。在限制中立帮助行为入罪的各种学说当中,主观说侧重于考察中立帮助者的主观心态,认为作为帮助犯的故意应是意图实现客观构成要件的意思,即以实现意思的有无为必要,仅仅只是知道正犯的犯罪计划还不够,还必须具备通过自身的行为促进正犯犯罪行为的意思。① 因此,出于间接故意实施的日常行为的帮助不可罚。

但是主观说历来受到众多批评,包括直接故意与间接故意本就难以区分,抛开客观方面而只关注主观方面容易陷入心情刑法等。更为重要的是,主观说并未给出充分的理由,为何以间接故意心态实施的中立帮助行为就可以不被入罪?这一问题同样适用于帮助信息网络犯罪活动罪,在《刑法》第287条之二明确只将主观方面限定为"明知"的情况下,结合《刑法》第14条关于"故意"的规定,并未有将"间接故意"帮助实施网络犯罪直接排除出罪的理由。例如,在案例一中,被告人快播公司对其所控制和管理的缓存服务器内存储着大量淫秽视频这一事实具有"明知",但是对于大量淫秽视频在网上传播这一结果却明显地持放任态度。案例二中也是如此,法院明确指出,被告人陆某、郑某"明知"他人可能在其平台上传播淫秽电子信息,仍放任他人传播,非法获利,因而构成传播淫秽物品牟利罪。可见,单纯以直接故意的有无来区分中立帮助行为可罚与否并不符合实定法的解释理念,换言之,对于排除"放任"这一意欲要素的解释难以获得刑法只要求了"明知"这一认识要素的支持。这使得主观说的路径最终只能流于立法论的解释。借助故意分类以解决中立帮助行为可罚性的做法也几乎被学者所放弃。②

---

① Hans kudlich, Die Unterstützung fremder straftaten durch berufbedingtes Verhalten, Strafrechtliche Abhandlungen, Bd. 156, 2004, S. 138ff.

② Keiichi Yamanaka, Geschichte und Gegenwart der japanischen Strafrechtswissenschaft, 2012, S. 207.

(二)客观说困于"标准明确"的操作难题

与上述主观说的路径相对,客观说的路径注重考察"中立帮助行为"的客观性质,主要关注行为本身的可接受程度,这实际是对行为危险性的判断。对此,理论上先后出现了"社会相当性说"与"职业相当性说",但前者在解释相当性范围的标准上过于模糊,后者纵使将范围限定为职业相当的行为但依然存在无法对职业进行精确定性的问题,并且其也无法说明为何职业相当的行为就得以免罚。

为了进一步明确相当性的范围,"利益衡量说"从结果无价值的立场出发,试图通过实际权衡受法律所保护的行为自由和受法律所禁止的催生犯罪之间的价值差异,以此限制中立的帮助行为入罪。而"利益衡量说"若想得以运用,则必须首先建立起明确的衡量标准,否则其依然会面临判断标准模糊的批评。为此,有观点主张引入日本司法实务界使用的"全面性考察"判断标准,即在网络技术既可能被合法利用也可能被非法利用的背景下,通过全面考察该网络技术的所有使用受众,当帮助行为只可能极少被犯罪行为所利用时,该帮助行为不具有可罚性。反之,当被帮助行为是犯罪行为且并非例外达到高度盖然性时,则帮助行为本身亦可罚。之所以在这种情况下网络中立帮助行为会成为可罚的帮助行为,在于其帮助了非例外的犯罪行为,其本身就已成为"危险中心",因此其已具备可罚性。①

不得不说,"全面性考察"判断标准在一定程度上为"利益衡量说"的具体运用确定了标准。但是,该标准实乃价值判断、规范判断,若以其导出的行为相当性用作判断行为是否能被涵摄于刑法分则规定的大前提,则有违构成要件符合性客观判断的要求。如此所导致的后果是,行为人在提供网络技术帮助时将无法明确认知自己的行为是否有违刑法的指令,换言之,刑法分则规定的罪名将面临丧失规范指引性的风

① 参见刘艳红:《网络中立帮助行为可罚性的流变及批判——以德日的理论和实务为比较基准》,载《法学评论》2016 年第 5 期。

险。更重要的是,既然一项网络技术既可以被合法利用也可以被非法利用,为何创造利益大的网络技术行为在帮助犯罪时就可以自带"保护伞",而相比之下创造利益低的行为时却要面临刑罚?换言之,按照这种判断标准,大多数的网络技术都可以以"合法之身"行非法之事。尽管这种非法帮助可能只是少量存在的,但依然会有违刑法的平等适用原则。此外,纵使利益衡量的判断标准较为明确,但在实践中能否具备实际操作性仍然成为疑问,因此"利益衡量说"也非可取的学说。①

除此之外,有观点结合客观归责理论认为中立的帮助行为只有创造了"不被允许的风险"时才具有可罚性。至于"不被允许的风险"的判断,则需进一步站在客观的立场上,即按照法官根据社会一般理性人的角度,以案件发生时存在的所有客观事实为依据,运用一般的经验法则,从行为发生时的时点进行判断。② 但这种判断标准依然无法脱离概念不明确性和标准不清晰的批评。例如,在案例一和案例二中,行为人只有开发何种软件或者怎样运营平台,才能被认为没有创造"不被允许的风险",依然不得而知。事实上,在中立帮助行为的情境中,帮助行为在从事日常职业活动中所创设的法益侵害风险,是否最终真正有利于促进公共利益的实现、获得社会大众的容忍和允许,恰恰是争议最大的问题。③ 此时,运用客观归责理论中不被允许风险的判断,最终只能陷入自说自话乃至循环解释的困境当中。

(三)折中说难解"缺陷集合"的固有弊端

鉴于无论是单纯基于主观说的路径还是客观说的路径来限制中立帮助行为的可罚性范围都存在不足,理论上出现了折中说的观点,即综合考量行为的客观危险和行为人的主观心态。例如,有学者认为就中立

---

① 参见张伟:《帮助犯研究》,中国政法大学出版社 2012 年版,第 170 ~ 171 页。

② 参见姚万勤:《中立的帮助行为与客观归责理论》,载《法学家》2017 年第 6 期。

③ 参见王华伟:《中立帮助行为的解构与重建》,载《法学家》2020 年第 3 期。

帮助行为而言,检验重点在于客观归责中的"制造法所不容许的风险"以及"行为人之特殊认知"两个部分。前者是客观归责的原则规则,纯以客观面向判断;后者则是例外规则,必须同时考虑主观故意问题。简言之,类似于出租车载客、五金店主卖羊角锤等通常的"日常生活举止"根本没有制造任何具有刑法意义的风险,或者所制造的仅是可允许的风险,无法以刑法相归责;然而,这同时要考虑到,提供者对于正犯的预定用途或犯罪计划有无特殊的认知。如果中立帮助者悉知被帮助者即将实施犯行,则其帮助行为就已然失去中立的特性,且主观上具备帮助的故意从而具备可罚性;反之,若其不知被帮助者的计划或用途,或仅止于相当模糊的臆测,即使其中立行为对正犯的犯罪实现有所助益,则因帮助者主观上不具备帮助故意,客观上也仅是创造了被允许的风险,而不被归罪。①

然而,就上述观点而言,其在特殊问题上采取的依然是主观的判断标准,这种"故意的二分理论"在本质上和主观说中的"未必的故意排除说"并无不同,因此容易被批评为在很大程度上依然只是"主观主义刑法"的变相。②

还有折中论者以客观说为基础通过客观归责理论划定中立帮助行为的可罚范围,并在此基础上将帮助者的主观认知作为犯罪的排除事由。③ 这种将客观判断与主观判断阶层化区分的做法符合了"先客观、后主观"的行为归责判断要求,在一定程度上也能使得中立帮助行为出罪的理由更为明晰。但作为判断标准,其依然欠缺明确性。因为这种主客观阶层二分的判断思路依然只是对既有学说的重构,并无实质的新的标准提出。事实上,主观说和客观说之所以难以成立,不仅在于其所划定的处罚范围不当,更在于各个学说无法为自身所划定的处罚范围给予充足的理论依据。在这种情况下折中说强行整合主观说与客

---

① 参见林钰雄:《新刑法总则》(第 6 版),台北,元照出版有限公司 2018 年版,第 479 ~ 482 页。

② 参见付玉明:《论刑法中的中立帮助行为》,载《法学杂志》2017 年第 10 期。

③ 参见杨晓培:《网络技术中立行为的刑事责任范围》,载《东南学术》2017 年第 2 期。

观说,不仅无法解决既有主观说与客观说各自的问题,反而会使问题变得更加复杂。[①] 因此,折中说的路径也终于事无补。

综上所述,在对网络中立帮助行为的可罚性及相关罪名进行解释时,难免会借助中立帮助行为理论。但现有的中立帮助行为理论依然未达统一,因此反之又必然会造成对网络犯罪中立帮助行为可罚性解释的混乱。下文在反思"中立性"问题的基础上,尝试解读网络中立帮助行为的可罚性及罪名适用。

三、网络犯罪中立帮助行为的可罚性本质

(一)"中立性"无益于问题的解决

事实上,学界至今并未对中立帮助行为形成统一的概念。甚至中立帮助行为在不同的论述语境下既可能被作为可罚的帮助行为使用,也可能被作为应当出罪的帮助类型而强调。例如,有学者借助中立帮助行为的特点来描述中立帮助行为概念,"中立的帮助行为是指虽然知道正犯正计划犯罪的实行,但是却以在生活上完全属于日常的、业务的行为作为事实上帮助的行为",并在此概念基础上再展开对中立帮助行为可罚性与否的论述。[②] 还有学者直接放弃对中立帮助行为的定义,而直接借助"日常生活行为"(Alltagshandlung)[③]或"正常业务行为"(übliche Geschäftstätigkeit)[④]对其描述限定。[⑤] 这种概念的不明确

---

① 参见邹兵建:《网络中立帮助行为的可罚性证成——一个法律经济学视角的尝试》,载《中国法律评论》2020 年第 1 期。

② 参见陈子平:《刑法总论》(第 4 版),台北,元照出版有限公司 2017 年版,第 625 ~ 626 页。

③ Winfried Hassemer, Professionelle Adäquanztypisches Verhalten und Beihilfe zur Steuerhinteziehung, 1995, S. 41.

④ Harald Niedermaier, Straflose Beihilfe durch neutrale Handlungen?, ZStW 107 (1995), S. 507; Kai Müller, Beihilfe durch wirtschaftliches Handeln, Schreiber-Festschrift, 2003, S. 344.

⑤ 参见陈兴良:《刑法总论精释》(第 2 版),人民法院出版社 2011 年版,第 528 页。

性无疑会加剧理论的争议性,因此这也促使学者们不再仅停留于统一理论的建构,而是尝试用类型化的方式概括划分各种具体的中立帮助行为类型,以此检验所建立的理论。①

诚然,类型化的解构得以在一定程度上给予理论适用进一步的指引。但这依然无法克服理论本身所存在的问题。如果认识到帮助行为较正犯行为而言本就缺乏定型性,并且源于日常生活的中立帮助行为只会更加复杂多样,那么脱离帮助犯的成立条件而试图以新的统一理论解决中立帮助行为可罚与否的问题,显然是南辕北辙的做法。事实上,并非没有学者关注到中立帮助行为与帮助行为本身的关系,只不过学者们大多被这类行为的"中立性"所吸引,而结果却是"中立性"本身并无助于解释中立帮助行为问题。②

通过语言建立起的世界与现实世界并不是同构的,我们只是通过任意切分的方式建立起一个可能世界,且这种切分是出于人类认知的需要。一方面,人类对世界进行范畴化、类属化的切分,从而降低、减少认知的复杂性,使思维得以顺利进行;但另一方面,这种切分也带来了范畴的模糊性、类属的模糊性、特征和性质的模糊性。③ 因此,对中立与否的切分也同样必然伴有范畴和类属的模糊性。按照中立在此种语境下的解释,其含义应为"在对立的各方之间,不倾向于任何一方"。但怎样才是"不倾向",是在客观上不提供给任何一方帮助,还是主观上不支持任何一方,依然不明确。中立帮助行为中的"中立性"本身就具有一定概括性,甚至其词义还具有一定模糊性,故运用如此词语修饰本就缺乏定型性的帮助行为,且将出罪的重心首先放在对"中立性"的解释上,只会使得问题的讨论偏离解释的方向。

问题的关键还应在于如何认定帮助犯的成立要件,以及"中立性"可能在哪一层面上发挥出罪作用。首先须承认的是,"中立帮助"是可

① 参见陈洪兵:《论中立帮助行为的处罚边界》,载《中国法学》2017 年第 1 期。

② BGH. Beihilfe durch berufstypische Handlungen, NStZ 6(2018), S. 328.

③ 参见王政勋:《刑法解释的语言论研究》,商务印书馆 2016 年版,第 81 ~ 82 页。

能被客观归责的一种帮助情形,[①]而如果一项中立帮助行为已经满足了帮助犯的构成要件,则"中立性"理应不能再作为阻却帮助犯构成要件成立的事由。例如,在中立帮助行为理论中利益衡量说广为流传,该说承认中立的帮助行为在客观上满足了因果关系及主观上的帮助故意,只是考虑到一味处罚中立帮助行为会阻碍社会发展,因此借助自由保障与法益保护之间的权衡,试图重新否定中立帮助行为的相当因果关系。[②] 然而,在承认帮助行为客观上的因果关系之后再重新否认因果关系的相当性(或法所不容许的风险),这本就自相矛盾。在客观归责的视角下,中立帮助行为作为帮助犯被处罚,依然需要判断该帮助是否创造了风险以及实现了风险。而客观上起到了促进法益侵害的作用,且主观上也具备故意的行为,无论如何都不能称之为"中立"。反之,如果一项中立的帮助行为本身就无法满足帮助犯的成立要件,则更无须借助"中立性"予以出罪。总之,"中立性"并非判断行为可罚性的基准要素。[③]

案例三:"资金结算软件案"。被告人萧某在负责公司经营、管理期间,与"乐天堂"网站联系,签订资金支付服务合同。其通过"Ecapay"系统,利用公司管理的在快钱公司中开设的"merchant@ mudvc. com"等5个账户,为"乐天堂"等赌博网站提供结算服务,并从中收取服务费。法院认为,被告人萧某明知"乐天堂"网站是赌博网站,仍在中国境内为该网站提供资金支付结算服务,且数额巨大,情节严重,其行为构成开设赌场罪的共同犯罪。[④]

在该案中,辩护人提出"Ecapay"系统是自动运行的,赌资流转是在萧某不知情的情况下完成的,不能以系统自动收取赌资的数额追究萧某的刑事责任。这实际是以"Ecapay"系统本身"中立"为由进行辩

① Keiichi Yamanaka, Geschichte und Gegenwart der japanischen Strafrechtswissenschaft, 2012, S. 215.

② 参见陈洪兵:《论中立帮助行为的处罚边界》,载《中国法学》2017年第1期。

③ Wolff-Reske, Berufbedingtes Verhalten als Problem mittelbarer Erfolgsverursachung, 1995, S. 142.

④ 参见江苏省苏州市中级人民法院刑事判决书,(2011)苏中刑二初字第3号。

护。但是,中立与否不能只看帮助的手段或工具本身是否具有违法性,而是应当结合帮助者在整个共同犯罪中所起到的客观作用及主观意思。本案中被告人萧某在客观上通过提供资金结算服务参与到赌场开设的资金流环节中,进行赌资的收支结算活动。主观上,萧某也明知“乐天堂”网站是赌博网站,并且放任自己的帮助行为对赌场开设所起到的促进作用。因此,其行为已然成立开设赌场罪的帮助犯。至于“Ecapay”系统是自动运行还是人工运行,其实际都在萧某的认识范围和意志控制之内,即包含在萧某的概括故意之中,手段或工具的中立性无法阻却帮助行为本身的构成要件该当性。

与之类似的,案例四:“出租网络服务器、租用网页广告位案”。被告人陈某从被告人安某处租用服务器建立 H 色情网站。安某将相关服务器出租给陈某,并累计收取陈某人民币 2 万多元服务费。此后陈某采用被告人张波 A 编写的新程序软件将上述网站改为 X 色情网站,并通过出租该网站广告位、通过广告出售商品等方式牟取非法利益。陈某为运营该色情网站,雇用被告人陆某为其从其他色情网站上下载色情图片、小说等资料并上传至该色情网站。雇用被告人张波 B 为该色情网站进行维护、更新,并由张波 A 负责为该色情网站提供相关程序方面的服务。在此期间,陈某荣(另案处理)租用该色情网站广告位,并分两次付给陈某网站广告位租金 160,000 元。法院最终认定本案中陈某与安某、张波 A、张波 B、陆某构成传播淫秽物品牟利罪的共同犯罪。[①]

在本案中,被告人陈某设立网站的目的是通过传播淫秽电子信息牟利,且网站设立后即雇用张波 A、张波 B、陆某对网站进行维护和传播淫秽电子信息,因此其四人构成传播淫秽物品牟利罪的共同犯罪不成问题。问题的关键在于安某将相关服务器出租给陈某用以建立色情网站的行为以及陈某荣租用该色情网站广告位并支付租金的行为应如何定性?抛开行为人的客观作用及主观心态,出租网络服务器的行为

① 参见最高人民法院刑事审判一至五庭编:《刑事审判参考》(总第 79 集),法律出版社 2011 年版,第 79 ~ 84 页。

和租用广告位的行为都是日常的经营行为,可谓具有“中立性”。但是如前文所述,行为是否符合帮助犯的成立要件与行为方式是否中立无关,而是要回归对帮助行为整体进行判断。在利用网络方式传播淫秽物品的过程中,设立网站并上传淫秽物品电子信息是直接的传播方式,但是这种直接的传播方式需要一定背后的技术手段才能得以实现和维持,而背后的技术手段就包括为淫秽网站提供服务器接入。被告人安某出租相关服务器的行为在客观上实际促进了陈某实施传播淫秽物品牟利的犯罪行为,并且在主观上对此也有明知(至少具有间接故意),因此其行为已经符合了传播淫秽物品牟利罪的帮助犯成立要件。同样,租用淫秽网站广告位、为淫秽网站提供资金的行为也是如此,淫秽网站赖以维持和牟利的一条重要路径便是租用广告商位。本案中陈某荣虽未直接参与或间接帮助陈某传播淫秽物品,但其租用色情网站广告位,并分两次付给陈某网站广告位租金 160,000 元,实际帮助了陈某利用淫秽物品的传播牟利,故同样符合了传播淫秽物品牟利罪的帮助犯成立要件。

(二)“中立性”应还原于基础理论

在帮助犯的构成要件得以满足的基础上,帮助行为方式或手段的中立性只可能作为违法性阻却事由或责任阻却事由,此时依然需要借助传统违法性理论及责任理论进行分析。在违法性阶层中,利益衡量原理是违法性阻却的一般原理。[①] 该原理基本内容是,当行为该当于构成要件时,发生了法益遭受侵害这一有害于社会的结果(法益侵害 A),但在某些情况下同一行为同时也具有保全其他法益这一社会有用性(保全法益 B)。在保全法益优越于侵害法益之时,由于 $B - A \geqslant 0$,从社会功利主义的观点来看,就可将该行为整体上正当化(优越性利

① 参见[日]前田雅英:《刑法总论讲义》(第 6 版),曾文科译,北京大学出版社 2017 年版,第 200 ~ 202 页。

益说)。①

而对提供网络服务“中立手段”的价值判断恰恰容易陷入利益衡量的思维当中,这是因为“网络是把双刃剑”的定义早已深入人心。一方面我们会为了保护法益而对利用网络犯罪和帮助网络犯罪的行为进行打击,另一方面我们又基于网络自由可能带来的巨大利益而在打击犯罪中束手束脚。但无论如何,价值衡量都是对犯罪构成要件“规则”的“例外”打破,②其可以作为合法化事由而运用在违法性阶层以对利益和相对利益作出正确的社会性调整,但不应直接作为“规则”而修正构成要件规则,否则将是立法论的解释或违背罪刑法定原则。

不过应当注意的是,并非行为在保全法益优越于侵害法益之时,行为就一概不违法。优越性利益保护原则只是利益衡量原理的第一原理,对这一基础原理尚有修正,即避免(回避)义务原则。该修正是指如果在发生冲突之前,通过采取合理的行为能避免(回避)这种冲突,就应该要求行为人采取避免行为以同时维护双方的利益,但如果行为人因没有采取回避措施而不必要地创造了利益冲突状况,就可认定为并未满足第一原理的前提条件,不予正当化。③ 由此,第一原理及其修正同样可能作为判断“中立性”在违法性阶层成立违法阻却事由与否的规则。

司法实践对于“技术中立”的肯定,意在鼓励技术创新和发展。但技术是人类利用自然规律的成果,在一定程度上受到技术提供者和使用者意志的控制和影响,并体现技术提供者和使用者的目的和利益。在案例一中,快播公司并不单纯是技术的提供者,“站长”、用户发布或点播视频时,快播公司的调度服务器、缓存服务器参与其中,即使快播公司在提供P2P视频技术服务和缓存技术服务时,在客观上没有对视

① 参见[日]西田典之:《日本刑法总论》,王昭武、刘明祥译,中国人民大学出版社2007年版,第102页。

② Jescheck/Weigend, Lehrbuch des Strafrechts, Allgemeiner Teil, 5. Aufl. 1996, S. 324.

③ 参见[日]西田典之:《日本刑法总论》,王昭武、刘明祥译,中国人民大学出版社2007年版,第102页。

频内容进行选择,但其实际已促进了淫秽物品电子信息的传播,并且其主观上对此也有明知。如果说,"快播技术"在满足网民对于传输合法音像视频的需求的同时无法避免该技术被滥用于传输淫秽视频,那么在此基础上基于利益衡量原理,考虑到其技术所保护的法益可能大于侵犯的法益,该行为依然可以因"中立性"而被认为实质不违法,从而得出被告人不构成犯罪。但事实却是,快播公司曾成立信息安全组开展了不到一周的突击工作,其投入使用的"110"不良信息管理平台能够有效报送"色情过滤"类别的不良信息,并最终得到深圳网监验收合格。因此,根据避免(回避)义务原则,本案被告人完全可以通过采取合理的行为避免合法利益与违法利益之间的冲突,但其依然不必要地创造了利益冲突状况,应当认定为并未满足优越性利益保护原则的前提条件,不予正当化。这才是本案无法适用"技术中立抗辩"的真正原因。

如果进一步探讨避免(回避)义务原则这一修正原理,还可以发现在具体判断行为人能否履行避免义务时需要纳入期待可能性等因素的考量,这就决定了"中立性"还可能影响有责性的判断。例如,出租车司机在营运中得知乘客是去犯罪地点实施抢劫,但其依然将该乘客送往了犯罪现场,促使其迅速接近被害人。在该情形中,司机客观上的运输行为帮助了犯罪者接近被害人,使得法益侵害具有紧迫性,且主观上对此也有明知,因此能够符合帮助犯的成立要件。但是,出租车营运行为本身是一种"中立行为",依然具有成为违法性阻却事由或责任阻却事由的可能,只不过根据上述利益衡量原理,司机在选择运送犯罪人和拒载之间,其能够选择后者以避免"中立性"所造成的合法利益与违法利益的冲突,从而无法得到实质不违法的肯定。对此,只能认为司机搭载犯罪人的行为无论如何都是具备违法性的行为。

然而,尽管这类帮助行为的不法性可以被奠定,其在最终的责任阶层依然尚有出罪空间。因为在这种情形下,要求司机拒载可能并不具有刑法上的期待可能性。理由在于,首先根据相关法律规定和通常的理解,出租车司机不能随意拒载乘客,即使在涉嫌犯罪的场合司机可以停车并要求犯罪人下车,但在如此突然的情境下司机也未必能够迅速作出实质合理的权衡与判断。其次,根据行为人的认识标准,司机在面对准备好实施暴力犯罪的犯罪人时,突然停止提供运输服务会很容易让自身陷入与罪犯的冲突之中。在出租车这样一个封闭的狭小空间内,这种抉择的后果可能是将法益侵害风险转嫁至自己身上。[①] 因此,在这类情况下,尽管帮助行为已满足故意的要求,但行为的"中立性"使得故意的意志因素更多地站在对法益侵害结果的反对一面而不是放任一面。换言之,帮助行为在"中立性"下更多的是体现"不得已",此时可以根据欠缺期待可能性而排除行为的有责性。

(三)小结:"中立性"仅影响违法性或有责性

"中立的帮助行为"是对手段或方式具有日常性或业务性的帮助行为所作出的描述性概念,其内涵和外延并不明确,且"中立性"概念本身也无益于解决帮助行为可罚与否的问题。对帮助行为的可罚性判断应以帮助犯的成立要件判断为基础,行为的主客观要件不符合帮助犯的构成时,无须考虑"中立性"的问题,只有当帮助行为符合了帮助犯的构成要件时,才有进一步权衡"中立性"是否实质违法的必要。只不过,基于行为方式或手段的"中立性"而启动的违法性审查,依然要借助实质违法性判断中的法益衡量原理,而只有在中立帮助行为所创设的法益大于(或等于)所侵害的法益,且行为人事先无法避免合法与违法之间的冲突时,才得以被认定为不具有违法性。同时,根据案件的具体情形,"中立性"也可能成为使行为人不具有期待可能性的事由。因此在一定意义上,行为的"中立性"或可成为超法规的违法阻却事由或责任阻却事由。

① 参见王华伟:《中立帮助行为的解构与重建》,载《法学家》2020 年第 3 期。

四、网络中立帮助行为的罪名选择：帮助犯与帮助行为正犯化之差异

尽管网络中立帮助行为的可罚性与构成要件符合性无关,也即"中立性"所导致的罪与非罪判断与最终的罪名选择无关。但是当认定网络中立帮助行为符合了帮助犯的构成要件并能够成立犯罪后,还需进一步明确应当以某一具体犯罪的共同犯罪(帮助犯)来处罚还是直接适用帮助信息网络犯罪活动罪,即罪名选择问题。这同样是正确定性网络中立帮助行为的要求。为此则需要厘清帮助信息网络犯罪活动罪与普通犯罪的帮助犯有何联系或差异。

通常认为,在共同犯罪中成立帮助犯要求帮助者主观上具有帮助故意(二重故意)、客观上实施了帮助行为。所谓帮助行为是指实行行为以外的,使正犯容易实施实行行为的行为。在单独犯罪中,行为人成立犯罪只需要实施《刑法》分则规定的构成要件行为(实行行为)。而帮助行为正犯化,实则是将帮助这一犯罪参与形式在实定法上构成要件化。例如,《刑法》第307条第2款规定的帮助毁灭、伪造证据罪和第358条第4款规定的协助组织卖淫罪,[①]以及本文所讨论的《刑法》第287条之二帮助信息网络犯罪活动罪均是此种情形。正犯化与非正犯化之间只是以刑法分则有无明文规定这一形式标准所作的划分,而判断此罪与彼罪的关键还在于对比二者之间的差异。

(一)形式的差异在于主客观之间

从形式上比较,帮助犯与帮助行为正犯化之间存在主观方面的区别。如果认为帮助故意具有二重性,即分别包括决定提供正犯助力,以及决意促使正犯既遂,则正犯化后的帮助行为一般不需要具有第二层故意。这是因为帮助犯在得到正犯化之前,其无法单独侵害法益,只能

---

① 参见蔡桂生:《构成要件论》,中国人民大学出版社2015年版,第353页。

间接借助正犯行为侵害法益,当然要对正犯的既遂结果有所认识。相反,帮助行为经分则构成要件规定得以正犯化后,该帮助行为本身就被视为具有独立的法益侵害性,故只要认识到帮助行为本身即可。

例如,案例五:“出租房屋容留卖淫案”。被告人杨某、米某系夫妻,二人长期将自家院内十余间住房对外出租。公安机关多次在两被告人出租的房屋内发现他人从事卖淫违法活动,并将违法者也即房屋承租人彭某等抓获。此后民警两次告知杨某承租户中存在卖淫嫖娼的嫌疑。杨某、米某在明知皮某、王某等人长期从事卖淫活动的情况下,仍将该院内房屋出租给上述人员。法院最终认定两被告人犯容留卖淫罪。[①]

《刑法》第359条第1款规定了引诱、容留、介绍卖淫罪,其中容留卖淫是指允许他人在自己支配的场所卖淫或者为他人卖淫提供场所的行为。[②] 虽然卖淫行为本身并非犯罪行为,但为卖淫提供场所的行为是一种帮助行为。容留卖淫行为的主观方面表现为故意,即行为人明知自己是为他人从事卖淫活动提供了场所,仍希望或放任这一危害结果的发生。应当指明的是,这里帮助故意的指向对象是为卖淫提供场所的行为,而并非卖淫行为。换言之,容留卖淫罪的故意只需要具备帮助犯的第一层故意,即“提供‘正犯’助力”。而被帮助的卖淫行为本身所侵害的法益并非刑法法益,因此也无法存在第二重故意(促使“正犯”既遂)。案例五中,被告人杨某、米某是以出租房屋的方式容留他人卖淫,只要行为人认识到他人在自己出租的房屋内卖淫且继续放任房屋被非法使用,即可成立容留卖淫罪。“出租房屋”显然也是一种中立的行为方式,但如前文所述,其本身无法阻却构成要件的成立。只有出租者并不知道承租者在出租房内从事卖淫活动,或者出租者虽知道承租者以卖淫为业,但卖淫场所并不在出租房内,才可以因欠缺故意而不被认定为构成容留卖淫罪。

---

① 参见最高人民法院刑事审判一至五庭编:《刑事审判参考》(总第79集),法律出版社2011年版,第73页。

② 参见张明楷:《刑法学》(第6版),法律出版社2021年版,第1535页。

同样,帮助信息网络犯罪活动罪的成立只需要帮助者对网络帮助行为能够促进他人犯罪具有故意即可,而不需要对他人犯罪具体侵害的法益也具有故意。只不过当行为人对他人具体犯罪所侵害的法益也有故意时,还可以成立该具体犯罪的(片面的)帮助犯。如在案例一中,被告人明知自己的缓存服务器能够加速淫秽视频的下载、传播,为了牟利而放任了淫秽物品的传播,可以构成传播淫秽物品牟利罪。该案行为人的行为均实施在 2015 年《刑法修正案(九)》颁布之前,故可以直接依照《刑法》第 363 条传播淫秽物品牟利罪定罪处罚。而在《刑法修正案(九)》设置帮助信息网络犯罪活动罪之后,类似的行为实际既符合了某一具体犯罪的帮助犯构成,同时也符合了帮助信息网络犯罪活动罪的构成,二者构成想象竞合,根据《刑法》第 287 条之二第 3 款"有前两款行为,同时构成其他犯罪的,依照处罚较重的规定定罪处罚"。

此外帮助犯与帮助行为正犯化在客观行为上的差异取决于《刑法》分则条文的明确程度。帮助行为是实行行为以外的能够使正犯容易实施实行行为的行为,而正犯化的帮助行为已被《刑法》分则所规定,因而实施正犯化的帮助行为本身就是实行行为。但值得注意的是,作为实行行为的正犯化帮助行为并不必然比作为实行行为以外的普通帮助行为更具有定型性。行为方式是否受到明确限制、是否获得定型性的关键在于《刑法》分则条文描述的构成要件本身是否明确。例如,《刑法》第 358 条第 1 款规定了组织卖淫罪,第 4 款规定了协助组织卖淫罪。协助组织卖淫罪显然是组织卖淫罪之帮助犯的正犯化,但在正犯化这一过程中,帮助组织卖淫的行为类型并没有得到更多的明确性。尽管《刑法》第 358 条第 4 款开放列举了协助组织卖淫的行为类型,即"为组织卖淫的人招募、运送人员或者有其他协助组织他人卖淫行为",但这种非有限列举的方式并不会对原本的帮助行为起到进一步的明确作用。相比之下,《刑法》第 359 条规定的容留卖淫罪以及第 354 条规定的容留他人吸毒罪则是将原本的"帮助卖淫行为"和"帮助吸毒行为"限定为了容留的方式,这种"正犯化"的过程对帮助行为类型化起到了限定的作用。

由此看来,《刑法》第 287 条之二规定的帮助信息网络犯罪活动罪与第358条第4款规定的协助组织卖淫罪更为接近,“提供互联网接入、服务器托管、网络存储、通讯传输等技术支持,或者提供广告推广、支付结算等帮助”并未穷尽本罪的规制对象,因此尽管其将帮助行为提升为实行行为,但实质上并未赋予构成要件以足够的明确性。①

除此之外,作为实行行为外的帮助行为,其所帮助的对象应当是具体的犯罪行为。特别是当帮助犯的手段具有“中立性”时,如日常的经营行为所提供的帮助,其对象具有广泛性和不特定性。但帮助犯只有被置于具体的共同犯罪案件中才有讨论的意义。认为帮助行为的方式具有中立性或面向对象的不特定性时就不应被正犯化的观点,②实则偷换了帮助方式与帮助犯的概念,前者当然可以是面向不特定多数人的“中立方式”,后者则是讨论“中立方式”在面对具体犯罪时能否在个案中被处罚。事实上,无论是普通的帮助行为还是正犯化后的帮助行为,其都无法摆脱难以定型性这一特点,这就为手段、方式中立的帮助行为也可能成立帮助犯(或具体犯罪)提供了条件。

例如,案例六:“旅馆容留吸毒案”。吸毒人员宋某等人先后入住被告人聂某经营的“平安旅馆”吸食毒品。聂某在送毛巾等物品到宋某等人入住的房间时,看见他们吸食毒品未予制止。法院认为,被告人聂某无视国家法律,容留他人吸食毒品,其行为构成容留他人吸毒罪。③

《刑法》第354条规定的“容留他人吸毒罪”本是指向性相当明确的犯罪,但“容留”本身实质上是一种提供场所条件的帮助行为,因此依然可能会通过中立方式实现。在案例六中,被告人聂某所从事的行

① 实践中,行为人实施了“提供互联网接入、服务器托管、网络存储、通讯传输等技术支持,或者提供广告推广、支付结算等帮助”以外的帮助行为方式的,也可能被认定为帮助信息网络犯罪活动罪,如开“黑网吧”的违法营业行为[参见山西省山阴县人民法院刑事判决书,(2020)晋0621刑初50号],贩卖银行卡、手机卡的违法行为[参见河南省长垣市人民法院刑事判决书,(2020)豫0728刑初127号]等。

② 参见刘艳红:《网络犯罪帮助行为正犯化之批判》,载《法商研究》2016年第3期。

③ 参见广东省四会市人民法院刑事判决书,(2014)肇四法刑初字第11号。

为只是旅馆经营行为,该行为方式具有明显的中立性,因为其在面对任何顾客时均具有相同的外观。但是,刑法处罚帮助行为并不单纯考察帮助的方式或手段,而是在个案中考察该帮助行为是否帮助了具体的犯罪(违法)对象。在该案的处理过程中,围绕聂某的行为是否构成容留他人吸毒罪,形成两种意见:一种意见认为,聂某事先不明知客人前来登记入住是为吸食毒品,也未从入住客人处收取应收房费外的其他费用,其行为不同于主动为吸毒人员提供场所甚至以此非法获利的情形,故其行为不构成容留他人吸毒罪。另一种意见认为,聂某发现入住客人吸食毒品后不予制止,其行为属于放任他人吸毒,且聂某对于入住客人的吸食毒品行为有义务制止或者报告公安机关,对聂某应以容留他人吸毒罪论处。最终该案以第二种意见处理。①

第一种意见实则是过分考虑了旅馆经营行为本身的中立性,而没有意识到无论何种帮助行为在特定的案件当中都可能实质地符合帮助犯的成立要件。换言之,在具体案件中判断帮助犯成立要件时,中立性本身不具有讨论的意义,行为及特定的行为对象才是讨论的重点,不能因为行为的中立性可以促进其他众多合法行为而否认行为在个案中促进了违法行为。第二种意见认为,被告人聂某的旅馆经营行为在面对具体的吸毒人员时,客观上起到了容留吸毒的效果,且主观上对该特定帮助行为产生的后果有间接故意,因此满足了该罪的成立要件。相较而言,第二种意见才正确地把握了构成要件符合性的判断。

在这一意义上,普通的帮助行为与正犯化的帮助行为的成立要求并无差别,即都要求促进了具体的不法行为。因此,尽管帮助信息网络犯罪活动的行为在行为方式上具有中立性,且在面对的对象上具有不特定性,但只要行为人在个案中帮助了具体的犯罪对象,就存在成立帮助信息网络犯罪活动罪的可能。

① 参见最高人民法院刑事审判一至五庭:《刑事审判参考》(总第100集),法律出版社2015年版,第78页。

(二)实质的差异在于处罚根据

实质比较而言,帮助犯与帮助行为正犯化的处罚根据存在根本差异。作为共犯的帮助犯是对构成要件保护的法益进行的“从属性”侵害,其只能通过正犯行为实现法益侵害。正犯行为是使共犯行为与正犯结果相结合的、发挥管道作用的、重要的中间结果。基于共犯的处罚根据可以认为正犯行为是共犯中的结果,如果将正犯行为进一步分割为正犯意思、正犯实行、正犯结果,则其全部包含在共犯的广义结果中,属于最终结果的正犯结果是共犯本来的结果,正犯意思、正犯实行是共犯的中间结果,即共犯的构成要件实际由共犯行为和正犯行为(结果)所构成。① 而帮助行为正犯化后,其作为被《刑法》分则承认的“正犯”,无须再受制于“从属性”的要求,其行为可以被认为具有直接的法益侵害性。由于这种法益侵害性不再间接通过正犯行为得到实现,因此其应当被包含在行为与其直接对应的结果中。

具体而言,普通的帮助与正犯化的帮助存在以下实质区别:第一,基于实行从属性的要求,帮助犯的成立要求被帮助的行为必须是实行行为,而帮助行为正犯化后免于“从属性”的要求,因此被帮助的行为既可以是违法行为(如卖淫行为、吸毒行为),也可以是犯罪行为(如传播淫秽物品牟利的行为)。② 换言之,帮助信息网络犯罪活动罪的对象既可以是犯罪行为,也可以是违法行为(未达犯罪成立数额的要求),

---

① 参见[日]高桥则夫:《共犯体系和共犯理论》,冯军、毛乃纯译,中国人民大学出版社 2010 年版,第 187 页。

② 对此,《最高人民法院、最高人民检察院关于办理非法利用信息网络、帮助信息网络犯罪活动等刑事案件适用法律若干问题的解释》第 12 条第 2 款规定:“实施前款规定的行为,确因客观条件限制无法查证被帮助对象是否达到犯罪的程度,但相关数额总计达到前款第二项至第四项规定标准五倍以上,或者造成特别严重后果的,应当以帮助信息网络犯罪活动罪追究行为人的刑事责任。”其中,第 2 项至第 4 项包括“支付结算金额二十万元以上的”“以投放广告等方式提供资金五万元以上的”“违法所得一万元以上的”,这是以帮助行为本身为量化标准,而非以正犯造成的相关法益侵害为量化标准。

只不过在后种情况下,需要帮助行为本身具有更高的违法性方可成立本罪。

第二,共同犯罪中帮助犯的结果包含中间结果(正犯行为)及最终结果(正犯结果),而帮助行为正犯化后只存在一个结果,即原本的中间结果(正犯行为)。进一步而言,在共同犯罪中帮助犯的既遂依赖于正犯的既遂,而当帮助行为正犯化后,相应犯罪的既遂不再依赖于被帮助者的既遂。在后一种情况下,被帮助的对象可能只是违法行为,不存在一个得以判断犯罪停止形态的正犯行为,因此行为构成及既遂、未遂的判断只得以帮助行为自身来衡量。例如,在帮助信息网络犯罪活动罪中,只要行为人为他人犯罪提供互联网接入、服务器托管、网络存储、通讯传输等技术支持,或者提供广告推广、支付结算等帮助,原则上行为人就成立本罪的既遂,至于被帮助的犯罪行为(或违法行为)本身是否达到刑法所要求的数额或既遂则在所不问。只不过,立法考虑到单纯的帮助网络犯罪的行为违法性较小,因此附加以“情节严重”的入罪要求。按照帮助行为正犯化后的思考逻辑,“情节严重”的要求是对正犯化后的帮助行为本身所规定的,原则上与被帮助者行为的情节严重与否或侵害法益大小无关,只有在被帮助者所造成的法益侵害后果特别严重时才会附随地影响帮助者的行为情节。①

---

① 司法实践对本罪的适用态度也印证了这一点,《最高人民法院、最高人民检察院关于办理非法利用信息网络、帮助信息网络犯罪活动等刑事案件适用法律若干问题的解释》第 12 条第 1 款规定:“明知他人利用信息网络实施犯罪,为其犯罪提供帮助,具有下列情形之一的,应当认定为刑法第二百八十七条之二第一款规定的‘情节严重’:(一)为三个以上对象提供帮助的;(二)支付结算金额二十万元以上的;(三)以投放广告等方式提供资金五万元以上的;(四)违法所得一万元以上的;(五)二年内曾因非法利用信息网络、帮助信息网络犯罪活动、危害计算机信息系统安全受过行政处罚,又帮助信息网络犯罪活动的;(六)被帮助对象实施的犯罪造成严重后果的;(七)其他情节严重的情形。”可以看出,除第 7 项外,在前 6 项明确列举的情节严重情形中,前 5 项都是针对帮助行为本身所进行的考量,只有最后一项考虑了被帮助对象的行为后果。

(三)小结:差异仅体现于犯罪构成

第一,主观构成上,正犯化的帮助行为无须成立帮助犯所要求的第二重故意即“促进正犯既遂”,只需要有第一重故意即“促进正犯行为”即可。

第二,客观构成上,尽管正犯化后的帮助行为得到了《刑法》分则构成要件的明确规定,但在定型性上未必比普通的帮助犯更加明确,并且二者都可能以中立的帮助行为实施。在具体犯罪的认定中,都要求行为是对具体犯罪(违法)对象的帮助,从这一点看,二者并无实质区别。由此可以看出,帮助信息网络犯罪活动罪与其他具体罪名的帮助犯之间可能会构成想象竞合关系。

第三,实质比较来看,基于共犯从属性的要求,帮助犯的对象只能是犯罪行为(实行行为),而正犯化后的帮助行为对象既可以是犯罪行为也可以是违法行为,且其既遂不再依赖于被帮助的“正犯”既遂。

总之,二者的差异只体现在犯罪构成层面,且其行为方式均摆脱不了难以定型性这一特征,这使得二者的手段或方式均可能具有“中立性”。而如前所述,“中立性”本身无法影响帮助犯构成要件符合型的判断,至多影响行为的实质违法性或有责性。因此,尽管正犯化后的帮助行为与共同犯罪中的帮助行为构成有所不同,但“中立性”与此无关,换言之,共同犯罪中所探讨的“中立帮助行为理论”依然可以适用于“中立帮助行为正犯化”的情形。

五、结论:阶层视角下网络犯罪中立帮助行为入罪的判断要旨

《刑法修正案(九)》增设帮助信息网络犯罪活动罪是一种网络犯罪预防前置化的做法,因此网络中立帮助行为符合本罪要比符合普通犯罪的帮助犯更为容易。围绕该罪的构成可以为网络中立帮助行为入罪审查搭建如下阶层体系框架。

(一)构成要件阶层的要素剖析

1.帮助的故意。网络中立帮助行为成立帮助信息网络犯罪活动罪只需要行为人具备帮助的"第一层故意",即具备所谓的"促进正犯"故意即可,而无须帮助者再意识到正犯行为所侵害的具体法益。

在认定这一故意时,《刑法》在第287条之二中明确规定了"明知"的要求。而"明知"作为成立故意犯罪的当然要求,本已规定在《刑法》第14条中(明知自己的行为会发生危害社会的结果),因此本罪中规定的"明知"实则是注意规定,目的在于强调故意犯罪的认识因素所必须达到的程度,即排除"可能知道"。例如,实践中有相当多的犯罪行为人在实施犯罪时需要借助网络支付结算、通讯传输等技术支持,提供这类技术的运营商当然知道自己的技术服务可能会被运用于犯罪活动,但只要不是明确知道某具体犯罪人将借助自己的技术实施犯罪,就不符合本罪故意的要求。至于在满足了"明知"这一认识因素之后,在意志因素上应持直接故意还是间接故意则在所不问。按照我国刑法理论的传统观点,"希望"和"放任"的意志因素所代表的直接故意和间接故意都是法定的故意种类。① 换言之,"希望"或"放任"与"明知"一样都是故意犯罪的本来要求,没有排除其中任何一种的理由及必要。

除此之外,由于很难说帮助者在有了第二重帮助故意时(促进正犯既遂)却没有第一重帮助故意(促进正犯行为),而帮助者一旦具备了促进正犯既遂的故意,则实际又可以成立具体正犯之帮助犯,此时帮助者可能成立帮助信息网络犯罪活动罪与被帮助具体犯罪(片面帮助犯)的想象竞合。例如,在案例二中,被告人陆某、郑某等不仅明知自己提供的视频传播平台能够促进传播淫秽物品牟利的行为,而且为了获得更多的平台收益,降低系统鉴黄级别甚至取消人工鉴黄岗位,这实质是利用平台传播淫秽物品牟利(追求"正犯既遂"),当然构成传播淫

① 参见贾宇主编:《刑法学》(上册·总论),高等教育出版社2019年版,第167~171页。

秽物品牟利罪。只不过,由于帮助传播淫秽物品牟利罪既遂的故意本身包含着促进传播淫秽物品行为的故意,因此该帮助行为同样可以构成帮助信息网络犯罪活动罪,依照想象竞合择一重罪的处罚原则,可以认定行为人构成《刑法》第 363 条传播淫秽物品牟利罪。在这一意义上,《刑法》第 287 条之二第 3 款所规定的"有前两款行为,同时构成其他犯罪的,依照处罚较重的规定定罪处罚"是一条注意规定。

2. 帮助的结果。成立本罪要求行为人促进了犯罪行为的实施。由于帮助信息网络犯罪活动的行为已被正犯化,因此无须成立普通帮助犯所要求的实行从属性,即被帮助的行为无须限定为犯罪行为。完全的犯罪行为、不满足责任要件的犯罪行为、未达犯罪程度的行为等都可以成为本罪的帮助对象。此时,成立本罪的关键问题还应在于行为与结果之间内含的因果关系,即"促进"的要求。

关于成立帮助犯所要求的因果关系,目前理论界以"促进的因果关系说"和"实行行为促进说"作为多数说的观点。"实行行为促进说"是指只要帮助行为在任一时间点促进了行为的实施,即便该贡献没有对结果起到作用,也可以认定成立帮助。[①] 该观点一直为德国司法实践所采取的立场,并被学者概括为"促进公式",即只要帮助活动促进了主实行人的行为或者使之变得容易就足以成立帮助。[②] 还有学者认为,对行为的"促进"和"造成"行为结果事实上几乎是不能加以区分的,因此只能看帮助是否使得正犯行为成为可能或加快、强化了正犯行为。[③] 然而,"实行行为促进说"属于责任共犯论或者不法共犯论的结论,与以惹起基本构成要件的结果作为处罚根据的因果共犯论之间不具有整合性。而且,按照"实行行为促进说",对帮助犯而言,正犯结果不过是客观处罚条件,而无法说明既遂犯的帮助犯和未遂犯的帮助犯

---

① 参见[德]乌尔斯·金德霍伊泽尔:《刑法总论教科书》,蔡桂生译,北京大学出版社 2015 年版,第 451 ~ 452 页。

② Roxin, Strafrecht Allgemeiner Teil Band Ⅱ, 2003, § 27 Rn. 186.

③ Jescheck/Weigend, Lehrbuch des Strafrechts, Allgemeiner Teil, 5. Aufl. 1996, S. 693;付立庆:《刑法总论》,法律出版社 2020 年版,第 319 页。

之间的不同。① 与之相对,“促进的因果关系说”认为,帮助犯与单独正犯不同,不需要与结果之间存在条件关系,只需存在让正犯实行和结果发生变容易,意义上的促进因果关系就足够了。②

在普通的共同犯罪中,要求帮助犯的成立必须具有对正犯结果的促进,该因果关系无疑是妥当的。但是,对于正犯化后的帮助行为则不应再作如此要求。普通的帮助行为应该要和正犯的实行行为以及既遂结果均有所关联,只是在犯罪成立上,应该把这两个层次区分开来。首先,帮助行为必须对于正犯的实行行为有所贡献,这是成立“帮助未遂”的前提。如果帮助行为和正犯的实行行为无关,就只是通常不可罚的“未遂帮助”。其次,帮助行为也必须对正犯既遂的结果具有贡献,这是成立“帮助既遂”的前提。如果帮助行为对于正犯的既遂结果并无贡献,就不可能成立帮助既遂,但倘若其和正犯的实行行为有所关联,则仍有帮助未遂的责任。③ 而被正犯化之后的帮助行为则完全无须受限于因果共犯论的要求,被帮助者既遂与否与正犯化之帮助行为无关。此时,只要正犯化之帮助行为能够促进被帮助者的实行行为即可成立既遂。在这一意义上,“促进公式”反而更能适用于正犯化之帮助行为成立的判断。

因此只有网络服务提供者提供的通讯传输、支付结算等技术被实际运用于被帮助者的犯罪行为,其才可能构成帮助信息网络犯罪活动罪。如果该类技术只是单纯被用于犯罪者事先联络同伙、事后资金结算,则不能被认为对犯罪行为起到了促进作用,继而不应被认定为犯罪。

3. 情节严重。网络中立帮助行为若要成立帮助信息网络犯罪活动罪,需要帮助者的违法性达到与通常帮助行为违法性相当的程度。网

① 参见[日]松原芳博:《刑法总论重要问题》,王昭武译,中国政法大学出版社 2014 年版,第 315 页。

② 参见[日]佐伯仁志:《刑法总论的思之道 · 乐之道》,于佳佳译,中国政法大学出版社 2017 年版,第 311 页;[日]松宫孝明:《刑法总论讲义》(第 4 版补正版),钱叶六译,中国人民大学出版社 2013 年版,第 218 页。

③ 参见蔡圣伟:《论帮助行为之因果关系》,载甘添贵等编:《帮助犯》,台北,元照出版有限公司 2019 年版,第 74 ~ 75 页。

络环境中的共同犯罪较之传统的共同犯罪而言，帮助犯具有更强的独立性和更高的违法性。更强的独立性体现为，犯罪人在为实施犯罪而寻求帮助时，完全不需要与帮助者取得意思联络。更高的违法性体现为，帮助行为所累积造成的法益侵害可能大大高于单个被帮助的正犯所造成的法益侵害。正是基于此，网络犯罪帮助行为具备了被立法正犯化的正当依据。

不过，网络犯罪帮助行为可能具有比正犯更高的违法性不能代表其必然拥有更高的违法性。例如，假设行为人开发的网络视频传播平台具有很高的鉴黄能力，但依然遗漏了极个别的淫秽视频，此时连被帮助者都无法达到传播淫秽物品牟利罪的可罚性要求，更遑论帮助行为的可罚性。在普通的共同犯罪中，成立帮助犯不要求帮助行为情节严重，是因为基于共犯从属性的限制，帮助行为通常已经借助正犯实行而具备了可罚的违法性。而作为正犯化后的帮助信息网络犯罪活动罪，其成立要求缺少了共犯从属性的限制，更容易出现“无正犯之共犯”的情形，这反而可能造成罪刑不均。《刑法》第 287 条之二所要求的“情节严重”并非针对被帮助的犯罪而言，而是为了满足罪责刑相适应原则为帮助行为本身所设置。因此，并非网络帮助行为促进了违法行为即可成立帮助信息网络犯罪活动罪，只有当网络帮助行为达到通常帮助犯所具有的违法性时才可以成立本罪。

（二）违法性阶层的法益衡量

在违法性层面，网络犯罪帮助行为的中立性可能影响行为的实质违法性。如前所述，帮助信息网络犯罪活动罪所规制的帮助行为类型具有难以定型性、广泛性的特点，因此中立的技术也可以是本罪规制的帮助行为类型。但是，技术本身的中立性并不能在个案中阻却犯罪构成要件的符合性，其只能在违法性层面基于利益衡量原理作为实质违法性的审查事由。当一项中立的网络技术既可以促进合法的利益实现又可能促进犯罪行为的实施时，需对二者之间进行利益权衡，若实现的合法利益远大于犯罪所侵害的法益，则该行为可能具有社会相当性而被社会接受。反之,若实现的合法利益远低于犯罪所侵害的法益,则不会被社会接受,具有实质的违法性。但是,满足了利益衡量原理的第一原理优越性利益保护原理后,尚不能直接得出技术中立不具有实质违法性的结论,还需判断行为人是否履行了避免义务。只有当行为人无法提前采取措施避免其提供的中立技术被用于犯罪时,方可最终被认为不具有实质违法性。

无论是案例一中被告人开发的视频传输软件还是案例二中被告人所开发的视频、图片传输平台,均可以促进合法作品的传播,但是行为人在追求这一合法利益的同时故意采取措施放任淫秽物品的传播,即行为人能避免中立技术所带来的合法利益与法益侵害之间的冲突而选择不避免,其行为同样不能被认为合法。

(三)有责性阶层的期待可能性考量

在有责性层面,网络中立帮助技术本身不是责任的阻却事由,但其可以引起对行为人期待可能性的考量。如前所述,当行为人实施的中立技术所创造的利益远高于所帮助侵害的法益时,有必要进一步判断行为人是否履行了回避义务,即事先避免这种合法利益与法益侵害之间的冲突。但在判断行为人能否履行这一回避义务时,能与不能是事实层面的问题,其最终影响实质违法性的判断,而能否期待行为人履行这一义务则是规范层面的问题,这种期待可能性的考虑影响有责性的判断。

如果中立技术的提供者事前可以采取措施以阻断技术对犯罪行为的促进,但这种措施将会造成比法益侵害更重的损失,如中断通讯传输可以避免被骗者继续受到诈骗,但同时也会对不特定用户的生产生活造成严重影响,此时尽管继续为诈骗行为人提供通讯传输支持是实质违法的,但却无法期待帮助者不继续实施这一违法行为。此时网络服务提供者可能因欠缺有责性而被出罪。当然,随着技术的发展,网络中立技术在实践中的运用通常不会如此僵化、被动,在期待可能性的判断标准上应当结合行为人当时所掌握的技术能力进行具体判断。

Defining the Punishability of Net-neutral Helping Behavior and Choosing the Charge

Sun Peng

[**内容摘要**]对“中立性”本身的解释无益于解决网络中立帮助行为的可罚性问题。行为方式的“中立性”不阻却帮助行为的构成要件该当性,只可能影响实质违法性或有责性的评价。基于法益衡量原理,中立帮助行为所创设的法益大于(或等于)所侵害的法益,而行为人事先无法避免合法与违法之间的冲突时,才得以被认定为不具有违法性。网络犯罪中立帮助行为可能构成具体犯罪的帮助犯,也可能直接构成帮助信息网络犯罪活动罪,对二者的选择既要考察构成要件的区别又要注意处罚根据的不同。对于网络犯罪中立帮助行为的入罪判断,可以在阶层视角下逐一审查帮助的故意、行为促进、情节严重、法益衡量下的实质违法性、避免义务下的期待可能性等要点。

[**关键词**]网络犯罪;中立帮助行为;帮助信息网络犯罪活动罪;法益衡量

Abstract: The interpretation of “neutrality” itself is not helpful to solve the problem of the punitiveness of net neutrality helping behavior. The “neutrality” of the behavior does not hinder the conformity of the constituent elements of the behavior, and may only affect the evaluation of substantial illegality or responsibility. Based on the principle of legal interest measurement, the legal interest created by the neutral assistance act is greater than (or equal to) the legal interest infringed, and the perpetrator cannot avoid the conflict between legality and illegality beforehand, and then it can be determined to be not illegal. Neutral assistance in cybercrime may constitute a helper of a specific crime, or it may directly constitute the crime of aiding cybercriminal activities in information. The choice of the two should not only examine the difference in constituent elements, but also pay attention to the difference in the basis of punishment. For the criminal judgment of neutral assistance in cybercrime, we can examine the intention of assistance, promotion of behavior, seriousness of circumstances, substantial illegality under the measurement of legal interests, and the possibility of expectation under obligation to avoid one by one from the perspective of hierarchy.

Keywords: Cybercrime; Neutral Help Behavior; Crime of Assisting Information Network Criminal Activities; Interest Measurement

帮助自杀行为刑法定性的教义学展开

何子涵*

目　　次

一、引　　言

当下,针对自杀参与行为的刑法定性问题,国内外理论林林总总、观点莫衷一是。所谓自杀参与,又称加功自杀,包括教唆他人自杀、帮助他人自杀以及得到他人承诺而杀害他人的"同意杀人"等行为。就不同类型的自杀参与行为而言,自杀决意的产生、自杀行为的样态、实行行为的表现以及行为人对死亡结果的支配力等方面存在显著差别。本文认为,帮助自杀中的"自杀",意指行为人在自主产生的真实有效的自决欲望推动下,实施的自我了结生命的行为。从此概念出发,帮助自杀的行为模式也与教唆自杀、同意杀人等其他自杀参与行为区分开来。

---

* 浙江大学光华法学院博士研究生。

从刑事规范来看,我国并未像日本、奥地利、瑞士等国一样在刑法中专门规定“教唆、帮助自杀罪”“同意杀人罪”等加功自杀条款。因此,对于帮助他人自杀的行为,无论是在被害人同意的情形下直接实施杀人的积极帮助行为,还是在被害人企图自杀后提供便利的消极帮助行为,司法实践均将其认定为故意杀人罪。而在理论层面,帮助他人自杀构成故意杀人罪也属于我国刑法学界的主流通说。[①] 但是,随着当代公民权利意识的迅速觉醒以及刑法教义学的进一步发展,学者分别继受自由主义、家长主义等法哲学思想,以自杀行为的违法性分歧为出发点,围绕共犯的从属性与独立性、被害人自我答责以及不作为参与等刑法理论各抒己见,细致阐释了帮助自杀行为不同的出入罪路径。

然而,在不同学术阵营不断发生激烈碰撞的背景下,我国刑事立法与司法实践尚未回应。纵观当下相关的著述研究,帮助自杀的刑法定性问题仿佛进入了讨论的瓶颈:一方或认为刑法中“故意杀人”的“人”包括自己,杀害自己当属刑法所规定的故意杀人罪,或强调自杀之违法性,利用共犯从属性理论适用故意杀人罪;[②]而另一方则认为,“杀人”当然仅指非法剥夺他人生命的行为,将自杀解释为“杀人”实属牵强附会之说,有违反罪刑法定之嫌。[③]

总之,我国刑法学界不乏对帮助自杀行为的细致分析,但部分理论能否在自圆其说的同时,又不与我国刑法的规范体系与话语体系产生冲突和矛盾,还有待进一步梳理论证。鉴于此,本文拟从对帮助自杀行为的立法规范与司法实践的考察着手,从相关案例中发掘我国法官就此问题传达的基本立场与价值追求,借此厘清理论与实践关于帮助自杀行为刑法定性的法律争点。在此基础之上,通过剖析帮助自杀的行为模式,分析现有理论的逻辑困境,并就帮助自杀行为是否应当入罪阐

---

① 相关论述参见陈兴良主编:《刑法各论精释》(上),人民法院出版社 2015 年版,第 15 ~ 16 页;张明楷:《刑法学(下)》(第 5 版),法律出版社 2016 年版,第 851 页;魏东:《案例刑法学》,中国人民大学出版社 2019 年版,第 133 页;王志远:《共犯制度的根基与拓展——从“主体间”到“单方化”》,法律出版社 2011 年版,第 105 ~ 109 页。

② 参见钱叶六:《参与自杀的可罚性研究》,载《中国法学》2012 年第 4 期。

③ 参见赵秉志主编:《中国刑法案例与学理研究》,法律出版社 2004 年版,第 3 页。

明立场。

二、帮助自杀刑事归责的规范、实践与法律争点

刑法的解释与适用必然伴随对刑法规范与案件事实的交互分析考察,以此实现刑法的合目的性。[①] 我国司法实践对帮助自杀行为的定性问题已经取得了初步共识,即统一以故意杀人罪论处。但是,刑法条文能否为帮助自杀行为入罪化提供正当性依据仍有巨大争议。而在规范层面的模糊语境下,不同法官在裁判文书中通过不同的归罪路径对帮助自杀行为入罪化予以证成。因此,有必要通过梳理、比较国内外的刑事立法,结合我国法院的裁判思路,进一步指出司法实践在证成故意杀人罪过程中出现的争议与问题。

(一)规范反思:故意杀人罪的罪状表述模糊

我国《刑法》第 232 条规定:"故意杀人的,处死刑、无期徒刑或者十年以上有期徒刑;情节较轻的,处三年以上十年以下有期徒刑。"除基本的构成要件类型外,我国并未在故意杀人罪之后单独规定其他修正的构成要件类型。

本文认为,我国关于故意杀人罪的表述过于模糊,实难称之为一个定型化的构成要件类型,具体表现在两方面。一方面,"故意杀人"的解释限度存在较大争议。虽然通说认为,"故意杀人"指的是非法剥夺他人生命的行为,但也有部分学者主张将杀害自己的行为评价为"故意杀人"。[②] 例如,有学者立足于人格法益观的视角,提出故意杀人罪的保护法益是人格自由发展之物质存续基础、物理载体。法益的工具价值体现为保护人格的自由发展,自杀行为虽然是对当下人格的实现,但却

---

① 参见张明楷:《刑法分则的解释原理》(第 2 版),中国人民大学出版社 2011 年版,第 8 ~ 10 页。

② 参见钱叶六:《参与自杀的可罚性研究》,载《中国法学》2012 年第 4 期。

是对未来人格的否定与侵害,因此,自杀可被认定为“剥夺他人生命”的行为。[①] 另一方面,除罪状表述模糊外,“情节较轻”的范围也并不明确。从司法实践来看,我国司法机关通常将帮助自杀行为作为“情节较轻的”故意杀人罪处理。但事实上,我国刑事立法及相关司法解释并未进一步规定何为“情节较轻的”故意杀人行为。因此,实践中法官通常根据行为的社会危害性、行为人的人身危险性对个案情形进行综合考量。通说认为,“情节较轻”意指罪行较轻,包括不法与责任两方面的减轻。[②] 从判决书所展现的观点来看,我国法官通常认为“情节较轻的”故意杀人一般包括帮助自杀、义愤杀人、大义灭亲、防卫过当杀人、受被害人长期迫害而杀人等情形。[③] 但学界对此存在不同观点,如陈兴良教授认为,“情节较轻”作为故意杀人罪的减轻处罚事由,指的应当是防卫过当杀人、义愤杀人以及受被害人长期迫害而杀人等情形。[④] 而就帮助自杀而言,其不属于故意杀人罪中的“情节较轻”的情形,不能以故意杀人罪论处。[⑤] 本文同样认为,“情节较轻”是犯罪行为在符合基础构成要件的前提下发挥作用的量刑规则、裁判规则,帮助自杀与义愤杀人、大义灭亲等情形在实行行为上存在明显差别,试图将帮助自杀评价为情节较轻的故意杀人罪,仍绕不开构成要件该当性的判断。

与我国不同,德日等国的刑法对此问题做出了较为明确的回应。日本通过帮助犯正犯化的立法思路,设置了自杀参与行为的独立条款。日本《刑法》规定:“教唆或者帮助他人使其自杀,或者接受他人的嘱

① 参见蒋太珂:《人格主义法益观视角下自杀关联行为的评价》,载《现代法学》2019 年第 2 期。

② 参见张明楷:《刑法学(上)》(第 5 版),法律出版社 2016 年版,第 852 页。

③ 参见重庆市第一中级人民法院刑事判决书,(2010)渝一中法刑初字第 98 号;浙江省温州市鹿城区人民法院刑事判决书,(2017)浙 0302 刑初 987 号;北京市第三中级人民法院刑事裁定书,(2019)京 03 刑终 1045 号。

④ 参见陈兴良:《规范刑法学》,中国人民大学出版社 2017 年版,第 281 页。

⑤ 参见陈兴良:《教唆或者帮助他人自杀行为之定性研究——邵建国案分析》,载《浙江社会科学》2004 年第 6 期。

托,或得到他人的承诺而将其杀害的,处6个月以上7年以下的惩役或者禁锢。犯罪未遂的,应当处罚。"之所以通过此种方式立法,原因在于日本刑法通说所秉持的限制从属性共犯论。在限制从属性的理论体系下,不存在作为"单独的犯罪"的"共犯",而只能是某种犯罪的"共犯",且共犯要具有可罚性的前提根据在于正犯必须着手实行犯罪。① 但是碍于自杀本身不是犯罪,因此帮助自杀行为就不属于各国刑法总则所规定的共犯行为,所以各国多在分则中单独设立独立的犯罪构成要件予以处罚。② 西田典之教授进一步指出,共犯规定作为一种"刑罚扩张事由",体现为修正的构成要件类型,通过与"杀人"这一分则所规定的基本构成要件相结合,立法者创设出其他的如帮助自杀等修正的构成要件。③

相较于日本帮助犯正犯化的入罪思路,德国传统刑法理论则一贯主张帮助自杀不构成刑事犯罪。然而,2015年12月3日德国颁布了《商业地促进自杀的可罚性法律》,确立了《刑法》中第217条业务性促进自杀罪:"1.意图促成他人自杀,并且商业性地为其提供、设法创造或者帮助获得自杀机会的,处3年以下自由刑或科处罚金;2.参与自杀者非基于业务性,以及第一款所指的自杀者的近亲属或亲近之人,不处罚。"立法者在立法理由中宣称,增设该罪的目的在于通过刑罚手段防止帮助自杀成为商业服务中的普遍性项目,因此,自杀参与行为原则上不具有刑事可罚性的基本立场在德国并未改变。④ 换言之,德国相关法律允许处于悲悯、同情等利他动机下的帮助自杀行为,但不允许商业性地、业务性地展开协助自杀的服务行为。但是,由于利己和利他的心理动机难以区分,此规定之适用存在问题。例如,在重症患者无法依靠

---

① 参见[日]西田典之:《日本刑法总论》,刘明祥、王昭武译,中国人民大学出版社2007年版,第319~320页。

② 参见[日]大塚仁:《刑法概说》(第3版),冯军译,中国人民大学出版社2003年版,第37~38页。

③ 参见[日]西田典之:《共犯理论的展开》,江溯、李世阳译,中国法制出版社2017年版,第27~29页。

④ 参见王钢:《德国业务性促进自杀罪评析》,载《比较法研究》2016年第5期。

自身生活而请求家属帮助自杀的情形下,家属帮助其自杀的同时既解脱了自己的照顾职责,又可能获得遗产或保险金,造成了利己的事实,其动因在法律上难以评价。如林东茂教授所言,此种情形下若从行为的动机出发,不免让刑法沦为“良心刑法”,自私利己的心态在道德上当然值得非难,但只因利己动机即犯罪化,那这个处罚就非常值得非议。[①] 因此,业务性促进自杀罪一经宣布,便遭受了德国刑法学界与实务人士的联名抵制,不仅因为该罪与德国传统刑法理念严重冲突,还因为法益保护不明、构成要件模糊以及罪名适用范围过宽的问题遭到苛责。在经受剧烈争议后,2020年2月26日德国宪法法院院长安德烈亚斯·沃斯库莱(Andreas Vosskuhle)以普通人格权包括公民的死亡自决权为由,宣布《刑法》第217条违宪。[②]

可见,在实定法层面,与德日等国相比,我国刑法关于故意杀人罪的罪状规定较为笼统,针对帮助自杀等自杀参与行为可能存在处罚漏洞。要进一步把握我国在立法规范与司法实践中对于帮助自杀行为的立场态度,势必要对相关案例进行进一步分析。

(二)归责进路:立足法律家长主义的实践立场

所谓法律家长主义,意指出于当事人利益或保护其免于伤害的善意,而毋庸顾及当事人的意志或自由,即“强制的爱”。[③] 日本学者山口厚教授便认为,帮助自杀的处罚根据恰恰在于即便死亡结果符合自杀者的意愿,但自杀者的生命权具有绝对的、至高无上的价值,因此更应

---

① 参见林东茂:《帮助自杀与积极死亡协助的适度合法化》,载《东吴法律学报》2019年第1期。

② 参见姜秉曦:《为自主决定留下充足空间——评德国业务性促进自杀罪违宪判决》,载《学习与探索》2021年第6期。

③ 参见孙笑侠、郭春镇:《法律父爱主义在中国的适用》,载《中国社会科学》2006年第1期。

受到保护，此即刑法依据法律家长主义例外认定的法益侵害。[①] 曾根威彦教授则基于优越利益原理，主张生命权作为个人所有权利存在的基础和前提，是远远高于自由意志这一利益的重大法益，被害人同意不能排除刑法对于生命法益的强制保护。[②]

我国关于帮助自杀的刑事司法实践同样明显地体现了法律家长主义思想。例如，在“张某某等故意杀人案”[③]中，法官宣称生命权不在自杀者可以自由处分的法益范围之内，即使被害人请求，被告人作为被害人的近亲属，将毒药递给被害人以及放任被害人死亡的行为仍然属于故意杀人。[④] 在“徐某故意杀人案”中，法院则在判决中进一步指出：自杀行为或相约自杀行为是对社会善良风俗的严重违背，使社会成员漠视生命价值，法律应予反对和禁止。同时，生命权作为公民个体至高无上的基本人权以及最为重要的法益，应给予最重要的保护，任何个体不得自由处分，即使是被害人，也不得将生命权交由他人处分。[⑤]

由相关案例可以推知，我国刑事司法实践更为强调对生命法益的绝对保护，无论自杀者是否出于自愿，都不能排除帮助自杀行为的刑事可罚性。以此为前提立场，我国司法机关再通过不同的归责路径实现对帮助自杀行为的入罪化证成。概括地说，相关裁判的说理可分为“帮助自杀共犯论”与“帮助自杀非共犯论”两条归责路径。

“帮助自杀共犯论”的核心观点是，自杀行为具有违法性，帮助自杀行为从属于自杀行为获得刑事可罚性。持此观点的学者和司法机关多从共犯的限制从属性出发，强调共犯以具备不法要素的正犯的存在

---

① 参见[日]山口厚：《刑法总论》（第2版），付立庆译，中国人民大学出版社2011年版，第13~14页。

② 参见[日]曾根威彦：《刑法学基础》，黎宏译，法律出版社2005年版，第73~74页。

③ 浙江省台州市路桥区人民法院刑事判决书，(2018)浙1004刑初254号。

④ 参见王永兴、夏俏骅：《协助近亲属自杀构成故意杀人罪》，载《人民司法》2019年第17期。

⑤ 参见广东省广州市天河区人民法院刑事判决书，(2019)粤0106刑初406号。

为前提,其本身不具有独立的可罚性与犯罪性。① 就帮助自杀而言,根据违法性连带原理,帮助自杀行为的违法性依附于自杀行为的违法性,因而具有刑事可罚性。如前述的“张某某等故意杀人案”中,司法机关认为之所以不追究自杀者的刑事责任,并非因为自杀行为合法,而是因为刑法无法对自杀者进行归责。② 换言之,此案将共犯的处罚根据建立在违法共犯论的立场之上,即共犯受到处罚是因为正犯实施了符合构成要件的违法行为,而对于正犯的有责性则不做要求。此外,也有学者在违法共犯论之外主张通过因果共犯论解决帮助自杀的归责问题。简言之,由于帮助自杀的行为间接引起了侵害他人生命法益的损害结果,自杀者的死亡结果与帮助行为之间具有因果性,所以可以将帮助自杀直接作为故意杀人罪的共犯处罚,我国刑法也无须针对帮助自杀增设新罪名。③

值得一提的是,除了根据共犯的限制从属性证成帮助自杀属于故意杀人外,也有部分学者基于共犯独立性说,认为帮助自杀行为的可罚性并非因为行为引发了被害人的死亡结果,而是因为帮助自杀行为本身具有危险性。④ 进一步说,不论被害人是否同意,自杀参与行为本身便具有间接侵犯生命法益的危险,根据这一实质理由,帮助自杀等行为具有独立的可罚性。⑤

“帮助自杀非共犯论”的核心观点是,帮助自杀行为与自杀行为不成立共同犯罪,之所以处罚帮助自杀行为,是因为帮助自杀者的帮助行为创设或提高了生命法益受到侵害的风险,行为人因此获得保证人地位,负有避免自杀结果发生的义务。倘若行为人能够履行而不履行该

① 参见周光权:《刑法总论》(第 3 版),中国人民大学出版社 2016 年版,第 341 ~ 342 页。

② 参见浙江省台州市路桥区人民法院刑事判决书,(2018)浙 1004 刑初 254 号。

③ 参见钱叶六:《参与自杀的可罚性研究》,载《中国法学》2012 年第 4 期。

④ 参见黄常仁:《“沧桑旧法”——论“自杀共犯”及其可罚性之理论研究》,载许玉秀主编:《刑事法之基础与界限》,台北,学林文化事业有限公司 2003 年版,第 543 ~ 547 页。

⑤ 参见王志远:《共犯制度的根基与拓展:从“主体间”到“单方化”》,法律出版社 2011 年版,第 103 ~ 110 页。

义务,则具有放任死亡结果发生的间接故意,以不纯正不作为的方式构成故意杀人罪。此种观点在实践中亦不鲜见。

例如,在“彭某某故意杀人案”中,司法机关直接表明了“帮助自杀非共犯论”的观点。在该案中,彭某某在其邻居杨某的请求下,购买毒药交由杨某,随后杨某服毒自杀。彭某某的辩护人称彭某某受杨某委托购买毒药,属于帮助犯,请求法院依法认定彭某某为从犯。但法院认为,彭某某在明知杨某具有自杀意图的情形下,仍然购买农药交由杨某,在杨某服药后不予救助,属于帮助自杀的行为,其行为独立构成故意杀人罪,不属于共同犯罪,不成立帮助犯、从犯。① 在其他案件中,该观点得到进一步印证。如在“谢某某故意杀人案”中,谢某某明知被害人有生命危险,负有抢救义务,但没有履行该义务,主观上放任了田某死亡结果的发生,当属间接故意杀人。② 在“王某故意杀人案”中,法院同样明确指出,由于王某对结束他人生命有积极行为,且其本人具有防止被害人自杀的义务,在可以救助被害人的情况下未予救助,属于故意杀人罪,但由于存在被害人同意,因此社会危害性较小。③

可见,“帮助自杀非共犯论”是将帮助自杀行为认定为不纯正不作为的故意杀人行为,以此实现对帮助自杀者的非难,然后在量刑时考虑减轻行为人的罪责。我国也有学者持此立场,认为教唆、帮助自杀等自杀参与行为不能被认定为“剥夺他人生命”,但教唆、帮助自杀之后,行为人不予救助自杀者导致其死亡的行为则属于“剥夺他人生命”的行为,即不作为故意杀人。④ 但是不纯正不作为犯始终与罪刑法定原则保持一种紧张关系,如何回应罪刑法定原则的诘问,是该论支持者必须面对的难题。

总之,我国对于帮助自杀的刑事归责大体呈现为在法律家长主义思想下的帮助自杀共犯论与帮助自杀非共犯论两种实践样态。帮助自

---

① 参见广东省揭西县人民法院刑事判决书,(2017)粤5222刑初一号。
② 参见广东省阳江市中级人民法院刑事判决书,(2017)粤17刑初29号。
③ 参见上海市浦东新区人民法院刑事判决书,(2018)沪0115刑初3092号。
④ 参见魏东:《案例刑法学》,中国人民大学出版社2019年版,第133页。

杀共犯论以自杀违法性为前提、以共犯从属性为联结、以违法共犯论或因果共犯论为处罚根据。与帮助自杀共犯论倾向于评价帮助自杀行为的依附性、从属性不同,帮助自杀非共犯论的评价重心倾向于行为人不履行救助义务的行为,认为帮助行为属于先行行为,在创设或提升了法所不容许的风险后引发了帮助自杀者的保证人地位,因而能够追究其不履行救助义务的不作为的故意杀人罪。

(三)帮助自杀行为刑法定性的法律争点梳理

从上文对不同国家的立法规范考察以及我国裁判文书的观点梳理可以看出,帮助自杀行为刑法定性问题的法律争点集中在以下三个方面。

第一,自杀行为的违法性有待明确。自杀行为是否具有违法性的问题是讨论帮助自杀行为可罚性的重要前提,也是对现有学说尤其是以共犯从属性为归责路径处罚帮助自杀行为这一观点进行检视的逻辑起点。

第二,共犯理论能否为帮助自杀的可罚性提供依据存在争议。这不仅涉及自杀行为的违法性问题,同样涉及我国刑法中共犯处罚根据、共犯立法体系等问题。选择共犯从属性说或者共犯独立性说能否妥善解决我国在自杀参与行为问题上的立法疏忽并通过理论续造填补漏洞,这些需要细致分析。

第三,通过不纯正不作为犯的思路规制帮助自杀行为是否可行还要进一步论证。一方面,为自杀者提供消极帮助的行为能否作为先行行为,进而引发帮助自杀者的保证人地位令人质疑;另一方面,帮助自杀的行为模式能否满足不真正不作为犯成立的等价性条件有待判别。

三、自杀的刑事违法性考察:对自杀违法说的省思

首先需要明确的是,当下我国的法律体系中并不存在"不得自杀"这样的规则。仅从实定法层面出发,自杀并未受到法律的禁止和惩处。

因此，学者讨论自杀是否具有违法性，往往是在一种价值立场的引导下展开自我论述的。但是，当我们如此论述时，无论是选择自杀违法还是自杀合法的结论，都是对“生命的存在高于一切”或“尊严的实现高于一切”此类命题的宣示。然而，当宣称某个东西是最终目的时，其本质是在做一种价值判断的陈述，而这种判断是由情感因素决定的，“因而在性质上是主观的，它只对判断人有效，从而只是相对的”①。在明确这一点后，本文主张自杀属于合法行为。

但就当下的讨论而言，自杀行为的违法性问题已非仅仅涉及实定法体系的问题，同样牵连法社会学、伦理学等领域。即便是如今全球绝大多数国家已经完成自杀行为的去罪化进程，但是，在国民意识中，自杀仍可能属于一种违背伦理道德的行为。本文虽无意在法哲学领域做过多讨论，更无法在生死正义问题上给出所谓的“正确答案”，但是，讨论帮助自杀的法律定性问题，就无法绕开对自杀违法说的进一步回应。因此，仍有必要对自杀行为的违法性争议做进一步梳理，以阐明本文的价值立场。

（一）近代自杀行为的去罪化潮流及违法性争议

社会对个体成员自杀的态度经历了漫长的转变过程。将自杀作为犯罪可追溯至古希腊和古罗马时期，古希腊法律通过截去尸体的右手、禁止使用传统的埋葬仪式来“惩罚”自杀者，古罗马法律则通过没收自杀者的财富、虐待自杀者的身体来“惩罚”部分自杀者。② 从 13 世纪起，自杀在欧洲国家逐渐演变为犯罪。自然神学家托马斯·阿奎纳宣称，唯有上帝有权使人死亡、使人生存，自杀行为同时违背了自然法、人法以及神法。学者达尔顿宣称，自杀属于“自我谋杀”，“自我谋杀”是

---

① ［奥］凯尔森：《法与国家的一般理论》，沈宗灵译，商务印书馆 2013 年版，第 34 ~ 35 页。

② See Neil M. Gorsuch, *Right to Assisted Suicide and Euthanasia*, The Harvard Journal of Law & Public Policy, Vol. 23:3, p. 623 - 626(2000).

对上帝、对国王以及对自然的严重冒犯,相较于谋杀他人,自杀的冒犯程度有过之而无不及。① 在当时的社会背景下,对自杀者施以严厉处罚已经成为民间信仰、集体信条的一部分。以英国的"自我谋杀罪"为代表,自杀者的尸体将被用木桩钉住,与杀人犯的尸体一同埋于十字路口。但是,这种象征性意义十分明显的惩罚对国民起到的威慑作用十分有限,社会自杀率并未因此降低。因此,有学者指出,英国把自杀作为犯罪的真正目的并非要降低社会成员的自杀率,而是出于英国在当时得以立国的政治原则和法律原则的需求。② 将自杀作为犯罪一直持续到15、16世纪。

直到近代,自由主义思潮下社会个体的权利意识得到极大强化,自杀作为一种"权利"引起了人们的重视。学者们不再将自杀作为单纯的法律或宗教问题进行讨论,而是在社会学、心理学等视角下将自杀行为作为社会现象进行研究。例如,涂尔干通过实证研究发现,每个社群都存在一种集体的、固有的自杀倾向,进而指出个人的自杀倾向来源于集体,但集体的自杀倾向并非源于个人。③ 尽管如此,自杀的去罪化过程也十分曲折,德国于1796年废除了《自杀法案》,而英国则直到1961年才废除了自杀条款。有学者认为,这表明了英国等欧洲国家从法律的角度承认了公民自杀的权利。④

然而,如前文所提及,即使刑法因各种原因不再将自杀行为纳入规制范围,但将自杀行为看作对社会伦理规范的损害这一观念是普遍存在的。例如,俄勒冈州最高法院首席大法官贝尔就曾在案件中宣称:现下,虽然我们认为自杀不像以前一样作为犯罪处理这么严重,但是社会

---

① See Michael Dalton, *The Country Justice: Containing the Practice, Duty and Power of the Justices of the Peace, as Well in as Out of Their Sessions*, Henry Lintot Press, 1742, p. 327.

② 参见吴飞:《自杀与美好生活》,上海三联书店2007年版,第209页。

③ 参见[法]埃米尔·迪尔凯姆:《自杀论》,冯韵文译,商务印书馆2001年版,第322~327页。

④ 参见李建军:《自杀行为在西方法律史上从"犯罪"到"权利"的演变探析》,载《政治与法律》2007年第2期。

常识告诉我们,一个理智的人是不会选择自杀的,理性要求我们保有对生命的热爱和对死亡的恐惧,自我毁灭无疑是一个人道德动荡、德行败坏的表现,是错误的行为。[①] 正因如此,自杀的违法性存在极大的争议。针对自杀违法性的讨论,学界存在“自杀违法说”、“自杀合法说”和“法外空间说”三种观点,分别主张自杀属于违法行为、合法行为和法外空间的行为。

(二)自杀违法说之批判:法律道德主义的风险

自杀违法说认为,自杀行为具有刑事违法性。自杀违法说以“生命至上”的伦理规范为内容依据,通过法律家长主义的思想强调自杀既属于违反伦理的行为,也是刑法应当给予否定评价的行为。刑法面对自杀者所体现的“爱”,就是“生命绝对不可侵犯”的立场。如学者所言:自杀已然对社会造成了损耗,而且中西方传统文化都反对社会成员实施自杀这一极端行为,因此社会显然已经确立了“生命至上”的伦理支撑,借助“规范违反说”背后体现的伦理基础,自杀违法性当然可以得到恰当诠释。[②]

此外,自杀违法说认为,虽然现代各国已基本不处罚自杀行为,但并非是由于自杀合法,而是因为自杀是不可罚的行为。以不可罚的根据为标准,可进一步划分为可罚的违法性阻却说与责任阻却说。可罚的违法性阻却说主张不处罚自杀的根据在于自杀者的同意行为降低了刑事可罚性,但自杀仍然是具有违法性的行为。如大谷实教授认为,生命虽然属于个人法益无疑,但同时兼具作为社会和国家存在之基础的最高价值,所以法益主体随意处分生命是法所不允许的行为。但是,国家倘若以刑罚手段干涉自杀行为,则会招致个人尊严的损害,因而属不

① See Wyckoff v. Mutual Life Ins. Co. of New York, 147 P. 2d 227(1964).

② 参见朱彦:《自杀行为“违法性”的双向证成——兼论自杀参与行为的刑事可罚性》,载《法学》2019年第2期。

具有可罚的违法性的行为。[①] 责任阻却说则认为,虽然自杀行为由于被害人同意等原因降低了违法性,但是违法性并未降低至不可罚的程度,而对于自杀者进行非难,会使得自杀者陷入要么死亡、要么接受处罚的两难境地,由于欠缺期待可能性,因此不能对自杀者追究责任。此外,以曾根威彦教授为代表的学者从刑法的规范功能出发宣称自杀违法说的社会效果优于自杀合法说:倘若赋予公民结束自己生命的权利,那么将会为"让人死去的行为合法化"清除障碍,在这种意义上,自决权必须让步于"生命的尊严"。[②]

但是,自杀违法说不无疑问,其暗含法律道德主义的风险。首先,以法律家长主义为依据主张自杀具有刑事违法性的正当性令人质疑。法律家长主义在此处假设了一个理性判断的前提:公民作为个体更容易陷入错误,个体的判断往往并不理性,因此就需要在重要的情况下约束、限制个人的自决权。[③] 然而,该观点始终受到强烈质疑:国家或社会是否比我自己更知道何种行为对我有利、何种行为对我有害?社会伦理和集体价值规范为何可以替个体成员回答更长的寿命是比个体其他权利更为高阶的利益?为何假设个人存在天然的不理性的同时又假设集体存在天然理性?学者常以强奸罪、强制猥亵罪为例证阐述刑法中法律家长主义的合理性,认为无论被害人的同意多么真挚,行为人与幼女发生性关系也无法否定构成要件该当性。[④] 然而,未成年人根本不具有完全责任能力,其所称"真挚的同意"根本并非帮助自杀情境中的"自愿"或"同意",以此认为家长主义可以排斥行为人的自由意志并不具有说服力。而在认可行为人具有自由意志的前提下,范伯格对硬

---

① 参见[日]大谷实:《刑法各论》(新版第2版),黎宏译,中国人民大学出版社2008年版,第15页。

② 参见[日]曾根威彦:《刑法学基础》,黎宏译,法律出版社2005年版,第73～74页。

③ See Jeffrey J. Rachlinski, *The Uncertain Psychological Case for Paternalism*, Northwestern University Law Review, Vol. 97:3, p. 1166-1167(2003).

④ 参见[日]前田雅英:《刑法总论讲义》(第6版),曾文科译,北京大学出版社2017年版,第217页。

性家长主义进行了全面的批驳。范伯格指出:仅仅在自由意志有瑕疵如自愿性不足的情况下,家长主义才可以作为限制自由的原则为刑事入罪提供正当依据。[①] 与之相反,在受害人真正同意时,任何干预都是家长式的、不正当的,以家长主义为依据将自我答责行为入罪化侵犯了阿什沃斯教授所称的"每个有责任能力的成年人的至高无上的个人自治领域"[②]。

其次,社会伦理规范的内容并不明确。前文已经提及,部分法官将自杀和帮助自杀定性为"严重违背社会善良风俗"的行为。[③] 也有学者强调,个体的极端自损行为,无论是在身体上还是精神上,都是对"共同善"的破坏,刑法自然应当对该类行为以及相关联的协助行为作出否定评价,以确保个体不要偏离"共同善"。[④] 但是,现代社会看似存在一种事实上被大家所共有的基本价值观,可实际上现代社会是多元价值观并存的时代,数个互不相容的伦理观并存是这个时代的特色,以行为违反伦理为由施以刑法,是将个人的兴趣强加于他人。[⑤] 正是这种多元价值观的存在,导致德日刑法对帮助自杀问题作出了完全不同的回答。因此,直接断言自杀违反社会伦理,不仅欠缺经验证据,更无法为我国刑法应当如何处理帮助自杀提供答案。

最后,自杀违法说宣称自杀行为合法化会引发社会集体对生命的漠视,本文认为该观点有待商榷。从事实的角度出发,社群存在固有的自杀倾向,自杀作为社会的病理性问题,伴随人类永恒存在。因此,社会成员在事实上完全获得了自杀的选择权利,而在行使这种权利时,社

---

① 参见方泉:《犯罪的正当性原则——兼评乔尔·范伯格的限制自由原则》,载《法学》2012 年第 8 期。

② Dennis J. Baker, *The Moral Limits of Consent as a Defense in the Criminal Law*, New Criminal Law Review, Vol. 12 : 1, p. 100(2009).

③ 参见广东省广州市天河区人民法院刑事判决书,(2019)粤 0106 刑初 406 号。

④ 参见郑玉双:《自我损害行为的惩罚——基于法律家长主义的辩护与实践》,载《法制与社会发展》2016 年第 3 期。

⑤ 参见[日]平野龙一:《刑法的基础》,黎宏译,中国政法大学出版社 2016 年版,第 83 ~ 87 页。

会成员是不会将自杀是否违法、死后尸体是否会遭受惩罚考虑在内的。这也是自杀条款并未帮助英国遏制公民自杀的原因所在。实证研究证明,中国的自杀动因以家庭矛盾、人际关系不和、精神障碍以及躯体疾患为主,在世界范围内,丧失人生目标、缺乏社会归属感、特殊人格等是自杀的主要原因。[①] 因此,从法律规范作为社会控制手段的角度来看,针对自杀这一如此复杂的个体行为和集群倾向,主张对其进行违法性评价能够抑制集群自杀倾向,或是对其进行合法化评价会提升社会自杀率,都过于高看刑法这一规范的作用而忽视了其他社会调控手段。

总之,自杀违法说所能起到的社会效果有限。正是认识到这一点,集体对自杀的态度才会不断转变:从重罪到轻罪再到非罪,从生命利益属于集体利益转向个体对生命享有支配的权利。明显的是,在自杀这一议题上,社会的法律规范、伦理规范呈现宽缓化的趋势,法律也不断让位于其他社会调控手段。本文认为,尊重生命、遏制自杀不是刑法的目的,保障公民的生命健康法益免受他人不法侵害才是刑法故意杀人罪的规范目的。国家有义务保障公民身心健康、预防个体自杀,但该目的显然无法通过刑法手段达到。

(三)法外空间说之否定:罪刑法定原则的排斥

法外空间说认为,由于法律和道德之间存在一个特别困难的歧异,所以法律空间放弃对相关行为的评价,行为人需要自行负责其行为的正确性。依考夫曼所言,法外空间说并非表明法律不对此类行为进行规定,而是说法律面对部分情形保留而不做评价。[②] 由此可见,法外空间说试图突破传统法律的"合法—违法"二元对立,创设一个法律"不禁止的—不允许的"的领域。我国亦有学者主张,二元范式下呈现的

① 参见张杰:《解读自杀——中国文化背景下的社会心理学研究》,中国人民大学出版社2016年版,第28~35页。

② 参见[德]阿图尔·考夫曼:《法律哲学》,刘幸义等译,法律出版社2011年版,第248~249页。

价值范畴具有相当的局限性，现实中完全存在应当受法律规制但能够合理地不受评价的情形，例如考夫曼所列举的紧急避险、自杀共犯等情况危急案例。[①] 更有学者将法外空间理解为一种客观存在，认为面对法律漏洞构建裁判规则是法律中心主义的绝对体现。法律要与其他社会调整方法如道德、习惯相协调，而不同的调整方法有不同的调整范围，法律不能垄断社会纠纷的解决机制。[②] 就自杀的法律性质而言，持法外空间说的学者在否定自杀具有违法性的同时，又认为自杀合法"不太合适"。例如，周光权教授认为，自杀合法说过于倾向自由主义，但个体自由是相对自由，国家虽然不宜用强硬手段处罚自杀行为，但也不能肯定自杀的合法性，否则便是对自杀这一行为给予提倡的暗示。[③] 本文认为，此观点是学者对可能严重违反伦理道德的事物难以承认为合法的折中做法，即某种程度的"视而不见"。且不论其他部门法领域，这种不予置评的做法能否在刑法上有理论空间，不无疑问。

本文认为，刑法领域中法外空间说的预期功能和适用效果存在无法调和的矛盾。一方面，为了防止对自杀这一违反伦理道德之行为进行不当暗示，而不应给予其合法化评价；另一方面，又认为法律不应垄断其他社会调整机制，不能妄图以"法律中心主义"对所有的事物进行评价。申言之，法外空间说一方面信任其他社会规范的调整机制、承认刑法本身仅是社会控制手段之一，因此法律毋庸对自杀等问题进行全面的规制；另一方面又不信任其他社会规范的调整机制，认为刑法即便是消极的默许，也难以实现其所预期的抑制自杀行为的社会效果，因此法律需要对此保留意见，创设一个"不禁止的—不允许的"法外空间。这也在一定程度上说明了法外空间的缺陷，即与伦理道德过于暧昧，进一步放大了"法外空间"内涵与外延的模糊性。考夫曼自己也评价说：

---

① 参见周光权：《教唆、帮助自杀行为的定性"法外空间说"的展开》，载《中外法学》2014 年第 5 期。

② 参见曹磊：《习惯在"法外空间"的规范效用》，载《法律适用（司法案例）》2017 年第 20 期。

③ 参见周光权：《教唆、帮助自杀行为的定性"法外空间说"的展开》，载《中外法学》2014 年第 5 期。

"它(法外空间)建立于宽容的、多元论风险社会的理想上……我们社会的特色乃高度的复杂性,因为事前并不知什么是正确的、什么是错误的,所以经常必须冒风险行事。"[①]毋庸置疑,法外空间为我们开创了新的思考方式,但将其运用于刑事司法实践可能尚不实际。否则,何种事物会落入法外空间,最后仍可能取决于判断者的价值立场,难免恣意。

此外,受到罪刑法定原则的统驭,法外空间在刑法领域具备的理论空间极为有限。为了保障人权且不妨害公民的行动自由,不致使公民产生不安感,就要使得公民能够预测自己行为的性质,刑法必须准确界定罪与非罪的界限,没有明文规定的内容不会成为刑法的适用依据。[②]从法外空间理论所针对的自杀、堕胎、义务冲突、紧急避险等问题来看,其本身是一种试图解决价值冲突的理论构想,势必涉及价值判断问题。当然,任何法律规范都内含价值判断的需求,新康德主义、罗克辛的功能刑法观也使得价值判断深度渗透到刑法评价当中。[③] 但是,如何将价值判断"教义化",以至于之后的司法裁判能够"中立地"遵从教义,是当今法教义学的重要议题。[④] 反观法外空间论,所解决的问题集中于犯罪论中的违法阻却事由与责任阻却事由,被一些学者批判为二者的简单组合。[⑤] 换言之,法外空间的理论边界不明、法律态度不明、判断标准不明、适用范围不明,与日渐精细的刑法教义学体系相悖,而阶层犯罪论在实践中已有较为周延的违法性判断标准,更无在其犯罪论体系之外寻求法外空间说来判断违法性的需求。

总之,法外空间理论受到罪刑法定原则的排斥。事实上,即使一个行为有悖于伦理道德等其他社会规范,法律依然可以给予其合法化评价。在我国的法体系下,以谦抑性自居的刑法规范没有将其评价为违

---

① [德]阿图尔·考夫曼:《法律哲学》,刘幸义等译,法律出版社 2011 年版,第 249 页。

② 参见叶良芳:《刑法总论》,法律出版社 2016 年版,第 19 ~ 23 页。

③ 参见周光权:《刑法客观主义与方法论》,法律出版社 2020 年版,第 96 页。

④ 参见雷磊:《法教义学的基本立场》,载《中外法学》2015 年第 1 期。

⑤ 参见马天成:《自杀行为之法外空间解释路径的批判》,载《刑事法评论》2017 年第 1 期。

法的理由。法外空间说受到道德、伦理规范的影响,对自杀主张采取折中态度,在刑法上应当直接表现为不违反刑法的评价。

(四)自杀合法说之肯定:基本权利冲突的消解

自杀行为不具有违法性,自杀者对自己的生命有处分的权利。如林山田教授所指出:公民享有死亡的权利,刑法不得以落实生命的绝对保护为由制定处罚自杀行为的条款;自杀行为固然有违社群的伦理准则,但仍属于个体对其生命权利的合法处置。① 冯军教授从自由意志的角度出发,同样认为一个具有完全责任能力的人在没有外在障碍能够决定其是否实施自杀的情形下,基于自决意思实施了自杀行为,无论其动机如何,对于法规范都属自由地处置生命的行为。② 本文认为,自杀合法说并非否认生命法益的重要性,而是对生命法益的内容进行了不同的理解和阐释。相较而言,自杀违法说强调生命存续之基础,自杀合法说则侧重生存尊严之实现。

对于自杀者而言,自杀并非体现了个人自由与社会利益或他人权利之冲突,而是个人自由之间的冲突。具体而言,自杀表现为生命尊严之实现与生命存续之基础的基本权利冲突。对于一般人来说,二者具有一致性,生命尊严的实现以存续为前提。但对于自杀者来说,二者可能出现了难以调和的矛盾。一般来说,在基本权利冲突的情况下,国家负有调控的义务,即通过限制一方权利从而保护另一方权利。如孕妇是否享有堕胎自由的权利,即孕妇的人格权与胎儿的生命权之间产生了基本权利冲突。面对此类问题,一个国家无论采取何种立法政策、司法机关无论作出何种判决,都必然保护一方权利的同时限制另一方权利。因此,在基本权利冲突的情形下,就形成了"加害人—国家—被害

---

① 参见林山田:《刑法各罪论》(修订五版),北京大学出版社2012年版,第17页。

② 参见冯军:《刑法的规范化诠释》,载《法商研究》2005年第6期。

人”的三角关系。[①] 但是,与传统的基本权利冲突构造不同的是,自杀所体现的冲突结构是个人主体性的内部冲突,即加害人与被害人、受保护者与受限制者都是同一人。这种情况下,国家权力是否还有强制介入的空间就值得怀疑。

此外,自杀合法说也面临一个解释上的难题,即倘若自杀合法,那么阻止他人自杀便是阻止他人自由地行使权利。因此,在他人选择自杀时,就不得加以救助。本文认为,该观点过于绝对。如前所述,自杀体现的是个人主体性内部的基本权利冲突。无论是生命基础的存续,还是人格尊严的实现,本身都有不言自明的正当基础。因此,阻止自杀获得正当性,国家、社会或个人当然可以阻止自杀者,其本质是国家在履行自身保护公民生命健康的义务,但国家救助的行为对自杀者不具有强制性的约束力,自杀者对阻止自杀的行为更不具有法律上的强制配合义务。而且,阻止自杀行为本身同样受到比例原则等基本权利冲突解决原则的限制。一言以蔽之,法律不允许、他人不应当通过杀害自杀者甚至造成其他重大损害如使自杀者瘫痪等手段阻止自杀。

因此,本文认为,自杀是合法行为。自杀合法与阻止自杀合法二者之间不存在根本的矛盾和冲突,国家也应当防止公民自杀并救助自杀者,以此作为国家保护、尊重公民生命健康权之承诺兑现,但自杀者无须为此负担法律责任。

四、帮助自杀刑事归责的路径选择与入罪风险

根据前文对裁判文书说理部分的概括提炼,可将我国司法实践对帮助自杀行为大体分为“帮助自杀共犯论”与“帮助自杀非共犯论”两条归责路径,其内部也存在不同的理论支撑。在表明自杀是合法行为的价值立场之后,现有学说能否在贴合我国刑法规范体系的前提下,为帮助自杀入罪化提供正当性,值得细致梳理与反思。

---

① 参见张翔:《基本权利冲突的规范结构与解决模式》,载《法商研究》2006 年第 4 期。

(一)帮助自杀共犯论的话语体系矛盾与解释困境

从共犯角度寻求帮助自杀的刑事可罚性,是我国理论与实践的常见选择。依学者所言,在类推制度被明确禁止后,借助共犯理论体系解决帮助自杀的处罚依据问题,是具有"必然性"的方案选择。[①] 根据共犯理论体系的不同,学者分别根据共犯独立性和共犯从属性证成帮助自杀的可罚性。然而,本文认为,无论是共犯从属性还是共犯独立性的认定思路,均难以消解帮助自杀归罪的逻辑困境。

1. 共犯独立性说:不当扩张处罚范围

共犯独立性说强调行为所展现的行为人的主观恶性,无论是否存在正犯行为,均不影响共犯行为的违法性,即每个共犯行为都存在独立的不法内涵。共犯独立性说以主观主义思想为基础,基于个人责任原理,认为共犯从属性所体现的是古代的集团责任思想,与现代文明不符,并将此批判为共犯从属性说的根本缺陷。[②] 刘明祥教授则主张,由于我国刑法已经明确规定处罚教唆未遂的情形,同时将许多帮助行为、教唆行为规定为独立罪名,因此我国刑法已然采取了单一正犯论的共犯体系。[③] 在此基础上,刘明祥教授进一步指出共犯从属性理论在我国并没有存在的土壤和空间。[④]

值得一提的是,我国也有学者秉持共犯二重性的立场,而在帮助自杀的违法性问题上,其本质仍属于共犯独立性说。如有学者称,我国之所以采纳共犯二重性说,是立足于单一正犯论的基本立场,所有参与共

---

① 参见王志远:《论我国共犯制度存在的逻辑矛盾——以教唆、帮助自杀的实践处理方案为切入点》,载《法学评论》2011 年第 5 期。

② 参见陈子平:《论共犯之独立性与从属性》,载《刑事法评论》2007 年第 2 期。

③ 参见刘明祥:《论我国刑法不采取共犯从属性说及利弊》,载《中国法学》2015 年第 2 期。

④ 参见刘明祥:《"被教唆的人没有犯被教唆的罪"之解释》,载《法学研究》2011 年第 1 期。

同犯罪的人都是正犯,处罚教唆自杀正是出于此种缘由。[①] 简言之,支持共犯二重性理论的学者,其逻辑无论是承认共犯从属性的同时例外地采纳共犯独立性,还是强调共犯独立性的同时兼顾共犯从属性,在帮助自杀违法性的问题上,仍然偏向共犯独立性说。因此,对共犯独立性说的分析,同样是对共犯二重性论的审视,二者无须分别讨论。

一方面,共犯独立性说存在与规范体系话语的矛盾问题。毋庸置疑,虽然有学者坚定地支持共犯独立性说,但由于共犯独立性的弊端过于明显,其"学术势力"日渐式微。如林钰雄教授所言,从世界范围的刑法理论发展来看,未来共犯的问题已然不在于"应当采纳独立性说还是从属性说",而转向了"如何更好地适用限制从属性说"。[②] 而从刑法规范与实践层面来看,我国也没有围绕单一正犯论建立共犯体系的必要性。虽然我国刑法并未在总则中写明帮助犯、教唆犯的概念意涵,但也并非如部分学者宣称区分制共犯体系难以在定罪量刑问题中发挥决定作用。事实上,我国司法实践在通过解构共犯行为模式、划分参与类型的前提下,再引入参与程度判断明确不同程度参与人的责任大小,即双层区分制。[③] 正因为刑法对教唆、帮助等相关行为划定了修正的构成要件、设置了专门规定,无论是刑法理论还是司法实践都已经在事实上接受了帮助犯、教唆犯的概念,所以单一正犯论存在适用与解释上的问题,与主流话语体系不符。[④]

另一方面,共犯独立性说存在不当扩张处罚范围的问题。一般而言,限制正犯论的概念更为符合罪刑法定要求,即通过共犯从属性原理对正犯的构成要件该当性及违法性乃至有责性提出要求,对限制处罚

---

① 参见袁林、姚万勤:《我国刑法语境下教唆自杀处罚依据新论》,载《社会科学战线》2014 年第 2 期。

② 参见林钰雄:《新刑法总则》,台北,元照出版有限公司 2020 年版,第 455 页。

③ 参见钱叶六:《双层区分制下共犯与正犯的区分》,钱叶六主编:《中国共犯理论的研究进展》,社会科学文献出版社 2020 年版,第 182 ~ 186 页。

④ 参见陈兴良:《走向共犯的教义学——一个学术史的考察》,载《刑事法评论》2009 年第 2 期。

范围具有重要作用。[①] 但若采用单一正犯概念,会使得犯罪界限的不当扩张。例如,按照共犯独立性说,刑法强调帮助自杀行为自身的危险性,那么可能出现的情况是,行为人在自杀者产生自杀决意后为其提供帮助,而后自杀者反悔并未实施自杀行为,此时仍需追究帮助自杀者故意杀人未遂或帮助自杀既遂的刑事责任。如学者指出,如果承认共犯作为一种"刑罚限制事由",共犯的不法仅仅来源于自身的危险性抑或是行为人的主观恶性,而无须考虑正犯的不法,那所有的共犯都可能忽视构成要件结果而成立既遂,这一结论显然不合常理。[②]

总之,利用共犯独立性为刑法规制帮助自杀行为提供理论支持存在明显问题。共同犯罪作为数个行为人的共同"作品",其规范意义上的不法内涵唯有通过所有共同犯罪人的整体行为才得以展现,而共犯独立性说却人为割裂了该整体行为,对共同犯罪所传达的社会意义评价便难以完整。[③] 碍于共犯独立性与主观主义、行为人刑法的暧昧关系,通过孤立个体行为的违法性,并将其纳入刑法规制范围,共犯独立性说所展现的扩张犯罪界限的适用效果与现代法治文明理念不符。

2. 共犯从属性说:难以避免类推解释

共犯的限制从属性已经成为多国通说。一般认为,共犯的处罚根据来源是因果共犯论,即惹起说。帮助犯、教唆犯之所以会受到刑事处罚,原因在于其间接惹起了法益损害的结果。因此,帮助犯的成立需要同时满足因果性与从属性的双重判断,因果性包括"物理的因果性"和"心理的因果性"两方面内容。[④] 就帮助自杀行为而言,帮助行为既可能具有物理的因果性——提供相应的工具、便利条件,也可能具有心理

---

① 参见王华伟:《中国犯罪参与模式之定位:应然与实然之间的二元区分体系》,载《中国刑事法杂志》2015 年第 2 期。

② 参见李世阳:《规范论视角下共犯理论的新建构》,载《法学》2017 年第 11 期。

③ 参见何庆仁:《共同犯罪的归责基础与界限》,中国社会科学出版社 2020 年版,第 256 ~ 258 页。

④ 参见[日]山口厚:《刑法总论》(第 3 版),付立庆译,中国人民大学出版社 2018 年版,第 309 ~ 318 页。

的因果性——加强了自杀者自决的心理暗示。因此,根据惹起说认定帮助自杀的因果性问题不大,其主要争议集中在从属性的判断。

根据对正犯的从属程度的不同,限制从属性说可进一步划分为"最小限度从属性说"、"不法从属性说"、"极端从属性说"以及"最极端从属性说"。现下,一般以"不法从属性说"为主流观点,主张共犯的"构成要件该当性"与"违法性"都从属于正犯。但共犯从属性存在一个明显的解释困境,即无论采取何种从属性说,都无法绕开正犯实行行为构成要件该当性的判断。因此,试图通过共犯从属性为帮助自杀行为提供可罚性的大多数学者,最终总要归结于将自杀行为论证为故意杀人罪的实行行为。

例如,王昭武教授基于最小从属性说,在混合惹起说的基础上进行修正,提出了新混合惹起说,主张正犯的行为仅需具有构成要件该当性即可,但共犯的成立则需要同时具备构成要件该当性与违法性。而由于我国的实务部门普遍将自杀行为认定为故意杀人罪的实行行为,因此可以认定帮助自杀者成立故意杀人罪,不存在解释障碍。[①] 本文认为该观点有待商榷。在本文看来,"新混合惹起说"在一定程度上强调了共犯的独立性,即在从属性上采取"最小从属性论",而为了避免因忽视正犯行为违法性而造成的不当扩张处罚范围的不良结果,主张对正犯实行行为的构成要件该当性进行判断之后还需要对共犯的违法性进行独立判断。但是,该观点难以解释,为何在正犯行为不具有违法性的前提下,帮助正犯行为仍然具有违法性。为了印证这一归责逻辑,新混合惹起说只能宣称自杀是故意杀人的实行行为,选择站在了自杀是具有阻却责任的违法行为立场。具言之,由于欠缺对自杀者的期待可能,我国刑法虽然不处罚自杀行为,但在构成要件该当性判断上自杀属于故意杀人罪的构成要件类型,并认为此乃司法机关的一致观点。根据前文对司法实践观点的梳理,可以看出法官并不会将自杀认定为故

① 参见王昭武:《共犯处罚根据论的反思与修正:新混合惹起说的提出》,载《中国法学》2020年第2期。

意杀人,甚至有判决书明确表示帮助自杀与自杀并非共同犯罪关系。[①] 一般认为,故意杀人罪的客观要件是非法剥夺他人生命的行为,不包括自杀情形。[②] 因此,将自杀解释为故意杀人,已超过了国民可能预测的"杀人"语义射程,属于不具有正当性的类推。

总而言之,在帮助自杀的归责路径上,无论是基于"共犯独立性"还是"共犯从属性",在解释与验证过程中似乎都存在与我国共犯理论体系相矛盾的问题,在此基础上发展的各种修正学说亦难以自洽。其根本原因在于,共犯论者不得不将帮助自杀行为依附于自杀行为。既然予以自杀非罪的肯定,在我国刑法未设立专门罪名的情形下,共犯理论自然难以为处罚帮助自杀行为找到规范依据。

(二)帮助自杀非共犯论对构成要件该当性的回避

帮助自杀非共犯论在主流观点外另辟蹊径,主张帮助自杀行为的处罚根据来源于帮助自杀者的保证人地位,其作为义务可能来源于帮助自杀者的先行行为、特殊身份或法律规定。我国司法机关也时常以此为由,认定帮助自杀者因放任被害人的死亡结果的发生而构成间接故意杀人。但本文认为,无论是对实行行为的选取、保证人地位的认定以及因果关系的判断,该观点都存在可探讨之处。

1. 实行行为应限定为不履行救助义务的行为

在帮助自杀非共犯论的路径下,法院以耦合式四要件的犯罪论体系为判断标准,时常回避或忽略了构成要件该当性的论证,犯了主观判断前置的归责错误。例如,在前文提及的"谢某某故意杀人案"中,法院在裁判理由中声称,在田某自行服毒后,谢某某明知田某具有生命危险,负有抢救义务却不予救助,放任田某死亡结果的主观故意明显,其行为当属间接故意杀人罪。[③] 在本案中,法院明显绕开了对故意杀人

---

① 参见广东省揭西县人民法院刑事判决书,(2017)粤5222刑初一号。

② 参见赵秉志主编:《中国刑法案例与学理研究》,法律出版社2004年版,第3页。

③ 参见广东省阳江市中级人民法院刑事判决书,(2017)粤17刑初29号。

罪作为与不作为的等价性判断,仅从其具有扶助义务的同时放任被害人死亡结果的发生,就认定两者间的因果关系,其结论未必合理。因此,对帮助自杀行为的刑法定性,首要问题仍是指明何者为可归责的实行行为。

首先,帮助自杀的行为模式可以拆解为积极提供条件的帮助的作为行为,与消极的不履行救助义务的不作为行为。但是,二者是否都应当属于刑法的评价范围有待讨论,实践中对作为刑法评价对象的行为选取也并不一致。如前述"谢某某故意杀人案"中法官重点评价了谢某某不履行救助义务的行为;而在"王某故意杀人案"中,法院同时选取了积极帮助的作为与消极不履行救助义务的不作为,认定行为人先前的帮助行为属于导致作为的先前行为,因此获得保证人地位,由于不履行救助义务进而构成不纯正不作为的故意杀人。①

其次,在没有法律处罚自杀、明确规定帮助自杀罪的前提下,为自杀者提供帮助的行为并未造成法规范不允许的危险。法益的功能并不在于宣布有哪些利益被保护,刑法并非通过"筑起围墙"保护法益,而是规范人不得攻击法益,在此种意义上,法益所体现的是人的关系的结构。② 在自杀场景下,自杀动机来源于自杀者的人格尊严、自由意志,生命法益保护的并非其自然损耗的状态。③ 从这个角度来看,帮助自杀的情境下生命法益并未受到来自他人的侵害。

最后,帮助自杀的行为类型与"得其承诺而杀之"的同意杀人也不相同,自杀者完全掌控自杀进程,由自己完全决定何时、何地、何种手段了结自己的生命。换言之,所谓的会对法益造成损害的"紧迫危险"并非由帮助行为所设置,为自杀者提供工具、场地或其他条件的行为,创设的风险通常是轻微的、边缘化的危险,不足以被刑法禁止,例如购买

---

① 参见上海市浦东新区人民法院刑事判决书,(2018)沪0115刑初3092号。

② 参见[德]G. 雅各布斯:《刑法保护什么:法益还是规范适用?》,王世洲译,载《比较法研究》2004年第1期。

③ 参见王钢:《自杀的认定及其相关行为的刑法评价》,载《法学研究》2012年第4期。

农药交由他人的行为。[①] 只有当自杀者服药或采取其他自杀行为时，其生命才受到紧迫危险。且帮助行为与自杀行为在时间关系上未必呈现一种紧密衔接的状态，亦有可能在条件形成后过了数天或数月，自杀者才采取自杀行为，抑或直接放弃自杀行为。本文认为，帮助自杀行为为危险创设提供了条件，但仅是帮助自杀行为，尚难以引起刑法的注意。

总之，在没有法规范明确指向帮助自杀这一行为类型时，我国刑法的评价对象针对的应当是帮助自杀者面对自杀行为不履行救助义务的不作为。秉持非共犯论的司法机关将帮助自杀行为认定为故意杀人罪，并非将提供便利条件的帮助行为作为故意杀人的实行行为，而是因其不履行救助义务，所以成立不作为的故意杀人。但是，此种归责思路明显面临一个根本问题，即帮助自杀者是否具有保证人地位？

2. 运用自然因果绕开不真正不作为犯的等价性判断

从裁判文书的表述不难发现，我国司法机关认为，提供便利条件的帮助自杀行为可以认定为保证人地位来源之先行行为，依靠条件说确认不履行救助义务与死亡结果之间的因果关系，进而认定不真正不作为的故意杀人。本文认为，法院的归罪逻辑至少存在两个疑问：一是帮助行为未必可以被评价为先行行为；二是因果关系确认时隐含的条件说立场，回避了作为与不作为的等价性判断。

首先，仅提供便利的帮助行为不能作为先行行为引起帮助自杀者的救助义务。先行行为保证人义务的基本内涵在于，危险行为的实施者有义务消除自己造成的危险，这一危险必须是现实而紧迫的危险，否则认定范围可能过宽。[②] 除此之外，行为人对危险发生的原因还必须具有支配力。[③] 可见，该理论强调不作为犯的不法行为需要建立在结果发生原因的事实支配之上，即对脆弱法益或者危险源建立了事实上

① 参见徐宗胜、何国锋：《自杀参与行为是否构成犯罪新探》，载《上海政法学院学报（法治论丛）》2015 年第 6 期。

② 参见刘士心：《不纯正不作为犯研究》，人民出版社 2008 年版，第 142 ~ 143 页。

③ 参见张明楷：《不作为犯中的先前行为》，载《法学研究》2011 年第 6 期。

的支配关系。但是,本文认为帮助自杀者并未支配死亡原因及死亡结果。

一方面,如前所述,自杀是行为人在自主产生的真实有效的自决欲望推动下,实施的自我了结生命的行为,自杀者在时间、空间上完全掌控整个因果流程,而提供工具和便利的行为并未创设紧迫风险,更遑论对因果流程或结果的支配。即使因为在先行为创设或提升了法益侵害风险,但由于被害人同意的介入将会阻断在先行为的风险,行为人不因在先行为承担避免结果发生之义务。

另一方面,以支配地位或支配可能为依据,推导出规范意义上之结果回避义务有循环论证之嫌。[①] 简言之,从作为事实性概念的支配地位或支配能力推导出作为规范性概念的义务,实属从"实然"导出"应然"的自然主义谬误。[②] 在这一前提之下,德国刑法学界的基本立场认为,即使存在一定程度上的支配能力,在参与者自己答责的情形下,排除行为人的作为义务,限制保证人地位的成立。在德国司法实践中,儿女遵从父母意愿并未向医生请求协助或履行其他救助义务,并无刑法上责难之余地。[③] 但是,若根据我国司法机关之观点,基于儿女相对于老人的支配能力和支配地位,应当认定其负有避免结果发生的义务以及有阻止结果发生的可能,成立不作为的故意杀人。

其次,不履行救助义务的行为与故意杀人的实行行为并不等价。在司法实践中,如果通过支配能力等要素推定保证人地位,进而以条件说确定不作为与结果之间的因果关系,就可以绕开构成要件该当性的判断,直接认定不作为的间接故意犯罪。明显的是,这一归责路径不当扩张了不作为犯的适用范围,忽视了作为与不作为之间的等价性要求。林钰雄教授就该现象指出,刑事司法实践中一旦通过保证人地位的判

---

① 参见姚诗:《先前行为保证人地位的理论根据》,载《清华法学》2014年第5期。

② 参见徐万龙:《不作为犯中支配理论的法教义学批判》,载《现代法学》2019年第3期。

③ NStZ 2011,345. 转引自林东茂:《死亡协助的刑法问题》,载《高大法学论丛》2015年第2期。

断后,几乎难以找到判断结果为“不等价”的实际案例,所谓的等价条款近乎沦为“空话”和“多余的判断”。[①] 无疑,通过行为人具有的保证人地位推定行为人的不作为与构成要件行为类型等价,极大地降低了不纯正不作为犯的适用门槛。

总之,就提供工具等便利条件的帮助自杀行为而言,该行为并未创设规范所不允许的风险,提供帮助者自始至终从未掌控因果流程,即使存在支配能力,也并不具有规范上的救助义务。如学者所言,“仅制造了客观危险但并无规范层面危险的先行行为,是规范上完全正当的行为,行为人无须为一个正当的行为及其后果负任何责任”[②]。因此,无法通过不纯正不作为犯的归责路径将帮助自杀行为认定为故意杀人罪。

五、结　　语

现有学说始终难以为帮助自杀入罪化证成提供较为合理的理论支持。一方面,无论是基于共犯独立性还是共犯从属性,由于受到立法体系的限制,始终难以绕过自杀非罪论乃至自杀合法说的影响。帮助自杀行为没有符合构成要件该当性的正犯行为可以依附,相关的修正学说与我国共犯论体系也难以融合。另一方面,通过论证帮助自杀者的保证人地位,认定行为人构成故意杀人罪,忽视了等价性的判断,会不当扩张故意杀人罪的适用范围。因此,对于实践将帮助自杀行为定性为故意杀人罪的做法应予否定。就单纯的帮助自杀行为而言,在教义学层面行为人无须承担刑事责任。

但无可否认的是,确立帮助自杀罪对我国仍有其阶段性与合理性。刑法的根基体现为人类的欲求,各种欲求间互相影响产生的体系化因素包含了人类学、社会学、生物学等种种因素,它们互相纠缠产生强弱

---

① 参见林钰雄:《新刑法总则》,台北,元照出版有限公司 2020 年版,第 549 页。

② 徐万龙:《先行行为保证人类型之否定》,载《刑事法评论》2019 年第 1 期。

程度不同的影响。[①] 帮助自杀彻底去罪化在生产资料完备、个体精神境界极高的社会阶段更具合理性,但显然,我国尚不具备此种条件。事实上,未免其他诸如社会道德滑坡的风险,帮助自杀同样可能因为刑事立法政策之需求入罪化。[②] 就现下而言,故意杀人罪的罪状不能涵盖帮助自杀罪的行为模式,此问题已经成为采用"法律解释的方法"亦不可填补的法律漏洞,非法官续造所能解决。因此,我国应当单独确立帮助自杀罪。而在此之前,司法机关应当根据罪刑法定原则对此类案件作无罪处理。

Analysis of the Criminal Nature of Assisting Suicide from the Dogmatic Perspective

He Zihan

[**内容摘要**]我国刑法并未规定自杀参与行为。司法机关在法律家长主义的立场下,将帮助自杀认定为故意杀人罪缺乏规范依据。在自杀行为合法性的前提下,帮助自杀行为不具有可依附的正犯行为,自杀与帮助自杀不构成共同犯罪。由于自杀者掌控因果流程与结果支配,为自杀者提供帮助行为并不会直接指向法益侵害的危险,帮助行为不属于先行行为。通过不真正不作为犯的归罪方式绕开构成要件该当性的判断有违罪刑法定原则。未来,我国应当基于刑事政策的需求,单独设置帮助自杀罪。现下,司法机关对帮助自杀行为应当做无罪处理。

[**关键词**]帮助自杀;故意杀人罪;限制从属性;不真正不作为

Abstract:In the criminal law of China,there is no a special provision for participation in suicide. It has no legal standing that judicial organs recognizes assisting suicide as intentional homicide from the standpoint of

① 参见[日]西原春夫:《刑法的根基与哲学》,顾肖荣等译,中国法制出版社2017年版,第176页。

② 参见林山田:《刑法各罪论》(修订5版),北京大学出版社2012年版,第17页。

paternalism. Under the premise of the legality of suicide, there is no perpetrators that assisting suicide can be attached to, so suicide and assisting suicide can not be a joint commission of a crime. Through the analysis of the behavior pattern of assisting suicide, it can be seen that people who kill himself is in full control of the causal process and the death result. And assisting suicide does not cause the danger of infringement of legal interest, so it can not be identified as prior conduct. Through the method of judgement of the derivative omission offense, justice circumvent the judgment of the constitutive elements, which violates the principle of legality. In the future, based on the needs of criminal policy, criminal law should separately establish the crime of assisting suicide. Now, the criminal nature of assisting suicide should be not guilty.

Keywords: Assisting Suicide; Restricting Dependency; Derivative Omission Offense; the Prior Conduct

〔中国刑法〕

论被允许风险背景下医疗过失的注意义务*

——以“能力维持”为着力点

王一冰**

目　　次

一、问题的提出

医疗过失指的是具备注意能力的医疗人员，因违反医疗注意义务致使医疗法益受到损害的结果的行为。[1] 注意义务作为过失犯的核心

* 本文系2018年国家社科基金重点项目“中国刑法立法现代化的理论基础与路径选择研究”（项目批准号：18AFX013）与中南财经政法大学中央高校基本科研业务费专项资金资助（项目编号：202210704）的阶段性成果之一。

** 中南财经政法大学刑事司法学院刑法学博士研究生。

① 参见李川：《从注意义务违反到客观归责：医疗过失犯之理论嬗变与归责限缩》，载《法学论坛》2014年第5期。

所在,对于认定医疗过失犯罪具有重要意义。医疗过失作为典型的业务过失,其注意义务的判断依据主要产生于医疗领域内的法律法规、医疗技术规范和医疗常规等具体的医疗注意规则。有观点指出注意义务的实质根据在于保护法益。那么,基于保护法益的观点,违反医疗注意规则并造成就诊人死亡或严重损害就诊人身体健康的法益侵害结果就应当归责,但事实并非如此,其机理究竟如何?

随着医疗技术和团队医疗形式的发展,医疗人员以符合医疗注意规则的行为从事医疗业务这一行为本身是“被允许”的,但无论如何医疗人员都不具有剥夺他人生命的权限,那么这种具有严重侵害就诊人生命和健康风险的行为“被允许”的原因应如何理解才能适当解决过失犯的归责问题?在当前的团队医疗形式中,存在医疗工作者的横向和纵向分工合作,在不同的分工合作中,能否信赖其他医疗工作者能够履行注意义务?信赖的界限究竟在哪?在医疗工作者是新人医生抑或成长为具有特殊注意能力的医师时又应如何判断其是否履行了注意义务?这就需要基于医疗过失注意义务内容的确定,在被允许风险背景下分析注意义务的实质根据和基准,妥善解决上述问题。

二、医疗过失注意义务的理论推演

那些在法律理论中不断出现的新观点,并非绝对新颖和令人震撼的,不过是在前理论基础上的继续发展。[①] 无论纯粹为了研究注意义务的理论发展,还是为了解决医疗过失领域中注意义务认定的具体问题,都有必要对注意义务的理论缘起进行分析和探讨,并在此基础上进行理论定位和释明。

---

① 参见[德]卡尔·路德维格·冯·巴尔:《大陆刑法史:从古罗马到十九世纪》,周振杰译,法律出版社 2016 年版,第 3 页。

(一)理论缘起:不同犯罪论体系的争锋

以经验主义和自然主义为基础的古典犯罪论体系将"违法是客观的,责任是主观的"奉为至理名言。[①] 在区分事实与价值、存在与应当的哲学思想指导下,[②]这一犯罪论体系从因果行为论出发,认为构成要件符合性与违法性两个阶段的判断都是客观的,故意与过失属于心理要素,毫无疑问应当属于责任范畴,具有较为明显的实证主义色彩。因此,责任的本质就在于行为人对构成要件结果的心理关系,故意与过失在构成要件与违法性阶段内容基本一致,其区别仅在于责任阶层。故意在于行为人主观上对构成要件结果的认识和容认,过失则在于行为人由于没有注意而没有预见到侵害结果。[③] 因此,在古典犯罪论体系下注意义务就在于为了能够预见到自己的行为结果从而使精神保持紧张,[④]即注意义务的内容就是对具体的危害结果的预见义务,这就是所谓旧过失论的主张。

在科技尚欠发达、生活方式较为简单的社会背景下,对于危害结果发生的预见可能性涵盖的必要范围相对较小,因而在古典犯罪论体系下的旧过失论能有效发挥其作用。但在面对现代社会背景下多种风险与危机同在、多元文化观念并存的体系化社会境遇时,这种古典犯罪论体系就丧失了必要的张力。[⑤] 以本体哲学与现象学为基础的目的主义

① 参见陈兴良:《期待可能性的体系性地位——以罪责构造的变动为线索的考察》,载《中国法学》2008 年第 5 期。

② Beling, Rechtswissenschaft und Rechtsphilosophie, in: Sozialphilosophische Vorträge und Abhandlungen, herausgegeben von Ernst Beling, Moritz Geiger und Adolf Weber, Ausburg: Filser Verlag, 1923, S. 20.

③ 参见张明楷:《刑法学(上)》(第 5 版),法律出版社 2016 年版,第 202 页。

④ [日]平野龙一:《犯罪论の诸问题(上) · 总论》,有斐阁 1982 年版,第 91 ~ 92 页。

⑤ 参见童德华:《哲学思潮与犯罪构成——以德国犯罪论的谱系为视角》,载《环球法律评论》2007 年第 3 期。

的犯罪论体系采取目的行为概念,认为行为目的的构造,决定了行为的特性。① 因此,主观的构成要件被承认,故意过失的区别在构成要件阶段就已存在,这就意味着违法性的本质在于特殊的“人的不法”,因而以期待可能性肯定了规范责任论。因此,对于过失就必须重视行为的侧面,在此基础上的新过失论认为行为人的注意义务包括主观上的结果预见义务和客观上的结果避免义务,将过失的本质求之于没有采取结果避免措施的结果避免义务。② 尽管行为人对危害结果已经存在具体预见,但如果其已经履行了结果避免义务,那么行为人便不承担过失责任。

(二)理论定位:兼具结果预见义务和避免义务

如上所述,结果预见义务是旧过失论的核心内容,仅将结果预见义务作为注意义务的内容,其处罚范围不免宽泛。在对医疗过失进行注意义务违反的判断时,应对医疗人员给予若干的善意,其原因在于医疗人员业务行为的出发点在于救治他人。假若认为注意义务的内容是结果预见义务,那么在医疗人员对就诊人生命健康受到严重损害的危害结果有预见可能性并造成结果时,就成立医疗过失,必然会无限扩大医疗过失的处罚范围。这样容易导致医疗人员在具体预见到危害结果后采取“防御性医疗”的做法,③从而产生刑法价值上的矛盾与冲突。笔者认为,医疗过失的注意义务应当同时包括结果预见义务和结果避免义务,并将过失的本质求之于没有采取结果避免措施的结果避免义务。在日常的医疗活动中,尽管医疗人员已经具体预见到将要实施的医疗行为所可能导致的危害结果,但只要其采取适当必要的措施履行了结

① 参见马克昌:《近代西方刑法学说史略》,中国检察出版社 1996 年版,第 334 页。

② 参见马克昌:《比较刑法原理——外国刑法学总论》,武汉大学出版社 2002 年版,第 229 页。

③ 参见防御性医疗,载百度网,https://baike.baidu.com/item/%E9%98%B2%E5%BE%A1%E6%80%A7%E5%8C%BB%E7%96%97/3392746?fr=aladdin,最后访问日期:2021 年 10 月 30 日。

果避免义务,即使最终发生了就诊人死亡的结果,也不构成过失。理由如下:

首先,认为注意义务包括结果预见义务和结果避免义务与我国《刑法》的规定相契合。根据我国《刑法》第15、16条关于过失犯罪与不可抗力和意外事件的规定可知,①刑法规范要求行为人在具有结果预见和避免可能性的情况下予以"注意",在履行结果预见义务预见到危害结果的基础上,通过履行结果避免义务,以防止危害结果的发生从而保护法益。但行为人由于没有履行结果预见义务(没有预见到)或瑕疵履行结果预见义务(预见到但轻信能避免),从而没有真正预见到危害结果的发生,"以致"在决意重要性的时点上已然无法再回避结果发生,从而构成过失犯罪。具体到医疗领域,医疗人员由于"严重不负责任"造成规定的损害结果,构成我国《刑法》第335条规定的医疗事故罪。这里的"严重不负责任"包括擅离职守、严重违反明确规定的诊疗技术规范等情形,②实际上也是从结果预见和结果避免两方面对行为人的注意义务予以规定。

其次,认为注意义务的内容只包括结果预见义务对于业务过失犯罪的考察并不妥当。医疗过失犯罪作为典型的业务过失犯罪,与故意杀人和过失致人死亡这种具有对应关系的自然犯不同,其并没有与之相对应的业务故意犯罪。因此,如果仅将过失视为一种主观不注意的心态,那么就不能对过失犯的构成要件行为进行独立考察,但这并不合适。③ 认为注意义务的内容是结果预见义务和结果避免义务的新过失

---

① 我国《刑法》第15条规定:"应当预见自己的行为可能发生危害社会的结果,因为疏忽大意而没有预见,或者已经预见而轻信能够避免,以致发生这种结果的,是过失犯罪。过失犯罪,法律有规定的才负刑事责任。"第16条规定:"行为在客观上虽然造成了损害结果,但是不是出于故意或者过失,而是由于不能抗拒或者不能预见的原因所引起的,不是犯罪。"

② 参见2008年6月25日最高人民检察院、公安部《关于公安机关管辖的刑事案件立案追溯标准的规定(一)》第56条。

③ 参见陈兴良:《过失犯的规范构造:以朱平书等危险物品肇事案为线索》,载《比较法研究》2020年第5期。

论对行为无价值进行了强调,将过失的重点从责任向行为性质方面转移,以规范论为视角从行为人没有谨慎注意,从而未对结果进行回避来认识过失犯的实行行为,导致其在决意重要性的时点上已无能力再回避结果发生,从而为认识过失犯的实行行为提供了契机。

再次,旧过失论实际已逐渐迈向注意义务应包括结果预见义务和结果避免义务的理论道路。基于旧过失论可能产生的处罚范围扩大,以及受到过失同时应该在构成要件领域进行考虑这一基本观念的影响,旧过失论对其自身进行了修正,将过失概念从责任中求之于结果预见可能性和避免可能性,并从构成要件和违法性阶层将过失行为限定为导致结果发生的紧迫危险行为。[①] 从事后判断,事实上具有结果避免可能性,行为人没有实施避免结果发生的行为,而是实施了具有导致结果发生的紧迫危险的行为,进而导致了结果发生,而是否具有紧迫危险的行为通常就以避免结果的注意规范进行判断。在此意义上讲,旧过失论虽然没有从理论上肯定事前的避免结果的行为基准,但旧过失论通过对自身的修正已逐渐迈向注意义务应包括结果预见义务和结果避免义务的理论道路。

最后,认为注意义务包括结果预见义务和结果避免义务,可以鼓励医疗人员努力对就诊人进行救治,从而保障就诊人的生命健康。新过失论的产生是与物质文明和科学技术快速发展相适应的,特别是在医疗这个极具专业性和技术性的领域,风险更是无处不在。医疗行为作为典型的业务行为,医疗人员已然接受了专业的业务训练,对医疗行为的风险具有高度预见性。因此,如若医疗人员在已然预见到危害结果的情形下,只要其通过符合诊疗规范的行为,履行结果避免义务,就不认为行为人违反了注意义务构成过失犯罪,这就避免了旧过失论可能导致的“防御性医疗”问题。

① 参见童德华:《外国刑法导论》,中国法制出版社2010年版,第126页。

(三)理论释明:结果预见义务应当具体化

20 世纪 60 年代,日本公害、药害等犯罪大量产生,因此需要对过失犯的处罚范围予以扩大。由于新过失论从结果回避义务方面对过失的处罚范围进行了限定,又由于履行结果回避义务的前提在于行为人对危害结果有所预见,因此有观点指出,若囿于具体预见可能性,则可能无法追究企业灾害、公害、药害等事故中的高层领导责任。为了确保安全,如果行为人没有保持特别小心谨慎的态度就实施行为感觉到畏惧或不安时,那么要求其小心谨慎地尽量避免冒险行动并无不可,且如此能够在无意识中避免许多危险。因此,在面临未知风险没有具体的预见可能性时,只要行为人具有结果回避可能性,仍可追究其过失责任,①这就是所谓的新新过失论。但是,如果医疗人员主观上仅具有抽象的不安感就认为该医疗人员具有预见可能性并赋予其预见义务并不合适,理由如下。

首先,新新过失论可以较为高效解决公害案件中行为人的刑事责任认定问题,②这种优势并不能在医疗过失犯罪中发挥。与公害案件不同,在医疗过失犯罪中,医疗人员所要实施的医疗行为和诊治的患者通常都是明确的,因而医疗人员对于其合规或不合规的医疗行为危害结果的预见,相较于公害案件中行为人仅对于危害结果的预见来讲更为具体,因果关系也容易辨明。因此,在医疗过失犯罪中并没有必要适用新新过失论来解决医疗人员的预见可能性的认定问题。即使是在支持新新过失论的学者中,也出现了对新新过失论应当区别适用的观点,在容易辨明因果过程的场合,还是应当以具体的结果预见可能性赋予

---

① 参见[日]甲斐克则:《责任原理与过失犯论》,谢佳君译,中国政法大学出版社 2016 年版,第 82 ~ 83 页。

② 参见王波:《团队医疗过失犯罪中的监督过失责任研究》,载《法商研究》2012 年第 4 期。

行为人预见义务。①

其次,以“危惧感”作为医疗人员对危害结果的预见可能性标准,必然会不当扩大医疗过失犯罪的处罚范围。医疗行为作用于就诊人的肌体,具有较高的风险性和极强的专业性。由于就诊人的病情各有不同,因此不能保证通常的医疗手段完全适用于每一个就诊人,不可避免会出现意外情形,因而不只是医疗人员,即使是社会上的一般人通常也能感受到医疗行为的风险性。特别在风险系数较大的医疗手术过程中,医疗人员基于专业知识更能感知手术过程中的风险。由于仅有抽象的不安感难以对危害结果进行回避,因而一旦医疗手术失败导致严重损害就诊人身体健康的后果,就认为医疗人员应当承担责任,必然不当扩大医疗过失犯罪的处罚范围。

最后,新新过失论同样会导致防御性医疗的问题。如上所述,医疗人员基于专业知识更能感知医疗行为的风险性,也更易产生不安感,但仅有不安感是难以回避危害结果发生的,这容易导致过失犯的成立范围无界限地离开目标,不免存在结果责任的倾向和侵犯人权的嫌疑,从而打击医疗人员的从业积极性,进而产生防御性医疗问题,阻碍医疗事业的健康发展。

因此,在医疗过失犯罪中,注意义务应当包括结果预见义务和结果避免义务,并以结果避免义务为中心。就行为人的结果预见义务来讲,行为人对结果的预见可能必须具体,不能仅以行为人对结果具有抽象的不安感就认定其具有结果预见可能性,进而要求行为人履行注意义务。

三、医疗过失注意义务的实质根据——能力维持

关于医疗过失注意义务的根据,可分为形式根据与实质根据。医

---

① 参见[日]板仓宏:《刑法总论》,劲草书房1998年版,第270页。转引自程皓:《注意义务比较研究——以德国刑法理论和刑事判例为中心》,武汉大学出版社2009年版,第78页。

疗过失注意义务的形式根据,指的是医疗人员注意义务的表现载体,即医疗注意规则,通常表现为三个方面:[①]一是法律、法规与规章制度对注意义务的明文规定,例如《执业医师法》《全国医院工作条例》《医院工作人员职责》等法律法规和规章关于医疗人员注意义务的规定;二是产生于医疗习惯和医疗常规的注意义务,这里的医疗习惯和医疗常规必须是在医疗实践中经过长期累积并为医疗领域所普遍遵循的习惯和常规;三是医学文献中关于医疗注意义务的规定。

医疗注意义务的实质根据,指的是要求医疗人员履行注意义务的理由。关于刑法上设定注意义务的实质根据,理论上存在不同的观点。有观点认为注意义务的实质根据在于保护法益,[②]有观点认为注意义务的实质根据在于保护利益,并将未知的安全作为风险社会下新的利益,[③]还有观点指出注意义务的实质根据在于保护社会共同生活秩序,[④]这些观点在本质上都是一种法益保护的观点。笔者认为,注意义务的实质根据并不是法益和共同生活秩序的直接保护,上述观点将刑法的目的直接作为注意义务的实质根据并不适宜,忽视了过失犯归责的中间环节判断,导致许多问题不能得到合理解释。只有将注意义务的实质根据解释为一种能力的维持,才能理顺过失犯的归责思路。

(一)"能力维持"观点的规范分析

如上所述,注意义务的内容包括结果预见义务和结果避免义务,因而注意义务的实质根据就在于维持行为人预见进而避免结果发生的能

① 参见龙敏:《风险社会下医疗安全的刑法保护》,上海人民出版社 2014 年版,第 99 ~ 100 页。

② 参见[意]杜里奥 · 帕多瓦尼:《意大利刑法学原理》,陈忠林译,中国人民大学出版社 2004 年版,第 195 ~ 196 页。

③ 参见程岩:《风险规制的刑法理性重构　以风险社会理论为基础》,载《中外法学》2011 年第 1 期。

④ 参见程皓:《注意义务比较研究——以德国刑法理论和刑事判例为中心》,武汉大学出版社 2009 年版,第 25 页。

力。在医疗领域内,医疗注意义务的实质根据就在于维持医疗人员对防止严重损害就诊人健康或生命结果的预见进而避免结果发生的能力。理由如下:

1. 故意与过失具有不同的归责根据

认为注意义务的实质根据是保护法益或共同生活秩序的观点混淆了注意规范与行为规范之间的区别。在刑法领域,行为规范是法律告诫公民应为或不应为某种行为,其目的在于避免构成要件的实现,进而保护法益,而注意规范与"不得实现犯罪构成要件"的行为规范并不相同,其是仅在过失犯中考虑的内容。之所以如此,原因在于故意与过失具有不同的归责根据。

在故意犯罪中,故意的内容由关于犯罪行为的"真实"主观要素组成,行为人对所实施的行为和行为所导致的结果具有"知"与"欲",客观事实流程的演进和发展与行为人主观意思内容相对应,其能够通过控制其行为导致所"欲"之行为的发生。因此,行为人对结果的发生是具有支配能力的,其可以通过不实施某种行为或实施特定行为来避免危害结果的发生。因此,就故意犯而言,其归责根据在于行为人具备支配能力而违反行为规范进而危害了法益。例如,甲是患者乙手术的医生,由于二人以前存在旧怨,甲故意使用未消毒的手术器具对乙进行手术,导致乙感染死亡,那么在考察甲故意导致乙的死亡结果并对甲归责时,不必再考虑应当使用消毒的手术器具这一注意义务的问题。因为,注意义务是仅在过失犯中考虑的问题。

在过失犯罪中,无论是疏忽大意的过失还是过于自信的过失,行为人事实上都没有真正认识到结果的发生,即主观上是"不知"的,在这种情状下,对具有盖然性的构成要件实现之具体化避免举动的能力被不适当的限制,[①]因而在决意重要性的时点即便行为人"不欲"结果发生,但已然失去回避结果发生的能力,进而导致危害结果的发生。根据"不知者无罪"和"逾越能力则无义务"原则,似乎不能追究行为人的刑

① 参见[德]乌尔斯·金德霍伊泽尔:《容许的风险与注意义务违反性:论刑法上过失责任的构造》,陈毅坚译,载《刑事法评论》2020年第1期。

事责任,那么过失就缺失了归责的根据。与故意犯在整个行为过程中都对结果发生具有支配能力不同,在过失犯中,行为人由于没有遵守注意规范,进而在决意重要性的时点丧失了预见并避免结果发生的能力,从而使法益受到侵害。其中间环节在于,如若行为人遵守注意规范,原本是可以预见并防止结果发生的,进而防止法益受到侵害。因此,这里的“不知”与“逾越能力”的原因在于行为人“自身”,因而行为人应当受到追责。笔者主张注意义务的实质根据在于维持行为人预见进而防止结果发生的能力,并未否定注意规范对于保护法益的积极意义,而是强调注意规范是行为规范保护法益的中间环节,注意规范与行为规范是不同的规范类型。这对于下文所探讨的过失归责的实证问题具有重要意义。

为了不构成过失,要求行为人通过履行注意义务以维持预见进而避免结果发生的能力,从而避免构成要件的实现。从这种意义上讲,法规范处罚过失犯相较于处罚原本就具有支配结果发生能力的故意犯更限制了公民自由,[①]因而要求过失犯必须导致结果发生且给予相对故意犯更轻的刑罚处罚。

2. 新旧过失论都蕴含了能力维持这一注意义务的实质根据

如上所述,新过失论者所称的注意义务,一般包括结果预见义务和结果避免义务。在医疗领域中,根据时间不同,可将注意义务划分为医疗行为之前的注意义务,医疗行为时的注意义务和医疗行为后的注意义务。[②] 医疗行为前的注意义务主要表现为对就诊者的信息收集义务、亲自诊疗义务以及医疗说明义务。[③] 医疗行为时的注意义务主要表现为确保自身及整个医疗团队在诊疗时具有实施诊疗行为的能力,并依据法律法规和医疗规范进行治疗和处理各种突发情况以避免危害

① 参见陈璇:《注意义务的规范本质与判断标准》,载《法学研究》2019 年第 1 期。

② 参见刘跃挺:《对现代医疗过失犯罪中注意义务理论的整体性反思》,载《中国刑事法杂志》2016 年第 3 期。

③ 参见《执业医师法》第 23、26 条。

结果的发生。[①] 医疗行为后的注意义务主要表现为在实施医疗行为后观察患者情况,以防止特殊情况发生。医疗行为前的注意义务主要表现为结果预见义务,医疗行为时和医疗行为后的注意义务主要表现为结果避免义务。从这些义务的内容本身来看,其设置都是为了维持行为人能够预见,进而在决意重要性的时点防止结果发生的能力,从而回避损害结果的发生。

旧过失论通过对自身进行修正,认为判断行为是否构成过失,除了行为人没有履行结果预见义务外,还需要判断行为是否具有导致结果发生的紧迫危险。支持修正的旧过失论观点的学者指出,由于社会的不确定性越来越多,人们事前确立的许多规则(新过失论所主张的行为基准)实质上只是"行为的粗糙指导",不可能精细和完整,因而"形式"的规则只是作为候补的"制御"手段,"危险性"理所当然地与"注意义务"具有联动关系,也就是说,行为在具体状况下应当采取的措施,实际上取决于具体的危险性。[②] 事实上,所谓"行为的粗糙指导"的批评,针对的就是注意义务的形式根据,所谓的"危险性"与"注意义务"的联动关系,实际上就是从实质上把握注意义务的根据。即行为人由于违背了注意义务形式根据,而这里的注意规范只有在具体案件中才能够对行为人的预见和回避结果的能力予以维持,但行为人由于没有遵守注意义务进而导致了结果,才能认为这一违反注意义务的行为具有导致结果发生的紧迫危险。

3. 法规范的可交谈性要求以能力维持为实质根据的注意义务

在民主社会中,应该在道德论证中被解决的任务,不能够被独断的完成,而要求合作,在"理想对话情势"下,具有自治人格的公民通过彼此理解和沟通所达成的共识就形成了法规范。[③] 公民的自我立法观念,要求公民作为法律承受者而从属于法律的同时也成为法律的创制

① 参见《执业医师法》第22、24、25条。

② 参见张明楷:《论过失犯的构造》,载《比较法研究》2020年第5期。

③ 参见[德]阿图尔·考夫曼、[德]温弗里德·哈斯默尔主编:《当代法哲学和法律理论导论》,郑永流译,法律出版社2013年版,第191页。

者。由于交往行动的主体通过商谈,自愿将其行为计划构筑在一种共识的基础之上,而且这种共识又基于对有效性主张的相互表态和主体间的彼此承认,[①]因而基于商谈所达成的共识—法规范,就应当得到全体参与商谈公民的尊重,公民就应当对法规范保持诚实态度。如果行为人通过不诚实的行为否定了法规范的有效性,就表示其否定了这种主体间的共识,因而应当受到谴责。这种谴责的前提在于,法规范指引行为人为或不为某种行为,行为人具有接受指引的条件且处于接受指引的状态中。这种接受指引的条件就是法规范的可交谈性,这就要求行为人具有认识和理解法规范的能力。

就刑法领域来讲,行为人具有刑事责任能力就具有此种能力。在医疗领域内,由于医疗工作者这一职业具有专业化特点,且对其具有较高的能力要求,因而可以认为所有医疗工作者都具有认识和理解法规范的能力。此外,法规范还具有可期待性,这就是所谓的期待可能性的思想。[②] 就责任谴责条件之法规范的可交谈性来讲,只要求行为人处于可交谈和可被指导的状态,并不要求行为人实际上对法规范有所认识。"答责"的含义对基于某种身份、职务或地位产生的责任有所侧重,[③]医疗工作者基于其职业有救助患者的责任就是其示例。当医疗人员处于一种可应答的状态,其就负有"应当回答"的责任,这种答责性基于一种义务分配。制定出成文的法规范并公之于众、使公民知晓是法规范制定者的义务,而接受法规范就成为公民的一项注意义务,进而才能正常参与社会生活。医疗人员作为社会共同体的一部分亦如此,唯有履行医疗注意义务,才能实现作为行为规范的刑法规范保护法益的目的(接受法规范的表现),才能使医疗领域得以正常运转,才能正常参与社会生活。这就意味着注意规范是行为规范保护法益的中间

---

① 参见哈贝马斯:《在事实与规范之间——关于法律和民主法治国的商谈理论》,童世骏译,生活·读书·新知三联书店2014年版,第146~147页。

② 参见童德华:《刑法中的期待可能性论》,中国政法大学出版社2004年版,第19~24页。

③ 参见柏浪涛:《违法性认识的属性之争:前提、逻辑与法律依据》,载《法律科学(西北政法大学学报)》2020年第6期。

环节,因而注意义务的实质根据在于使行为人具有能力去正常参与社会生活,并非直接保护法益,这就是注意义务的对结果的预见和避免能力之维持这一实质根据所在。

(二)"能力维持"观点的实证论证

随着近代交通工具的大步提速,土木建筑、医疗活动、体育竞技以及科学实验等社会生活的复杂化,越来越多的危险行为不断出现。然而这些对法益具有侵害危险的行为,不可避免地存在于社会当中,且对社会发展来讲有用且必要。即便这种行为导致了法益侵害的结果,也应当在一定范围内允许这种行为,这就是被允许风险理论产生的背景。相较于刑法的目的,即将保护法益直接作为注意义务实质根据的观点,"能力维持"观点能够更加恰当合理地解释被允许风险背景下的过失犯归责问题。

1. 有利于说明被允许风险背景下的能力维持关联性问题

认为注意义务的实质根据是能力维持,即维持行为人预见进而避免结果发生的能力,有利于说明被允许风险背景下的注意义务的能力维持关联性问题。在被允许风险的背景下,在医疗领域中保持必要的谨慎,必然不意味着医疗人员对可能导致危害结果发生的行为都采取不实施来回避结果的方案。毋宁说,对某些风险行为的认可是现代社会的发展基础。因此,根据被允许风险的理论,如若认为注意义务的实质根据是保护法益,在行为人没有遵守相应的医疗注意规则,进而产生危害结果时就应当归责。那么,在涉及能力维持关联性问题时就无法正确处理过失犯的归责问题。

例如,在 Canterbury v. Spence 案中,[①]患者是受到肩胛骨之间剧烈疼痛困扰的青年,其在医院接受的脊髓造影检查只能确定畸变的位置,而疼痛原因只能通过手术进行发现并治愈,而该手术具有较低导致患

---

① See Canterbury v. Spence, United States Court of Appeals, District of Columbia Circuit, May 19, 464F. 2d 772, 150 U. S. App. D. C. 263, (Approx. 39 pages).

者瘫痪的风险。在此种情况下,医生 Spence 并没有履行告知手术风险的说明义务而为其实施了手术。尽管医生按照医疗标准的规程实施了手术,但手术后加之医疗护理不周的原因,患者出现了下半身瘫痪的情况,尽管随后经过手术修复,最终还是导致了患者肠麻痹和尿失禁的结果。在这种情况下,医生违反了告知义务且医疗行为确实导致了侵害患者人身法益的结果,如若认为注意义务的实质根据是法益侵害,进而该医生成立过失显然不合适。

根据注意义务的实质根据在于维持行为人预见进而避免结果发生的能力的观点,所谓被允许的风险,就是允许行为人在遵守注意规则实施危险行为的情况下,预见进而避免结果发生的能力存在一定程度的下降,并认为这种行为不具有规范上的可谴责性。因而,在具体案例中,医疗注意规则必须与行为人预见并避免结果发生的能力具有直接关联性,否则便不能认为行为人在具体案件中违反注意义务进而成立过失。医疗注意规则中关于说明义务规定的意义在于:第一,尊重患者的知情权和对身体的处分权,促进医患双方的理解。第二,通过书面告知并签字可避免诉讼中出现的法律风险。因此,尽管在该案中医生并没有履行说明义务,存在专断性医疗的问题,但在我国关于医疗过失仅规定医疗事故罪的立法背景下,不能认为行为人违背了刑法上的注意义务进而成立医疗事故罪。"能力维持"的观点显然有利于说明被允许风险背景下的能力维持关联性问题。

2. 能够恰当解释被允许风险背景下的结果回避可能性问题

认为注意义务的实质根据是能力维持,能够合理说明被允许风险背景下的结果回避可能性问题。如上所述,根据注意义务的实质根据是能力维持的观点,所谓被允许的风险,就是允许行为人在遵守注意义务实施危险行为的情况下,预见进而避免结果发生的能力存在一定程度的下降,并认为这种行为不具有规范上的可谴责性。因此,在医疗领域被允许的风险,指向的就是遵守医疗注意规则的行为,也是法律追究行为人是否具有避免特定结果能力的边界。①

① 参见蔡仙:《过失犯中的结果避免可能性研究》,法律出版社2020年版,第169页。

以武某某医疗事故罪一案为例,[①]武某某在未给郑某2进行皮试的情况下,就以打点滴的方式在郑某2家中对郑某2进行静脉注射治疗,并在郑某2打点滴期间离开郑某2家,导致其过敏并抢救无效死亡。在此种情况下,无论认为注意义务的实质根据是保护法益还是能力维持,由于武某某违背静脉注射的医疗注意规则,因而在决意重要性的时点不能避免结果发生,损害了郑某2的人身法益,应当追究其过失责任。若此案中即使武某某遵守医疗注意规则也仍然无法回避郑某2的过敏死亡结果时,即不具有结果避免可能性时,根据注意义务的实质根据是保护法益的观点,只要该医疗注意规则能够保护法益,行为人违反了此医疗注意规则就应当归责,并不能合理说明对武某某排除归责的原因。而根据"能力维持"观点,此时医疗注意规则已然丧失了维持武某某预见并避免结果发生的能力的效力,即该医疗注意规则已不具备注意义务的实质根据。因此,应当排除对武某某的归责。

此外,认为注意义务的实质根据是维持行为人预见进而避免结果发生的能力的观点并非总是单向排除过失归责的理由,该观点也能够根据医疗领域的实际需要分析医师的注意义务违反问题。继续上例,如果武某某遵守医疗注意规则只是难以避免结果发生,对此是否应当排除归责?有观点认为,在行为人没有违反注意义务能否避免结果发生存疑时,应当秉持"存疑时有利于被告"原则,不能将结果归属于行为人,排除结果归责。[②]

根据"能力维持"的观点,此种情况下不能排除归责。这是因为,在被允许风险的背景下,当行为人违反具备注意义务实质根据的医疗注意规则时,实际上确实降低了行为人预见进而避免结果发生的能力。从概率学上讲,危害结果发生的抽象危险在整个医疗领域的概率未被降到较低的程度,因此这种危险必然是不被允许的。此外,由于医疗行

① 参见内蒙古自治区奈曼旗人民法院刑事判决书,(2018)内0525刑初365号。

② Wessels/Beulke, Strafrecht Allgemeiner, C. F. Müller, 2010, S. 77. 转引自庄劲:《客观归责理论的危机与突围——风险变形、合法替代行为与假设的因果关系》,载《清华法学》2015年第3期。

为属于危险性较大的行为,特别是进行危险性较高的手术行为时,即使医师完全履行注意义务也可能导致病人死亡的结果,因此就给医疗人员设置了较高的注意义务。由于就诊者本身具有疾病,且医疗行为具有专业性和复杂性,结果避免的必然性难以判断。因此,如若只要结果避免不确定就不归责,那么医疗人员实际上就永远不能被追究过失责任。此外,“疑罪从无”作为一种未达到证据认定标准的处理原则,是程序法上的问题,而行为人预见进而避免结果能力的降低是责任归属的问题。事实上存在的并不是一个难以用证据予以证明的“疑罪”,而是一个由于行为人违反注意义务而导致不能预见,进而在决意重要性的时点不具备避免结果能力的无须证明的事实。因而不能对行为人排除归责,否则会使司法陷入“不可知论”。

3. 可以合理说明被允许风险背景下的医疗信赖问题

在当前的团队医疗形式中,横向的医疗分工合作形式适用信赖原则通常并不存在疑问,就具有监督指导特征的纵向医疗分工合作形式来讲则存在不同的观点。否定说认为,适用于横向关系的信赖原则不能无修正地在监督者责任的情形下进行适用;①肯定说则认为,为防止出现绝对化的监督责任,信赖原则的引用是必要的。② 如果认为注意义务的实质根据是保护法益,似乎不能对被监督指导者予以信赖。然而,根据“能力维持”观点,医疗注意义务的实质根据在于维持医疗人员对防止严重损害就诊人健康或生命结果的预见进而避免结果发生的能力的观点,应当在纵向的医疗分工合作形式中适用“信赖”原则。

由于医疗人员的诊疗水平与资历深浅存在必然联系,因而导师制、科室责任负责制是大多数医院对新进医生的管理和培养所采取的模式,业务水平高、资历深的医疗人员对业务水平相对较低、资历浅的医

① 参见[日]盐谷毅:《有关信赖原则的序论的考察》,载《神山敏雄先生古稀祝贺论文集》,成文堂 2006 年版,第 139 页。转引自姜涛:《监督过失的限缩适用方案》,载《清华法学》2021 年第 6 期。

② 参见莫洪宪、李颖峰:《信赖原则在医疗过失中的适用》,载《甘肃政法学院学报》2010 年第 5 期。

疗人员负有一定的教导和指示责任,从而提高医疗效率和维持医疗行业的健康发展。因此,如果要求每一个具有监督指导责任的医疗人员,除了履行自己的注意义务之外,完全不能信赖其所监督指导的其他医疗人员。那么,由于每个人的精力都是有限的,因而在导致上级医疗人员工作效率降低的同时,反而导致行为人防止危害结果发生的能力不当降低,这也与注意规范的实质根据,即维持预见进而防止结果发生的能力相背离,最终阻碍医疗行业的健康发展。因此,应当在纵向的医疗分工合作形式中适用“信赖”原则。事实上,为了医疗行业的高效、有序发展,上下左右各个方位元素之间的信赖关系都是“必要”的。然而如果在纵向的医疗分工合作形式中不能适用信赖原则,则意味着对将一定的医疗活动委托给下级的医疗人员,并进行监督这一“监督”本身的不准许,从而导致上级医疗人员事必躬亲,也就不存在所谓的监督过失责任。

此外,在一些具有争议点的信赖原则运用的具体问题中,“能力维持”观点也能够对案件的争议点进行合理说明。在乔某某医疗事故一案中,①乔某某作为麻醉医士在某医院参加麻醉工作多年,具有相对独立的实施麻醉手术行为的能力。但为确保麻醉手术的安全性,《医院工作人员职责》规定只有麻醉科医师及以上等级的麻醉医师才可独立实施麻醉手术,麻醉医士参加麻醉工作时必须有麻醉医师的指导。②在本案中,乔某某参加麻醉工作时,由上级麻醉医师汤某在场监督,但并未就麻醉手术的施行进行具体的指导说明。在被害人靖某某出现麻醉并发症并死亡的结果后,案件就能否认为汤某在场监督的行为属于履行“指导”义务的情况产生了争议,最终合议庭认为汤某在场监督的行为属于履行“指导”义务,但并未明确解释其机理,而“能力维持”观点可以很好地完成案件的说理任务。

根据“能力维持”的观点,由于要求上级医疗人员对下级医疗人员

① 参见新疆维吾尔自治区乌鲁木齐市中级人民法院刑事判决书,(2000)乌中刑终字第286号。

② 参见《医院工作人员职责》第36~40条。

的监督指导,以及下级医疗人员接受监督指导的注意义务的实质根据在于维持各自预见进而防止结果发生的能力。因此,如果被监督指导者具有实行相关医疗行为的能力,那么即使监督指导者在场监督时没有具体的指导也并不会降低双方预见进而防止结果发生的能力。据此,应当对"指导"这一含义进行扩大解释,即麻醉医师的指导可根据被指导者工作的时间、表现和能力采取不同的方式。在本案中,可以认为存在汤某对乔某某信赖的前提,即只要监督指导者在场监督就认为双方履行了指导和接受指导的注意义务,而非将其限制为必须就具体的医疗行为施行步骤进行具体的指导说明。

四、"能力维持"观点的合理推论——以行为人能力为基准

由于必要的注意是对受规范约束者约束范围的具体化,而这种约束就必须建立在一定的心智和体格基础之上,这就是行为人注意能力的判断基准问题。在医疗领域内,由于医疗人员的知识、经验等各不相同,在相同的情形下,对危害结果的预见和避免能力是不同的,那么关于医疗人员的注意能力应当以何种基准进行判断,在阶层犯罪论体系下存在以"认真且有洞察力的人员"(一般人)①和"行为人"(本人)②为判断基准的两种不同观点,进而形成了两种不同的过失阶层模式。在两阶层的过失模式下,首先在构成要件阶层以一般人为基准设定客观注意义务,然后在罪责阶层具体判断行为人对结果的预见能力。在一阶层的过失模式下,在构成要件阶段直接以行为人本人的能力为基准设定注意义务进行违法性判断。

笔者认为,在医疗领域,当医疗人员的注意能力与其领域内的一般

---

① 参见[德]汉斯·海因里希·耶塞克、[德]托马斯·魏根特:《德国刑法教科书》,徐久生译,中国法制出版社2017年版,第776页。

② 参见[德]乌尔斯·金德霍伊泽尔:《刑法总论教科书》(第6版),蔡桂生译,北京大学出版社2015年版,第340~341页。

人注意能力相同时,无论采取何种判断基准,均不存在问题,需要考虑的是医疗人员注意能力低于和高于领域内一般人的情况。由于注意义务的实质根据在于维持行为人预见进而避免结果发生的能力,而要有效实现对行为人的能力维持,就应当以行为人本人的能力为基准设定注意义务,医疗领域亦是如此。

(一)能力低于一般人时适于以行为人能力为基准

在医疗领域,医疗人员的注意能力通常以相关的等级和资格考试为标准,行为人能力低于一般人的情况主要有两种。一种是刚刚通过相关执业资格或等级考试,但作为医疗人员的实践经验和技能确实尚未完全达到该领域或等级内的一般人能力(新人医生问题)。另一种是医疗人员由于懈怠而导致其注意能力未随着医疗领域的发展得到相应的提升,导致其能力低于其领域内一般人的情况(精神懈怠问题)。

1. 新人医生问题

在新人医生问题中,以行为人能力为基准既有利于适当评价新人医生的违法程度,不会导致规范丧失指引效果,也不会不合理地要求"无能力"的新人医生做超出自己能力范围的事情。

由于注意义务的实质根据在于维持行为人预见进而避免结果发生的能力,因而在设定注意义务时,对具体情形下行为人真实能力的考虑是必要的,而脱离真实事实关系的一般标准难以实现对行为人行为的有效指示。因此,一概以一般人为基准进行注意能力的判断,既导致对新人医生的注意义务要求过于苛刻,也导致新人医生所实施的违反以一般人为基准设定的注意义务的行为被认定为违法,限制了新人医生参与和从事医疗行为的自由,不利于其育成。① 而以行为人本人的能力为标准进行注意义务的设定,能够在构成要件阶段就否定其违法性,而不是像两阶层的过失模式在责任阶段才否定其责任。

① 参见于佳佳:《过失犯中注意义务的判断标准》,载《国家检察官学院学报》2017年第6期。

由于注意义务的实质根据在于维持行为人预见进而避免结果发生的能力,而回避结果发生的进路有两条:一是直接不实施该行为;二是保持必要谨慎实施该行为以回避结果的发生。又由于医疗人员具有诊疗的义务,①因此,如若以新人医生本人的能力为基准进行注意能力的判断进而设定注意义务,那么对其设定的注意义务就不是按照医疗规范去进行诊疗行为,而是在其认识到自己的能力尚不足以实施如此复杂的诊疗行为时,不实施诊疗行为并向作为其监督指导者的上级医师报告并寻求协助。如果新人医生确实不能认识到自己的行为会导致危害结果进而回避结果,那么就不认为其具有注意义务的违反。反之,如若以其领域内的一般人为基准设定注意义务,其客观上的注意义务就是保持必要谨慎实施诊疗行为以回避结果的发生,由于行为人确实能力低下而排除责任,这并不合适。

2. 精神懈怠问题

在精神懈怠问题中,以行为人能力为基准不会出现医疗人员是否有注意能力完全由本人决定而放纵犯罪的情形。就注意能力的判断基准来讲,包括"力素"和"心素"两部分内容,前者指对自己认知水平予以维持的能力,后者指对法益安全谨慎的负责态度,无论以何种标准为基准,其争论点都只在于"力素"。② 法规范是法秩序对行为人的期待,不能以个人为期待主体,③这是因为行为规范的目的是保护法益,因而要求参与商谈的公民在对法规范诚实的基础上,对法益的保护保持尊重和负责的态度。这样一来,为保护法益所必须的谨慎态度——"心素",就成为注意能力基准设定的前提和基础,失去此基础,注意义务的设定与注意能力的判断就失去了意义。若医疗人员由于懈怠而导致其注意能力未能随着医疗发展得到相应提升,导致其能力低于其领域一般人能力时,此时无论采取何种标准,都认为其具备注意能力进而可

① 参见马春瑕:《论医患双方权利与义务关系》,载《科技信息(科学教研)》2008年第6期。

② 参见陈璇:《注意义务的规范本质与判断标准》,载《法学研究》2019年第1期。

③ 参见张明楷:《刑法学》(第5版),法律出版社2016年版,第327页。

能构成“接受性过错”。[1]

例如，在李某医疗事故罪一案中，[2]李某作为主治医生，诊疗不规范、用药不合理是事故发生的主要原因之一。尽管李某认为其不存在错用药物和严重不负责任的情形，但法院仍根据就诊人死于药物过敏性休克，属于一级甲等医疗事故这一鉴定结论认为李某严重不负责任构成医疗事故罪。这表明在精神懈怠问题中，即使以行为人能力为基准，存在“接受性过错”时也不会出现无法追究行为人责任的情形。此外，由于注意义务的实质根据在于维持行为人预见进而避免结果发生的能力，因而基于医疗领域的特殊性，医疗人员有义务更新知识和提升专业技术水平，[3]医疗人员精神懈怠本身就是行为人违反注意义务的表现，因而以行为人能力为基准不会出现医疗人员是否有注意能力完全由本人决定而放纵犯罪的情形。

（二）能力高于一般人时应当以行为人能力为基准

以一般人的能力为基准和以行为人的能力为基准判断注意能力的对立，主要在于行为人的能力高于一般人的情况。医疗人员能够认识并避免一般人所不能认识和避免的危害结果的情况主要有两种。一种是医疗人员由于某种原因掌握了一般人所不能了解的信息（特别认识问题）。例如，医生通过对病人的检查偶然得知该病人具有特殊的过敏症状，但这种检查并不是通常情况下需要进行的检查。另一种是医疗人员确实具备其他医疗人员所不具备的专业能力，可以尽到更高程度的注意（优越能力问题）。例如，某医生在心脑血管领域进行了开拓性研究，具备同专科和等级的一般医生所不具有的最先进的理论知识和丰富的经验。

---

① 参见[德]克劳斯·罗克辛：《德国刑法学 总论：犯罪原理的基础构造》（第1卷），王世州译，法律出版社2005年版，第724页。

② 参见云南省丽江市中级人民法院刑事裁定书，（2021）云07刑终115号。

③ 参见《执业医师法》第22条。

1. 特别认识问题

在特别认识问题中,以一般人能力为基准导致过失犯罪体系性上的矛盾。医疗人员由于具备特别的认识,据此具备了防止结果发生的更高可能性,因而应当在此认识基础上采取防止结果发生的措施。在上例中,如果医生在其后的治疗过程中将病人具有特殊过敏体质的情况抛之脑后,导致其过敏死亡。那么根据以一般人为基准的两阶层过失模式的判断,由于一般人并不具有预见和回避结果发生的能力,则该医生并不成立过失。但是,为了不至于免除此种情况下医师的负担,以一般人为基准的两阶层过失模式又例外地承认了特别认识这一标准,并将其纳入不法判断中。这导致在构成要件阶段对行为人的特别认识予以考虑,而在罪责阶层重新对行为人个人的能力进行考虑,从而产生了体系矛盾。针对此种问题,支持者则指出为坚持标准的普遍性价值可以容忍体系瑕疵,①而以行为人本人的能力为基准进行判断,在不法阶段对行为人的个人能力仅评价一次,则不存在重复评价的问题。

2. 优越能力问题

在优越能力问题中,以行为人能力为基准既不会导致不法与罪责的混同,也不会导致给行为人过重的负担,同时有利于保护患者利益并推进医学事业的发展。

就理论层面来讲,即使医疗人员个人能力进入不法阶层,也仍然能够维持不法与责任的划分。以一般人的能力为判断基准的两阶层过失模式建立在因果行为论的基础之上,主观方面被纳入责任阶层中,而随着目的犯罪论体系的兴起,尽管有观点指出在此种犯罪论体系下不可能实现不法与责任的分离,②但并非如此。在一阶层过失模式下可以将行为人本人实施行为以避免结果发生的能力的主观要素纳入构成要件阶层,使其成为主观的构成要件要素,将合乎规范的动机能力的主观

① 参见曾军翰:《人的不法理论与一阶层过失模式之证成》,载《四川大学学报(哲学社会科学版)》2021 年第 1 期。

② 参见[德]米夏埃尔·帕夫利克:《最近几代人所取得的最为重要的教义学进步?——评刑法中不法与责任的区分》,陈璇译,载《刑事法评论》2014 年第 2 期。

要素置于罪责阶层实现二者的区分。[①]

就应用层面来讲,以行为人能力为基准不会导致给行为人过重的负担,同时也有利于保护患者利益,推进医学事业的发展。

第一,就在何种内容和程度上应当运用其能力遵守规范来讲,在内容上,应取决于医疗人员在社会互动中在医疗领域中所处的位置;在程度上,医疗人员不会被要求实施其能力之外的行为。由于注意义务的实质根据在于维持行为人预见进而避免结果发生的能力,因而其只需要履行注意义务避免其预见和避免结果的能力受到限制。无论行为人的能力如何,注意规范都个别化地适用于个人,注意义务也要求具备能力的前提下运用该能力保持必要的谨慎。就能力高的医疗人员来讲,注意义务也是在其能力范围内要求履行,即要求其为能为之事。因此,这既不会给能力强者增加负担,也不会给能力弱者减轻负担,就患者本人的利益保护来讲,也应当要求医疗人员充分运用其注意能力。

第二,为了全社会的福祉,在医疗领域要求不断进行新领域和新技术的研究,并进行开拓性的医疗行为。由于注意义务的实质根据在于维持行为人预见进而避免结果发生的能力,而一般医师由于不具有实施新的医疗技术的能力,因而根据一般人设定的注意义务只能是不采取这一新的医疗技术以防止危害结果的发生。反之,以行为人本人的能力为基准设定的注意义务,则是准许能力强者在保持必要谨慎的情况下采取风险较高的新医疗技术,即使发生危害结果,也不认为其违反注意义务,从而推进医学事业的发展。

在上述以行为人能力为判断基准的一阶层过失模式和以一般人能力为基准的二阶层判断模式都是在阶层式的犯罪论体系下进行的争论。就我国而言,尽管阶层式的犯罪论体系已然得到学界的认可,但通说仍然是耦合式的四要件犯罪论体系。在我国耦合式的四要件犯罪论体系下,关于医疗人员注意能力的判断,也产生了不同的观点:一是客

① 参见[德]乌尔斯·金德霍伊泽尔:《刑法总论教科书》(第6版),蔡桂生译,北京大学出版社2015年版,第341页。

观说,即以医疗行业一般医疗人员的能力为基准认定注意能力。① 二是主观说,即以医疗人员本人的能力为基准。② 三是折中说,内部又分为两种观点:一种是以主观说为基础的折中说,即当医疗人员的注意能力高于一般医疗人员时以一般医疗人员的注意能力为标准,当医疗人员的注意能力低于一般人时,以该医疗人员本人的能力为标准。③ 另一种是以客观说为基础的折中说,当医疗人员的注意能力高于一般医疗人员时,以该医疗人员的注意能力为基准,低于一般医疗人员时,则以一般医疗人员的注意能力为基准。④

由于我国耦合式的犯罪论体系不区分不法与责任,因而在判断过失犯的成立时就必须同时考虑行为人所有的个体因素,在此基础上主观说自然是恰当的,并能很好地解决新人医生、精神懈怠、特别认识和优越能力问题。因此,无论在阶层式还是耦合式的犯罪论体系下,注意能力的判断都宜以"能力维持"观点的合理推论——"行为人本人的能力"为基准。

五、结　　语

医学是救死扶伤的科学,但其在攻克疾病,造福人类的征途中也并非一帆风顺,除了科技发展的客观因素外,也常常与人的主观因素有关。医疗行为为了达到救伤治病的目的,必然要直接作用于人的肌体,假若医疗人员在进行诊疗过程中不履行注意义务、严重不负责,往往会造成严重后果,可能构成医疗过失犯罪。注意义务是过失犯的核心内容,也是判断过失犯成立与否与责任轻重的关键所在。从当前的理论

① 参见臧冬斌:《医疗犯罪比较研究》,中国人民公安大学出版社 2005 年版,第 124 页。

② 参见杨梅:《医疗事故罪注意义务研究》,上海大学 2020 年硕士学位论文,第 20 页。

③ 参见黄丁全:《医事法新论》,法律出版社 2013 年版,第 316 页。

④ 参见童德华、马嘉阳:《业务过失犯罪注意能力之双重判断标准的建构》,载《江汉学术》2021 年第 6 期。

发展看,注意义务的性质、内容、地位、限制条件等方面见解不一,存在诸多讨论。这种论争对推进过失犯的理论发展具有重要意义,但某种程度上也会对司法实践造成困惑。因此,当前研究的着眼点在于以我国医疗过失犯罪的本土化特征为基础,探索注意义务问题解决的合理进路。

就医疗过失的注意义务来讲,问题的关键在于立足于当前风险社会的现实背景,通过体系化的思考,理顺注意义务在医疗过失犯罪判断中的运行机理。在医疗领域,存在大量的医疗注意规则,作为注意义务形式根据的具体化表现,其实质根据在于维持行为人预见进而避免危害结果发生的能力的观点,不仅具有规范依据,而且能经受住实证论证。无论是过失犯罪中的能力维持关联性问题、结果回避可能性问题还是医疗信赖问题,都随着风险社会的不断发展日益突出,而“能力维持”的观点能够对这些问题进行合理的解释。在此基础上,作为“能力维持”观点的合理推论,得出应当以行为人本人的能力为基准进行注意能力的判断,无论在阶层式还是耦合式的四要件犯罪论体系下都能较为恰当地解决医疗领域中存在的经验不足、精神懈怠、特别认识和优越能力问题。

尽管在医疗领域有相对较为明确的注意义务的形式根据,然而注意义务作为一个抽象的概念,在其他领域通常并没有法律、法规的明确规定,因而难以在法条中对过失犯构成要件的具体特性予以明确,过失犯据此也被称为“有待补充的构成要件”。因此,将何种行为认定为过失行为就不甚明了,根据罪刑法定原则的要求,从理论上加强对注意义务的研究势在必行。点点繁星汇成灿烂星海,本文以注意义务的实质根据为着力点对医疗过失的注意义务进行研究,尽管该研究仅为注意义务“灿烂星海”内容中很小的一部分,但仍期对我国医疗过失犯罪的理论与实践发展有所裨益。

On the Duty of Care of Medical Negligence Under the Background of Permissible Risk

—Focus on "Capacity Maintenance"

Wang Yibing

[**内容摘要**]注意义务作为过失犯的核心所在,对于认定过失犯罪具有重要意义。根据医疗过失注意义务的理论推演,医疗过失的注意义务应当同时包括结果预见义务和结果避免义务,且这里的结果预见义务必须具体化。据此,医疗过失注意义务的实质根据是维持医疗工作者预见进而防止危害结果发生的能力。这种"能力维持"观点的规范依据在于故意与过失具有不同的归责根据、新旧过失论都蕴含了能力维持这一注意义务的实质根据、法规范的可交谈性要求以能力维持为实质根据的注意义务三个方面。此外,"能力维持"的观点能够合理恰当地解释被允许风险背景下的能力维持关联性问题、结果回避可能性问题和医疗信赖问题。医疗人员的注意能力应当以行为人本人的能力为基准进行判断作为"能力维持"观点的合理推论,能够较为恰当地解决医疗领域中存在的经验不足、精神懈怠、特别认识和优越能力问题。

[**关键词**]注意义务;能力维持;被允许的风险;信赖原则

Abstract: Duty of care, as the core of negligent crime, is of great significance for the determination of negligent crime. According to the theory of duty of care for medical negligence, the duty of care for medical negligence should include both the obligation of foreseeing results and the obligation of avoiding results, and the obligation of foreseeing results here must be specific. Accordingly, the essential basis of duty of care for medical negligence is to maintain the ability of medical workers to foresee and then prevent the occurrence of harmful results. The normative basis of this view of "ability maintenance" lies in the fact that intent and negligence have different imputation grounds, the old and new negligence theories contain the substantive basis of the duty of care of ability maintenance, and the conversability of legal norms requires the duty of care based on the substantive basis of ability maintenance. In addition, the view of "capacity maintenance" can reasonably and appropriately explain the problem of the relevance of capacity maintenance, the problem of the possibility of outcome avoidance and the problem of medical trust in the context of allowable risk. The attention ability of medical staff should be judged on the basis of the ability of the actor as a reasonable inference of the view of "ability maintenance", which can more appropriately solve the problems of inexperience, mental slack, special understanding and superior ability in the medical field.

Keywords: Duty of Care; Ability Maintenance; Allowed Risk; Trust Principle

刑事合规视野下法人刑事归责体系的应然建构*

刘 昊**

目 次

一、问题的提出

受到涉外企业所遭遇的域外执法权调查，以及国际倡导的企业合规理念的正负刺激，我国检察机关率先发起了合规不起诉改革，以此促进企业合规管理，助力企业可持续经营发展和国家犯罪治理现代化。据悉，2021 年 4 月，最高人民检察院下发《关于开展企业合规改革试点工作方案》，标志着第二期试点改革正式启动。方案将试点范围扩大至北京、上海、辽宁、江苏等 10 个省级院，27 个市级院和 165 个基层院，

* 基金项目：北京师范大学刑事法律科学研究院学术型研究生专项科研基金课题（2019CCLS068）。

** 江西省司法厅干部、法学博士。

截至8月共办理涉企业合规案件206件。①

然而,限于《刑事诉讼法》第177条第2款相对不起诉的法治化边界,合规不起诉适用对象主要限于犯罪情节轻微的案件,政策效益辐射性不足。② 对此,虽有探索企业合规附条件不起诉制度的观点,③但其会引起程序法等层面的改革,④并非最优选择。

与探索企业合规附条件不起诉制度相比,探索单位刑事责任的合规激励是值得尝试且必要的选择。一方面,自1997年单位犯罪⑤立法以来,《刑法》第30条与第31条只是简单地就单位犯罪主体范围与单位犯罪的处罚原则作了规定,有关单位犯罪的成立条件与理论依据有待明确。司法实践确立的"单位决策机构、单位集体决定论"或者"违法所得去向论"的做法,不利于合规激励。⑥ 另一方面,造成合规不起诉改革瓶颈的根本原因在于个人责任与法人责任的勾连,⑦导致本应适用合规不起诉改革的法人因个人犯罪的严重而无法获得合规整改机会。正因此,如何在确立不以个人责任为基础的法人固有责任体系的前提下,刺激企业合规管理,成为了近期学界努力的方向。

归纳起来,实现以上目的的建构思路大体存在两种:其一,主流思路的"法人犯罪主体论",以寻求法人对等于自然人为逻辑起点,将法人视为犯罪主体,法人刑事归责体系的建构实质上是对法人犯罪的构

---

① 参见《以企业合规做实对民营企业的依法"平等"保护——第三届民营经济法治建设峰会上的"检察好声音"》,载中国长安网,http://www.chinapeace.gov.cn/chinapeace/c100007/2021-09/03/content_12532732.shtml。

② 参见陈瑞华:《企业合规不起诉制度研究》,载《中国刑事法杂志》2021年第1期。

③ 参见谢文英:《阎建国代表:探索企业犯罪附条件不起诉制度》,载《检察日报》2021年3月8日,第4版。

④ 参见时延安:《单位刑事案件的附条件不起诉与企业治理理论探讨》,载《中国刑事法杂志》2020年第3期。

⑤ 本文并未区分法人与单位,原则上使用法人,在我国制度语境下使用单位。

⑥ 参见邹玉祥:《单位犯罪的困境与出路——单位固有责任论之提倡》,载《北京社会科学》2019年第9期;时延安:《合规计划实施与单位的刑事归责》,载《法学杂志》2019年第9期;黎宏:《组织体刑事责任论及其应用》,载《法学研究》2020年第2期。

⑦ 参见周振杰:《企业合规的刑法立法问题研究》,载《中国刑事法杂志》2021年第5期。

造。进而,通过合规计划与法人犯罪构成要件的关联,实现合规激励。[①] 例如,提出组织体责任论的黎宏教授就认为:"单位犯罪只是现行刑法所规定的犯罪中的一种,在单位犯罪的认定和处罚上,必须依照现行刑法的相关规定,参照自然人犯罪的成立要件来进行。"[②]其二,"法人犯罪主体否定论",以否定法人与自然人对等为逻辑起点,视法人为归责主体而非犯罪主体,指明无须为法人人为添加道义责任赖以生存的意思能力和行为能力,犯罪只能由自然人实施。法人刑事责任依据不是它故意或过失借成员之手为某种具体犯罪行为,而是法人未能制定和落实合规管理而导致犯罪的组织责任。[③]

两类方案分别体现了不同的价值追求,"法人犯罪主体论"追求刑

① 较早可追溯至1979年"法人内部决策机构论"(Corporation's internal decision Structure),该论认为法人行为是个体决策被置于内部决策机制的结果,通过内部决策机构的观察得以界定法人意图。See Peter A. ,*The Corporation as a Moral Person*,American Philosophical Quarterly,vol. 16,p. 211 –215(1979). 此外,包括不限于域外的体制性犯意论(Institutional intent)、法人文化论(Corporate ethos)、团体性格(Corporate character)论等。See William S. Laufer,*Corporate Bodies and Guilty Minds: The Failure of Corporate Criminal Liability*,The University of Chicago Press,2006,p. 77. 以及域内周振杰教授的"双层论"、黎宏教授的"组织体责任论"与蔡蕙芳教授的"组织体正犯论"等,均是强调法人作为犯罪主体,客观上将成员行为归属于法人,主观上将包括法人政策、文化、性格等要素作为表征犯意的素材。

② 黎宏:《组织体刑事责任论及其应用》,载《法学研究》2020年第2期。

③ Celia Wells也指出:法人归责模型是通往对犯罪承担责任的途径,而不是犯罪本身。它们为法人责任提供了轨道,使非人类的法律行为者能够对刑事犯罪负责。Eli Lederman也注意到自20世纪末以来,在社会经济发展的影响下,出现一种试图极力扩张法人刑事责任的框架,即以法人未能预防犯罪的管理失败为处罚依据。在这个框架下,开始出现了一些偏离传统刑事责任原则的做法,类似于要求并未实施犯罪行为或者缺乏相关犯意的共谋或同谋者承担责任一样。参见耿佳宁:《单位固有刑事责任的提倡及其教义学形塑》,载《中外法学》2020年第6期;耿佳宁:《污染环境罪单位刑事责任的客观归责取向及其合理限制:单位固有责任之提倡》,载《政治与法律》2018年第9期;Celia Wells,*Containing Corporate Crime Civil or Criminal Controls?*,James Gobert & Ana-Maria Pascal,eds. ,European Developments in Corporate Criminal Liability,in Routledge,2011,p. 23; Celia Wells,*Corporate Failure to Prevent Economic Crime—A Proposal*,Criminal Law Review,Vol. 6,p. 434(2017); Eli Lederman,*Corporate Criminal Liability: The Second Generation*,Stetson Law Review,Vol. 46,p. 77(2016)。可以看出,该论不同于传统法人犯罪否定论的观点,因为传统法人犯罪否定论甚至否定法人是归责主体。参见朱建华:《单位犯罪主体之质疑》,载《现代法学》2008年第1期;张克文:《法人刑事责任的初步反思:一个否定论的立场》,中国政法大学出版社2010年版,第196~213页;杨国章:《法条竞合视野下的单位犯罪研究》,法律出版社2019年版,第66~115页;谢治东:《单位犯罪中个人刑事责任研究》,法律出版社2014年版,第106页。

法体系连贯完整的同时兼顾实践效能,"法人犯罪主体否定论"追求体系的实践效能而逐渐放弃体系连贯。前者是否能实现其兼顾的目的,后者并没有回答。后者在多大程度放弃体系连贯,也有待进一步挖掘。据此,本文首先以"法人犯罪主体论"主流方案出发,指出该方案在合规激励方面是存在缺陷的;其次,指出缺陷的根源在于"法人犯罪主体论"以法人作为犯罪主体的逻辑起点,试图寻求与自然人功能对等的体系构建;最后,本文认为,法人刑事归责体系的应然建构,应适度放弃参照自然人犯罪论的部分内容,以法人是否针对内生性犯罪原因进行自我预防的组织责任为归责基础。

二、"法人犯罪主体论"的合规激励效果检视

"法人犯罪主体论"的合规激励遵循以下路径:建构法人犯罪主客观构成要件——将合规计划作为法人犯罪主客观构成要件的事实依据考虑。同时,要发挥合规激励效果,还要求司法实践承认合规计划的证明效力。

(一)对教义学方式激励的质疑

"法人犯罪主体论"并不将合规计划作为法定的减免责任依据,而是借助教义学方式阐述犯罪构成要件内容包括合规计划,将合规计划作为法人犯罪主客观构成要件的事实依据考虑,间接发挥法律效果。此种间接性合规激励虽然在理论上可以发挥合规激励效果,但实际上并非如此。

1. 无法产生激励的情况

为确保合规计划的有效性实施,部分国家对有效合规计划的基本标准予以明示,且存在趋同。① 以《西班牙刑法典》第 31 条之二第 5 款规定为例,合规计划应当满足的六个必要条件:一是进行犯罪风险的识

① See Stefano Manacorda, Francesco Centonze & Gabrio Forti eds., *Preventing Corporate Corruption*, Springer, 2014, p. 365.

别活动,并采取相应预防措施;二是制定可表明公司决策与执行意志形成过程的有关协议和程序;三是有合理的财务管理模式预防已识别的犯罪风险;四是履行主动向合规监管机构报告任何潜在风险或违规行为的义务;五是建立旨在处罚违规行为的纪律处分;六是在违规行为发生后,或在组织管理、法人实体的经营活动发生变化的情况下,对合规方案进行定期检验或者修改。

这就意味着从法人视角,若存在其他低成本的减免责任路径,即使法人明确知道合规计划可以起到减免责任的法律效果,也不会实施高成本、高于一般义务履行要求的合规计划。对此,S. F. Copp就指出:相比于行政监管领域的未能披露信息罪,《英国反贿赂法》的"商业组织预防贿赂失职罪"施加了一种繁重的责任,即积极制定在当时情况下可能被认为是合理的预防措施。① 类似地,我国责任事故罪确立的安全管理义务或者对单位内人员进行道路安全教育的义务,②显然无法与合规计划的体系性相比。

2. 激励效果存疑的情况

因合规计划不是法定的减免责任依据,故合规计划能否实现预想的法律效果,有待商榷。"雀巢案"一审、二审法院均认为:雀巢公司政策、员工行为规范等均明确员工不允许向医务人员支付任何资金或者其他利益,也不允许以非法方式收集消费者个人信息。对于这些规定要求,雀巢公司要求所有营养专员接受培训并签署承诺函。被告人(地区经理的郑某、杨某)明知法律法规以及公司禁止性规定的情况下,为完成工作业绩而置法律法规、公司规定于不顾,违规操作进而贿赂医务工作人员,非法获取消费者个人信息的行为,并非雀巢公司的单位意志体现,故本案不属于单位犯罪。③

① See S. F. Copp & A. Cronin, *New Models of Corporate Criminality: The Development and Relative Effectiveness of "Failure to Prevent" Offences*, Company Lawyer, Vol. 39, p. 104 – 117(2018).

② 《道路交通安全法》第6条。

③ 参见甘肃省兰州市城关区人民法院刑事判决书,(2016)甘0102刑初605号。

然而，以上判决是存在争议的。经过多年探索，司法实践确立了“以单位的名义实施犯罪”、“单位集体研究决定”或者“违法所得归于单位”要件，以此证明个人行为是单位意志的外在体现。按照司法实践的标准，由于被告作为区域经理，自然能代表单位，同时考虑到被告的犯罪行为也为单位带来了违法所得，故本案成立单位犯罪并无不妥。以上法院判决，显然是回避了司法解释标准，转而认为合规制度的存在能够否定个人行为是单位犯罪意志的体现。

笔者的观点在如下案例得到验证。即同样利用单位政策制度进行辩护的“上海中集宝伟工业有限公司、刘某某等污染环境案”，否认了政策制度的辩护效力。公司出具了《安全专题会议纪要》《公司各部门职能》《人事部文员各岗位主要职责》《工业危险废物处理合同》等书证，证实公司对处理危险废物有相关规定，且被告人行为超出其职责权限。不过，法院认为被告人行为均系其部门职责范围内所做的部门决定，是行使部门职权的表现，体现了公司的意志，应认定单位犯罪。①

3. 挫败激励的情况

与合规计划法律效果存疑相关的是，刑事合规不仅无法起到罪责减免的效果，反倒会作为“入罪或加重刑罚”的证据。美国学者菲利普·韦勒指明，有效合规计划与企业引入合规计划动力之间存在矛盾，“企业为确保遵守法律而采取的措施增加了违法行为被发现的可能性，从而也增加了企业潜在的刑事责任。这种矛盾作用完全妨碍了合规计划的执行，这种障碍又因合规计划实际上难以确保量刑降级而增大”②。我国学者亦认为合规计划的存在，起到了一个前提性风险提示的作用，推定

① 参见上海市宝山区人民法院刑事判决书，(2016)沪0113刑初2305号。同时，也不得不承认，两个案件仅涉及了公司的合规制度，而非合规管理体系，但纵使如此，也足以说明非法定的合规计划的法律效果存疑。

② [美]菲利普·韦勒：《有效的合规计划与企业刑事诉讼》，万方译，载《财经法学》2018年第3期。这一问题还表现在合规计划对这种违反行为的揭示，也可能表征法人合规计划的有效性缺失。John F. Fatino, *Corporate Compliance Programs: An Approach to Avoid or Minimize Criminal and Civil Liability*, Drake Law Review, Vol. 51, p. 100(2002).

了罪责认定中的“预见可能性”。[①] 的确,法人的有效合规管理,需要参照法律法规确立的合规义务,对自身的运营合规风险点进行风险识别与评估,这就意味着法人对犯罪行为的违法性及其发生均具有预见可能性。

(二)对具体激励路径的质疑

教义学方式只是为合规激励提供了方向,最终是否能达到预期的激励效果仍需观察合规计划能否或者多大程度作为法人犯罪主客观构成要件的事实依据。

1. 激励路径的片面性

就主观罪责的激励路径而言:一方面,合规计划只能否定故意,能否减轻故意罪责存疑。这是因为,其一,除了极个别法人会在政策文件上反映自己的犯罪意向之外,判断法人故意是极为困难的。其二,合规计划的存在是对法人积极守法的说明,但不实施合规计划,却不一定说明法人的故意。其三,实施了合规计划但有效性缺失时,却可能否定故意,因为法人采取了防控措施,更可能是过失。[②] 更令人吊诡的是,比较三种说法,却可以传达出“无效合规计划也无伤大雅”的表意。另一方面,合规计划对于过失的说明需要满足特定条件。周振杰教授的分析为学界所推崇:采取旧过失论立场,当合规计划无法否定预见可能性之时,只能减轻过失责任。采取新过失论立场,只有当有效的合规计划等同于客观的行为基准(结果回避义务)才可能减轻或阻却责任。[③]

就客观归责的激励路径而言,“法人犯罪主体论”内有学者强调只

---

① 参见陈冉:《企业公害犯罪治理的刑事合规引入》,载《法学杂志》2019 年第 11 期。

② See Neil Cavanagh, *Corporate Criminal Liability: An Assessment of the Models of Fault*, Journal of Criminal Law, Vol. 75, p. 437(2011).

③ 参见周振杰:《企业适法计划与企业犯罪预防》,载《法治研究》2012 年第 4 期。

有因单位内部治理结构存在缺陷而导致犯罪发生时，方能将单位成员的犯罪行为评价为单位行为。① 可是，这就导致合规计划只能起到否定犯罪成立的效果，而无法起到对刑事责任减轻、从轻的效果。这与《西班牙刑法典》第 31 条之二明文将合规计划的具体实施情况作为减轻刑事责任依据（在法人已经制定的合规计划能得到部分认可的情况下，将为减轻处罚而对这种情况进行评估）存在差距。

2. 激励路径的“反激励”

“法人犯罪主体论”通过法人罪责实现合规激励，但却忽视了罪责认定对合规激励的制约。一方面，与严格责任相比，罪过证明本身，就制约了激励。因为只有证明了法人具备特定罪过，法人才需要借助合规计划进行抗辩。另一方面，侦查机关对法人罪责的查证，是个难点。虽然诚如 W. Laufer 教授所言：“从明显的行为将意图归咎于自然人的风险比从其行为、政策和实践将意图归责于组织的风险要大得多。”② 但是，体现法人犯意的政策或程序等均产生于法人日常经营管理过程，鲜有法人会明确通过决策或者政策表达自己的犯意，自然也不会等到侦查机关来获取证据。

综上，“法人犯罪主体论”尝试将合规计划嵌入法人犯罪认定过程中的做法，只看到了基于法人犯罪构成的合规激励的可能性，却并没有对其可行性（法人选择更低廉的出罪事由，法官对是否采纳合规辩护的自由裁量权，具有揭示犯罪功能的合规计划会挫败激励），以及如何更好实现合规激励（是否能通过罪责减免或者是否能采取严格责任）进一步考量。那么，是否存在对“法人犯罪主体论”的完善方案？

---

① 参见邹玉祥：《单位犯罪的困境与出路——单位固有责任论之提倡》，载《北京社会科学》2019 年第 9 期。

② W. Laufer, *Corporate Bodies and Guilty Minds*, Emory Law Journal, Vol. 43, p. 661 (1991).

三、"法人犯罪主体论"对合规激励的功能反制

不难看出,以上质疑产生的直接原因是多样化的,"法人犯罪主体论"根本无法采取单一措施予以解决。对此,有学者提议将合规计划的减免责任效果法定化,①事实上也只能解决以上激励效果存疑和激励路径片面性的情况。

笔者认为,所有质疑的根源直指"法人犯罪主体论"本身。"法人犯罪主体论"自始决定了法人刑事归责体系无法回避法人犯罪行为与罪责的构造,而犯罪行为与罪责的内容,因沿用知行合一的自然人刑法体系内容,不仅造成了"法人犯罪主体论"本身适用问题,而且因"法人犯罪主体论"与"合规计划"的疏离,在两者发生冲突之时,"法人犯罪主体论"为维系自然人刑法的体系性而放弃更好实现合规激励的机会。

(一)"法人作为犯罪主体"的本体批判

1. 罪责构造陷入想象

实体法层面的合规激励应建立在概念清晰的基础上,但实际上"法人犯罪主体论"已经将法人刑事归责的建构拖入了想象的洪流。"法人犯罪主体论"最大的争议是单位意志的判断,这个问题悬而未决,致使如何判断故意过失以及如何区分两者走向了似是而非的状态。

其一,如何判断故意和过失,缺少具体标准。"法人犯罪主体论"只是表明,法人罪责不能仅仅以内部成员或机构的意志为决定性标准,而是应当借助法人行为守则、规章制度等进行整体考察。但究竟如何处理这些组织体要素的内部关系却鲜有人展开,由此导致合规计划在罪责的解释效果上走向不确定。

---

① 参见周振杰:《惩治企业贿赂犯罪合作模式之提倡》,载《云南社会科学》2016年第4期。

其二,如何区分故意和过失,缺失可行方法。"法人犯罪主体论"表示,组织罪责判断相比于自然人具有明显的客观性和便利性,法人过失表现为法人选任过失、应采取防范措施而未采取或者采取了措施却未认真进行的情况。① 但实际上,除了法人明确表示要实施犯罪之外,法人故意大多数也表现为"法人未采取相应的监控措施"而放任,为什么在监控措施不完善的情况被认定为法人过失而不可能是故意?

这一争议陷入盲区,以至于有学者索性直接或间接放弃了主观归责。"通过虚构出单位的意志作为判断单位犯罪成立的条件,司法实践已经证明是行不通的,对所谓'单位'意志要件的判断,仍要继续还原到客观面上。对单位的'罪过',也无法用推定方式加以证明,因为本来就不存在脱离于自然人的、单位的罪过。"②

应当说,陷入盲区实属必然,因为法人不是存在论意义上的主体,根本不可能存在意志,生硬地在规范论上塑造法人意志,只会因与客观事实不符而招致适用的不适,更不可能实现合规计划的刑法激励。对此,以下观点是中肯的:刑法处罚法人主要是出于功利目的,旨在预防为了法人利益而实施的犯罪,而非对法人进行道义上的报应,所以无须为其人为添加道义责任赖以生存的意思能力和行为能力。③

2. 罪责范围趋于扩张

法人罪责的建构陷入想象,还能于法人罪责的历史发展得到验证。罪责主义要求法人对特定犯罪事实的发生具有预见可能性,但法人预见可能性的边界到底在哪,实际上只是沦为功利主义支配下、旨在扩张处罚的功能性概念。以日本监督过失理论的发展史为例,监督过失理论以大量环境污染、食品安全与工程责任等严重事故为背景,认为仅追

---

① 参见陈瑞华:《合规视野下的企业刑事责任问题》,载《环球法律评论》2020年第1期;李本灿:《刑事合规理念的国内法表达——以"中兴通讯事件"为切入点》,载《法律科学(西北政法大学学报)》2018年第6期;李永升、杨攀:《合规计划对单位犯罪理论的冲击与重构》,载《河北法学》2019年第10期。

② 时延安:《合规计划实施与单位的刑事归责》,载《法学杂志》2019年第9期。

③ 参见耿佳宁:《单位固有刑事责任的提倡及其教义学形塑》,载《中外法学》2020年第6期。

究直接操作人员或者下级雇员的责任是不合理的。为了解决“地位越高,离现场越远,越没有责任”的状况,学者提出应该追究作为企业负责人的监督管理过失责任。到后期,监督责任的范围一度扩展到相关国家公务人员的管理过失责任。① 追责的扩张式发展,回应的正是因相关主体缺乏预见可能性而导致的责任主体缺位的困境。但是,面临有组织不负责任的困境,要想法人承担责任,将法人罪责的认定依赖于个人预见可能性的做法显然是不够的。正因此,日本检察部门提出要回归至企业主的无过失监督责任,学界也主张将监督过失内容扩张至防止违法行为的组织管理疏忽,但此类观点被要求认真检讨,因为它违背了责任主义要求。②

困境中的曙光最后出现在法人预见可能性的客观推定。相较于将视角局限于个人的预见可能性,将视角提升至法人层面,以此默认法人能够对法人整体犯罪事实有所认识,更大范围地扩展了责任范围。在美国 United States of America v. Bank of New England 案中,法院认为:“公司雇员在其职责范围内获得的认识被视为公司认识。公司对认识进行分块,将具体职责和业务的要素细分为较小的组成部分。这些组成部分的总和构成公司对某一特定业务的了解。”③

所以,法人罪责的预见可能性是根据需罚性而不断被塑造和扩展。如果说个人预见可能性尚存在界限,那么法人预见可能性显然是被默认的,最终走向 Carlos Gómez-Jara Díez 所言的“自治系统”:商业组织系统与人类系统类似,一些企业随着时间的推移而发展出一种内部的复杂性,最终使他们具有自我组织的能力。承认企业对自己的影响范

① 与德国监督责任相比,日本监督责任限于过失,其理由在于司法实践的监管责任以过失为常态,从而造成了此差异。参见吕英杰:《德日刑法上的监督、管理责任》,载《刑事法评论》2012 年第 2 期。

② 参见[日]西田典之:《共犯理论的展开》,江溯、李世阳译,中国法制出版社 2017 年版,第 491 ~ 492 页。

③ United States of America v. Bank of New England 821 F. 2d 844,855.

围需要一定控制，这不仅是合乎逻辑的，而且是必要的。① 甚至是Heine“功能系统的组织支配理论”描绘的“全知全能型”企业：“考虑到企业强大的法律和技术部门，整个组织的时间和空间连续性以及其无法比拟的社会力量，公司本身对有关风险的相关知识应非常了解。”②“对公司结构、流程、计划和投资固有风险的了解越多，经济企业就越能对其活动负责。因此，通常操作决策的风险和不确定性应由企业承担。”③

3. 客观构造走向不确定

法人罪责判断的不确定，还导致“法人犯罪主体论”在行为构造上的不确定。因为到底是按照以法人名义或者为了法人利益，还是按照组织结构缺陷的标准将个人行为归属于法人，“法人犯罪主体论”内部并没有区分，更没有说明。事实上，在“法人犯罪主体论”看来，由于法人行为是法人意志的体现，只有个人行为体现法人意志之时才能归属于法人，所以前述标准实际上是作为建立个人行为与法人意志的关联条件。然而，借助法人意志的说明，实际上只是利用意志的抽象性和拟人化回避了问题。

（二）“法人犯罪主体论”与刑事合规的疏离

1. 行为构造层面

避免构成要件与合规计划的不匹配，最好的办法是将“未能有效

① See Carlos Gómez-Jara Díez, *French's Influence on the Modern Discussion of Corporate Criminal Liability*: *The Case of Corporate Citizenship and Corporate Compliance*, Zachary J. Goldberg, ed, Reflections on Ethics and Responsibility Essays in Honor of Peter A. French, Springer, 2017, p. 47.

② Gunter Heine, *Criminal Liability of Enterprises and New Risks-International Developments-National Consequences*, Maastricht Journal of European and Comparative Law, Vol. 2, p. 123 (1995).

③ Gunter Heine, *New Developments in Corporate Criminal Liability in Europe*: *Can Europeans Learn from the American Experience or Vice Versa*, St. Louis-Warsaw Transatlantic Law Journal, Vol. 1998, p. 190 (1998).

合规”视为法人犯罪行为,然而,囿于解释困境,这一步无法实现。

其一,不作为论无法解释未能有效合规。为建立合规计划与犯罪论的关联,学界倾向于选择以监督管理理论为切入,将法人视为“整体危险源”,施加法人以管理危险源的义务,要求法人采取监管危险源的组织措施。[①] 但是,这就会导致李本灿教授所言的“处罚显著的片段性”[②],即法人只能以不作为的方式实施犯罪,进而导致只能以作为方式实施的犯罪无法适用于法人,这显然与法人日益增长的影响力不符。

其二,法益保护理论无法解释未能有效合规。犯罪是对法益造成侵害的行为,同时为了区分预备行为与实行行为,实行行为应是对法益造成紧迫性侵害的行为。若将未能有效合规视为法人的不作为,实则意味着未能有效合规就对法益已经造成了紧迫性的侵害。但是,众所周知,合规计划的特质在于,“它作为一层新的额外规则,位于法定刑事可罚性风险的前置领域,旨在避免刑事责任”[③]。未能有效合规难以被视为对法益造成了紧迫性侵害,甚至可能没有对法益造成侵害。若坚持将其视为对法益造成了值得处罚的侵害,认为单位等组织体的运营本身可能就存在侵犯法益的抽象危险,[④]或者说“刑事合规义务模式制度实现了从实害犯向抽象危险犯的转变”[⑤],那么最终结果只能是将法益推向一种极为抽象化与精神化的窘境。这必然为学界所反对,不

---

① 参见聂立泽、刘林群:《法人犯罪的义务犯本质与单一犯罪性质之确证》,载《政法学刊》2020年第5期;王志远:《环境犯罪视野下我国单位犯罪理念批判》,载《当代法学》2010年第5期;孙国祥:《刑事合规的理念、机能和中国的构建》,载《中国刑事法杂志》2019年第2期;于冲:《数据安全犯罪的迭代异化与刑法规制路径——以刑事合规计划的引入为视角》,载《西北大学学报(哲学社会科学版)》2020年第5期;于冲:《网络平台刑事合规的基础、功能与路径》,载《中国刑事法杂志》2019年第6期;魏昌东:《贿赂犯罪“预防型”刑法规制策略构建研究》,载《政治与法律》2012年第12期。

② 李本灿:《单位刑事责任论的反思与重构》,载《环球法律评论》2020年第4期。

③ [德]弗兰克·萨力格尔:《刑事合规的基本问题》,马寅翔译,载李本灿等编译:《合规与刑法:全球视野的考察》,中国政法大学出版社2018年版,第59页。

④ 参见耿佳宁:《单位固有刑事责任的提倡及其教义学形塑》,载《中外法学》2020年第6期。

⑤ 参见李本灿:《刑事合规的制度边界》,载《法学论坛》2020年第4期。

仅无法自圆其说,更会摧毁业已确立的法益保护理论。

其三,上述的解释不力,根源在于合规计划与法益理论的"疏离",进而还表现在免责事由无法包括"有效的合规计划"。违法性阻却事由的正当依据在于以法益保护理论为基础的法益衡量或者法益阙如情形,前者是不存在值得保护的法益,后者是对损害的法益与所保护的法益比较衡量。[①] 将合规计划作为减免责任事由,至少无法将之视为违法性阻却事由,因为合规计划只是内部的犯罪防控机制,如何体现法益侵害以及法益衡量,存在明显的疑问。

2. 罪责构造层面

罪责主义要求对行为人苛处刑罚,尚需行为人具有非难可能性。它包括心理事实与规范评价两层内容:前者是行为人对犯罪事实的发生及其违法性有所认识并持有相应态度。后者则是当无法期待行为人在犯罪发生时选择合法方案,就不应对行为人谴责。然而,正是基于罪责主义的设定,合规激励遭受制约。

其一,罪责主义的预见可能性要求限制了责任范围。罪责主义要求法人仅对自身可以预见的犯罪事实承担责任,因此,法人的责任范围局限于法人内部成员的犯罪,而无法包括诸如客户、代理商、供应商等第三人的犯罪。将这部分人的犯罪事实归责于法人,被认为会导致替代责任。在澳大利亚法人犯罪立法改革的公开讨论中,针对澳大利亚法律委员提议引入类似于《英国反贿赂法》第 7 条[②]的归责模式的建议稿,有观点指出:将法人刑事责任扩展到代理人或承包商的任何犯罪行为,会导致法人承担严格责任,不仅又会回归到使公司对流氓雇员的行

① 参见张明楷:《刑法原理》(第 2 版),商务印书馆 2017 年版,第 158 页。

② 《英国反贿赂法》第 7 条规定:商业组织未能预防贿赂失职罪:(1)如果与 C 有关的人(A)贿赂另一人,意图为 C 获得或保留业务,或(b)在为 C 进行业务时获得或保留优势,则相关商业组织(C)违反本节规定。(2)但是,C 可以证明,C 已经制定了适当的程序,防止与 C 有关联的人从事这种行为,这是一种辩护事由。同时,第 8 条将关联人界定为:为组织或代表组织提供服务的人。关联人为或代表法人执行服务的能力并不重要。关联人可以是承包商、代理人或子公司等。参见《英国反贿赂法》,王君翔译,中国方正出版社 2014 年版。

为承担刑事责任的不利情况,而且会导致在法人对该人及其犯罪行为没有控制或影响力的情况下,或者该人的行为与法人业务完全无关的情况下,让法人对完全无法合理预见的罪行承担责任。这与刑法所要求的组织过错是不一致的。①

其二,罪责主义有关故意和过失的内容与合规计划存在“疏离”,导致罪责激励路径的不完整。“法人犯罪主体论”比照自然人的罪责内容来界定法人故意和过失,已经初步限定了合规计划的作用范围和效果。但是,合规计划是犯罪预防体系,并不关注罪责主义所要求的预见可能性、结果回避可能性以及犯罪意志等,进而产生“是否存在已经实施合规计划但却肯定法人对犯罪具有预见可能性”的情况,②以及对“合规计划能否等同于新过失论视野下结果回避义务的标准行为”③的疑问。对此,Barry J. Pollack 就明确指出有效合规计划的存在可能与评估公司实体的意图有关,但是,应根据意图而非是否存在有效的合规程序来确定公司实体是否从事犯罪行为。④

其三,罪责认定的具体标准(如法人文化、政策等)与合规计划之

---

① See Law Council of Australia, *Discussion Paper: Corporate Criminal Responsibility*, 31 January 2020, p. 19 – 22.

② 对这一问题,日本存在不同见解。学者川崎友巳提醒可能存在“拥有有效合规计划本身却无法否定结果预见可能性”的情况,甲斐克则教授则明确指明:对于注意义务的违反需要进一步到个别事由而深入到主观的内容。即使制定好合规文化,也有可能发生事故,所以在认定过失责任中合规文化未必发挥决定性作用,但可以成为参考。但今井猛嘉却持相反态度。参见[日]川崎友巳:《作为企业注意义务的合规计划》,曾文科译,载李本灿等编译:《合规与刑法:全球视野的考察》,中国政法大学出版社2018年版,第218页;[日]今井猛嘉:《对于单位的处罚——立足于合规计划的研究》,周啸天、张小宁译,载李本灿等编译:《合规与刑法:全球视野的考察》,中国政法大学出版社2018年版,第245页;[日]甲斐克则:《企业的合规文化·计划与刑事制裁》,谢佳君译,载李本灿等编译:《合规与刑法:全球视野的考察》,中国政法大学出版社2018年版,第279页。

③ [日]今井猛嘉:《对于单位的处罚——立足于合规计划的研究》,周啸天、张小宁译,载李本灿等编译:《合规与刑法:全球视野的考察》,中国政法大学出版社2018年版,第246页。

④ See Barry J. Pollack, *Time to Stop Living Vicariously: A Better Approach to Corporate Criminal Liability*, America Criminal Law Review, Vol. 46, p. 1394 (2009).

间关系的不明,导致合规计划旨在发挥的法律效果不明。"法人犯罪主体论"只是一味地强调合规计划本身对罪责具有解释力,却鲜有人真正指明合规计划与法人文化和政策之间的关系。这一关系的不明确,直接引发如下疑问:缺少合规计划是否就必然引起责任?例如,黎宏教授在认识到有效合规计划对法人刑事责任的有无应当产生影响的情况下,却走向了以法人文化认定责任的结论。[①] 相似地,日本学者在分析《澳大利亚联邦刑法典》第12.3条时指出:第12.3条第3款的"相当注意"抗辩(防止犯罪行为的适当努力)与企业文化是难以共存的,[②]虽然法人实施了有效合规计划,但对合规计划的证明标准没有达到超越合理怀疑标准之时,法人可能也难以"相当注意"为由进行抗辩。[③]

综上,"法人犯罪主体论"并不当然成为合规激励的载体,两者甚至存在着相互冲突的可能,其根源在于"法人犯罪主体论"将法人对等于自然人,"当然"沿用自然人刑法关于"行为与罪责"的内容来构造法人之行为与罪责,这不仅导致法人犯罪构造陷入恣意,而且因为"行为与罪责"与合规计划属于不同范畴,在必须二选一之时,不得不放弃合规激励。所以,要求"依据功能对等原则建构法人刑事归责体系,以此维持刑法体系的逻辑严谨性"的观点,[④]只会将法人刑事归责与合规激励推向两难境地。若要更好实现合规激励,首先必须放弃"法人作为犯罪主体"的起点,避免沿用自然人刑法关于"行为与罪责"的内容,唯有如此,法人刑事归责体系的更生才成为可能。

---

① 参见黎宏:《合规计划与企业刑事责任》,载《法学杂志》2019年第9期。

② Australia Criminal Code Act 1995 s 12.3(2)(d)、(3).

③ 参见[日]今井猛嘉:《对于单位的处罚——立足于合规计划的研究》,周啸天、张小宁译,载李本灿等编译:《合规与刑法:全球视野的考察》,中国政法大学出版社2018年版,第235~236页。

④ 参见蔡仙:《组织进化视野下对企业刑事归责模式的反思》,载《政治与法律》2021年第3期。

四、我国法人刑事归责体系的建构方案

即使以上指明了"法人犯罪主体论"对合规激励的制约,大部分学者仍会难以释怀,因为如果放弃了"法人作为犯罪主体"的起点,那么法人刑事归责还有什么内容,又如何实现所谓的合规激励?对此,理应认识到,刑事合规视野下放弃法人犯罪主体地位并非否定法人应当承担责任,它只是着重说明如下事实:法人刑事归责不应再比照自然人犯罪之逻辑和内容——基于意志自由而实施了犯罪,而应转向追究法人因未能针对其内生性犯罪原因而采取防控措施的犯罪预防责任。如此,才能更好地践行法人犯罪治理的合作预防理念。

(一)归责理念:法人犯罪治理的合作预防

"法人犯罪主体论"的产生和发展,具有历史必然性与进步性。一方面,"法人犯罪主体论"的确促进了犯罪预防的转向。该论是对传统以个人刑事责任为基础的归责模式的反思,强调对法人之谴责应针对法人,如此才能真正对法人是否遵守法令以及实施相应防控犯罪机制产生影响。[①] 另一方面,"法人犯罪主体论"产生具有必然性。法人犯罪立法之初,学界就为是否处罚法人争议不断。法人处罚否定论早期处于上风,就是因为法人显然不同于自然人。然而,出于遏制法人犯罪的政策需要,立法最终确定法人为犯罪主体,进而有关法人刑事责任的研究很自然地被引申到"法人具有与自然人一样的犯罪能力"的论证。深究原因,就在于主流认为法人刑事责任之承担,必须以意图和犯罪行为为基础。我国也不例外,为使《刑法》第30条的规定正当化,就需要让单位成为与自然人一样知行合一的犯罪主体,进而催生了将单位功

---

① See Eli Lederman, *Models for Imposing Corporate Criminal Liability: From Adaptation and Imitation toward Aggregation and the Search for Self-Identity*, Buffalo Criminal Law Review, Vol. 4, p. 690(2000).

能对等于自然人的归责方案的诞生。①

然而,“法人犯罪主体论”的问题在于试图建构与自然人犯罪主体对等的法人刑事归责体系,却忽视了其本身对犯罪预防的制约。一方面,诚如前述,“法人犯罪主体论”预防理念实现的关键在于对法人而非自然人进行谴责,谴责的核心在于对法人内部政策、文化等是否有利于犯罪发生的考察,如果仅考虑到这个层面,预防理念的实现水到渠成。可是,“法人犯罪主体论”并不甘心止步于此,因为如何具体构造法人之故意和过失尚未解决。于是,该论退而求其次,以比照自然人罪责之意阐述法人罪责之意,将发挥预防作用之法人内部政策、文化等要素视为罪责的说明依据,由此导致预防理念的践行遭遇自然人罪责内容的“拦路”。

另一方面,因为“法人犯罪主体论”追求组织体要素与法人罪责、法人罪责与自然人罪责的对等,“法人犯罪主体论”的可操作性不足。就在十余年前,就有观点指出:“单位自身刑事责任理论与现实刑事立法的基础还不能完全契合,总体上更多地带有务虚和前瞻性质,其合理性不适宜直接解释法律和指导司法。”②十二年过去了,“法人犯罪主体论”仍停留在纸面上的辩论。长期以来,“法人犯罪主体论”在理论界与实务界受到了两极化的待遇。不论理论界对“法人犯罪主体论”如何倡导,真正被立法采纳的仅有 1995 年《澳大利亚联邦刑法典》,该法典本是为了统一联邦法人犯罪立法而出台的“模板”,截至目前,只有澳大利亚首都堪培拉对此采纳,③即使采纳,截至 2020 年 12 月 31 日,也只有 R. v. Potter & Mures Fishing Pty Ltd. 一案为企业文化条款提供了批判性的见解。④

就目前来看,诸多国家转向客观上法人是否对内进行犯罪防控的

① 参见耿佳宁:《单位固有刑事责任的提倡及其教义学形塑》,载《中外法学》2020 年第 6 期。

② 杨国章:《我国单位犯罪研究 30 年的回顾与反思》,载《中南大学学报(社会科学版)》2009 年第 2 期。

③ See Bittle S. & Lippel K., *Recent Trends in Corporate Criminal Liability*, Policy and Practice in Health and Safety, Vol. 11, p. 1(2013).

④ See *Corporate Criminal Responsibility—the Case for Reform*, Australian Government Australian Law Reform Commission(Dec. 31, 2020), https://www.alrc.gov.au/news/corporate-criminal-responsibility-the-case-for-reform/.

归责模式的关注。《英国法人过失杀人和法人杀人法》(The Corporate Manslaughter and Corporate Homicide Act 2007)在罪责方面直接模糊处理为过失,并没有为法人罪责提供参考标准,要求法人承担因组织管理活动致人死亡的责任。[①] 于 2019 年通过的《澳大利亚打击公司犯罪法案》(Combating Corporate Crime Bill),直接沿用了《英国反贿赂法》第 7 条的“未能预防犯罪模式”,设立了“未能防止关联人贿赂犯罪”。根据这一罪行,如果公司没有制定旨在防止其“关联人”贿赂外国公职人员的“适当程序”,公司将对“关联人”的贿赂承担严格责任。[②] 西班牙则在法人责任认定过程,更为关注法人是否采取预防犯罪的合规管理体系,而无须另行对法人罪责加以讨论。[③]

以上并非简单的陈列,而是陈述着对功能对等的建构追求的适度放弃,转而关注“以国家和法人合作治理、侧重事前犯罪预防”的刑事合规理念。刑事合规意指“通过刑事政策上的正向激励和责任归咎,推动企业以刑事法律的标准来识别、评估和预防公司的刑事风险,制定并实施遵守刑事法律的计划和措施”[④]。刑事合规的政策目的是促进法人犯罪治理的合作预防,是对传统犯罪治理注重事后打击和以法人成员为预防对象的反思。[⑤] 刑事合规视野下,为了实现犯罪预防目标,国家要承担指引和激励法人自我预防(合规计划实施)的任务,它要求

① 依据法案第 1 条第 5 款,在英格兰和威尔士或北爱尔兰地区,称为法人过失杀人罪;在苏格兰地区,称为法人杀人罪。所以,称为法人杀人罪并非肯定该罪存在故意。Corporate Manslaughter and Corporate Homicide Act 2007, Article 1(5).

② See *Crimes Legislation Amendment (Combatting Corporate Crime) Bill 2019*, Parliament of Australia (Dec. 2, 2021), https://www.aph.gov.au/Parliamentary_Business/Bills_Legislation/bd/bd1920a/20bd099.

③ See Santiago Wortman Jofre, *Corporate Criminal Liability and Compliance Management Systems: A Case Study of Spain*, Brill Research Perspectives in Transnational Crime, Vol. 2.3, p. 42(2018); The Spanish Public Prosecutor's Office's Circular 1/2016 on the Criminal Liability of Companies and Compliance Programmes (briefing note), February 2016, p. 3.

④ 孙国祥:《刑事合规的理念、机能和中国的构建》,载《中国刑事法杂志》2019 年第 2 期。

⑤ 参见张远煌:《刑事合规是“共赢”理念在企业治理中的体现》,载《检察日报》2021 年 8 月 31 日,第 3 版。

国家必须建立针对法人内生性犯罪原因的“组织责任”评价机制，以此明示法人应当进行犯罪的自我预防。[①] 法人刑事归责体系应以合作预防为中心目标，而不应强调对等于自然人刑法体系，将法人自我预防之努力生硬地与自然人之故意、过失行为之间建立关联。

（二）归责模式：正向激励型

确定了国家应当建立针对法人内生性犯罪原因的“组织责任”评价机制之后，进而需要考虑的是立法上应采取何种归责模式。以合规激励方式为标准，Engelhart 教授区分了六种不同的层次的企业自治模式：自我规制、国家的非正式支持、给予奖励、惩罚不合规者、免除责任、承担合规计划的一般义务。[②] 在此基础上，笔者进一步完善并类型化为三类情形（见表 1）。

表 1　三类归责模式

激励方式	合规计划法律地位
负向激励	实行合规计划的一般义务
	合规计划作为加重处罚事由
正向激励	减轻责任
	减免责任
无激励	自我规制

基于此，作为合规激励机制的法人刑事责任，未来建构应采取正向激励型，对有效合规者予以奖励。将合规计划仅视为加重处罚的做法，在吸引力及其正当性方面不足，鲜有国家采纳。而将合规计划视为强

---

① 参见张远煌、龚红卫：《合作预防模式下民营企业腐败犯罪的自我预防》，载《政法论丛》2019 年第 1 期。

② See Marc Engelhart, *Corporate Criminal Liability from a Comparative Perspective*, in Dominik Brodowski(Eds.), Regulating Corporate Criminal Liability, Springer, 2014, p. 69.

制性义务的做法,则面临普适化的困难。一方面,国家无法评价所有法人的合规管理状况;另一方面,大多数法人也无法接受被强制性实施合规管理的义务。正因此,采取该方式的《法国萨宾第二法案》的适用对象具有局部性。截至2020年11月,该法案的合规义务将影响到大约1570个团体,这些团体在法国总共雇用了530万名雇员。同时,为执行法案创设的反腐败机构,预计配备70余名专职人员,有关反腐败职能执行的年度预算也从1000万欧元增加到1500万欧元。①

相比起来,正向激励的方式更为缓和,法人不会因合规管理不当直接受到处罚,适合合规管理理念初步推行的我国。一方面,相较于仅作为减轻责任要件的做法,减免责任的方式在合规激励方面更有吸引力。另一方面,据2020年《中国统计年鉴》统计,我国规模以上工业企业的大型企业②数量为8210个,企业法人为21,091,270个。③ 如果按照《法国萨宾第二法案》规定的企业规模标准(用工人数达到500人)适用强制性合规义务,工业领域的大型企业均需承担此项义务,这个数量是法国受影响团体数量的5倍之多。我国的基本国情,决定了正向激励类型更为可行。

(三)归责基础:组织责任

1.组织责任的内涵

以合作预防理念为绝对指引,意味着法人刑事责任作为理念的制度载体,必须确立如下归责基础:将法人是否以及多大程度采取相应自我预防措施以抑制或消除其内生性致罪因素作为判断法人责任的有无与大小,而不是法人是否实施犯罪行为。唯有如此,法人的自我预防能

① La loi sur la transparence, l'action contre la corruption et la modernisation de la vie économique, Gouvernement (Sept. 28, 2021), https://www.gouvernement.fr/action/la-loi-sur-la-transparence-l-action-contre-la-corruption-et-la-modernisation-de-la-vie.

② 依据《统计上大中小微型企业划分办法(2017)》,工业领域的大型企业是从业人员大于等于1000人,或者营业收入大于等于40,000万元的企业。

③ 国家统计局:《中国统计年鉴2020年》。

力才能因获得相应责任归咎或减免而得到激活。而这恰是学界所提倡的组织责任的核心内容。

关于组织责任的内涵,学界表述差异较大。例如梯德曼主张团体罚款的实质原因不在于职员的犯罪行为,而在于公司未能采取必要措施以确保成员实施符合规范的行为。法人处罚的不法根据由两部分组成:一个是具体的损害行为,该行为实际上是由一个或多个职员在其职责范围内所为;另一个是团体的原发性"过错",而该过错源于一个有缺陷的组织。① Eli Lederman 将之描述为法人未能预防犯罪的管理失败。② Torraca 描述为因组织效率低下(organizational inefficiencies)使犯罪变得可能。③ Bruni 指出:组织责任旨在诱导公司采用法令所规定的"组织、管理和控制模式",是一种因不遵守内部制度的责任形式,它并不被视为"严格"或"客观"责任,而是源于疏忽,即不遵守在组织内所要求的安全和控制标准。④ 我国学者认为在刑事合规视域下,对单位归责的基础在于其存在组织管理缺陷,未能有效制定和执行合规制度,导致其内部成员借此漏洞实施犯罪行为。⑤

笔者认为,以上观点核心是一致的。从强调"法人具有内部管理犯罪的组织义务"这一层面来看,前文所提到的包括"法人犯罪主体论"与"法人犯罪主体否定论"在内的所有观点之间,并不存在对立,它们均强调不依托个人责任为基础的法人固有责任,主张"组织体的结构、制度、文化氛围、精神气质等因素中孕育着诱导和促进法人成员犯

① 参见[德]乌尔里希·齐白:《全球风险社会与信息社会中的刑法:二十一世纪刑法模式的转换》,周遵友、江朔译,中国法制出版社 2012 年版,第 254 ~ 256 页。

② See Eli Lederman, *Corporate Criminal Liability: The Second Generation*, Stetson Law Review, Vol. 46, p. 77(2016).

③ See Rossella Torraca, *Corporate Liabilities as a Consequence of Criminal Offences in Italy: Legislative Decree No. 231/2001*, Us-china Law Review, Vol. 12, p. 620(2015).

④ See Gian Bruno Bruni, *New Law on Direct Liability of Companies in Italy*, International Business Lawyer, Vol. 31, p. 70(2003).

⑤ 参见王志远、邹玉祥:《刑事合规视域下单位犯罪刑事治理的检视与完善》,载《甘肃社会科学》2020 年第 5 期。

罪发生的原因,因此法人有必要针对这部分原因采取相应防控措施以实现犯罪预防的目的,若法人因未能采取相应管理措施而导致犯罪发生,法人将承担刑事责任”。因此,在称谓上选择组织责任抑或组织体责任等,并无二致。

2. 基于组织责任的各类学说的分歧与协调

那么,又是什么将以上观点区分开来?笔者认为,组织责任只是对处罚依据的回答,是归责体系建构的前提性认识,学界不同体系的产生则是因为构造的起点(是否承认法人犯罪主体地位)差异。“法人犯罪主体论”之所以承认法人犯罪主体地位,源于我国《刑法》将单位视为犯罪主体的定位,而“法人犯罪主体否定论”之所以持不同看法,源于意大利第 231/2001 号法令否定法人实施犯罪的规定。由此,在具体建构上,前者很自然地需要创造等同于自然人犯罪主体的法人犯罪主体,强调与自然人相媲美的法人犯罪体系的构造,最终表现为法人的行为责任,典型的就是法人的监督管理责任;后者则因强调法人预防责任,无论从主观上仅承认具有消极意义的组织过失,还是客观上承认组织责任不同于行为责任的特性,都迥然于犯罪主体论下的归责构造。

事实上,“法人犯罪主体论”只是法人固有责任理论的开端,“法人犯罪主体否定论”则是进一步发展,在两者之间,尚存在一股协调两者的力量。它的特点在于:对“犯罪构成”做“柔化理解”,实质上是法人犯罪主体否定论,形式上却维系着法人犯罪的框架。例如,周振杰对法人犯罪分析虽然沿用“违法性判断”、有责性或犯罪的表述,但也明确指出组织责任立法下的犯罪行为本质、责任本质和违法阻却事由等,不同于传统自然人刑法体系的内涵。[①] 梯德曼也指出:归属的罪责不同于个人罪责,前者涉及法人的社会性罪责,这种社会性罪责主要表现为对相关行为规范要求的违反。[②]

---

① 参见周振杰:《惩治企业贿赂犯罪的冲突模式与合作模式研究》,载《刑法论丛》2016 年第 2 期。

② See Klaus Tiedemann, *Corporate Criminal Liability as a Third Track*, Dominik Brodowski(Edited), Regulating Corporate Criminal Liability, Springer, 2014, p. 17.

显然,这样的折中做法更为可取。因为不论何种学说,其中心意思只是表明应维系自然人刑法体系的纯洁性,只不过“法人犯罪主体论”选择将法人刑事归责纳入自然人刑法体系,而“法人犯罪主体否定论”则反对法人刑事归责体系忽视法人独特构造的特征,当然沿用自然人刑法体系内容,两者本意均不是颠覆自然人刑法体系。一定程度而言,观点的差异仅仅在于脱离自然人刑法的“程度”。所以,要协调彼此,最好就是维持归责基础是组织责任的共识,但在具体构造上依据法人刑事责任的理论定位,作出不同安排。

3. 组织责任的应然构造

为更好践行合作预防理念,笔者认为,在具体构造上如下安排会更为妥当。

(1)不法构造

在不法层面,可以沿用“法人犯罪行为”和违法性阻却事由的称谓,但理应注意其本质和内容业已发生变化。“法人犯罪肯定论”倾向于承认法人实施犯罪,因此重心不得不转向关注法人在没有可支配身体的情况下如何实施犯罪,以此等同于自然人犯罪行为。但诚如前文强调,法人行为构造无法与法人意志的判断分离开来,由此导致构造本身因所谓的“法人意志”陷入一种恣意。与之相比,将“法人未能完善组织结构缺陷”这一客观状态视为“法人行为”更为合适,理由如下。

其一,无法确定哪部分成员行为能够作为法人行为。诚如前文所言,成员行为何时能够作为法人行为,自始缺少共识,即使学界明确“成员行为应当体现法人意志”,所确立的归属标准也是见仁见智。[①]问题的根源不仅在于法人意志难以确定,更在于试图借助成员行为在满足一定条件的情况下构造法人行为的想法。这一矛盾心态在替代责任原则与同一视原则的发展进程,就已经凸显。一方面,替代责任原则实质上将所有成员行为归属于法人,导致责任范围扩张,因此需要作

① 参见王良顺:《单位犯罪论》,中国人民公安大学出版社 2008 年版,第 168 ~ 170 页。

"为了法人利益""在职务范围内"的要件限缩。[①] 但在司法实践中,又不断对要件虚化(如法人只要获得好处即可[②]),试图扩张法人责任范围。另一方面,正是对替代责任原则处罚范围过于宽泛或者狭窄的考虑,同一视原则认为并非所有成员的行为都应归属于法人,可归属的行为只能是"法人另一个我"(高管)的行为。可是,此后同一视原则尝试扩张"法人另一个我"的做法,[③]又传达出该原则过于限缩了责任范围的意思。事实上,"法人犯罪主体论"强调整体看待或者结合组织体要素对成员行为进行筛选,与同一视原则或者替代责任原则对成员行为的筛选,何尝不是基于同样的道理。

其二,将成员行为归属于法人,实则是替代责任原则的延续。法人刑事责任承担,无论行为还是意图构造均需通过归责原理来实现,这也意味着替代责任原则不只是一套法人刑事归责理论,还是一套归责原理。例如《澳大利亚联邦刑法典》将法人刑事责任分为"物理因素"与"心理因素"两部分,分别适用替代责任原则和集合原则、同一视原则和组织责任原则,可以说该法典确立的法人归责理论模型是迄今为止最为复杂的。[④] 类似地,《西班牙刑法典》第31条之二第1款规定法人将为法人成员行为实施的犯罪负责,也引起了法人是否为其成员承担

---

① See New York Central and Hudson River Railroad Company v. United States of America, 212 U. S. 481 (1909); U. S. Sentencing Guidelines Manual Chapter Eight Introductory Commentary(2012).

② 法院将员工为隐瞒自己违反企业规定的行为,而向联邦政府作虚假陈述的行为视为有利于企业等法人的行为,据此认定为企业刑事责任。United States of America v. Automated Medical Laboratories, Inc., 770 F. 2d 399 (1985).

③ 该案中,法官Lord Hoffman提出了将行为和认识归因于一家公司的两个依据:首先,公司的主要归因规则通常会在其"宪法",通常是公司章程得到显示。其次,使用同样适用于自然人的一般归属规则,即代理原则。它将任命雇员和代理人,其行为结合代理的一般原则和公司的主要归属规则,将其被视为公司的行为。这也意味着部分雇员也会被视为法人的第二个我。Meridian Global Funds Management Asia Ltd. v. The Securities Commission. [1995] 2 AC 500.

④ See Olivia Dixon, *Corporate Criminal Liability: The Influence of Corporate Culture*, Sydney Law School Research Paper, Vol. 17:14, p. 8-9(2017).

替代责任之嫌疑。[①]

一旦承认了上述，至少就行为因素来看，将成员行为归属于法人的做法确实有让法人承担替代责任之嫌。因为按照传统刑法理论，犯罪认定遵循不法到有责之判断路径，其目的在于从不法层面判断侵害结果或者危险结果能否归属于个人的行为，然后从责任层面个别地判断行为人的责任。[②] 然而，“形式上”法人因其成员行为承担责任，既不是共犯或间接正犯，也难以用不作为犯解释。法人为什么要为其成员行为承担责任，“法人犯罪主体论”的回答只能是“因为成员行为在特定条件下是法人行为”，如此才能确保罪责自负原则。可是，如此理解始终无法回避“重复评价”[③]或者让法人承担替代责任的追问。

其三，强调组织结构缺陷为“法人犯罪行为”，才真正确保了罪责自负原则的实现。从客观事实出发，法人无法直接行为。在刑事合规语境下，所谓的法人行为就是法人是否针对法人内部诱导和促进犯罪行为发生的内生性犯罪因素采取相应措施的犯罪预防过程。若缺失相应的犯罪预防努力，由此导致法人成员对外界造成侵害，法人就应当承担责任。但此时的责任依据，并非法人实施了犯罪行为，而是法人存在诱导和促进犯罪的组织结构缺陷。如此一来，法人固有责任才得以真正确认。

其四，将成员行为归属于法人，或者集合多人行为等从整体（规范意义上）确定法人犯罪行为，实则就是对组织结构缺陷的考察。“法人犯罪主体论”意识到可能存在没有行为人（因受害人按照错误的操作指示而死亡）或者无法识别行为人（因人员更迭而无法确定具体个人）或者单一行为人无法充足要件（United States of America v. Bank of New England 案）的情况，[④]因此开始从整体视角去确认法人犯罪行为。

---

① See Santiago Wortman Jofre, *Corporate Criminal Liability and Compliance Management Systems: A Case Study of Spain*, Brill Research Perspectives in Transnational Crime, Vol. 2:3, p. 42(2018).

② 参见张明楷：《阶层论的司法运用》，载《清华法学》2017 年第 5 期。

③ 邹玉祥：《单位犯罪的困境与出路——单位固有责任论之提倡》，载《北京社会科学》2019 年第 9 期。

④ 参见李本灿：《单位刑事责任论的反思与重构》，载《环球法律评论》2020 年第 4 期。

然而,第一,成员行为本身就是法人结构化的产物,法人刑事责任评价的重心也在于其结构化缺陷,在传统上建立成员行为与法人之间关联,实则就是对其组织结构缺陷之揭示,即法人主体责任论强调的"成员行为是法人意志之体现"。第二,集合多人行为以充足犯罪构成要件行为的做法,完全可以理解为法人内部的沟通衔接机制存在问题。第三,针对无法识别行为人的情况,为了确认法人犯罪行为,则需要通过合规政策、合规制度、合规文化等去整体抽象出法人行为,此抽象过程实则就是对组织结构缺陷的确证。

其五,组织结构缺陷判断因客观性而具有可行性。如上述所言,组织结构缺陷地判断趋近于客观化,是对法人内部政策、程序、沟通机制等多项客观因素的考量,这也是为什么诸多学者将组织结构缺陷本质理解为过失犯之结果回避义务之未履行,具体体现为违反预防性的注意规范。正因为此种判断的纯客观性,意大利刑法学界将组织结构缺陷视为客观归责要件而非主观归责要件,因为如果将这里的注意规范过度抽象或泛化,就很容易使法官在司法认定中以客观代替主观,在没有任何意志归属的情况下让法人事实上承担一种客观责任。2010年以后,索性将法人的组织结构缺陷看作客观归责标准同时另寻主观归责标准的观点在意大利刑法学界开始变得有力。①

最后,如同前文一再强调,组织结构缺陷的客观状态无法与传统犯罪行为概念相契合,它是诱导和促进犯罪行为发生的"原因",只要认识到这一点,那么最终关于"法人未能完善组织结构缺陷"是称为"法人犯罪行为",还是说直接改为组织不力,恐怕只是一个选择的问题。例如,英国政府部门一方面认为未能预防犯罪模式(组织责任)"并没有从根本上改变什么是犯罪,它只是更关注于谁应为违反现行刑法的行为负责。另一方面却认为该罪集中于关注未能预防为了或代表公司

① 参见耿佳宁:《污染环境罪单位刑事责任的客观归责取向及其合理限制:单位固有责任之提倡》,载《政治与法律》2018年第9期。

行事的人的犯罪,而不是试图将犯罪行为归属于公司"①。

(2)罪责构造

在罪责层面,"法人罪责"从本质到内容均发生了变化。绝大多数学者意识到了法人罪责判断的客观化趋势,少部分学者指明了因不法与罪责判断基础一致,罪责判断具有推定性,②并且在意识到法人罪责呈现出不同于个人道义责任之时,提出法人责任本质是社会责任的观点。然而,笔者终究认为,回归现实,到底如何判断故意和过失,是一个无法回避且难以解决的难题。本文倾向于取消罪责的安排,理由如下。

其一,取消罪责并不会导致法人不合理承担责任。有学者指出:若法人已经有效合规,但因高管欺诈性回避法人合规管理体系实施犯罪,此时要求法人承担责任并不合理,据此可以认为法人有效合规能够否定法人规范意义的预见可能性,从而阻却法人罪责。③ 关于这一点,英国《刑事金融法》(Criminal Finance Act 2017)立法之初,政府部门持有不同看法。当时政府认为:期望该公司能够揭露其代表所进行的所有犯罪行为是不合理的,特别是如果该代表已采取措施规避公司的合规管理,但该公司的合理程序却无法发现这一点。因此,可以理解一些建议为什么要求法人知道或应该知道该代表的犯罪行为,才能承担责任。然而,英国政府部门认为欺诈性规避要件最好纳入法人"合理程序"的确定中,而不是作为犯罪意图的一个要素。④

对此,笔者认为以上两种方案均可行,这也意味着不通过"规范意

---

① See HM Revenue & Customs, *Tackling Tax Evasion: Government Guidance for the Corporate Offences of Failure to Prevent the Criminal Facilitation of Tax Evasion*, 2017, p. 3.

② 参见周振杰:《单位贿赂犯罪预防模式研究》,中国政法大学出版社2020年版,第134~139页;李鄂贤:《法人刑事责任的本质转变与法人犯罪立法的未来改革》,载《法学杂志》2019年第5期。

③ 参见耿佳宁:《单位固有刑事责任的提倡及其教义学形塑》,载《中外法学》2020年第6期;Klaus Tiedemann, *Corporate Criminal Liability as a Third Track*, Dominik Brodowski (Edited), Regulating Corporate Criminal Liability, Springer, 2014, p. 16.

④ See HM Revenue & Customs, Tackling Offshore Tax Evasion: A New Corporate Criminal Offence of Failure to Prevent the Facilitation of Tax Evasion Summary of Responses, December 2015, para. 3.77.

义预见可能性”的判断,法人也不会不合理承担责任。欺诈性回避与合规计划有效性判断不存在当然对应关系,不会因为存在欺诈性回避就否定合规计划有效性,也不会因为不存在欺诈性回避就肯定合规计划有效性。立法表明的是即使是有效的合规计划,也无法预防所有犯罪,尤其是在高管具有欺诈性回避的情况。同时指明的是:若高管未欺诈性回避合规管理而实施了犯罪,已经足以说明合规计划有效性缺失。此时要求法人承担责任,具有合理性。

其二,传统罪责主义强调责任的非难性,这并不适用于法人,法人的处罚目的应在于促使它完善组织治理缺陷。一般认为,责任非难的内在理由是“人类天生能够自由和有责任地作出符合道德的自主决定,就有能力选择法,反对不法”①。“责任和承担责任的构建基础,是人的能力,即人可以自由地和正确地在合法和不法行为之间作出决定的能力。只有当这个决定自由存在时,对行为人提起谴责才有意义。”②可是,法人没有自由意志,也不存在法人是否有能力选择“完善组织治理缺陷”的问题。如果要将以道义非难可能性为核心、以个人责任为前提的责任主义贯彻到底,结论只能是“法人刑事责任是违反责任主义”③。如今之所以强调组织治理缺陷,就在于组织理论提供了对复杂组织的结构和运作如何转化为法人非法行为的洞察路径。组织的规模、责任的分担、法人等级结构以及法人的目标和政策等因素均可能有助于犯罪行为的产生。④ “对于企业来说,简单地评估过去的行为

① [德]冈特·施特拉腾韦特、洛塔尔·库伦:《刑法总论Ⅰ——犯罪论》,杨萌译,法律出版社2006年版,第204页。

② [德]约翰内斯·韦塞尔斯:《德国刑法总论》,李昌珂译,法律出版社2008年版,第213页。

③ 周振杰:《比较法视野中的单位犯罪》,中国人民公安大学出版社2012年版,第65~66页。

④ See Ian B. Lee, *Corporate Criminal Responsibility as Team Member Responsibility*, Oxford Journal of Legal Study, Vol. 31, p. 772 (2011); Kimberly D. Krawiec, *Cosmetic Compliance and the Failure of Negotiated Governance*, Washington University Law Quarterly, Vol. 81, p. 487, 493 (2003); Sara Sun Beale, *Is Corporate Criminal Liability Unique*?, American Criminal Law Review, Vol. 44, p. 1532 (2007).

并不如确定该组织是否需要改革以确保未来的合规那么重要"①。因为,"与自然人难以改变的性格倾向以及可能侵犯尊严不同,现有的合规理论为判断法人良好品格和美德提供了可行性。若法人具备或者经改善之后具备了良好品格,对法人的处罚就是不必要的"②。所以,对于法人的处罚与传统基于意志自由的道义非难属于不同语境的内容。如果非要沿用"非难"一词,那么对法人的非难就是因为它客观上没有完善组织治理缺陷。然而,这在不法阶段已经评价,是否有必要在责任阶段再次评价,有待商榷。

其三,取消罪责更符合合作预防的政策导向。英国法人刑事归责模式经历了三个具有替代性的阶段:同一视原则阶段、《法人过失杀人和法人杀人法》确立的组织责任原则阶段,以及采取严格责任的《反贿赂法》阶段,三个阶段逐渐淡化犯罪意图在法人刑事归责当中的作用。尤其是后两者虽然均强调组织责任,但法人过失杀人罪的成立要求"通过高管集体没有采取充足措施"来证明组织严重过失,③而《反贿赂法》则取消罪责证明环节,法人刑事责任承担仅需对客观不法事实证明,这避免了在罪责阶段另行区分故意和过失的难题,减轻了公诉机关的证明负担,进而可能促进法人以有效合规进行抗辩,附带克服了取证困难。④

其四,因故意或过失区分影响的责任程度问题,可以在量刑环节解决。撇去故意和过失的评价功能,故意和过失之区分主要是影响量刑。而由于在不法阶层与罪责阶层判断基础一致,那么关于罪责之于量刑的意义,实则表现为组织治理缺陷的程度大小,对其评价,完全可以不

---

① Peter J. Henning, *Corporate Criminal Liability and the Potential for Rehabilitation*, AM. CRIM. L. REV., Vol. 46, p. 1435 (2009).

② Mihailis E. Diamantis, *Clockwork Corporations: A Character Theory of Corporate Punishment*, Iowa L. Rev., Vol. 103, p. 507 (2018).

③ See Ministry of Justice, A guide to the Corporate Manslaughter and Corporate Homicide Act 2007, October 2007, p. 14.

④ See Alison Cronin, *Corporate Criminality and Liability for Fraud*, London and New York: Routledge, 2018, p. 50 - 51.

依附于故意和过失的概念进行。

所以,法人刑事归责坚持罪责主义,只是一个形式的问题。它既不会不合理扩大责任,也不会影响到量刑,相反,它更好地贯彻了合作预防理念。如果说坚持罪责主义的好处,那可能就是维系了罪责主义在法人刑事归责中的形式存续,进而维系了罪责主义在刑法体系的"形式一体化"。

(四)归责保障:确立有效合规计划的基本标准

国家应为合规计划提供基本标准和实质性标准。法人因其治理缺陷承担责任,这并非刑事合规提倡以来才有的结论。以上"法人犯罪主体论",大多承认法人犯罪的发生与治理结构缺陷有关。相较于早期"法人犯罪主体论"强调法人文化、法人政策等责任基础,刑事合规特质在于国家敏锐察觉到传统企业合规蕴含着一套弥足珍贵的企业自我守法机制,只要对其加以引入,并进行符合犯罪预防目的的功能改造,法人实现自我预防和发现犯罪就具有可操作性。[①] 同时,基于犯罪原因的层次化与结构化,决定了作为犯罪预防措施的合规计划不只是法人内部的政策规章制度,而是拥有预防机制、发现机制和应对机制的系统性组织措施。[②] 为了避免因法人缺乏自我预防指引而挫败激励,同时考虑到有效合规计划的个性化,国家应当为法人自我预防提供基本指引与评价标准。

---

① 参见张远煌:《刑事合规是"共赢"理念在企业治理中的体现》,载《检察日报》2021年8月31日,第3版。

② 参见陈瑞华:《企业合规基本理论》,法律出版社2020年版,第95~101页;李玉华:《有效刑事合规的基本标准》,载《中国刑事法杂志》2021年第1期;Eugene Soltes, *Evaluating the Effectiveness of Corporate Compliance Programs: Establishing a Model for Prosecutors, Courts, and Firms*, New York University Journal of Law & Business, Vol. 14, p. 975(2018)。

五、结　　语

在传统刑法理论看来,本文从刑事合规视角审视既有的单位刑事归责方案,得出体系建构应摒弃寻求与自然人刑法体系功能对等的结论,已经颇具“离经叛道”之意。尤其是笔者最后提出单位刑事归责取消罪责判断的观点,与当前保护民营企业及企业家的刑事政策似有错讹,也与现行《刑法》第 14、15、16 条要求罪责的内容难以兼容。

然而理应看到,既然刑事合规是实现单位犯罪治理现代化的具体路径,那么在认识到沿用自然人刑法体系已经对合规激励造成了严重制约之后,就要回归到单位刑事归责体系的构造起点。在决定体系建构方向之时,可以选择一条真正尊重“单位不同于自然人”客观规律的道路,转向以促进单位犯罪治理合作预防为理念指引的体系建构。这也就决定了归责体系之构造,应当坚持以下原则:一是对以个人刑事责任为基础的归责模式的摒弃;二是不应以专属于自然人刑法的道义责任论或行为责任论来反向约束单位刑事归责体系。唯有在思维上摆脱此两点,并确立合作预防理念的绝对指引,单位刑事归责体系才得以更生。

当然,笔者承认这条道路会在很大程度上放弃以自然人为中心的教义学体系,引发强烈的改革“阵痛”,但我们也应认识到:这条道路孕育着单位刑事归责体系与犯罪治理现代化的契机。我们需要的是基于实践经验且回应社会需求的教义学体系,而不是代表了唯体系化的、概念演绎式的教义学体系。教义学应服务实践,而不是反之。①

未来,基于将本文组织责任体系纳入现行《刑法》的考虑,至少需要作出如下修改:一方面,为了避免因取消罪责而导致单位刑事责任与第 14、15、16 条的不相容,可将总则第二章改为“犯罪与单位刑事责任”,同时第二章第一节改为“犯罪与个人刑事责任”,并在第 30 条和第 31 条确立单位刑事归责原理及处罚规定,以此在自然人刑法体系中

① 参见车浩:《理解当代中国刑法教义学》,载《中外法学》2017 年第 6 期。

继续坚持罪责主义的同时,单位刑事归责体系能够独立于自然人在刑法中的规定;另一方面,鉴于本文组织责任之不法依据的组织结构缺陷无法与传统犯罪行为内涵相契合,因此分则有关“单位犯前款罪”的表述,应改为“本条追究单位刑事责任”。

The Construction of Legal Person's Criminal Liability System from the Perspective of Criminal Compliance

Liu Hao

[**内容摘要**]刑事合规的政策内涵是建立合规计划与刑事责任的关联,实现法人犯罪的合作预防治理。作为践行刑事合规政策的制度载体,法人刑事归责体系成为促进法人犯罪治理合作预防的关键。以比照自然人犯罪为建构思路的“法人犯罪主体论”,因试图将法人刑事归责体系纳入自然人刑法体系,不仅可能导致合规激励遭受来自自然人刑法教义的束缚,而且因刑事合规与自然人刑法体系分属不同范畴,导致自然人刑法体系存在被割裂的危险。于我国而言,在合规理念日趋重要的背景下,应适度放弃追求与自然人刑法体系功能对等的法人刑事归责体系:在归责理念上,以合作预防理念为绝对指引;归责模式上,采取奖励有效合规者的正向激励模式;归责基础上,强调法人是否针对法人内部诱导和促进犯罪的原因进行自我预防,而非是否实施了犯罪行为;归责保障上,明确有效合规计划的基本标准。

[**关键词**]法人刑事归责;法人犯罪主体论;合规激励;组织责任;合作预防

Abstract: The policy connotation of criminal compliance is to establish the relationship between compliance Program and criminal liability, and realize the cooperative prevention of corporate crime. As the norm carrier of criminal compliance, the construction of corporate criminal responsibility system has become the key to promote corporate crime governance and prevention. The criminal imputation system of legal person based on the crime theory may not only lead to the restriction of compliance incentive from the doctrine of crime theory, but also lead to the danger of subversion of crime theory, because criminal compliance and crime theory belong to different categories. For China, we should seek a legal person criminal imputation system beyond the crime theory based on person: in the imputation concept, we should take the concept of cooperative prevention as the guide; On the basis of imputation, it is based on whether the legal person carries out self prevention against the causes of endogenous crime in the enterprise; In terms of attribution strategy, the compliance program should be given the effect of reducing responsibility; In terms of accountability guarantee, clarifying the basic standards of effective compliance program is essential.

Keywords: Criminal Imputation of Legal Person; The Theory of Subject of Legal Person Crime; Compliance Incentives; Organization responsibility; Cooperative Prevention

防卫限度判断标准的理论反思与司法判断规则*

齐弋博**

目　　次

一、防卫限度判断标准的沿革和争议

(一)刑法条文和司法解释的沿革

1979年《刑法》第17条第2款规定:"正当防卫超过必要限度造成不应有的危害的,应当负刑事责任;但是应当酌情减轻或者免除处罚"。防卫限度标准表述为是否超过必要限度造成不应有的危害。在梁某故意伤害案中①,工商协管员张某向梁某等人征收市场管理费时,

---

* 基金项目:吉林大学横向课题"关于监察体制改革背景下的职务犯罪公务研究:以ZJ省检察实践为范本的实证研究"(TY2019 - FW129 - ZFCG129)。

** 西北政法大学国家安全学院讲师、法学博士。

① 北京市第一中级人民法院刑事判决书,(1996)一中刑初字第××号,1996 - 07 - 25。

因梁某不愿意交费,张某遂将梁某带至市场办公室内,对其进行搜身,并与保安一起殴打梁某,梁某拿起椅子下的机动三轮车铁摇把朝张某头部抡打数下,将张某打倒在地。张某因头部被击伤,致重度颅脑损伤进而死亡。法院认为梁某的行为不属于防卫过当,最终以故意伤害罪判处无期徒刑。可见在1979年《刑法》时防卫限度判断标准较为苛刻。1997年《刑法》第20条第2款规定:“正当防卫明显超过必要限度造成重大损害的,应当负刑事责任,但是应当减轻或者免除处罚”。该版刑法中使用“明显超过”“重大损害”的表述,在一定程度上降低了防卫限度判断标准,为司法机关合理运用正当防卫制度提供了法律依据。

相关国家机关陆续出台了相关规定试图对正当防卫和防卫限度进一步详细说明,1983年最高人民法院、最高人民检察院、公安部、国家安全部、司法部《关于人民警察执行职务中实行正当防卫的具体规定》中将防卫限度表述为:“防卫超过必要限度造成不应有的危害的,应当负刑事责任,但是应当酌情减轻或者免除处罚”。在讨论人民警察与普通公民的防卫限度标准前首先应该明确两者对于防卫行为的要求不同,1979年《刑法》第17条第2款中讨论的行为对象是“正当防卫”,而《关于人民警察执行职务中实行正当防卫的具体规定》中讨论的行为对象是“防卫行为”。为了更加准确地界定哪些行为属于防卫过当条款的规范接收对象,这里将第2款中的“正当防卫”理解为具有正当性的防卫行为。

2015年最高人民法院、最高人民检察院、公安部、司法部《关于依法办理家庭暴力犯罪案件的意见》(以下简称《家暴案件的意见》)中规定:“防卫行为造成施暴人重伤死亡,且明显超过必要限度,属于防卫过当,应当负刑事责任,但是应当减轻或者免除处罚”。《家暴案件的意见》指出在判断防卫行为是否“明显超过必要限度”时,应该以足以制止并使防卫人免受家庭暴力不法侵害的需要为标准,根据施暴人正在实施家庭暴力的严重程度、手段的残忍程度,防卫人所处的环境、面临的危险程度、采取的制止暴力手段、造成施暴人重大损害的程度,以及既往家庭暴力的严重程度等进行综合判断。

(二)学说的争议和演变

在刑法理论上,对于防卫限度判断标准存在多种学说,概括起来大致有以下三种:第一种观点是"一体说",持该观点的学者认为"明显超过必要限度造成重大损害"不宜区分为行为限度和结果限度,应该作为一个整体进行综合判断。[①] "一体说"在事实基础上认为,如果防卫行为过当,那么所造成的结果也一定过当,或者通过结果过当可以反推出防卫行为过当。第二种观点是"行为限度单独标准说",该学说的初衷是为了彻底避免陷入"唯结果论"的风险,并且以"二元行为无价值论"作为理论支撑,认为行为过当是认定成立防卫过当的唯一标准。[②] 第三种观点是"二分说",该观点认为应该将"明显超过必要限度造成重大损害"理解为"行为限度"和"结果限度"两个要件,防卫行为同时超过两个限度才能构成防卫过当。[③]

2020 年 8 月最高人民法院、最高人民检察院、公安部联合出台《关于依法适用正当防卫制度的指导意见》(以下简称《正当防卫指导意见》)中明确了认定防卫过当应当同时具备"明显超过必要限度"和"造成重大损害"两个条件,缺一不可。防卫是否"明显超过必要限度",应该立足防卫人防卫时所处情境,结合社会公众的一般认知,结合已经造成的损害和可能进一步造成的损害来判断不法侵害的危害程度,不应当苛求防卫人必须采取与不法侵害基本相当的反击方式和强度,对于防卫行为与不法侵害相差悬殊、明显过激的,应当认定防卫明显超过必要限度。有学者也认为解释《刑法》第 20 条第 2 款时,应该将"明显超过必要限度"与"造成重大损害"理解为两个独立的条件,前者涉及行为限度,后者涉及结果

---

① 参见张明楷:《防卫过当:判断标准与过当类型》,载《法学》2019 年第 1 期。

② 参见储陈城:《防卫过当判断中"行为限度单独标准"的证成——基于刑法与刑事诉讼法的交叉论证》,载《法律科学(西北政法大学学报)》2020 年第 4 期。

③ 参见劳东燕:《防卫过当的认定与结果无价值论的不足》,载《中外法学》2015 年第 5 期。

限度。[1] 至此,行为与结果二元判断标准在规范和理论上都得到支持。

尽管二元判断标准已经成为通说观点,但是主张将“明显超过必要限度造成重大损害”作为整体判断的学说依然存在。“一体说”的理由是:其一,从我国正当防卫的规范文本和实践逻辑出发,防卫行为明显超过必要限度且造成重大损害的,成立防卫过当。防卫过当由行为过当和结果过当构成,行为过限与重大损害缺一不可,且两者要具有因果关系,行为过限与重大损害应视为整体。[2] 其二,不存在所谓明显超过必要限度但没有造成重大损害的情况,只有在造成重大损害的情况下,才存在明显超过必要限度的问题,不存在所谓“手段过当”而“结果不过当”或者相反的现象。[3] 整体说的观点之所以经久不衰,一方面原因是现有的司法解释未尽人意,依然难以为司法实践提供可靠的判断标准;另一方面是不同学者对防卫过当判断标准的理论依据不同。

刑法理论界由于缺乏对我国本土刑法规范和司法实践的深度考量,因此在现有的争论中总是出现“公说公有理,婆说婆有理”的尴尬局面。《刑法》第 20 条第 3 款对于深刻把握防卫限度判断标准具有至关重要的作用,应该以此为切入点对防卫限度判断标准进行理论反思,厘清防卫限度的边界,构建中国法治话语体系下防卫限度的司法判断规则。

二、防卫限度判断标准的理论反思

在我国法治话语体系中,法益衡量原则存在很多难以解决的问题,法益保护和法确证原则更加适合我国的正当防卫制度。由此推出必要性和要求性判断标准,以特殊防卫条款为切入点对防卫限度理论进行分析,构建本土化防卫限度理论体系。

---

① 参见劳东燕:《防卫过当的认定与结果无价值论的不足》,载《中外法学》2015 年第 5 期。

② 参见江溯:《防卫限度判断规则的体系化展开》,载《法律科学(西北政法大学学报)》2022 年第 1 期。

③ 参见张明楷:《正当防卫的原理及其运用——对二元论的批判性考察》,载《环球法律评论》2018 年第 2 期。

(一)在中国语境中"法益保护和法确证原则"的证成

正当防卫属于法定的违法阻却事由,但是为何这种完全符合构成要件外观的行为不构成犯罪,学者们对此提出了各种见解。学者们的讨论为理论的发展提供了宝贵的资源,但是同时也给司法实务带来了一些困惑。德国学者洛克辛教授认为,现行的正当防卫权是建立在个人保护(Individualschutz)原则和法保护(Rechtsbewahrung)原则基础之上。① 另外一位德国学者金德霍伊泽尔教授认为,当今的主流观点是,紧急防卫权建立于两个原则之上,即保护法益免受攻击和维护法秩序。② 但是在日本,还存在不同主张:除了"侵害人法益值得保护性下降说"和"优越利益说"之外,有个别学者仅将正当防卫界定为个人权利,认为"正当防卫的本质是私人的暴力,对违法侵害进行反击是人的自卫本能",③还有学者坚持法益阙如原理和权利行为法理的二元结合。④

现在中国刑法学界比较有力的学说有两种:其一是以法益衡量说为基础建立的优越利益原理。⑤;其二是个人保护原则和法确证原则。⑥

---

① 参见[德]克劳斯·罗克辛:《德国刑法学总论:犯罪原理的基础构造》(第1卷),王世洲译,法律出版社2005年版,第424页。

② 参见[德]乌尔斯·金德霍伊泽尔:《刑法总论教科书》(第6版),蔡桂生译,北京大学出版社2015年版,第158页。

③ 参见[日]泷川幸辰:《犯罪论序说》,王泰译,法律出版社2005年版,第59页。

④ 参见[日]西田典之:《日本刑法总论》(第2版),王昭武、刘明祥译,法律出版社2013年版,第130页。

⑤ 参见张明楷:《刑法学》(第5版),法律出版社2016年版,第198页;黎宏:《刑法学总论》(第2版),法律出版社2016年版,第128页。陈璇教授主张"侵害人法益值得保护性的下降"和"优越利益原则"本质上相同。参见陈璇:《侵害人视角下的正当防卫论》,载《法学研究》2015年第3期。付立庆教授认为遭受不法侵害者的法益具有"质的优位",与优越利益原则实质上相同。参见付立庆:《刑法总论》,法律出版社2020年版,第154页。

⑥ 参见劳东燕:《防卫过当的认定与结果无价值论的不足》,载《中外法学》2015年第5期;欧阳本祺:《正当防卫认定标准的困境与出路》,载《法商研究》2013年第5期。

1. 优越利益原理的不足

优越利益原理是以法益衡量为基础。当不法侵害人实施一种侵害行为时,该不法侵害人的法益在一定限度内被否定,在正与不正的权利冲突中允许正的一方通过损害不正的一方的权利解决冲突,不正一方法益的保护价值在一定程度上受到否定评价,此时,被侵害者的利益优越于侵害者的利益。[①] 主张该观点的学者认为,个人保护原则和法确证原则仅仅将个人法益作为正当防卫的保护对象,而优越利益原理将国家法益和公共法益共同纳入正当防卫的保护范围内,更加适合我国的立法现状,因此更加合理。这样的观点难以立足,因为个人保护原则和法确证原则同样包含对国家法益和公共法益的保护,[②]只是在该理论发展演变的过程中一直限制正当防卫对国家和公共利益的保护,我国在借鉴该理论的同时完全可以适当释放这方面的限制,从而激活民众保护法益,并同违法犯罪做斗争的勇气。值得注意的是,优越利益原理不加限制的利益衡量判断方法会把正当防卫制度带向误区。首先,有些违背社会道德性限制的行为,即便没有造成实际损害结果,也不能被评价为正当防卫。其次,优越利益原理主张的“优越性”实际上是以法的确证原则为基础,先确定行为的“法”(正)与“不法”(不正),而后认定正的行为具有更加优越的保护价值。再次,优越利益原理是将司法实践引向误区的主要原因,生命法益在所有法益中排在首要位置,并且与其他法益相比较处于绝对的优势地位。当防卫行为造成不法侵害人死亡的结果时,在优越利益原理的理论框架内判断得出的结论一定是“明显超过必要限度造成重大损害”。造成的后果是司法实践中只要防卫行为造成不法侵害人死亡的结果,往往不需要再对案件中的其他因素再做判断,直接将其认定为防卫过当。最后,优越利益原理是以法益衡量原则为基础,法益衡量原则就是将保护的法益和侵害的法益进行对比,但是这种对比的有效性(或称准确性)在不同案件中存在差

---

① 参见张明楷:《刑法学》(第5版),法律出版社2016年版,第198页。

② 参见[德]乌尔斯·金德霍伊泽尔:《刑法总论教科书》(第6版),蔡桂生译,北京大学出版社2015年版,第162页。

别,并且有些案件很难进行法益对比。法益是一种较为抽象的概念,包含人身和财产两种性质不同的法益,这使得法益衡量在实践操作中遇到很大的挑战,法益衡量的结果难以让人信服。

2. 法益保护和法确证原则的确立

个人保护原则和法确证原则也称为"二元论",该论起源于德国,《德国刑法》第32条第2款规定:"为使自己或他人免受正在发生的不法侵害而实施的必要的防卫行为,是正当防卫。"[①]德国刑法中紧急防卫权的旨趣在于对个人法益的保护。德国刑法界的普遍共识是为了公共利益或者公共秩序免受正在遭受的不法侵害而实施的防卫行为不属于可以阻却违法的行为,即针对侵害公共利益或者公共秩序的行为不能进行正当防卫。因为如果每个人都可以为了阻止公共利益受到侵害而行使防卫权,那么每个人都拥有和警察一样的职权。警察之所以被赋予这样的职权,是因为警察经过了专业的训练,能够理性、公平地处理侵权行为,最大限度地降低了错上加错的风险,防止陷入恶恶相报的恶性循环。[②] 而普通民众不具备这样的权力,所以在公共利益受到侵害时要限制公民防卫权的启动。

囿于立法及人类思维的局限性,不存在一种能够对所有刑法问题加以合理处理,同时毫无逻辑矛盾或漏洞的理论学说,所以在一定程度上肯定超越刑法条文的政策性要求。[③] 随着社会的发展进步,理论也在不断丰富和完善,这是其自身的科学属性。传统的"二元论"也在发展过程中不断地完善自身的理论内涵,如有的德国学者认为:为了保护应归国家所有的个人法益以及作为主权象征的国家法益,可以采取紧急防卫,也可以称为国家紧急防卫(Staatnotwehr)。[④] 通说也认为,如果国家重大

① 《德国刑法典》(2002年修订),徐久生、庄敬华译,中国方正出版社2004年版。

② 参见[德]克劳斯·罗克辛:《德国刑法学总论》(第1卷),王世洲译,法律出版社2005年版,第424~425页。

③ 参见李立丰:《从"误想防卫过剩"到"假想防卫过当":一种比较法概念的本土化解读》,载《清华法学》2018年第3期。

④ 参见[德]乌尔斯·金德霍伊泽尔:《刑法总论教科书》(第6版),蔡桂生译,北京大学出版社2015年版,第162页。

利益遭受国家机关无法及时处理的危害,那么还是可以实施为保护国家利益的正当防卫行为,如间谍偷取国家机密而正欲偷渡出境的情况。①

在当今社会中,国家与个人联系越来越紧密,国家利益和国家安全实际上是多数人的利益和安全的总和。比如,发现恐怖主义犯罪分子要实行大规模的恐怖主义犯罪活动,此时个人当然有权利行使防卫权控制犯罪分子或者直接制止犯罪行为。公共利益和公共安全也同样具有重要地位,例如,网络秩序属于公共秩序的范畴,网络秩序遭到破坏后,遭受实际侵害的是千千万万的网民。再如,破坏公共电力设备的行为,造成的后果不仅仅是重大财产损害,还极有可能造成人员伤亡,因为现在很多大型机械设备都是依靠电力驱动作业,电源突然切断极易引发安全事故,现实中发生过多起电梯突然断电造成人员伤亡的事件。法律是保护人们安全和利益的规则,保护人民安全和利益的行为在法律上便会得到肯定评价,该肯定性评价就是行为成立正当防卫的根据。首先,我国《刑法》第 20 条第 1 款明确规定:“为了国家、公共利益、本人或者他人的人身、财产和其他权力免受正在进行的不法侵害……”最高人民法院、最高人民检察院、公安部联合发布的《正当防卫指导意见》第 5 条也明确指出:“不法侵害既包括针对本人的不法侵害,也包括危害国家、公共利益或者针对他人的不法侵害。对于正在进行的拉拽方向盘、殴打司机等妨害安全驾驶、危害公共安全的违法犯罪行为,可以实行防卫。”

由此可知,法益保护和法确证原则是社会发展背景下对防卫行为提出的新要求,更是符合我国本土法律语境的正当化依据。以此为前提,必要性和要求性同样是防卫限度判断标准的理论依据。

(二)第 20 条第 3 款的理论反思

1. 特殊防卫的权力来源

特殊防卫权实质上是当防卫人面临严重危及人身安全地攻击时所

① 参见黄荣坚:《基础刑法学》,台北,元照出版有限公司 2012 年版,第 228 页。

实施的一种自救行为,这是人与生俱来的作为保存自己身体、生命和价值的正当权利。正如洛克所说:"当为了保卫我而制定的法律不能对当时的强力加以干预以保障我的生命,而生命一经丧失就无法补偿时,我就可以进行自卫并享有战争的权力,即杀死侵犯者的自由,因为侵犯者不容许我有时间诉诸我们的共同的裁判者或法律的判决来救助一个无可补偿的损害。"①在很多国家的刑事立法中对特殊防卫权利都作出了制度性回应,大体上分为三种类型:其一是防卫人在特定的主观原因下产生的特殊防卫权。例如,《德国刑法典》第 33 条规定:"防卫人由于慌乱、恐惧、惊吓而防卫过当的不负刑事责任。"1964 年《罗马尼亚刑法典》第 44 条第 2 款规定:"由于恐惧,自卫超过了应与危险的严重程度相适应之限度的,也认为是自卫。"其二是在特定的不法攻击类型中产生的特殊防卫权。② 例如,1937 年《印度刑法典》第 100 条规定:对故意杀人、故意伤害、强奸、绑架、抢劫、夜间破门侵入房屋、防火等侵害行为,防卫人可以致侵害人直至死亡。其三是在以上两种主客观条件下承认特殊防卫权。例如,《日本盗犯等防止法》第 1 条第 1 款规定:试图防止盗犯、取回财物时,试图防止携带凶器想要侵入时,试图驱逐不退去者时,为了排除对自己或他人的生命、身体或者贞操的现实危险,杀伤犯人的,属于《刑法》第 36 条第 1 款的防卫行为。《日本盗犯等防止法》第 1 条第 2 款规定:试图防止盗犯、取回财物时,试图防止携带凶器想要侵入时,即便不存在现实的危险,但行为人由于恐惧、惊愕、兴奋或者狼狈而现场杀伤犯人时不处罚。③

我国《刑法》第 20 条第 3 款规定:"对正在进行行凶、杀人、抢劫、强奸、绑架以及其他严重危及人身安全的暴力犯罪,采取防卫行为,造成不法侵害人伤亡的,不属于防卫过当,不负刑事责任。"这里采用客

---

① [英]洛克:《政府论(下编)》,翟菊农、叶启芳译,商务印书馆 1996 年版,第 14 页。

② 参见赵秉志、田宏杰:《特殊防卫权问题研究》,载《法制与社会发展》1999 年第 6 期。

③ 参见[日]前田雅英:《刑法总论讲义》(第 6 版),曾文科译,北京大学出版社 2017 年版,第 249 页。

观的判断方法，将特定的不法攻击行为进行类型化，进而界定成立特殊防卫权的前提条件。在把握第 20 条第 3 款时防止武断的将其理解为：当防卫人面临上述法条第 3 款中列举的暴力攻击时，直接使用剥夺攻击人生命的方法进行防卫，而应该在理解该条文时准确把握其中暗涵的规范要求，即当防卫人面临第 3 款中列举的暴力攻击时，防卫人可以使用剥夺生命的方法，也可以使用其他方法制止暴力攻击。换句话说，在遭受上述法条第 3 款中列举的暴力攻击时，如果只有选择剥夺攻击人的生命才能实现有效的防卫，那么该防卫行为不属于防卫过当；如果可以选择非致命性手段实现有效防卫，首先考虑使用非致命性防御手段。从防卫权的理论出发，特殊防卫权完全符合防卫的必要性和要求性等限度条件：首先，特殊防卫制度要求防卫人在能够实施的各种适当的防卫方法中选择最轻的、不与对自身损害的风险相联系的防卫。其次，这种必要的反抗行为符合特定的限制条件，否则就违反了规范要求。[①] 这里还要指出的是要避免"防卫人"滥用防卫权，即借防卫的名义实施违法犯罪的事实。

2. 第 20 条第 3 款的属性

在当下，对于《刑法》第 20 条第 3 款的理解存在两种观点：其一，第 20 条第 3 款属于特殊规定，即认为该条款具有独立于原有正当防卫理论的理论依据。其二，第 20 条第 3 款属于注意规定，即该条款规定的行为属于正当防卫行为，不需要承担法律责任。[②] 笔者认为，第 20 条第 3 款属于注意规定，称之为特殊防卫权，其特殊之处在于此时遭受的攻击行为危险程度较高，防卫人可以使用致命性手段或者武器进行防卫。

首先，从理论的角度进行分析。我国《刑法》第 20 条规定的正当防卫制度，其中第 1 款只是概括性地说明刑法中所讨论的防卫行为的性质，第 2 款规定了正当防卫行为的界限。假如认为第 3 款属于法律

① 参见[德]克劳斯·罗克辛：《德国刑法学总论》(第 1 卷)，王世洲译，法律出版社 2005 年版，第 438 ~ 443 页。

② 参见张明楷：《防卫过当：判断标准与过当类型》，载《法学》2019 年第 1 期。

拟制规定,就等于承认了防卫人的"无限防卫权"。在资产阶级革命时期,"无限防卫权"是以个人主义为出发点,把防卫权视为天赋人权之一,强调个人权利的行使以保证社会上其他成员享有同样的权利为限制,在此之外,个人权利神圣不可侵犯,不受任何限制。[①] 这种观点早已被时代抛弃。目前,在中国法学界中,学者们将"无限防卫权"解释为"防卫过当免责"[②]和"无过当之防卫"[③],所对应的防卫权类型分别是对防卫行为无限制和对防卫结果无限制。

众所周知,任何权利都要受到限制,防卫权也不例外。无限制的防卫权利背离了权利均衡原则,权利是人在社会中实现自身发展和自身价值的基础,权利均衡原则为这种发展提供了制度性保障。因此当某一个体侵犯其他人的权利时,该个体的权利也会在相应的限度内被剥夺,而并非没有限制。另外,认为防卫权没有限制的主张会导致当事人心理失衡,仅将"没有限制"作为特殊防卫权的解释难以满足当事人的释法说理要求。这是法律规范与案件当事人之间缺乏充分理性对话的情况下,对该条规则的武断解读,不利于公民法益的保护和权利地行使。还容易造成一种错觉,即将本来正当的权利认为实质不正当,但是在规范上将其进行例外的正当化处理的印象,不利于公平正义观念的树立。

基于以上分析,认为《刑法》第 20 条第 3 款是法律拟制的假设不能

---

① 参见陈兴良:《正当防卫论》,中国人民大学出版社 1987 年版,第 19 ~ 20 页。

② 有的学者认为,第 3 款只是对正当防卫限度条件的特殊规定,而不是对正当防卫其他条件的变更。也就是说,在适用第 3 款时,除了防卫限度以外,其他条件必须符合正当防卫的一般规定。参见黎宏:《刑法学总论》(第 2 版),法律出版社 2016 年版,第 143 页。刘艳红教授指出无限防卫权是指防卫人实施防卫行为而没有必要限度限制的权利。参见刘艳红、程红:《"无限防卫权"的提法不妥当——兼谈新刑法第 20 条第 3 款的立法本意》,载《法商研究》1999 年第 4 期。

③ 还有学者认为第 3 款规定属于"无过当之防卫",在遭受第 20 条第 3 款规定的暴力攻击时防卫行为造成不法侵害人伤亡,不构成防卫过当,不负刑事责任。由此可见,"无过当之防卫"的法律后果具有特殊性,这种特殊性实际上是对防卫人的一种豁免。参见陈兴良:《规范刑法学(上册)》(第 4 版),中国人民大学出版社 2017 年版,第 149 ~ 150 页。

成立。特殊防卫权以法益保护和法确证原则为理论依据,以防卫的必要性和要求性为限度标准。特殊防卫权并非独立于原有的正当防卫制度,其实质是原有正当防卫制度中的一部分,因此第20条第3款是注意规定。

其次,从实务角度进行分析。在1997年之前的司法案件甚至包括现在的部分司法案件中,判决结果往往与正当防卫制度的精神相背离。在这些案件中,只要防卫行为造成攻击人重伤或者死亡的损害结果,就会将防卫行为认定为故意伤害、故意杀人。在1979年《刑法》中将防卫限度表述为“超过必要限度造成不应有的危害”,由于当时我国的正当防卫制度缺乏系统性的理论构建,再加上法律规范的模糊性,因此防卫限度缺乏统一的判断标准,在司法实践中表现出一定的随意性。例如,妥么尔防卫过当案,[①]1990年2月8日18时许,妥么尔和马十二布收购皮毛途径永登县河桥镇时,被祁玉俊、杨万林拦截索要财物,以“我们有刀有枪,你们是给钱还是要命”等言语相威胁。当妥么尔向对方求情并表示没有钱时,遭到对方拳打脚踢,致其鼻子流血。妥么尔在与祁玉俊扭打中,顺手掏出随身携带的割皮毛用的单面刃刀,在祁玉俊身上连刺数刀,将其刺倒。接着妥么尔见杨万林与马十二布正在厮打,便上前相助,在杨万林身上连刺数刀。经法医鉴定:祁玉俊系被他人用单面刃刀刺破肺脏及股动、静脉致大失血而死亡,杨万林系被他人用单面刃刀刺穿肝脏致大失血而死亡。一审法院认为,防卫的行为必须与不法侵害的程度相适应才是正当的。妥么尔在受到语言威胁和拳打脚踢的情况下,明知用刀在人体要害部位连刺数刀,可能发生将人刺死的危害后果,但为了摆脱不法侵害人的侵害而放任这种危害后果的发生,使防卫行为超过了必要的限度,造成不应有的危害后果,显属防卫过当。法院认定妥么尔犯故意杀人罪,判处无期徒刑,剥夺政治权利终身。甘肃省高级人民法院认为,原审判决的事实清楚,证据确凿,定罪准确,但是量刑不当,遂撤销原神判决中对妥么尔的量刑部分,对妥么

① 参见妥么尔防卫过当案,载《中华人民共和国最高人民法院公报》1992年第2期。

尔以故意杀人罪改判免于刑事处分。

在如今的司法实践中,妥么尔的行为完全符合 1997 年《刑法》第 20 条第 3 款规定的特殊防卫,成立正当防卫。但是在当时他的行为被认定为故意杀人罪。可见,在过去的司法实践中,裁判人员受到传统理念的影响较重,裁判者面对此类案件倾向于依靠感性直觉解决法律纠纷,进而出现裁判结果与理性判断相左的局面。

为了纠正传统理念对法治造成的不当影响,防止司法人员陷入裁判误区,立法机关的工作人员在修改我国刑法时综合考虑了多方面因素:其一是鼓励公民积极同严重违法犯罪进行斗争;其二是对公民的防卫权进行一定程度的限制,防止公民滥用防卫权,造成社会秩序的混乱。经过权衡利弊,立法机关最终决定在刑法中对公民的特殊防卫权进行明示。因此,《刑法》第 20 条第 3 款属于注意规定。

最后,从逻辑上进行分析。假如《刑法》第 20 条第 3 款属于法律拟制,那就不得不对《刑法》第 20 条进行这样的理解,即只有当不法侵害属于第 3 款规定的情形时,防卫行为造成攻击人伤亡的才能免责。在遭受其他类型的攻击时,防卫行为造成攻击人伤亡的属于防卫过当,需要承担法律责任。但是这种假设与司法实践不相符。例如,河北省辛集市耿某华正当防卫不批捕案,[①]基本案情:2017 年 10 月 1 日凌晨 2 时许,康某等八人赶到项目所在地强拆民宅,携带橡胶棒、镐把、头盔、防刺服、盾牌等工具,翻墙进入耿某华家中。耿某华妻子出屋来院中被人摁住并架出院子。耿某华手持一把分苗刀出来查看,强拆人员对其进行殴打,欲将其带离房屋,实施拆迁。耿某华遂用分苗刀乱挥、乱捅,将三名强制拆迁人员捅伤。随后耿某华被带离房屋,康某实施强拆。后经法医鉴定,其中两名被捅伤的强拆人员构成重伤二级。辛集市公安局提请逮捕时认为,耿某华的行为虽有防卫性质,明显超过必要限度,属于防卫过当。辛集市人民检察院经检察委员会研究认为,强拆人

---

① 参见中华人民共和国最高人民检察院:《最高检发布 6 起正当防卫不捕不诉典型案例》,载最高人民检察院网 2020 年 11 月 27 日,https://www.spp.gov.cn/xwfbh/wsfbt/202011/t20201127_487542.shtml#1。

员的行为属于正在进行的不法侵害，耿某华的行为具有防卫意图，其防卫行为没有明显超过必要限度，本案不符合特殊防卫的规定，依据《刑法》第20条第1款规定，耿某华的行为属于正当防卫，依法作出不批准逮捕决定。

在案件中，不法侵害的主要目的是实施强拆行为，是对财产权利实施的暴力行为，耿某华夫妇被实施人身伤害的主要方式和目的是强制带离现场，该行为是实施财产犯罪的手段。在该案件中明确了，正当防卫中的不法侵害不限于侵犯生命、健康的暴力行为，对于侵犯财产、非法限制人身自由和非法侵入他人住宅等不法侵害也可以实施正当防卫。① 换句话说，在遭受《刑法》第20条第3款规定以外的不法侵害时，防卫行为造成攻击人伤亡也可以成立正当防卫。在《关于依法适用正当防卫制度的指导意见》中也明确了该规则，其中第18条规定："对于不符合特殊防卫起因条件的防卫行为，至不法侵害人伤亡的，如果没有明显超过必要限度，也应当认定为正当防卫，不负刑事责任。"因此第20条第3款属于注意规定。

（三）第20条第3款的正面效应

《刑法》第20条第3款作为正当防卫制度中的一项注意规定，对于解开中国语境中的正当防卫制度具有重要的积极影响。首先，对防卫限度进行科学把握，明确了"明显超过必要限度"的内涵，对于正当防卫制度进行理论补足。其次，对于司法实践具有重要的指导意义，纠正司法实务中出现的偏差。最后，特殊防卫制度对于社会的正面效应，即鼓励公民积极同违法犯罪做斗争，弘扬社会公平正义理念。

1. 将防卫限度分为行为限度和结果限度

《刑法》第20条第3款实现了对防卫限度的科学划分，即将防卫限度划分为行为限度和结果限度。通过前文中的论证可知，第20条第1

① 参见陈璇：《检察履职重塑正当防卫司法理念》，载《检察日报》2021年2月26日，第3版。

款和第3款规定的行为都属于正当防卫,都是以法益保护和法确证原则作为理论依据,以防卫行为的必要性和要求性为判断标准。换句话说,第3款规定的特殊防卫行为并没有“明显超过必要限度造成重大损害”。第3款明文规定“……,造成不法侵害人伤亡的,不属于防卫过当,不负刑事责任。”无论按照一般人的理解还是从法律规范角度去解释,“造成不法侵害人伤亡”均属于造成重大损害[①]的规范范畴。第20条第2款规定的防卫限度条件是“明显超过必要限度造成重大损害”,如果按照部分学者的观点,将防卫限度标准作为一个整体来把握时,[②]就会不可避免地陷入“唯结果论”的错误局面。因为“明显超过必要限度”的规定过于抽象,在司法实践中往往难以准确界定,而“重大损害”是相对客观的判断标准更加易于证明、运用。按照这种观点的理解,防卫行为造成不法侵害人重伤、死亡的必然不会被评价为正当防卫,需要负刑事责任。但是这种理解违背了第20条第3款规定,即“……,造成不法侵害人伤亡的,不属于防卫过当,不负刑事责任。”因此将第20条第2款规定的防卫限度作为整体理解,既违背了正当防卫制度的立法精神,也与法条之间的逻辑关系不相符。

在界定防卫限度判断标准时,将防卫限度划分为行为限度和结果限度,只有当防卫行为和防卫结果均超过必要的限度时才构成防卫过当。这种科学的划分方法更加有利于准确把握判断标准,合理区分哪些行为属于正当防卫,哪些行为属于防卫过当。以《刑法》第20条第2款规定为判断标准,使用以上判断方法推导出的结论正好与规范相吻合,并且在条文之间实现逻辑自洽。换句话说,从第20条第3款规定可以得知防卫人在必要的情况下造成攻击人伤亡时已经符合“造成重大损害”的结果限度要求,但由于防卫行为没有明显超过必要的行为限度,所以第3款规定的防卫行为属于正当防卫。这种“二分法”的判断方法在司法实务中得到印证。

---

① 在刑法规范中,造成重大损害是指造成他人重伤、死亡或者重大财产流失。

② 一体说认为,不存在明显超过必要限度但没有造成重大损害的防卫行为,也不存在没有明显超过必要限度但却造成重大损害的防卫行为。

例如,赵宇正当防卫案,[①]2019 年 3 月 1 日,检察机关对福建省福州市晋安区人民检察院就赵宇见义勇为一案的处理决定作出纠正,认定赵宇的行为属于正当防卫,依法不负刑事责任。基本案情:2018 年 12 月 26 日 23 时许,李某与在此相识的女青年邹某一起饮酒后,一同到达邹某的暂住处,二人在室内发生争吵,随后李某被邹某关在门外。李某强行踹门而入,谩骂殴打邹某,引来邻居围观。暂住楼上的赵宇闻声下楼查看,见李某把邹某摁在墙上并殴打其头部,即上前制止并从背后拉拽李某,致李某倒地。李某起身后欲殴打赵宇,威胁要叫人"弄死你们",赵宇随即将李某推倒在地,朝李某腹部踩一脚,又拿凳子欲砸李某,被邹某劝阻住,后赵宇离开现场。经鉴定,李某腹部横结肠破裂,伤情属于重伤二级;邹某面部挫伤,伤情属于轻微伤。在本案件中,李某对赵宇先实施殴打行为,赵宇随将李某拽倒并踩了一脚,赵宇的行为不能认定为明显超过正当防卫必要限度,因此不存在行为过当。虽然赵宇的行为造成了重伤的严重后果,但是其行为不构成防卫过当。[②] 赵宇的行为手段、行为目的、行为过程、行为强度等具体情节,没有"明显超过必要限度"。赵宇制止李某的不法侵害行为是连续的,自然而然发生的,是在当时场景下的本能反应,其目的是阻止李某继续实施不法侵害,并没有泄愤报复等个人目的,应当认定为正当防卫。[③] 由此可见,在司法实践中,防卫限度已经被拆分为行为限度和结果限度,只有当两者均超过必要限度时才构成防卫过当。这样的判断方法是从防卫人视角出发进行的情景考察,避免了"唯结果论"的机械性,实现对判断标准的灵活把握,更利于构建符合规范要求、人情常理的防卫限度判断标准。

---

① 参见陈菲、丁小溪:《检察机关依法纠正赵宇案处理决定》,载新华社 2019 年 3 月 1 日,https://baijiahao.baidu.com/s? id = 1626812062909467545&wfr = spider&for = pc。

② 参见陈兴良:《赵宇正当防卫案的法理评析》,载《检察日报》2019 年 3 月 2 日,第 3 版。

③ 参见最高人民法院、最高人民检察院、公安部:《涉正当防卫典型案例》,载《人民法院报》2020 年 9 月 4 日,第 3 版。

2.准确把握“明显超过必要限度”的内涵

《刑法》第20条第2款中“明显超过必要限度”较为抽象,难以进行量化界定。在刑法概念中,损害程度由轻到重依次分为:轻微伤、轻伤、重伤和死亡。“造成重大损害”是指造成他人重伤、死亡或者重大财产流失,这是一个边界清晰的判断标准,借助法医鉴定机构,司法人员很容易判断防卫行为是否属于“造成重大损害”。但是在判断“明显超过必要限度”时缺乏以上明确客观的量化标准,只能依靠抽象的理解作出判断,造成的结果就是不同的法官拥有不同的判断标准。而在实践中并非每个法官都具有过硬的业务素质,同一个法官也并非时时刻刻都是理性的,这些增加了司法的不确定性和随意性。

第20条第3款的特殊性在于把一些不法侵害行为进行类型化,并且制定了针对该类型侵害行为的正当防卫规则,该规则对于准确把握第20条第2款中“明显超过必要限度”提供了重要的着力点。通过上文分析可知,防卫行为是否“明显超过必要限度”是以其是否符合“必要性”和“要求性”为判断依据,第20条第3款为这一判断提供了样板和标准尺。第20条第3款提供的样板是当遭受法条中提及的严重危及人身安全的暴力犯罪时,在必要的情况下可以使用致命性的防卫手段。因为防卫人在遭受严重危及人身安全的暴力犯罪时,不能苛求防卫人先使用防卫手段较为缓和但是防卫效果让人质疑的防卫措施,因为这种防卫行为很可能起不到防卫目的,并且激怒不法侵害人,进而招致不法侵害人更为严重的暴力侵害。法律不能要求防卫人为了保护不法侵害人的法益而将自己生命安全置于险境中,这显然违背了常理。第20条第3款提供了标准尺,即该条款明确在遭受严重危及人身安全的暴力犯罪时防卫行为的限度,以此为标准明确当遭受其他类型的攻击时防卫行为的限度。按照条文之间的逻辑关系,在遭受一般类型的攻击时直接使用致命性的防卫行为,属于防卫过当。另外,是否属于“明显超过”应该运用主客观相结合的认定方法。

3.对司法实践的指导作用

《刑法》第20条第3款对于司法实践中的认定偏差起到重要的纠正作用,在1997年《刑法》颁布以前,在很多案件中均出现案件定性错误，即将本来属于正当防卫的案件认定为防卫过当或者互殴性质的故意犯罪，严重违背正当防卫制度的精神，损害司法的公平正义。例如，文章开头所述梁某故意伤害案，再如孙某某故意伤害案①等，都受到“唯结果论”的误导，最终造成裁判结果偏差。

1997 年《刑法》颁布以后，司法实践中的偏差得到了纠正，例如，陈某某正当防卫案，②2014 年 3 月 12 日 22 时许，被告人陈某某和其妻子孙某某等水泥工在海南省三亚市某工地加班，周某、容某和纪某等人饮酒后，言语调戏孙某，陈某某得知后生气地让容某等人离开，容某等人不予理会。周某摸了一下孙某某的大腿，陈某某遂与周某等人发生争吵。周某从工地拿起一把铁铲冲向陈某某，但被孙某某拦住。孙某某在劝架时被周某推倒在地，陈某某准备上前去扶孙某某时，周某等人先后冲过来对陈某某拳打脚踢，陈某某边退边用拳脚还击。后纪某用钢管朝陈某某的头部打去。因陈某某戴有安全帽，钢管顺势滑下打到陈某某的左上臂。陈某某半蹲着用左手护住孙某某，右手拿出的一把折叠式单刃小刀乱挥、乱捅，陈某某同事赶到现场，周某、容某、纪某受伤逃跑时还拿石头酒瓶等物品朝陈某某砸过来。容某跑到工地的地下室里倒地，后因失血过多死亡。法院认为陈某某在被殴打时，持小刀还击，致容某死亡，属于正当防卫，依法不负刑事责任。

《刑法》第 20 条第 3 款作为注意规定可以对司法人员的裁判量刑工作进行提示和引导。第 3 款的作用在于提示司法人员杜绝武断的直觉、情感，倡导慎重的理性判断，提醒司法工作人员要做“理性的法律人”。

---

① 孙某某与其友制止郭某等人骚扰女生，后遭到郭某等六人拦截围殴，情急之下孙某某掏出携带的弹簧刀（孙某某系郊区菜农，刀具用来晚上看菜防身），朝迎面扑来的郭某左胸刺了一刀，造成郭某死亡。载《中华人民共和国最高人民法院公报》1985 年第 2 号。

② 参见最高人民法院、最高人民检察院、公安部：《涉正当防卫典型案例》，载《人民法院报》2019 年 9 月 4 日，第 3 版。

三、防卫限度司法判断规则的构建

在构建防卫限度司法判断规则的过程中,应该运用科学的判断方法,根据指导性案例和经典案例明确法律条文中概念的含义和边界,从而构建符合中国法治话语体系的防卫限度判断标准。

(一)"滥用防卫权"的司法认定

《关于依法适用正当防卫制度的指导意见》第 10 条规定:对于显著轻微的不法侵害,行为人在可以辨识的情况下,直接使用足以致人重伤或者死亡的方式进行制止的,不应认定为防卫行为。不法侵害系因行为人的重大过错引发,行为人在可以使用其他手段避免侵害的情况下,仍故意使用足以致人重伤或者死亡的方式还击的,不应认定为防卫行为。① 通过对防卫行为提出要求防止对防卫权的滥用。如果防卫行为在规范上合适,那么该防卫行为便符合要求性。② 在《德国刑法典》中,所有必要的紧急防卫并不都是该法典第 32 条第 1 款意义上的"所要求的"。在一个人为了阻止盗窃水果而射杀一个孩子时,对于防卫攻击能够说是必要的,只要其他手段不能保护财产。但是,在这种如此极端的案件中,人们一般都承认,这样一种防卫是不可以被允许的,这是对紧急防卫权的"社会道德性限制"。③ 在中国的刑法语境中,以德国刑法中"社会道德性限制"作为理论资源和参考,明确"滥用防卫权"的司法认定方法。

有学者结合我国本土规范进行分析时认为,"不得防卫说"剥夺了

① 参见最高人民法院、最高人民检察院、公安部:《关于依法适用正当防卫制度的指导意见》,载《人民法院报》2020 年 9 月 4 日,第 3 版。

② 参见[德]乌尔斯 · 金德霍伊泽尔:《刑法总论教科书》(第 6 版),蔡桂生译,北京大学出版社 2015 年版,第 169 页。

③ 参见[德]克劳斯 · 罗克辛:《德国刑法学总论》(第 1 卷),王世洲译,法律出版社 2005 年版,第 443 页。

防卫人面对不法侵害时的防卫权,不符合人之常理,“社会道德性限制”存在将道德与法律混为一谈的风险,两者均难以成为不得实施极端防卫行为的理由。防卫权理应符合宪法的基本要求,防卫人不得实施极端防卫行为的原因并非权利向不法让步,而是防卫权向生命权让步。① 生命权②是民法上的概念,“当事人生命权受到侵犯通常是指当事人死亡,还有一种情况则是一方有致当事人死亡的意图但是没有达成,也构成生命权侵权”③。在极端防卫情况下仅保护攻击人的生命权与我国司法实践不符合。

《关于依法适用正当防卫制度的指导意见》第10条规定,“对于显著轻微的不法侵害,行为人在可以辨识的情况下,直接使用足以致人重伤或者死亡的方式进行制止的”,“不法侵害系因行为人的重大过错引发,行为人在可以使用其他手段避免侵害的情况下,仍故意使用足以致人重伤或者死亡的方式还击的”均不应认定为防卫行为。在我国司法实践中对该类型的案件同样按照这一原则处理,例如,刘某某故意伤害案,④被告人刘某某与被害人周某某均为同村村民,两家责任田相邻,刘某某在自家田里劳作时将周某某家田里相邻土坎上的刺树割掉,为此周某某母亲彭某、妻子向某1与刘某某发生争吵。后周某某及其父亲周某1、弟弟周某2等人来到田里,周某某与刘某某发生争吵并持柴刀到刘某某田里砍断两枝柑橘树树枝,刘某某遂用锄头朝周某某头部挖了一下。周某某被同村村民驾驶拖拉机送至医院,于次日抢救无效死亡。经鉴定,周某某系因颅脑外伤后引起急性颅内血肿导致颅内水肿和脑疝压迫脑干,造成生命中枢功能衰竭而死亡。法院认为,周某某虽有砍断刘某某田里柑橘树树枝的行为,但是没有侵害刘某某的人身

① 参见魏超:《防卫权向生命权让步——不得实施极端防卫之理据》,载《环球法律评论》2021年第4期。

② 《民法典》第1002条规定:自然人享有生命权。自然人的生命安全和生命尊严受法律保护。任何组织或者个人不得侵害他人的生命权。

③ 庄德通:《什么是“生命权”?》,载《民主与法制时报》2022年1月13日,第7版。

④ 参见湖南省怀化市中级人民法院刑事附带民事判决书,(2020)湘12刑初16号。

权,对刘某某财产权的影响轻微,刘某某持锄头伤害周某某的行为不具备及时性和正当性,不符合正当防卫的构成要件,故对辩护人和被告人提出"其是正当防卫"的辩解和辩护意见不予采纳。

由此可见,在中国刑法语境中,防卫人在极端情况下的防卫权不仅需要向当事人的生命法益让步,同时在某些情况下也要向当事人的重大人身法益作出让步。

(二)"二分法"判断方法的适用

将正当防卫的正当化依据定位为法益保护和法确证原则之后,"明显超过必要限度"与"造成重大损害"势必成为两个独立的判断要件,且两者之间不存在从属关系。[①] 在行为限度中,以必要限度为衡量标准,如果防卫行为明显超过必要限度则成立行为过当;在结果限度中,以防卫行为是否造成重大损害后果为判断基准,造成攻击人重伤或者死亡等重大损害后果的,成立结果过当。[②] 这种将防卫限度细分为行为限度和结果限度的判断方法称为"二分法"。这种二元判断方法相比较于"一体说"扩大了正当防卫的成立范围,彰显了对防卫人的保护,司法实践将关注点从对攻击人的保护转向了对防卫人和攻击人的双重保护。

"二分法"在判断过程中遵循"先行为,后结果"的逻辑顺序,在很大程度上避免以往司法实践中出现的"谁死伤谁有理"的错误解决方法,避免在判断过程中落入"唯结果论"的陷阱。例如,孟某某故意伤害案,[③]2018年6月24日凌晨1时许,被告人孟某某和女友温某在广场乘凉,被害人谷某酒后与温某搭讪被孟某某打耳光,谷某离开,后拿着红砖头返回,持砖头击打孟某某的头部,孟某某夺下红砖,用拳头与

---

① 参见劳东燕:《防卫过当的认定与结果无价值论的不足》,载《中外法学》2015年第5期。

② 参见郭泽强、胡陆生:《再论正当防卫的限度条件》,载《法学》2002年第10期。

③ 参见河北省高级人民法院刑事附带民事判决书,(2019)冀刑终158号。

谷某打斗,将谷某打倒在地。孟某某在找钥匙过程中将谷某身体翻过,在找到钥匙后和女友离开。后经现场附近群众拨打"110",急救医生到场发现谷某已经死亡,经鉴定谷某系酒后,在外力作用下冠心病发作猝死。该案件一审法院认为,被告人孟某某击打被害人面部、颈部,最终造成被害人死亡的危害结果,其行为与死亡后果存在因果关系,不符合正当防卫的限度条件,其防卫行为明显超过了防卫的客观需要,构成防卫过当。该一审判决不合理的原因在于没有合理运用"二分法"进行判断,即没有遵循"行为—结果"的判断逻辑。按照以往的司法经验,防卫行为造成的"重大损害"会先行进入法官的考量视野,而后再根据"重大损害"直接判断防卫行为是否明显超过防卫限度,这种"先结果,后行为"的判断顺序属于典型的重复论证,即形式上是二元论证,但实质上是一元重复论证。

该案件经过二审法院重新审理认为,谷某死亡的直接原因系冠心病发作,喝酒和外力作用是诱因,孟某某防卫行为所造成的直接损伤后果是谷某面部、颈部、胸部轻微伤和右大脑出血(轻伤一级),孟某某的防卫行为没有超过必要限度,系正当防卫。二审判决明确区分了"行为限度"和"结果限度",并按照"行为—结果"的判断逻辑对两者分别判断。这种判断方法与我国刑法理论和司法实践相契合。首先,将防卫限度判断的理论依据定位为必要性和要求性,从而决定了必须按照"先行为,后结果"的判断顺序来进行。必要性要素针对的是防卫行为在事实上的防卫可能性,而要求性所考虑的则是反映在规范上是否适当。[①] 防卫可能性对应的是防卫行为的限度,规范上是否适当对应的是防卫的结果限度。其次,按照规范要求,防卫行为的判断早于防卫结果的判断。我国《刑法》第 20 条第 1 款、第 2 款和第 3 款都将"防卫行为"置于"造成损害"之前,因此,在司法实践中应该按照规范中的顺序进行判断,而不能将其颠倒。最后,在司法实务中"二分说"的应用。

① 参见[德]罗克辛:《整体刑法学杂志》(第 93 卷),第 79 页。转引自[德]乌尔斯·金德霍伊泽尔:《刑法总论教科书》(第 6 版),蔡桂生译,北京大学出版社 2015 年版,第 171 页。

例如,陈某正当防卫案,①陈某被9人围殴,其中有人使用钢管、石块等工具,双方实力相差悬殊,陈某借助水果刀增强防御能力,在手段强度上合情合理。并且,对方在陈某逃脱时仍持续追打,共同侵害行为没有停止,所以就制止整体不法侵害的实际需要来看,陈某持刀挥刺也没有不适当之处。综合来看,陈某的防卫行为虽有致多人重伤的客观后果,但防卫行为没有明显超过必要限度,依法不属于防卫过当。

在部分案件中,防卫行为超过必要限度,但是防卫结果没有超过必要限度,成立正当防卫。例如,郑某某故意伤害案,②杨某与郑某1怀疑因为邻居郑某某的阻止,所以建房申请未被批准,于是将其重病母亲郑某2丢在郑某某家中,以此要挟郑某某同意其建房,郑某某关门阻止未果。尔后报警将郑某2搬至屋外。杨某得知后赶往现场,欲再次将其母亲搬进张某某家中。郑某某手持两把菜刀守在门口阻止对方入内,双方引发肢体冲突,随后,郑某某持刀砍伤杨某、郑某1,造成一人轻伤、一人轻微伤的损害后果。法院认为,郑某某的行为并未超过必要限度造成损害,属于正当防卫。但是这样的认定过于笼统,缺乏必要的释法说理过程,难以使当事人完全信服。按照"二分法"的判断标准可以对防卫行为进行深刻的剖析,培养民众公平正义的法律观念。本案中防卫人的住宅权受到侵害,该侵害并非急迫的、危险的侵害行为,防卫人本可以选择继续求助警察或者选择伤害程度较低的防卫手段阻止他人的非法侵入,却直接选择使用刀具进行防卫,其防卫行为与侵害行为的危险程度相差悬殊,超过了必要的行为限度。但是其防卫行为只造成了轻伤的损害后果,并没有超过必要的结果限度,因此属于正当防卫。

"二分说"判断方法在民法上同样得到运用,例如,王某、韦某等与

① 参见最高人民检察院:《最高人民检察院第十二批指导性案例》,载最高人民检察院网2018年12月19日,https://www.spp.gov.cn/xwfbh/wsfbt/201812/t20181219_402919.shtml#2。

② 参见浙江省天台县人民法院刑事附带民事判决书,(2017)浙1023刑初264号。

潘某生命权、健康权、身体权纠纷案，[①]2020 年 5 月一个夜晚，在回家路上，广西的潘女士多次遭遇同行男子（王某）地强行搂抱。王某当天喝了酒，当他再次被潘女士推开后，跌倒在地，昏迷 13 天后抢救无效身亡。法院认为，王某违背潘某意愿实施搂抱、亲吻等不法侵害行为，并且具有现实的紧迫性，潘某出于本能推开王某保护自己不受侵害，符合正当防卫的条件。

（三）“明显超过必要限度”的司法判断

“明显超过必要限度”是一个抽象的概念，可以将其拆分为“明显超过”和“必要限度”来进一步理解和把握。“必要限度”顾名思义是防卫人为有效制止不法行为所可能采取的众多防卫行为中相对合理的其中一部分防卫行为。符合“必要限度”的防卫行为不是确定性的某一个模式的防卫行为，而是在特定范围内的一系列防卫行为，防卫行为会因为个体、环境和时间的不同呈现出不同的防卫强度和防卫效果。“明显超过”可以解读为：一个人能够用拳头或者脚踢来防卫攻击者，就不能使用刀子或者枪，一个人能够通过威胁使用工具或者武器，或者通过警告性射击来威吓攻击者，就不允许同时进行射击。[②]

构建“明显超过必要限度”司法判断规则，首先，将攻击行为区分为：严重危及人身安全的暴力犯罪、轻微犯罪和一般违法行为；其次，准确把握正当防卫制度的立法精神和理论依据，并以此为基础界定防卫限度；最后，结合指导性案例和典型案例构建防卫限度的司法判断规则。

其一，当遭受严重危及人身安全的暴力犯罪时，防卫人可以使用致命性的防卫行为。生命权是最为重要的法益，生命权也是每个个体最

① 参见广西壮族自治区象州县人民法院民事判决书，（2021）桂 1322 民初 1397 号。

② 参见［德］克劳斯·罗克辛：《德国刑法学总论》（第 1 卷），王世洲译，法律出版社 2005 年版，第 438 ~ 438 页。

为宝贵的权利,国家理应对其提供最为周全的保护。在极端的防卫情形中,禁止不足原则[①]赋予防卫人可以直接选择能够立即终局性制止不法侵害手段的权利,而禁止过度原则在保护侵害人基本权利的同时,也赋予了防卫人不得过度损害侵害人法益的义务。[②] 也就是说,当防卫人的生命安全和重大人身法益受到威胁时,其可以选择致命性的工具和方法实施防卫行为,而当防卫人只是面临轻微的不法攻击时,防卫人不能使用致人重伤或者致人死亡的防卫工具和防卫方法。禁止过度原则是从基本权利的防御权功能出发,旨在为国家行为划定最大范围,与此相反,禁止不足原则乃是着眼于基本权利的保护义务功能,用来为国家的保护措施划定最低底线。在最高人民法院公布的指导性案例中可以明确以上原则,例如,陈月浮正当防卫案,[③]该案件的二审法院认为,陈某无故持刀上门砍伤陈月浮,陈月浮为了使本人的人身安全免受正在进行的不法侵害,对正在进行的危害人身安全的暴力犯罪采取防卫行为,造成不法侵害人陈某死亡的,不属于防卫过当,不负刑事责任。

其二,在遭受一般犯罪攻击时,避免使用致命性的防卫工具和防卫手段。轻微犯罪是指不具有严重危及人身安全暴力性质的犯罪行为,面对此类攻击行为时,要求行为人在相对的冷静中选择适当的非致命性的防卫手段是具有期待可能性的。在最高人民法院的指导性案例中可以明晰司法实践中的判断规则,例如,杨建伟故意伤害、杨建平正当防卫案,[④]在该案件中,攻击人彭某空手击打杨建伟面部,杨建伟此时并非面临严重的不法侵害,却持刀捅刺彭某胸、腹部等要害部位,杨建伟的防卫行为并非制止彭某不法攻击所必须,明显超过必要限度。杨建平看到杨建伟被四人围殴,并且被洋镐把打倒在地,便从家中取出一

---

① 禁止不足的概念最早由民法学者卡纳里斯提出,是作为过度禁止的对立概念,即国家不得过度干预其人民的自由,国家对于人民自由的保护,也不得低于必要标准。

② 参见魏超:《防卫权向生命权让步——不得实施极端防卫之理据》,载《环球法律评论》2021 年第 4 期。

③ 参见最高人民法院、最高人民检察院、公安部:《涉正当防卫典型案例》,载《人民法院报》2020 年 9 月 4 日,第 3 版。

④ 参见湖北省武汉市中级人民法院刑事判决书,(2018)鄂 01 刑终 698 号。

把双刃尖刀,冲向刚从地上站起来的彭某,朝其胸部捅刺,其行为符合正当防卫的限度条件。

又如,河北省辛集市耿某华正当防卫不批捕案,[①]法院认为,不法侵害人深夜翻墙非法侵入耿某华住宅,强制带离耿某华夫妇,强拆房屋。耿某华依法行使防卫权利,其防卫行为造成2人重伤的重大损害后果,但是,耿某华是在被多人使用工具围殴,双方力量相差悬殊的情况下实施的防卫,综合评价耿某华的防卫行为没有明显超过必要限度。与此类似的案件,朱凤山防卫过当案,[②]法院认为,攻击人齐某因离婚问题多次到朱凤山家吵闹,案发当晚又酒后滋事,强行攀爬并持瓦片砸朱凤山后进入其家院内。朱凤山为使本人的人身、财产权利免受正在进行的不法侵害,而采取制止不法侵害的行为,持刀致死齐某,明显超过必要限度,属于防卫过当。该指导性案例明确了在民间矛盾激化过程中,对正在进行的非法侵入住宅、轻微人身侵害行为,可以进行正当防卫,但防卫行为的强度不具有必要性并致不法侵害重伤、死亡的,属于明显超过必要限度造成重大损害,构成防卫过当。

可见,在面临轻微犯罪时,防卫人要避免使用致命性的防卫工具和防卫手段,即防卫人应该实施能够有效制止不法侵害所必须的,并且能够实现防卫人和攻击人法益保留最大化的防卫行为。

其三,在遭受轻微的不法攻击时,避免使用相差悬殊的防卫工具和防卫手段。轻微攻击是指对人身和财产进行轻微不法侵害的行为。例如,汪天佑正当防卫案,[③]法院认为,被害人燕某、赵某等人于天黑时,强行踹开纱门闯入被告人汪天佑家过道屋。在本人和家人的人身、财产安全受到不法侵害的情况下,汪天佑随手拿起摩托车减震器将燕某、赵某打伤,致一人轻伤一级、一人轻微伤的行为属于正当防卫。在轻微

① 参见中华人民共和国最高人民检察院:《最高检发布6起正当防卫不捕不诉典型案例》,载最高人民检察院网2020年11月27日,https://www.spp.gov.cn/xwfbh/wsfbt/202011/t20201127_487542.shtml#1。

② 参见河北省高级人民法院刑事判决书,(2017)冀刑终135号。

③ 参见最高人民法院、最高人民检察院、公安部:《涉正当防卫典型案例》,载《人民法院报》2020年9月4日,第3版。

攻击中,应该如何行使防卫权?根据司法案例明确防卫界限,例如,徐某某故意伤害案,[①]2019年7月15日12时许,被告人徐某某在回其位于个旧市上的住所时,看见被害人徐某进入其住所实施盗窃,遂持棒殴打被害人徐某,并用脚踢徐某腹部,造成徐某重伤二级的损害后果。法院认为,徐某某为保护其合法财产实施防卫行为具有正当性,但是明显超过必要限度造成重大损害结果,属于防卫过当。

在面临轻微人身攻击时,防卫人可以实施与攻击行为相当的防卫行为,例如,2021年9月17日晚,酒后的刘某在小区门口言语挑衅幸某,双方发生争执,刘某拿起手边的塑料凳砸向幸某背部,幸某随手拿起坐着的木凳还击,造成刘某轻伤二级的损害后果。检察机关认为,刘某与幸某素不相识,刘某言语挑衅并先动手,幸某随手拿起凳子回击,后一直处于抵挡防御状态直至逃离。幸某主观上是防卫的意图,防卫行为并未超过必要的限度,属于正当防卫。[②] 又如,赵某某被控故意伤害案,[③]赵某某与王某及周某因故在上海市某舞厅发生纠纷。事后王某自感吃亏,于2000年1月4日19时许,与周某共同到赵某某家门口,踢门而入,被在家中的赵某某持械反击,造成王某轻伤的后果。法院认定赵某某的行为属于正当防卫。可见,在遭受轻微的不法攻击时,防卫人随手拿起防卫武器进行反抗或者造成攻击人轻伤后果的属于正当防卫。

(四)"严重危及人身安全"的司法认定

根据法条规定,如果攻击人实施"行凶、杀人、抢劫、强奸、绑架以及其他严重危及人身安全的暴力犯罪",防卫人可以实施致命性防卫

---

① 参见云南省红河哈尼族彝族自治州中级人民法院,(2021)云25刑终531号刑事判决书。

② 参见周晶晶等:《被打时拿木凳回击,是否构成正当防卫》,载《检察日报》2022年1月26日,第4版。

③ 参见《刑事审判参考》总第38辑,第297号,第101~105页。

行为以制止不法侵害。遭受该类型的暴力犯罪是实施特殊防卫的前提条件。

首先,明确该条文中的内在逻辑。“行凶、杀人、抢劫、强奸、绑架”是对犯罪类型的形式列举,“严重危及人身安全的暴力犯罪”是在实质意义上对犯罪类型作出概括,这里采取“列举 + 兜底”的刑事立法模式,该模式通过列举与概括共同界定罪名的内涵与外延。① 这种表述方式在《刑法》中较为普遍,例如,《刑法》第 238 条规定非法拘禁罪:“非法拘禁他人或者以其他方法非法剥夺他人人身自由的,处三年以下有期徒刑、拘役、管制或者剥夺政治权利。”比较而言,已经明确列举的“行凶、杀人、抢劫、强奸、绑架”等攻击手段易于理解,而对于“严重危及人身安全的暴力犯罪”相对难以把握。后者作为兜底性规定涵盖的攻击行为必须是与前面列举的犯罪行为具有相当的暴力性、危险性和紧迫性。比如同样手持刀具的攻击人,仅仅为了威吓对方并进行谩骂的攻击人与意图举刀砍伤对方的攻击人所具备的暴力性、紧迫性和危险性存在很大区别,因此在具体案件认定时,避免落入形式判断的误区,坚持行为类型与行为性质相统一的认定方法。

其次,结合案例明确司法认定标准,并在具体案件中进行情境性判断。例如于海明案,②攻击人刘某持砍刀击打于海明的行为属于“行凶”,刘某攻击行为凶狠,所使用的工具可轻易致人死亡,随着事态发展,难以预料发生什么损害后果,于海明的人身安全处于现实的、紧迫的和严重的危险之下。刘某具体持有杀人的故意还是伤害的故意不确定,正是许多行凶行为的特征,而不是认定的障碍。因此,刘某的行为符合“行凶”的认定标准,应当认定为“行凶”。该案件明确了第 3 款中“行凶”的司法认定规则,属于典型意义上的特殊防卫案件。同时指出

① 参见张永强:《袭警罪的规范演进与理解适用》,载《重庆大学学报(社会科学版)》,https://kns.cnki.net/kcms/detail/50.1023.c.20210720.0958.004.html。

② 参见最高人民检察院:《最高人民检察院第十二批指导性案例》,载最高人民检察院网 2018 年 12 月 19 日,https://www.spp.gov.cn/xwfbh/wsfbt/201812/t20181219_402919.shtml#2。

对于因民间矛盾引发,不法与合法对立不明显以及夹杂泄愤报复成分的案件,在认定特殊防卫时应当十分慎重。

如何把握“严重危及人身安全”的认定标准,司法实践中有很多典型案例提供了解决方案,例如,张某拉正当防卫案,①在该案件中,周某某等4人经预谋分别手持砍刀、铁锹等作案工具,突然闯入张某拉家中,径行向张某拉实施了拖拽及砍伤后脑部的行为。综合侵害方所持凶器、人数、已经实施的行为以及实施行为的场所等情形,以普通人的认识水平判断,不法侵害已经达到了严重危及张某拉人身安全和生命安全的程度。此时,张某拉可以使用致命性防卫行为,所以其行为属于正当防卫。在张某拉面对严重危及人身安全的暴力犯罪时,不能苛求其在短时间内对当时的形势作出客观的分析和判断,也不能苛求其在极度精神紧张的状态下对防卫行为作出准确的控制。

又如,张某正当防卫案,②张某(男)与郑某系夫妻关系,王某喝酒时向郑某索要三万元,并在张某面前与郑某谈论两人之间不正当关系,同时扬言杀人。在郑某欲打电话报警时,王某持刀冲向郑某。张某为保护郑某,持刀搂住王某颈部,在此过程中,造成王某死亡。经过鉴定张某和郑某所受伤害属于轻微伤。王某酒后持刀捅刺的行为已经严重危及到郑某的人身安全,该行为是现实性、急迫性、严重性的暴力犯罪行为,张某采取防卫行为,属于正当防卫。不能因为张某和郑某实际上仅仅受到轻微伤害反推他们遭受的攻击并未达到“严重危及人身安全”的程度,而应该以普通人的认知水平结合张某当时所处的环境进行情境性判断,避免事后以“上帝视角”对防卫人提出不具有期待可能性的非理性限制要求。

关于“严重危及人身安全”在认定中的时间节点问题,在防卫过程中该情形消失后应该如何应对。例如,苏某某故意伤害案,③法院认为,案发时苏某某与苏某1在发生争吵后,苏某1先持刀砍伤苏某某的

① 参见天津市第一中级人民法院刑事附带民事判决书,(2018)津01刑终326号。

② 参见山东省青岛市中级人民法院刑事裁定书,(2018)鲁02刑终288号。

③ 参见江西省高级人民法院刑事判决书,(2020)赣刑终36号。

头部,苏某某随后夺过苏某1手中柴刀并将其摔倒在地。这一过程苏某某的行为具有防卫性质。但是,苏某1在手中柴刀被夺走并倒地后,其对苏某某的不法侵害已经停止,而此时,苏某某持刀砍击苏某1并用脚踩踏苏某1的背部,造成胸部多处肋骨骨折、血气胸和肺挫裂伤而致其大量失血死亡,苏某某的行为明显超过了必要限度。由此可知,对于"严重危及人身安全"的认定并非一次性的前置性判断,而应该是动态模式。当"严重危及人身安全"的情形消失后,防卫人的防卫行为也要相应的受到限制,即不能使用致命性的防卫行为。

四、结　　语

防卫限度判断标准是正当防卫制度中老生常谈的问题,近来发生的热点案件重新激起学界探讨该问题的热情。在理论和实务界的协同努力下,防卫限度判断标准向着积极的方向不断前进,这些研究一方面,为防卫限度的理论发展提供了宝贵的资源;另一方面,其有助于避免司法实践中出现裁判偏差。同时,明确研究思路,补足防卫限度判断规则的理论供给,将理论与司法实践进行有机统一,构建科学合理的司法判断规则。

正当防卫制度是庞大的理论体系,可谓"牵一发而动全身",防卫限度理论也是如此。文中虽然只对部分问题进行分析和探讨,但是对该理论体系中其他问题的研究具有积极影响和参考,比如"防卫过当的罪过形式""防卫过当的量刑"等,期待日后继续对这些问题进行研究。

Theoretical Reflection on the Judgment Standard of Defense Limit and Judicial Judgment Rules

Qi Gebo

[**内容摘要**]学界对于防卫限度判断标准的研究着力于构建具体的判断规则,与以往相比较提高了规范的确定性,但是对于防卫限度判

断标准的理论研究相对不足。在当下,防卫限度判断标准的理论依据存在争议,特殊防卫条款的属性不明,判断规则的可靠性受到质疑,司法人员在处理疑难案件时依然面临标准不明的困扰。为了解决防卫限度判断标准中存在的问题,首先,明确防卫限度判断标准的理论依据,即“法益保护和法确证原则”;其次,以理论依据为基础,重新解读第20条第3款,明确该条款属于注意规定,以此为切入点解开防卫限度判断标准中的核心问题,将防卫限度分为行为限度和结果限度,并且遵循“先行为,后结果”的判断逻辑;最后,构建防卫限度的司法认定规则,以“二分法”为判断方法,结合指导性案例构建防卫限度认定标准,在具体案件中运用情境理论进行判断。

[**关键词**]防卫限度判断标准;特殊防卫;法益保护和法的确证原则;注意规定;二分法

Abstract: The academic research on the judgment standard of defense limit focuses on the construction of specific judgment rules, which improves the certainty of norms compared with the past, but the theoretical research on the judgment standard of defense limit is relatively insufficient. At present, the theoretical basis of the defense limit judgment standard is controversial, the attribute of the special defense clause is unknown, the reliability of the judgment rules is questioned, and the judicial personnel still face the problem of unclear standard when dealing with difficult cases. In order to solve the problems existing in the judgment standard of defense limit, firstly, clarify the theoretical basis of the judgment standard of defense limit, namely "the principle of legal interest protection and legal confirmation"; Secondly, based on the theoretical basis, reinterpret the third paragraph of Article 20, make it clear that this clause belongs to the provision of attention, take this as the starting point to solve the core problems in the judgment standard of defense limit, divide the defense limit into behavior limit and result limit, and follow the judgment logic of "behavior first and result later"; Finally, build the judicial identification rules of defense limit, take the "dichotomy" as the judgment method, combined with guiding cases, build the identification standard of defense limit, and use the situation theory to judge in specific cases.

Keywords: Defense Limit Judgment Standard; Special Defense; Protection of Legal Interests and Confirmation of Law; Pay Attention to the Regulations; Dichotomy

轻罪时代刑事制裁体系的反思与变革*

贾　佳**

目　　次

一、刑事制裁体系的界定

（一）刑事制裁体系的概念

刑事制裁体系是立法者按照一定的标准，将刑事法律中规定的各种刑事制裁措施、制度进行归类，形成的有机统一体。

依据适用对象的不同，刑事制裁体系可以分为轻微犯罪的刑事制裁体系和重罪的刑事制裁体系。轻微犯罪的刑事制裁体系，是指在宽严相济的基本刑事政策和轻罪更轻的具体刑事政策指引下，制定的适用于轻微犯罪的各种制裁措施形成的有机整体。其内容包括刑罚、非刑罚处罚方法和保安处分。其中，适用轻罪的刑罚方法主要是较轻的

---

* 国家社科基金一般项目“形式理性与实质理性的关系在刑法学中的展开研究”（项目批准号：21BFX009）的阶段性成果。

** 河南警察学院法律系副教授、法学博士。

刑罚措施，如短期剥夺人身自由刑、限制人身自由刑、罚金等。重罪的刑事制裁体系，是指在宽严相济的基本刑事政策和重罪更重的具体刑事政策指引下，制定的适用于重罪的制裁措施的总称。其内容包括刑罚方法和保安处分。适用重罪的刑罚方法主要是较重的刑罚措施，如长期自由刑、死刑、没收财产等。

依据内容的不同，刑事制裁体系可以分为刑罚体系、非刑罚处罚方法体系、保安处分体系。刑罚体系由主刑和附加刑组成。其中，管制、拘役、有期徒刑、无期徒刑和死刑为主刑，罚金、剥夺政治权利、没收财产以及仅适用于犯罪外国人的驱逐出境为附加刑。非刑罚处罚方法体系主要包括训诫、责令具结悔过、赔礼道歉、赔偿损失、行政处罚以及行政处分。我国刑法中没有明确规定保安处分的概念、性质、地位，不存在系统的保安处分制度，仅仅规定了一些具有保安处分性质的措施，如禁止令、职业禁止等。由于我国刑法中的犯罪概念存在定量因素，只有具有严重社会危害性的行为才被规定为犯罪，这就导致刑事责任的承担方式形成了以刑罚体系为主，非刑罚处罚方法体系为辅，保安处分体系不够成型的重型刑事制裁体系。

(二)刑事制裁体系的内容

关于刑事制裁体系的内容，有不少学者认为，我国现行《刑法》中只规定了刑罚制裁，没有规定保安处分，采取的是“一元结构”，应当积极借鉴国外的“二元结构”，建立刑罚和保安处分的双轨制，以完善我国的刑事制裁体系。[①] 这种观点主张保安处分应当系统化，其成为刑事制裁体系的一元具有积极意义，但其缺陷在于脱离了《刑法》的规

① 参见李晓明、郭倩：《社区矫正与“后劳教时代”违法犯罪制裁体系的完善》，载《净月学刊》2014 年第 6 期；敦宁：《后劳教时代的刑事制裁体系新探》，载《法商研究》2015 年第 2 期；刘伟丽：《劳动教养的改革——刑罚与保安处分二元化结构模式》，载中国社会科学院法学研究所主办：《“后劳教时代的刑法结构完善”研讨会论文集》2013 年版，第 290 页。

定,忽视了非刑罚处罚方法以及已有的保安处分措施的独立地位。因此,我国的刑事制裁体系应当是三元结构,即由刑罚体系、非刑罚处罚方法和保安处分三部分组成。

刑罚是承担刑事责任的主要方法。犯罪是侵害刑法所保护的社会关系的行为,具有严重社会危害性,作为犯罪主要后果的刑罚在各种制裁手段中也是最为严厉的。目前我国刑法中规定的刑罚方法分为主刑和附加刑。主刑包括限制人身自由的管制、剥夺人身自由的拘役、有期徒刑、无期徒刑,以及剥夺生命的死刑,附加刑包括剥夺财产的罚金、没收财产,以及剥夺资格的剥夺政治权利和驱逐出境。从整体上来看,我国刑罚体系属于重刑体系,主刑中全是和人身权相关的刑罚,不仅包括剥夺生命的死刑,而且剥夺自由刑占据多数,较为轻缓的限制自由刑只有管制这唯一的刑种。

非刑罚处罚方法也是实现刑事责任的一种方法。关于非刑罚处罚方法的概念和内容,虽然理论上存在诸多观点,但对非刑罚处罚方法的界定应当立足于我国现行刑法的规定和实践习惯,它应当指的是人民法院对犯罪情节较轻的犯罪分子适用的刑罚之外的实体上的处理方法的统称。具体内容为《刑法》第37条规定的六种措施,其中,有三种教育类措施,即训诫、责令具结悔过、赔礼道歉,一种赔偿类措施,即赔偿损失,以及两种行政类措施,即由主管部门予以行政处罚或行政处分。

与以罪责为基础的刑罚和非刑罚处罚方法不同,保安处分以人身危险性为基础。保安处分是西方刑法理论和立法中广泛存在的一个概念,它是由国家对具有人身危险性的行为人适用的治疗、矫正等措施,以实现改善行为人、预防犯罪、防卫社会的目的。我国法律规范中虽然没有使用保安处分这一名称,但实际上存在具有保安处分性质的措施,这些措施在性质、内容、功能、目的等方面与国外的保安处分并无本质区别,在理论研究上完全可以称之为保安处分措施。我国的保安处分措施分散地规定在刑法以及行政法律法规之中,但是,笔者认为只有刑事意义上的保安处分措施才能称之为保安处分,即在形式上应由刑法规定,适用刑事司法程序,在实质上只能适用于实施刑事不法行为的具有人身危险性的行为人。具体包括专门矫治教育、强制医疗、禁止令、职业禁止以及特别没收五种措施，其中前四种是对人的保安处分，最后一种是对物的保安处分。

刑罚、非刑罚处罚方法以及保安处分有不同的适用对象，都是惩治犯罪、矫治刑事不法行为的有效手段，单纯依靠其中的一种措施而排斥其他措施，无法实现预防犯罪、矫治刑事不法行为的目的和任务。刑罚虽然是适用于犯罪的主要的制裁方法，但是它也有局限性，不可能适用于所有的犯罪行为和刑事不法行为。对所有轻微犯罪行为适用刑罚会违背罪责刑相适应原则，对于刑事不法行为亦不能通过刑罚实现预防再犯的目的。但刑罚的缺位会导致对严重危害社会行为的放纵，使社会秩序遭受破坏。因此，应当构建三元刑事制裁体系，其中涉及刑罚体系、非刑罚处罚方法以及保安处分。刑罚和非刑罚处罚方法立足于已然的行为的社会危害性和行为人的人身危险性，是承担刑事责任的方式；保安处分立足于未然的行为人的人身危险性，以特殊预防为目的，与刑事责任没有必然的联系。这三者在功能上互相补充，作为一个整体共同实现惩罚和预防的目的。

二、传统刑事制裁体系存在的问题

（一）传统刑事制裁体系涉及的范围较为狭窄

犯罪圈的大小决定着刑事制裁体系规制范围的大小。犯罪圈越大，需要运用刑事制裁的范围越广，反之亦然。我国刑法采取的是立法定性加定量的犯罪成立模式，即犯罪概念中含有定量因素，在立法上规定成立犯罪时不仅对行为的危害性质提出要求，而且对行为的危害程度往往以数额较大、情节恶劣或造成严重后果予以限制。这样，我国刑法中的犯罪门槛就较高，犯罪圈较小。域外刑法多将具有社会危害性的行为规定为犯罪，而我国刑法只追究具有严重社会危害性的行为的刑事责任。上述刑法结构的不同，决定了在域外进行非犯罪化运动时，我国犯罪化的需求反而更为迫切。

我国刑法体系由总则和分则组成，相应地，对犯罪圈的划定也是由总则和分则共同完成的。总则对犯罪概念进行规定,通过但书设置了犯罪门槛,将“情节显著轻微,危害不大”的一般违法行为排除在犯罪之外,只有具有严重社会危害性的行为才能纳入刑法调整。分则对具体罪行进行规定时,往往通过数额、情节、后果等对社会危害性进行限制,很多犯罪的成立需要满足数额较大、情节严重、造成重大损失等条件。“我国刑法分则规定有十类犯罪,除了危害国家安全罪以外,其他九类犯罪中都有定量要件的规定;刑法规定的具体犯罪有400多个,其中将定量条件作为成立条件加以规定的具体罪就有200多个。”①定量因素的存在使得很多违法行为都被排除在刑法范围之外,由行政制裁体系而非刑事制裁体系进行规制。这就使得我国刑事制裁体系规制的范围比较窄,在域外刑法中大量存在的同样由刑事制裁措施规制的轻罪、违警罪在我国只是一般违法行为,一般被处以行政处罚。②

(二)传统刑事制裁体系重刑主义色彩较重

刑法是规定犯罪、刑事责任和刑罚的法律。③ 在传统刑法理论中,刑事责任的概念被忽视,刑罚作为承担刑事责任的一种主要方式具有突出的地位。这种以刑罚为主的制裁体系表现出较重的重刑主义色彩。

一方面,与国外刑事制裁体系相比,我国的刑事制裁体系在结构上仍有不足。非刑罚处罚方法不受重视,保安处分不够成形,由此形成以刑罚为主的单轨制制裁模式。我国刑法中并不存在保安处分的概念,尚无系统的规定,仅仅在刑法条文中分散地规定了几项具有保安处分性质的措施,其中,禁止令和职业禁止还是《刑法修正案(八)》和《刑法修正案(九)》增设的。以预防为主,注重对犯罪人教育、矫治的保安处

---

① 路军:《中国刑法犯罪量化要件研究》,法律出版社2010年版,第102~103页。

② 在废除劳动教养之前,这部分行为可能属于劳动教养制裁的对象。关于劳动教养的性质,理论上存在不同观点。

③ 参见高铭暄、马克昌:《刑法学》(第7版),北京大学出版社2016年版,第7页。

分在我国刑事制裁体系中未能占据应有地位,明显反映出刑事制裁体系的不合理性。另外,虽然现行刑法中规定有非刑罚处罚方法,但仅在《刑法》第37条中作出概括规定,并且是规定在刑罚的种类这一节中,由此使得理论上对其性质产生争议。而刑法总则共五章101个条文,其中两章67个条文①是关于刑罚和刑罚具体运用的规定。这当然和刑罚在刑法中的地位密切相关,但也反映出立法者对其的重视。虽然刑罚是承担刑事责任的主要方式,在司法实践中被大量运用,但不能由此忽视甚至否定非刑罚处罚方法的地位。非刑罚处罚方法与刑罚均是刑事责任的承担方式。尤其是在刑罚轻缓化已经成为刑罚改革不可阻挡的趋势的今天,非刑罚处罚方法应该得到立法和司法的重视。

另一方面,在刑罚结构中,重刑比例大,受到立法和司法实践的重视。在奴隶制社会和封建制社会,历代统治者均重视刑法在维护统治秩序和统治利益方面的作用,法即是刑,刑即是法。直到封建社会中后期,仍然采用的是诸法合体、以刑为主的法律体系。统治者在运用刑法惩治犯罪时,尤其重视各种残酷的刑罚方法。治乱世用重典,强调的即是用严厉的刑法、残酷的刑罚治理国家。受传统法律文化的影响,现行刑法的刑罚结构依然偏重。储槐植教授将刑罚结构划分为五种类型:死刑占主导地位、死刑和监禁刑共同占主导地位、监禁刑占主导地位、监禁刑和罚金占主导地位、监禁替代措施占主导地位,并在进一步分析后,对这五种类型进行了评价,认为以死刑为主导的刑罚结构和以监禁替代措施为主导的刑罚结构一个已成历史,一个尚未出现,当前各国采取的刑罚结构主要是中间三种。在这三种刑罚结构中,以监禁、罚金共同为主导的属于轻刑刑罚结构,以死刑、监禁共同为主导的属于重刑刑罚结构。② 关于我国刑罚结构的判断,笔者赞同梁根林教授的观点,即我国的刑罚结构是以监禁刑为中心、以死刑为重要刑罚方法,属于封闭

① 《刑法》第三章和第四章总共68个条文,但其中有一条是关于非刑罚处罚措施的,所以笔者将其排除在外。

② 参见储槐植:《刑事一体化》,法律出版社2004年版,第281页。

性重刑刑罚结构。[①] 梁根林教授是在19年前发表的该观点,但我国的刑罚结构并未发生根本变化,这种判断在今天同样适合。虽然《刑法修正案(九)》在《刑法修正案(八)》废除13种犯罪的死刑的基础上,又进一步废除了9种犯罪的死刑,使得刑法中保留死刑的罪名由68个降为46个,极大地推进了死刑改革的进程。但客观地评价,我国刑法中规定死刑的罪名数量和实践中实际适用死刑的人数仍处在较高水平。而且,由于立法中废除诸多罪名的死刑,为了做好与无期徒刑、有期徒刑的衔接,避免出现生刑过轻的问题,立法做出了相应调整,将死缓减为有期徒刑的刑期由以前的15年以上20年以下提高到25年。同时,规定了限制减刑制度,提高了被限制减刑的死缓犯实际执行的刑期。另外,刑法还将有期徒刑数罪并罚的上限由20年提高到25年,无期徒刑减刑和假释实际执行的刑期由不少于10年提高到不少于13年。对于犯贪污罪、受贿罪被判处死缓的,还增设了不得减刑和假释的终身监禁制度。废除死刑的22个罪名,多数属于备而少用甚至不用的罪名,[②]废除死刑的宣示意义重于实质意义,对实践中适用死刑的情况影响不大。另一方面,由于生刑的严厉性加强,我国的刑罚结构并没有因为削减死刑罪名而明显变轻,依然属于封闭性的重刑结构。从轻刑的配置上来看,在《刑法修正案(八)》之前,没有一个罪名不配置有期徒刑,法定刑最轻的主刑是一年以下有期徒刑、拘役或管制。[③] 直到《刑法修正案(八)》增设危险驾驶罪,才改变了主刑均配置有期徒刑的现状,之后的《刑法修正案(九)》增设的使用虚假身份证件、盗用身份证件罪和代替考试罪延续了主刑不配有期徒刑的做法。而《刑法修正案(十一)》新增的17个罪名中没有一个罪名主刑不配有期徒刑。因

① 参见梁根林:《刑罚结构论》,北京大学出版社1998年版,第154页。

② 有些犯罪如传授犯罪方法罪和盗窃罪,自1997年全面修订刑法之后,其死刑就基本上没有适用过。参见赵秉志:《刑法修正案(八)(草案)热点问题研讨》,载赵秉志主编:《刑法论丛》(第24卷),法律出版社2010年版,第27页。

③ 就《刑法》第252条规定的侵犯通信自由罪而言,法定刑是一年以下有期徒刑或拘役;就《刑法》第322条规定的偷越国(边)境罪而言,法定刑为一年以下有期徒刑、拘役或管制,并处罚金。

此，从总体上来看，轻刑的比例依然偏低，在法定刑中配有唯一限制人身自由的管制的罪名较少；配置罚金的罪名虽然大幅提高，但单处罚金的比例较低。《刑法修正案(九)》的制定不仅是大幅增设新罪的一次修法活动，而且增设的多是轻罪，即便如此，单处罚金的情形也不多。在新增的20个罪名中，有16个罪名配有罚金刑，除了单位犯罪外，只有9个罪名能够单处罚金刑。最近一次刑法的修改即《刑法修正案(十一)》新增的罪名中，只有8个能够单处罚金刑。剥夺政治权利属于资格刑，并不剥夺或限制人身自由，只是使犯罪人丧失某些资格和权利。刑法分则中，剥夺政治权利一般是排在3年或5年以下有期徒刑、拘役、管制之后，作为选科刑种与这三种主刑并列。这就说明，单处剥夺政治权利属于轻刑适用于轻微犯罪。但是，在分则485个罪名中，能够单处剥夺政治权利的罪名仅有37个，占7.6%，主要集中在危害国家安全罪和妨害社会管理秩序罪中；能够单处剥夺政治权利的罪名总数最多的是妨害社会管理秩序罪，共有15个罪名，占配置有剥夺政治权利罪名的40.5%。能够单处剥夺政治权利罪名比例最高的是危害国家安全罪，有8个罪名，占该章12个罪名的66.67%。通过上述分析可以看出，我国目前以重刑刑罚结构为主的刑事制裁体系属于封闭的重刑刑事制裁体系。

(三)刑事制裁方法执行方式封闭

长期以来，刑罚体系在我国的刑事制裁体系中占据重要或主要地位，非刑罚处罚方法和保安处分存在空间狭小，①而刑罚体系中，剥夺人身自由的拘役、有期徒刑、无期徒刑无论是在立法配置还是在司法适用中均成为主要的制裁手段，这就造成了我国的刑事制裁在执行中呈

---

① 许多学者将刑罚体系和刑事制裁体系的概念混同使用也说明此问题。参见葛磊：《刑事制裁体系近现代史纲》，北京大学2007年博士学位论文，第115～116页。也有学者直接将刑事制裁定义为违反刑事法律，构成犯罪，并依法承担刑事责任，受到八种刑罚方法处罚。参见朱正宽：《谈谈法律制裁》，载《法学杂志》1983年第1期。

现出封闭性的特点。一方面,剥夺人身自由的刑罚主要在监狱执行。我国监狱的设置和管理社会化程度较低。虽然行刑社会化思想推动了监狱的改革,监狱布局更加注重科学,中华人民共和国成立初期形成的设置在偏远、落后、封闭地区的监狱布局逐步向城市、交通沿线靠拢,但从整体上看,并没有改变传统的封闭性的行刑模式。造成该问题的一个重要原因在于对监狱的分类不够科学合理。依照不同的标准,可以对监狱进行不同的分类。我国目前主要依据性别和年龄将监狱分为男犯监狱、女犯监狱以及未成年犯管教所,而未根据罪犯危险程度区分监狱等级。对于罪行轻重不同、人身危险性大小不同的罪犯同等对待,关押在警戒程度相同的场所,不仅不利于对罪犯进行教育改造,而且造成了司法资源的浪费。另一方面,开放性的刑罚在实践中的适用率偏低,非刑罚处罚方法和保安处分不受重视。在主刑中,只有管制是限制人身自由的刑罚,但在实践中的适用率极低。如2015年,全国法院审理刑事案件生效的判决人数为123.3万人,给予刑事处罚的121.4万人,其中被判管制的只有11,768人,分别占判决总人数和给予刑事处罚人数的0.95%和0.97%。2014年,全国法院审理刑事案件生效的判决人数为118.5万人,给予刑事处罚的116.5万人,其中被判管制的只有12,226人,分别占判决总人数和给予刑事处罚人数的1.03%和1.05%。[①] 从这些数据中可以看出,判处管制的数量之低。而附加刑虽然都是开放性的非监禁刑,但并未受到立法和司法重视。除了仅适用于犯罪外国人的驱逐出境,具有普遍适用效力的附加刑只有罚金、剥夺政治权利以及没收财产。没收财产刑,虽然按总则的规定,既可以单处,也可以并处,但在分则中,凡是配置没收财产刑的,无一例外均要求"并处",而且由于它是在经济上判处罪犯"死刑",它的适用情况并不能反映刑罚的开放性和社会性。近年来,随着刑罚轻缓化观念的深入,人们对罚金刑有了新的认识,罚金刑的地位有所上升,刑事立法中配置罚金刑的犯罪明显增多,司法实践中判处罚金刑的比例也呈增长趋势,但与罚金刑在其他国家刑事法律中的适用情况相比,仍然有较大差距。

---

① 以上数据来源自最高人民法院公布的2015年《全国法院司法统计公报》。

剥夺政治权利由适用对象的特殊性决定,在实践中的适用率不高。根据统计数据显示,2013 年至 2015 年,单处附加刑的人数分别为 24,819、23,951、23,059,分别占全国法院生效判决中给予刑事处罚人数的 2.18%、2.06%、1.9%。[①] 这就说明单处附加刑的总人数并不多,所占比例也比较稳定,而且还有下降的趋势。除此之外,可供法官裁量适用的机构外处遇措施较少,进而导致司法实践中机构外处遇的适用比例较低。非刑罚处罚方法虽然明确规定在《刑法》第 37 条中,但在实践中的适用情况并不理想。如 2013 年至 2015 年,在全国法院审理生效的刑事案件中,被判免予刑事处罚的被告人数分别为 19,231、19,253、18,020,分别占判决总人数的 1.66%、1.63%、1.46%。[②] 在免予刑事处罚的人中,还有相当一部分是被单纯宣告有罪的。由此可想而知,适用非刑罚处罚方法的人就更少了。至于保安处分,刑法中没有使用保安处分这一名称,关于保安处分措施的规定又较为分散、零散,影响了保安处分功能的发挥。如《刑法修正案(八)》增设的禁止令和《刑法修正案(九)》新增的职业禁止,这两项措施被认为是具有保安处分性质的措施,[③]但在实践中的适用情况并不理想。以某中部省份为例,从 2011 年 5 月禁止令的出台到 2012 年 6 月,禁止令的适用数量逐步减少,而且在该省 125 个基层法院中,从未适用禁止令的法院有 82 个,占总数的 66%,在 43 个适用禁止令的法院中,有 29 个法院只适用了一次。[④] 关于职业禁止的适用情况,以此为关键词,在北大法宝和中国裁判文书网上搜索,截至 2016 年 8 月 16 日,只有两起相关案件,一

---

① 以上数据来源自最高人民法院公布的 2013 年至 2015 年《全国法院司法统计公报》。

② 以上数据来源自最高人民法院公布的 2013 年至 2015 年《全国法院司法统计公报》。

③ 当然,关于这两项措施的性质在理论上还存在诸多争议,对于这一问题,本文将在后文详细论述。

④ 参见邓志伟等:《路漫漫其修远:禁止令适用的困境与出路——以中部某省的实证调研为分析视角》,载《建设公平正义社会与刑事法律适用问题研究:全国法院第 24 届学术讨论会获奖论文集(下)》,人民法院出版社 2012 年版,第 1232 页。

起案件是因犯生产、销售有毒有害食品罪禁止罪犯在缓刑考验期内从事食品生产、销售及相关活动,另一起案件是因犯重大责任事故罪禁止罪犯在一定期限内从事与安全生产相关的职业或活动。而第一起案件是在缓刑考验期内禁止从事食品生产、销售等活动,这属于禁止令的内容,这样真正适用职业禁止制度的案件就只有一起。虽然网上公布的判决书并不全面,但管中窥豹,这在一定程度上也反映了这两种措施在实践中的适用情况。总体来看,封闭的机构内处遇依然是我国刑事制裁的主要执行方式。

三、轻罪时代刑事制裁体系的变革

(一)轻罪时代的来临:轻微犯罪范围的扩张

关于犯罪圈扩张的途径,有学者将其归纳为三种方式:"第一,是新罪数量不断增加。第二,降低犯罪门槛,修改原有犯罪的构成条件,具体又有三种形式,一是扩大原有构成要件的涵盖范围,二是减少犯罪构成要件,三是降低入罪的危害程度标准。第三,通过司法实践中的扩张解释,事实上扩大犯罪圈。前两种属于立法上的犯罪化,第三种属于司法上的犯罪化。"①轻微犯罪范围的扩张是犯罪圈扩张的重要组成部分,其途径也可以分为立法途径和司法途径。

在立法上,《刑法修正案(八)》、《刑法修正案(九)》和《刑法修正案(十一)》是近年来对刑法比较重要的三次修改,在扩张轻微犯罪范围方面均有明显体现。一方面,在新罪数量上,两次修改中共增设新罪 44 种,其中《刑法修正案(八)》新增 7 种犯罪,《刑法修正案(九)》新增 20 种犯罪,《刑法修正案(十一)》新增 17 种犯罪。在这些新增犯罪中,规定法定最高刑 3 年有期徒刑以下的罪行的有 37 种犯罪,只有组织出卖人体器官罪,食品监管渎职罪,准备实施恐怖活动罪,宣扬恐怖主义、

① 张绍谦:《从刑罚特性看犯罪圈的界限》,载《河南省政法管理干部学院学报》2007 年第 5 期。

极端主义、煽动实施恐怖活动罪,为境外窃取、刺探、收买、非法提供商业秘密罪,组织参与国(境)外赌博罪,破坏自然保护地罪基本犯的法定最高刑为五年有期徒刑。这就说明,在新增的罪行中,绝大多数属于轻微犯罪。另一方面,通过降低入罪门槛,将之前的非犯罪行为纳入刑法调整,也是这三次修改的一个显著特点。如《刑法修正案(九)》在对抢夺罪进行修改时,将抢夺罪客观方面的要件由"抢夺公私财物,数额较大的"修改为"抢夺公私财物,数额较大的,或多次抢夺的",由此降低了抢夺罪的成立条件,扩大了入罪范围。又如《刑法修正案(九)》取消了伪造、变造居民身份证罪,改为伪造、变造、买卖身份证件罪。在此,不仅增加了买卖这种行为方式,而且将犯罪对象由以前的身份证,扩展为身份证、护照、社会保障卡、驾驶证等依法可以用于证明身份的证件。可以看出,这三次对刑法分则的修改,无论是增设犯罪,还是修改构成要件,都大大降低了定量因素在犯罪成立中的作用,扩大了轻微犯罪的范围,提高了轻微犯罪在刑法中的地位。扩张轻微犯罪的立法技术,主要有预备行为实行化、共犯行为正犯化以及严重违法行为犯罪化。预备行为实行化,是将以前刑法中某种犯罪的预备形态独立出来,以单独的罪名定罪量刑。虽然我国刑法也处罚故意犯罪中的预备犯、未遂犯和中止犯,但毕竟是以既遂犯为原则,以处罚其他停止形态为例外。然而,有些行为虽然是犯罪的预备活动,但一经实施,却有可能会产生严重的危害后果。为了有效打击和防范这些犯罪,就有必要将预备行为予以实行化。但是,这些行为毕竟还只是为实施严重犯罪创造条件,在处罚时不宜过重,应为其配置较轻的刑罚。如《刑法修正案(九)》增设的非法持有宣扬恐怖主义、极端主义物品罪就属于预备行为实行化。共犯行为正犯化是将共犯行为独立出来,摆脱共同犯罪理论的羁绊,扩大刑法的适用范围。如随着科技的发展和网络的普及,利用互联网实施的非法行为的社会危害性明显增强。就《刑法修正案(九)》增设的帮助信息网络犯罪活动罪而言,这种帮助行为可以依照共同犯罪理论进行处理,但刑法将其独立出来,单独规定为一种犯罪,以有利于对该种行为的惩罚。严重违法行为犯罪化是将以前被认为是违法,应受行政处罚的行为规定为犯罪,并配置相应的法定刑。这部分行为的社会危害性明显低于以往的犯罪行为,所以多数也属于轻微犯罪。例如,《刑法修正案(八)》增设的危险驾驶罪、《刑法修正案(九)》增设的使用虚假身份证件、盗用身份证件罪、代替考试罪。这些行为以前仅仅是违法行为,为了严密法网,提高公民的规范意识,才将这些行为入罪,但是其社会危害性显然无法与传统犯罪相比,所以对其配置的法定刑也相对较低,甚至改变了以往犯罪均配置有期徒刑的惯例。

在司法上,轻微犯罪范围的扩张既包括司法机关以司法解释的方式扩张,也包括司法机关运用自由裁量权进行扩张解释。如最高人民法院和最高人民检察院(以下简称“两高”)关于盗窃罪的司法解释中规定,曾因盗窃受过刑事处罚的以及一年内曾因盗窃受过行政处罚的,“数额较大”的标准可以按照正常标准的50%确定;“两高”关于敲诈勒索罪的司法解释中规定,曾因敲诈勒索受过刑事处罚的和1年内曾因敲诈勒索受过行政处罚的,“数额较大”的标准可以按照正常标准的50%确定;“两高”关于抢夺罪的司法解释中也有相应的规定,即曾因抢劫、抢夺或者聚众哄抢受到刑事处罚的和1年内曾因抢夺或者哄抢受过行政处罚,“数额较大”的标准可以按照正常标准的50%确定。这些以前因盗窃、敲诈勒索、抢夺没有达到数额较大而不构成犯罪的行为,通过司法解释降低数额较大的标准而归入到刑法加以调整。

从司法实践中统计的数据①也可以看出,轻微犯罪范围呈扩张趋势。以2014年至2016年全国法院审理刑事案件的数量为例,虽然刑事一审收案数量排前15位的罪名没有太大变化,但是2014年排名第13的故意杀人罪在2015年和2016年都未进入前15位,2015年和2016年新增入前15位的罪名分别是非法持有毒品罪,拒不执行判决、裁定罪和非法持有、私藏枪支、弹药罪。这三个罪名中均含有法定最高刑为三年有期徒刑以下刑罚的罪刑单位,所以这三个罪名中都含有轻微犯罪。具体来看,在2014年刑事一审收案数量排名前15位的罪名中,有3个罪名完全属于轻微犯罪,即危险驾驶罪、容留他人吸毒罪、妨

---

① 2009年至2010年以及2014年至2016年全国刑事一审收案数量的数据来自最高人民法院工作人员提供的内部统计资料。

害公务罪;有 8 个罪名中含有轻微犯罪,如盗窃罪、故意伤害罪、交通肇事罪等;只有 4 个罪名完全不含有轻微犯罪,即寻衅滋事罪、强奸罪、故意杀人罪和信用卡诈骗罪。在 2015 年刑事一审收案数量排名前 15 位的罪名中,完全属于轻微犯罪的罪名没有发生变化,只是这 3 个罪名的排名都有所提高,危险驾驶罪由第 3 位上升为第 2 位,容留他人吸毒罪由第 10 位上升为第 6 位,妨害公务罪由第 15 位上升为第 14 位。完全不含有轻微犯罪的罪名减少 1 个,即故意杀人罪,相应地,含有轻微犯罪的罪名就增加了 1 个,即非法持有毒品罪。在 2016 年刑事一审收案数量排名前 15 位的罪名中,完全属于轻微犯罪的罪名依然是危险驾驶罪、容留他人吸毒罪和妨害公务罪,容留他人吸毒罪虽然由第 6 位下降为第 8 位,但妨害公务罪的收案数量有所增加,由第 14 位上升为第 12 位,不含轻微犯罪的罪名没有变化。如果将这些数据与《刑法修正案(八)》生效前刑事一审收案数量对比,轻微犯罪在实践中扩张的趋势更为明显。如在 2009 年刑事一审收案数量排名前 15 位的罪名中,只有排在第 11 位的窝藏、转移、收购、销售赃物罪[①]一个罪名完全属于轻微犯罪,完全不包含轻微犯罪的罪名为 4 个。而 2010 年刑事一审收案数量排名前 15 位的罪名中,没有一个罪名完全属于轻微犯罪。再以危险驾驶罪这一具体罪名为例,危险驾驶罪属于轻微犯罪的范围,更具体地说,其属于微罪。2011 年 5 月 1 日危险驾驶行为入刑,在当年刑事一审收案数量的排名中,危险驾驶罪就排到了第 10 位。到 2012 年,危险驾驶罪一审收案数量由 1.2 万件上升为 6.5 万件,排名直接跃居第 4 位。在之后的 2013 年至 2016 年,危险驾驶罪一审收案数量稳步上升,分别为 9.1 万件、11.1 万件、14 万件和 16.5 万件,排名也从 2013 年、2014 年的第 3 位上升到 2015 年、2016 年的第 2 位。至 2021 年,危险驾驶罪一审案件数居首,达 34.8 万件,远超其他刑事案件。[②] 因此,总体

---

① 该罪名已由掩饰、隐瞒犯罪所得、犯罪所得收益罪代替。

② 参见周强:《最高人民法院工作报告——2022 年 3 月 8 日在第十三届全国人民代表大会第五次会议上》,载新华网,http://www.news.cn/politics/2022-03/15/c_1128472515.htm。

来看,虽然近几年犯罪总量有所增加,但增幅不大,而轻微犯罪的数量和所占比例都有明显提高。

(二)轻罪时代刑事制裁体系变革的路径

1. 扩大刑事制裁体系适用范围

在犯罪化的刑事法治使命和废除劳动教养制度这两个因素的推动下,原先由行政制裁和劳动教养规制的部分严重违法行为进入犯罪圈,轻微犯罪的范围不断扩张,刑事制裁的适用范围也相应调整。“按照现代法治原则,任何以公共权力机构的名义剥夺公民人身自由的行为,都不能由警察机构或其他行政机构作出最终的决定,而必须由中立的司法裁判机构,通过司法听审或听证的方式作出决定。”①劳动教养制度已经退出历史舞台,由其规制的行为分别由刑法和行政法调整,既具有理论基础,也具备现实可行性。其中,对危害性较大、具有较强犯罪本质的行为应该恢复由刑法加以调整。虽然受立法定性加定量的犯罪成立模式的制约,我国刑法仅处罚社会危害性严重的行为,但我们可以通过适当调低定量要求,将犯罪门槛降低,把这些之前处在刑法处罚范围之外的行为变为刑法处罚范围之内的行为。这样,既不会从根本上改变我国的刑法结构,也可以对这些行为进行有效的惩罚和预防。之所以将这些行为归入刑法,还有一个原因是,如果将这些行为放在行政法中加以调整,多数情况下可能会被适用行政拘留,而行政拘留本身就存在诸多问题,如果再扩大适用则会使矛盾更突出。首先,从实体法的角度来看,行政拘留的存在与扩大适用既与犯罪圈的扩张趋势相矛盾,又破坏了行政处罚与刑罚体系的协调性。从近几年的刑事立法可以看出,犯罪圈扩张的一个重要来源是将之前被认为是违法受行政处罚的行为上升为犯罪,即严重违法行为犯罪化,这有助于严密刑事法网,培养公民的规范意识。这部分严重违法行为进入犯罪圈之后,相应地,受

① 陈瑞华:《警察权的司法控制——以劳动教养为范例的分析》,载《法学》2001年第6期。

行政拘留的行为应当减少,这样才能够维持动态的平衡。如果犯罪圈扩张,犯罪概念中的定量因素降低,受到刑事制裁的行为增加,但受到最严厉的行政制裁即行政拘留的行为也增加,这就有可能会加重公民负担。而且,行政拘留的存在,会影响行政处罚与刑罚之间的轻衔接。我国对违法犯罪行为采取的是二级制裁体系,以是否具备严重的社会危害性将不法行为划分为违法行为和犯罪行为,进而给予行政制裁和刑事制裁。这就说明行政制裁与刑事制裁在轻重程度上应当是衔接的,但是行政拘留的严厉性未必低于某些刑罚。比如行政拘留和管制,行政拘留是剥夺人身自由,管制是限制人身自由,虽然折抵之后管制的刑期还是长于行政拘留,但两种性质不同的处罚方法不能仅以刑期的长短作为比较轻重的依据,而且行政拘留和拘役无论是从性质还是刑期上都是相衔接的,这也从侧面说明行政拘留与管制很难绝对地评出孰轻孰重。如果说行政拘留与管制的轻重只是难以区分,那么从剥夺权利的性质来看,行政拘留明显重于单处罚金和剥夺政治权利。而且,如果依笔者设想,在刑罚体系中增设社会服务刑,其严厉性也是轻于行政拘留的。其次,从程序法的角度来看,行政拘留的程序与程序正义的要求相矛盾。程序正义既是实现实体正义的保障,其本身也是正义价值的一种体现。行政拘留是剥夺人身自由的处罚方法,人身自由是人最重要的基本权利之一,为了防止国家权力对个人权利的侵蚀,行政拘留必须经由中立的司法程序才能决定,这是现代人权观念的体现,也是法治的基本要求。“过度的权力扩张将会使权力失控,建立有限政府,规制行政权力,限缩和监督警察权,是从警察国迈向法治国的必然。”① 而在所有的司法程序中,刑事诉讼程序无疑是对公民权利保障最为充分的程序,剥夺人身自由的行政拘留决定也应当经过刑事诉讼程序才能作出。最后,行政拘留与国际公约的有关规定相矛盾。根据《公民权利和政治权利国际公约》第 9 条第 1 款,只有依照法律规定的依据和

---

① 冀祥德、张文秀:《治安管理处罚权的扩张与规制——治安法立法之视角》,载《山东警察学院学报》2006 年第 1 期。

程序,才能剥夺公民的人身自由。① 根据联合国人权事务委员会的意见,这里的法律规定的程序为司法程序,即剥夺公民人身自由的决定必须由司法机关作出。我国已经签署了该公约,虽然还未经批准,但也应尽可能与公约的要求保持一致。综上所述,行政拘留的有关规定需要进一步修改。也正因如此,要尽量将之前应适用劳动教养和行政拘留的严重违法行为划入刑法的适用范围,由刑事制裁手段进行规制。正如博登海默所言:"人们赋予自由的那种价值为这样一个事实所证实,即监禁在任何地方都是作为一种刑事制裁手段加以使用的。"②

2. 淡化刑事制裁体系的重刑色彩

根据犯罪圈的变化及时调整刑事制裁结构,淡化刑事制裁体系的重刑色彩,应成为其改革的基本方向。

轻罪更轻是我国处理轻微犯罪的一项具体刑事政策,与其他国家"轻轻"刑事政策具有一致性。这就要求对轻罪的处理应当坚持轻刑化、非监禁化、非刑罚化。限制人身自由的刑罚、财产刑、权利刑应广泛适用,尤其是要单独适用,增设丰富多样的更为轻缓的刑罚措施和监禁刑替代措施,由"机构内处遇"向"机构外处遇"发展。在刑罚轻缓化的潮流和背景下,国外许多国家的刑罚结构已经由以自由刑为中心转变为以自由刑、罚金刑为中心,罚金刑、权利刑、社区服务令、缓刑等非监禁刑罚及刑罚执行方式的扩大适用,而且,以行为人的人身危险性为基础,以改善犯罪人、防卫社会为目的的保安处分的存在,使得刑事制裁体系呈现出趋轻的特征。我国既应重视对刑罚的改革,增设社会服务刑等开放性刑罚,通过社会刑惩治、矫正罪犯,降低犯罪标签的负面作用,帮助罪犯重建复归社会的信心;也应完善非刑罚处罚方法,提高其地位,扩大其适用。另外,还需借鉴国外的保安处分制度,注重对一些罪行较轻,但仅处刑罚不足以抑止其人身危险性的罪犯的矫治,弥补刑

---

① 《公民权利和政治权利国际公约》第9条第1款规定:"任何人不得加以任意逮捕或拘禁。除非依照法律所确定的根据和程序,任何人不得被剥夺自由。"

② [美]E. 博登海默:《法理学——法律哲学与法律方法》,邓正来译,中国政法大学出版社1999年版,第279页。

事制裁体系的缺损。

3. 促进刑事制裁措施执行的社会化

罪的变化必然会引起刑的变化,进而带动执行方式的改变。大量轻微犯罪进入犯罪圈后,刑罚方法趋缓,相应地,刑罚执行方式也应更加开放。一方面,监禁刑传统的封闭的执行方式受到冲击,由此推动监狱社会化程度的提高。对监狱进行科学分类,对于不同危险程度的犯罪实行不同的管理模式、防范措施、警戒标准是提高监狱行刑效能的基本前提,也是节约刑罚资源的必然要求。国外很多国家都根据罪犯危险程度的大小将监狱分为开放式、半开放式以及封闭式监狱。[①] 犯罪圈扩张后,需要占用的行刑资源激增,使得本就捉襟见肘的行刑资源更加紧张,将监狱划分等级是解决该问题的一个有效途径。我国也可借鉴国外的相关经验,改变过去主要以罪犯的自然属性为基础进行分类的做法,将监狱分为开放式监狱、半开放式监狱以及封闭式监狱,对罪犯依据罪行轻重及人身危险性大小进行分类。将轻微犯罪的犯罪人关押在半开放式或开放式的监狱内,既有利于对罪犯的改造,帮助其重返社会,又有利于保障监狱的监管安全和秩序,提高刑罚资源的效益。另一方面,应增加非监禁刑的种类,减少罪犯尤其是轻微犯罪的行为人重返社会的阻力。大量轻微危害行为入刑后,亟须提高现有社会化刑罚以及刑罚制度的适用率,扩充社会化的刑罚种类,建立监禁刑的替代方法。同时,完善非刑罚处罚方法及保安处分措施,形成三元刑事制裁格局。监禁刑是将罪犯封闭在特定环境中进行改造,本身存在无法克服的矛盾和弊端,与帮助罪犯再社会化背道而驰。因此,应当尽量减少对刑罚尤其是自由刑的过度依赖,大量适用非监禁刑,积极探索监禁刑的替代措施。受刑罚经济性和行刑社会化的影响,多数国家的行刑方式也逐步由封闭的监禁化转向开放的社会化。虽然,在相当长的时间内,监禁刑在我国刑事制裁体系中仍然占据主要地位,但是,非监禁刑在实践中的适用比例有所上升。据统计,在全国法院生效判决中,适用非监

① 参见袁登明:《行刑社会化研究》,中国人民公安大学出版社 2005 年版,第 247 页。

禁刑的比率从 2007 年的 28.76% 上升到 33.37%。[①] 而且在降低犯罪门槛、轻微犯罪行为入罪的背景下,非监禁刑的设置及适用应得到重视,行刑社会化(既包括监禁刑执行的社会化,也包括非监禁性措施执行的社会化)必然会成为未来刑罚变革的方向和趋势。

Reflection and Reform of Criminal Sanction System in Misdemeanor Era

Jia jia

[**内容摘要**]刑事制裁体系是各种刑事制裁措施、制度形成的有机统一体。随着犯罪门槛下降,犯罪圈扩张,大量轻微犯罪被纳入刑法调整,传统的以重罪为主要规制对象的刑事制裁体系受到了冲击和挑战。传统刑事制裁体系存在规制的范围较为狭窄、重刑主义色彩较重、刑事制裁方法执行方式封闭等问题,亟须对刑事制裁体系进行变革,扩大刑事制裁体系适用范围,淡化刑事制裁体系的重刑色彩,促进刑事制裁措施执行的社会化。

[**关键词**]刑事制裁;轻微犯罪;刑罚;非刑罚方法;保安处分

Abstract:The criminal sanction system is an organic unity formed by various criminal sanction and measures. With the downward trend of the criminal threshold and the expansion of crime circle, a large number of minor crimes have been brought into the criminal law, the traditional criminal sanctions system with serious offenses as the main regulation object has been impacted and challenged. The traditional criminal sanction system has some problems, such as narrow scope of regulation, heavy punishment doctrine and closed execution method of criminal sanction. It is urgent to reform the criminal sanctions system, such as expand the scope

① 袁定波:《贪渎贿犯罪重刑率持续提高》,载《法制日报》2013 年 2 月 28 日,第 5 版。

of application of the criminal sanctions system, dilute the color of severe punishment in the criminal sanctions system, and promote the socialization of the implementation of criminal sanctions.

Keywords: Criminal Sanction; Minor Offenses; Penalty; Non-punishment Measures; Security Measures

内外部证成规则对刑法适用的效用分析及现实路径

张若枫*

目　次

随着经济与社会发展日新月异,刑事犯罪不断向互联网、新业态领域渗透,犯罪手段加速翻新,犯罪形态层出不穷,给刑法的"以不变应万变"提出了很大挑战。为了实现刑法的安定性,一方面,不可避免地运用概念化、抽象性的立法技术,囊括更加多变的犯罪情形;另一方面,在法律实施层面,提高刑法对新情况、新问题的适应性,确保法律适用正确。刑法不是为形形色色的犯罪行为量身定制的,在适用于具体案件时,往往出现事实要素与法律规范的概念要件无法一一对应的情况,由此产生法律解释方法和适用结论的分歧意见,加大了法律判断的难度,使司法效能和公信力面临极大挑战。刑法适用实则是一个认识论问题,当具体案件事实超出法律条文的"文义射程",就无法像科学研究那样追求结论百分之百的确定性,教条的逻辑涵摄已经难以实现

* 北京市东城区委政法委研究室副主任、法学博士。

“可接受性”的目标,又不可放纵裁判者仅凭纯粹的价值选择作出非理性决断。破解的方式就是寻找一个兼具逻辑理性和价值权衡的论证方法及其适用的具体路径。

一、刑法适用分歧带来错判风险的实证考察

法官的目光流转于事实和刑法之间,选择唯一恰当的条款与事实建立联系——这个刑法适用的过程被称为“惊心动魄的跳跃”,不仅因为它对案件当事人利益有“一锤定音”的决定作用,更是由于身在其中的法官经常承受刑法抽象性带来的高度焦虑,经历着不同选项的拉扯,即使落地下判也依然如临深渊。即便是将“罪刑法定”原则奉为铁律,刑法适用的不稳定性也无处不在,潜藏着错判的风险。

(一)刑法适用错误是影响案件审判质量的长期痛点

经过调查分析,刑事案件控辩审三方之间、一审和二审法院之间、原审和再审法院之间就刑法适用问题存在分歧的情况不在少数。笔者运用中国裁判文书网进行检索,案件类型设置为“刑事案件”,审判程序设置为“刑事二审”,法律依据设置为“《中华人民共和国刑事诉讼法》第二百三十六条第一款第二项及第三项”,共检索到裁判文书50,083篇。其中,因法律适用错误而改判的案件,占二审改判发回案件的比例一直保持在50%左右(见图1)。即使近年来持续加强司法解释和案例指导工作,这个比例的下降幅度仍然不明显。可以说,法律适用是与事实认定并重的造成错案的主要原因。

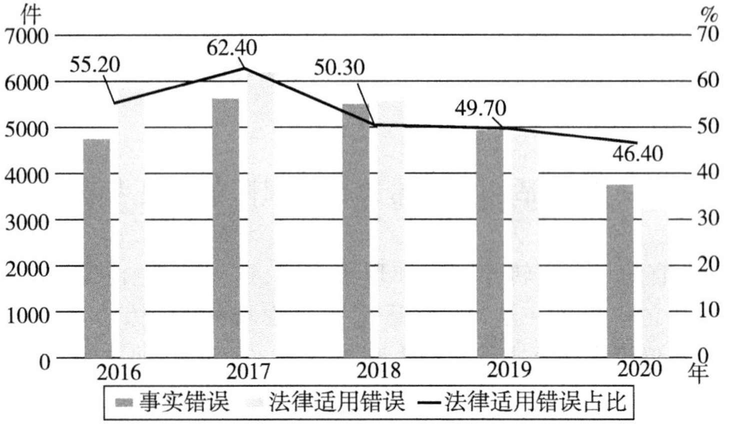

图 1　法律适用错误在二审发回改判案件中的占比及趋势分析

以 B 直辖市为例,通过分析近 5 年 248 件二审改判刑事案件(见图 2),发现四类法律适用错误中,"变更罪名"以及"改变了一审法定量刑情节和幅度"这两类严重错误占比有上升趋势;二审期间出现立功、退赔等新情况而改判,以及在幅度内调整量刑的案件(实际不存在法律适用错误)比例呈下降趋势。由此可见,在法律适用错误案件稳中略降的背后,隐藏着实质性错误占比上升的势态,问题之严峻可见一斑。

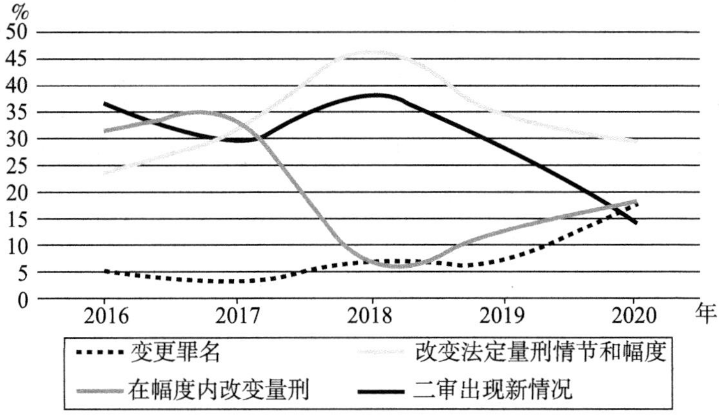

图 2　B 市一审法院四类法律适用错误的占比及趋势分析

(二)刑法适用分歧的表现类型分析

最高人民法院指导案例,是为了加强案例指导、统一裁判尺度采取的权威方式,针对的是审判前沿中存在争议的典型问题,集中披露了不同种类错误的法律观念,是研究刑法适用分歧问题及解决办法的理想范本。截至2021年2月19日,最高人民法院共发布刑事指导性案例26例,涉及20个案由、40个裁判要点,排除其中2个事实认定类及12个未见诉讼参与者提出异议的要点,梳理出存在法律适用分歧的要点26个(见表1),包括控辩方、上抗诉方及原审法院等多元主体,对既定事实是否符合犯罪构成要件、罪名选择、量刑情节和档次等方面存在异议的焦点问题。比如,指导性案例3号受贿案中,辩方提出被告人与陈某共同开办公司开发土地,获取的480万元“利润”不应认定为受贿。此点辩护意见可用逻辑符号抽象表示为:合办公司→获取合法利润。而经审理查明,被告人对创业园区的招商工作、土地转让负有领导或协调职责,利用职务便利,为陈某低价取得创业园区的土地等提供了帮助,双方商议合作成立公司用于开发上述土地,公司注册资金全部来源于陈某,被告人既未实际出资,也未参与公司的经营管理。所以法院据此认定,被告人与陈某合办公司开发该土地的名义而获取的480万元,属于以合办公司为名的变相受贿,应以受贿论处。上述裁判要点可用逻辑符号抽象表示为:(与请托人“合办”公司)∧(获取“利润”)∧(没有实际出资经营)→非法收受他人财物。从同一事实出发,法官认为构成受贿罪,而辩方的结论是行为合法,产生了刑法适用上的分歧意见。表1中“分歧意见”列,不仅是裁判说理中需通过论证予以排除的意见,亦是法官要警惕陷入的错误认识,为了排除分歧,统一认识,必须首先解剖分歧观点的依据和逻辑,找到其法律适用方法的漏洞,一击而破。

表1 最高人民法院刑事指导性案例法律适用分歧的类型化分析

逻辑符号释义:
¬ =并非(否定词)
∧ =并且(合取词)
∨ =或者(析取词)
→ =如果,则(蕴含词)
←→ =当且仅当(等值词)

序号	编号	罪名	分歧对象	裁判要点	分歧意见	涵摄错误的类型
1	3号	受贿	犯罪构成要件	(与请托人"合办"公司)∧(获取"利润")∧(没有实际出资经营)→非法收受他人财物	辩方:合办公司→获取合法利润	大小前提扩大
				承诺∨实施∨实现他人利益→为他人谋取利益	辩方:¬ 实际谋取利益→¬ 非法收受他人财物	大前提缩小,小前提扩大
				明显低于市场价格∧购买获得→差额计入受贿罪数额	辩方:购买的房产→合法财产	大小前提扩大
				因掩饰犯罪而退还→事后退赃	辩方:退还购房差价→正常支付房款	大小前提扩大
2	4号	故意杀人	量刑情节	故意杀人手段残忍∧被害人亲属要求严惩∧坦白悔罪∧积极赔偿→死缓	原审:故意杀人手段残忍∧被害人亲属要求严惩→死缓	大小前提扩大
3	11号	贪污	犯罪构成要件	利用有隶属关系的其他国家工作人员职务便利→利用职务上的便利	辩方:利用本人职务便利←→利用职务上的便利	大前提缩小,小前提扩大

续表

序号	编号	罪名	分歧对象	裁判要点	分歧意见	涵摄错误的类型
				土地使用权→财产性利益	辩方:集体土地确权→¬ 贪污对象	大前提缩小
4	12号	故意杀人	量刑情节	故意杀人手段残忍∧亲属协助抓获∧积极赔偿→死缓	原审:故意杀人手段残忍∧被害人亲属要求严惩→死刑	大小前提扩大
5	13号	非法买卖、储存危险物质	犯罪构成要件	氰化钠列入危险化学品名录→是毒害性物质	辩方:氰化钠不是禁用剧毒化学品→不是毒害性物质	大前提缩小,小前提扩大
				擅自购买∨出售→非法买卖	辩方:擅自购买∧出售→非法买卖	大前提缩小
6	14号	抢劫	无	判处缓刑可以适用“禁止令”的情形		
7	27号	盗窃、诈骗	此罪与彼罪	通过植入的程序窃取财物→盗窃	辩方:诱骗他人点击虚假链接支付→诈骗罪	大小前提选择错误
8	28号	拒不支付劳动报酬	无	不具备用工主体资格→不影响构成拒不支付劳动报酬罪		
				他人为其垫付了劳动报酬→不阻碍追究其刑事责任		
9	32号	危险驾驶	无	追逐竞驶的判定标准		

续表

序号	编号	罪名	分歧对象	裁判要点	分歧意见	涵摄错误的类型
				情节恶劣的判定标准		
10	61 号	利用未公开信息交易	量刑档次	“情节严重的,依照第一款的规定处罚”→可以引用第一款中“情节特别严重”情形	原审:“情节严重的,依照第一款的规定处罚”→只可认定行为属于情节严重	大前提缩小,小前提扩大
11	62 号	诈骗	量刑档次	未遂的法定刑幅度与既遂法定刑幅度比较,择其重者→犯罪数额巨大	抗诉:犯罪数额包括既遂及未遂→犯罪数额特别巨大	大小前提选择错误
12	63 号	强制医疗	量刑情节	是否有继续危害社会的可能应由医疗机构作出评估	委托医疗机构评估是充分不必要条件	大前提缩小,小前提扩大
13	70 号	生产、销售有毒、有害食品	犯罪构成要件	盐酸丁二胍具有和两个《名单》中的物质同等危害性→属于有毒、有害的非食品原料	辩方:盐酸丁二胍不是两个《名单》中的物质→不属于有毒、有害的非食品原料	大前提缩小,小前提扩大
14	71 号	拒不执行判决、裁定	无	拒不执行判决的行为是从相关民事判决发生法律效力时起算,而非从执行立案时起算		
15	87 号	假冒注册商标	无	证据及事实判断		
16	93 号	故意伤害	量刑情节	因严重贬损人格尊严或者亵渎人伦的不法侵害引发的→减轻处罚,有期徒刑 5 年	一审:防卫过当∧1 死 2 重伤 1 轻伤→无期徒刑	大小前提扩大

续表

序号	编号	罪名	分歧对象	裁判要点	分歧意见	涵摄错误的类型
				非法限制人身自由→“不法侵害”→正当防卫前提	一审:非法限制人身自由→¬ 正当防卫的前提	大前提缩小,小前提扩大
				伴有侮辱、轻微殴打的行为→¬ 严重危及人身安全的暴力犯罪	辩方:暴力讨债→抢劫罪→严重危及人身安全的暴力犯罪	大小前提扩大
				¬ 强烈攻击行为→¬ 十分紧迫的不法侵害→致人重伤死亡明显超过必要限度	辩方:双方实力差距明显→¬ 防卫超出必要限度	大前提缩小,小前提扩大
17	97 号	非法经营	犯罪构成要件	无证照买卖玉米→¬ 扰乱市场管理秩序→无罪	原审:无证照买卖玉米→违反行政管理规定→非法经营罪	大小前提扩大
18	102 号	破坏计算机信息系统	无	“DNS 劫持”→强制网络用户访问虚假网站→破坏网站原有正常服务→破坏计算机信息系统罪		
				违法所得 25,000 元以上→“后果特别严重”		
19	103 号	破坏计算机信息系统	无	破坏企业的机械远程监控系统,造成不能运行→破坏计算机信息系统罪		

续表

序号	编号	罪名	分歧对象	裁判要点	分歧意见	涵摄错误的类型
20	104号	破坏计算机信息系统	无	用棉纱等物品堵塞环境质量监测采样设备→致使监测数据严重失真的→破坏计算机信息系统罪		
21	105号	开设赌场	无	以微信群的方式招揽赌客,竞猜游戏网站的开奖结果→开设赌场罪		
22	106号	开设赌场	无	利用微信群控制管理,以抢红包方式进行赌博→开设赌场罪		
23	144号	故意伤害	免责事由构成	致命性凶器攻击要害部位→行凶→特殊防卫→无罪	原审:故意伤害;抗诉:防卫过当	大小前提扩大
				其他不法侵害人仍在继续实施侵害→正当防卫	原审:故意伤害;抗诉:防卫过当	大小前提扩大
24	145号	非法控制、破坏计算机信息系统	此罪与彼罪	¬ 系统功能实质性破坏 ∨ ¬ 不能正常运行→¬ 破坏计算机信息系统罪	控方:修改、增加服务器数据→破坏计算机信息系统罪	大小前提扩大
				植入木马程序,获取网站服务器的控制权限→非法控制计算机信息系统罪	控方:修改、增加服务器数据→破坏计算机信息系统罪	大小前提扩大

续表

序号	编号	罪名	分歧对象	裁判要点	分歧意见	涵摄错误的类型
25	146号	开设赌场	犯罪构成要件	法定期货交易场所外∧盈亏不与实际价格挂钩→赌博行为→赌博网站	上诉：不明知赌博网站性质→不构成犯罪	大前提缩小，小前提扩大
26	147号	故意损毁名胜古迹	犯罪构成要件	严重破坏自然遗产的自然性、原始性、完整性和稳定性→“情节严重”	上诉：打岩钉攀爬行为→¬ 造成巨蟒峰“严重损毁”	大前提缩小，小前提扩大
			无	专门知识的人就案件的专门性问题出具报告，可以作为证据使用		

通说认为，法律适用的理性模式是“涵摄”①，就是将特定的案件事实归属于法律规范的构成要件之下，以得出特定法律后果的推论过程②。当代法学方法论习惯用“司法三段论”的形式来展现涵摄的过程，确认法律规范大前提和案件事实小前提，并由此推导出法律评价的结论，德国学者拉伦茨用符号将其形式化如下：

大前提：T→R（案件事实满足 T，则应赋予法律评价 R）；

小前提：S = T（S 是 T 的一个“事例”）；

结论：S→R（应赋予 S 法律评价 R）。③

那么，分歧观点的“病根”无非是涵摄过程中某个步骤出现了混淆、错位的问题，比如在提炼大前提时曲解了刑法的本意，在引入小前提时对案件事实的归纳不准确、不全面等。通过逐一分析刑事指导性

---

① 雷磊：《为涵摄模式辩护》，载《中外法学》2016 年第 5 期。

② 参见王泽鉴：《法律思维与民法实例》，中国政法大学出版社 2001 年版，第 200 ~ 201 页。

③ 参见［德］卡尔·拉伦茨：《法学方法论》，陈爱娥译，商务印书馆 2003 年版，第 150 页。

案例中 26 个法律适用的分歧意见,可以将逻辑错误分为大、小前提均扩大,大前提缩小伴随小前提扩大,大前提单独缩小及大、小前提选择性错误四种类型(见图 3),笔者分别用 P 和 S 代表正位的大前提和小前提,用 P′和 S′代表错位的大前提和小前提,用图示表示大小前提被错误认识加工后产生外延和内涵的变化,试图更清晰地展示分歧意见的推理错误。

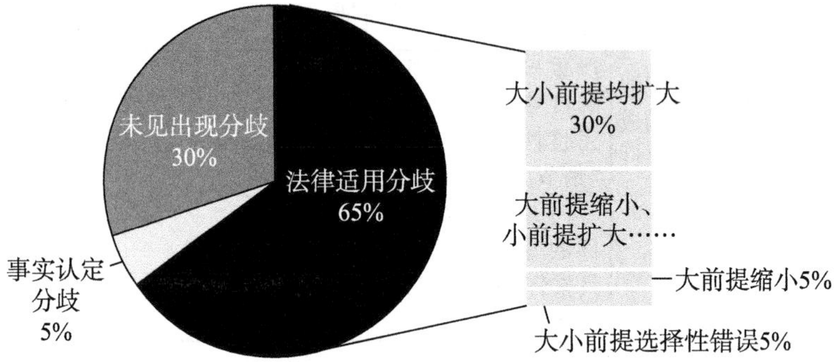

图 3　刑事指导性案例中裁判要点分歧类型比重

1. 认识外延呈现同步扩张:大、小前提均扩大

由于刑法解释的技术性原因,不当扩大了大前提(刑法规范)的范围,同时以此为依据,选择性地忽略了小前提(案件事实)的部分要素,导致得出错误的出罪或入罪意见(见图 4)。此类问题在现有刑事指导性案例中,占比最大(达 30%),涉及指导性案例 3 号、4 号、12 号、93 号、97 号、144 号、145 号中 12 个裁判要点的分歧意见。

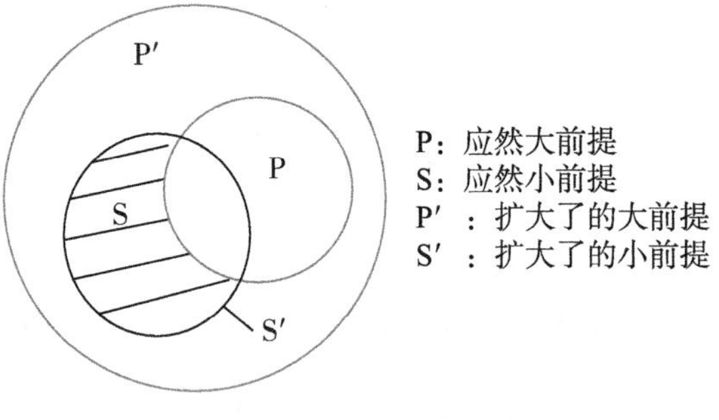

图 4　大、小前提均扩大导致“出罪”或“入罪”的错误

指导性案例3:国家工作人员潘某、陈某利用职务上的便利为请托人谋取利益,并与请托人以"合办"公司的名义获取"利润",但没有实际出资和参与经营管理。

此案中,辩护人提出合办公司获取的利润不应计入受贿数额,该意见的大前提是:合办公司→获取合法利润(P′),小前提是:被告人与请托人合办公司(S′),所以得出结论:被告人获取的是合法利润。此种观点的错误在于认为凡是以"合办公司"的形式,获得的就是合法收入,显然没有考虑未实际出资或参与经营这类"不劳而获"的情况,扩大了大前提(P)的范围,与此相应地,也选择性地忽略了案件事实(S)中被告人没有实际出资和经营的要素,扩大了小前提。图4中S(阴影部分)与P应当不重叠,但由于分别被放大为S′和P′,导致错误的涵摄。

2. 认识内涵呈现互斥抽离:大前提缩小、小前提扩大

某些案件中,辩方通过人为缩小刑法规范大前提,扩大案件事实小前提的方式,使得大前提无法适用于小前提,得出无罪或罪轻的意见(见图5)。此类问题在现有刑事指导性案例中占比达25%,涉及指导性案例3号、11号、13号、61号、63号、70号、93号、146号、147号中10个裁判要点的分歧意见。

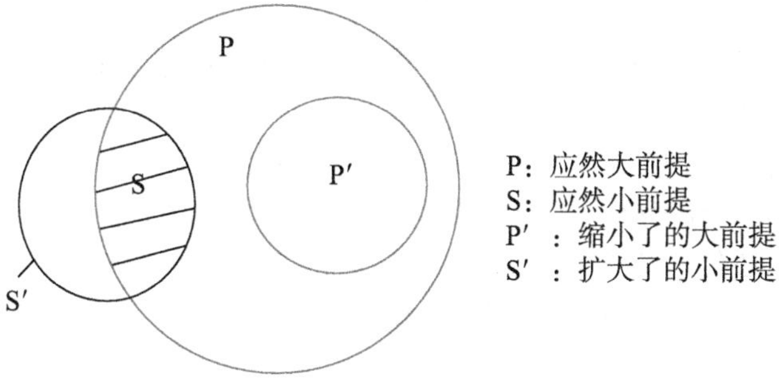

图5 大前提缩小、小前提扩大导致无罪的认知错误

指导性案例13:被告人王某等人,在未依法取得剧毒化学品购买、使用许可的情况下,非法买卖、储存氰化钠。

辩护人基于"禁用剧毒化学品 = 毒害性物质"的大前提(P′),认为氰化钠不是禁用剧毒化学品(S′),所以被告人的行为不构成非法买卖、储存危险物质罪。该错误在于,限缩了毒害性物质的范围(P),氰化钠(S)虽然不属于禁用剧毒化学品,但被列入危险化学品名录,易致人中毒或者死亡,属于《刑法》意义上的"毒害性物质"(见图 5 阴影部分)。

3. 法律认识外延呈现孤立限缩:大前提缩小

个别案件的辩方,在待评价事实小前提不变的情况下,通过限缩法律规范大前提,割裂大小前提的关系(见图 6),此类问题在样本中占 5%,涉及指导性案例 11 号、13 号。

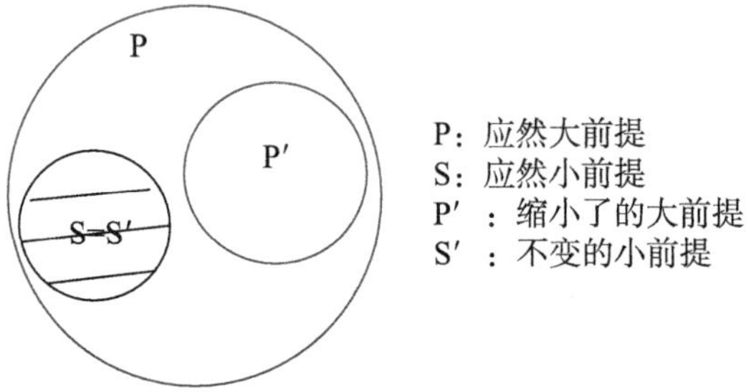

图 6　大前提缩小导致无罪的认知错误

指导性案例 11:被告人王某利用杨某的职务便利,取得集体土地确权,并获得土地安置补偿。

辩护人认为,集体土地使用权不是贪污罪的对象(P′),故王某取得土地安置补偿(S′)不能构成贪污罪。但贪污罪的对象不仅包括有形财物,还包括财产性利益(P),王某获得了土地使用权确权带来的经济收益(S = S′),可以成为贪污的对象。

4. 认识角度呈现偏差:大、小前提选择性错误

有的案件中,当事人错误地选择了大前提(其他罪名的法律规范)对非关键事实的小前提进行评价,导致适用刑法错误(见图 7)。此类案件在样本中占 5%,涉及指导性案例 27 号、62 号。

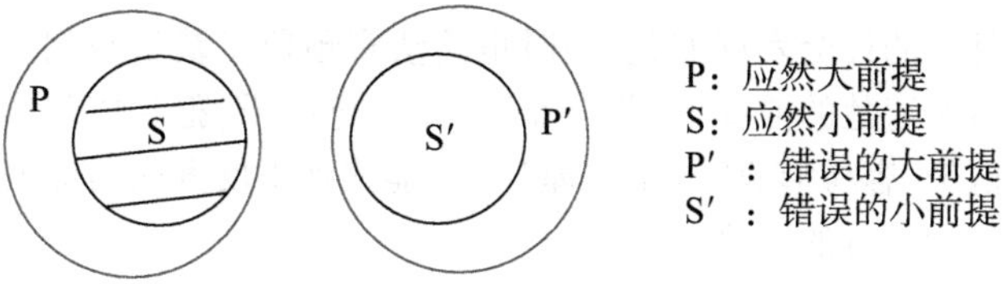

图 7　大、小前提选择性错误导致适用罪名错误

指导性案例 27：被告人臧某等人，诱骗金某点击虚假链接，在金某不知情的情况下，非法转移其网银账户内的钱款。

臧某及其辩护人认为诱骗被害人点击链接的行为（S′）应当用诈骗罪的法律规范（P′）予以评价。但是"诱骗"只是辅助性手段，臧某转移钱款的行为金某既不知情，也非自愿，是秘密窃取的行为（S），应当用盗窃罪法律规范大前提（P）加以评价。

二、内外部证成规则引入刑事案件审理的必要性和恰当性分析

刑法适用的过程有别于自然科学严谨缜密、答案唯一的演绎推理①，也不同于喋喋不休的自由辩论，它是在刑法框架内开展的理性的论证活动，或者说是广义的司法推理，即在法律争辩中运用法律理由的过程②，必然离不开合理的形式和规则。

（一）刑法适用的开放性特征呼吁标准答案

"明确"与"概括"是刑法不可偏废的两面，前者的目的在于限制擅断，增强可预测性；而后者则为了更好地囊括千变万化的犯罪样态，适

① See James E. Herget, *Contemporary German Legal Philosophy*, University of Pennsylvania Press, 1996, p. 43.

② 参见［美］史蒂文・J. 伯顿：《法律和法律推理导论》，张志铭、解兴权译，中国政法大学出版社 2000 年版，第 1 页。

应日新月异的社会发展变化,同时也给法官预留了裁量空间——即使在案件事实清楚的前提下,罪与非罪、此罪与彼罪、犯罪情节构成都存在灰色地带,容易形成“二难推理”①,总能找到正反方面的证据导出两种以上均无不可的结论。

指导性案例 145:张某等人向存在防护漏洞的目标服务器植入木马程序,上传添加了赌博关键字并设置自动跳转功能的静态网页,提高赌博网站广告被搜索引擎命中概率。

对上述事实,控审双方在罪名认定上产生了两种意见(见表 2)。法律规范对计算机信息系统“删除、修改、增加数据的操作”抑或是“实施非法控制”两种行为的具体表现、后果严重程度等要素未明确规定,导致适用刑法产生分歧。

表 2　指导案例 145 号的“二难推理”演示

罪名	控:破坏计算机信息系统罪	审:非法控制计算机信息系统罪
法律规定	违反国家规定,对计算机信息系统中存储、处理或者传输的数据和应用程序进行删除、修改、增加的操作,后果严重的。	违反国家规定,对我国境内计算机信息系统实施非法控制,情节特别严重。
理由	行为人对目标服务器的数据实施了修改、增加的侵犯行为。	行为人通过植入木马程序的方式,非法获取网站服务器的控制权限,向相关计算机信息系统上传网页链接代码。
结论	×	√

刑法大前提存在的问题加剧了法律适用的不稳定性②,产生了一定的错判风险,拷问着法官正确适用法律、合理行使自由裁量权的水平。这场开放性考试的标准答案不能是某个法官的经验判断和价值选

① [英]安东尼·韦斯顿:《论证是一门学问》,卿松竹译,新华出版社 2011 年版,第 84 页。

② See David Hitchcock and Bart Verheij, *Arguing on the Toulmin Model*, Springer, 2006, p. 219.

择,否则很可能造成刑法的不安定①。为了保证法律适用统一,必须向答题人(法官)公布一个可遵循、可操作的评价标准——这就是答题方法的正当性。只要法官按照既定的途径和规则作出裁判,就有充足的理由相信这个过程是有说服力的,结果是可接受的。这个答题方法就是能够弥合事实与刑法之间裂隙的论证方法②。

(二)统一刑法适用方法是审判实践的迫切需要

为了了解各类刑法适用解纷途径的效用,笔者采取线上发布调查问卷的方法,共获得某一线城市 90 名员额法官及法官助理的反馈结果。其中,95.6% 的受访者承办或参与审理的案件出现过刑法适用分歧的情况,80% 的受访者认为刑法适用错误是与事实认定错误、程序违法具有同等或更加严重性质的问题。在回答"你认为导致分歧的主要原因是什么(单选)"时,选择"法律适用方法存在争议"的占比最大(达 31%)(见图 8)。经主观访谈了解,案件审理中遇到的分歧意见,多是运用不同刑法解释方法导出的结论,分歧解决的困难在于诸多方法的取舍。

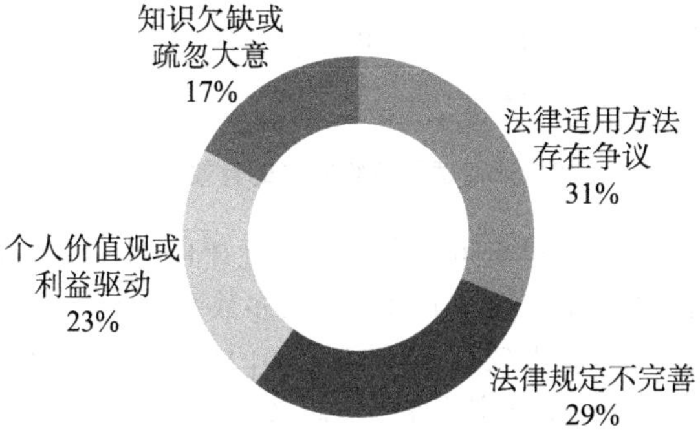

图 8　法律适用分歧的原因分析

① 参见[英]尼尔·麦考密克:《法律推理与法律理论》,姜峰译,法律出版社 2005 年版,第 255 ~ 261 页。

② 参见舒国滢:《法学实践知识之困与图尔敏论证模型》,载《国家检察官学院学报》2018 年第 5 期。

90 名受访者均对 5 个解决法律分歧的方法进行了有效性排序,被选作前 3 名的频次由高到低分别为:“制定司法解释或指导性案例”(共 39 人次)、“请示汇报机制”(共 36 人次)及“统一的法律适用方法”(共 30 人次),其中有 13 位受访者认为“请示汇报机制”是最有效的,在有效性排序第一的选项中占比最多(见图 9)。由此可见,在科层式的司法体制下①,将个案分歧诉诸上级解决被认为是最权威、有效的手段。

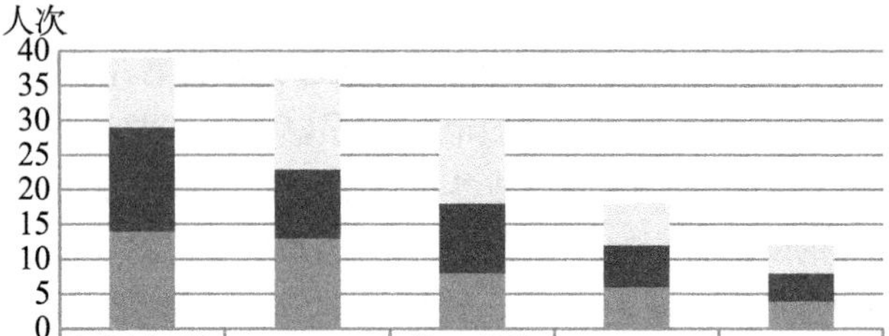

	司法解释及指导案例	请示汇报机制	统一的法律适用方法	专业法官会议	类案检索
被选为第一有效	10	13	12	6	4
被选为第二有效	15	10	10	6	4
被选为第三有效	14	13	8	6	4

图 9　法律适用解纷方法的有效性排序

但在对上述选项进行可行性和普及性评估时,选择“统一法律适用方法”的占比跃居第一(见图 10)。大多数受访者认为,司法解释或指导性案例出台的周期较长,请示汇报的门槛设置及类案的匹配性不佳,是造成利用率较低的主要原因。而反求诸己,统一法律适用方法有利于提升审判能力,对个案的适应性强,被赋予了较高期待。

① 参见[美]米尔伊安·R. 达玛什卡:《司法和国家权力的多种面孔》,郑戈译,中国政法大学出版社 2015 年版,第 22 页。

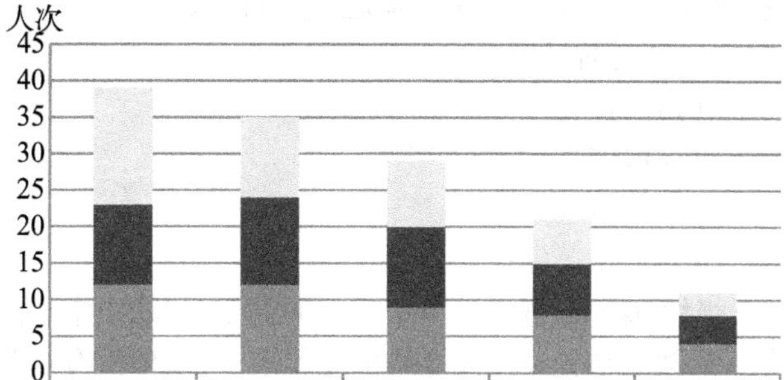

	统一的法律适用方法	专业法官会议	请示汇报机制	类案检索	司法解释及指导案例
被选为第一可行	16	11	9	6	3
被选为第二可行	11	12	11	7	4
被选为第三可行	12	12	9	8	4

图 10　法律适用解纷方法的可行性排序

(三)现有刑法论证方法的弱点亟待规制

目前,刑事审判实践中常用的论证方法,像数条错综复杂的道路,不同组合可能殊途同归,也可能背道而驰,陷入“公说公有理,婆说婆有理”的困局,这种庞杂且无序的弱点,是产生分歧,甚至错判的重要原因。

弱点之一:逻辑结构易断裂。

当找不到能够严丝合缝对应案件事实的法律规范时,需要通过“中间命题”建立大小前提之间的联系,这个“中间命题”既是支持结论的理由,同时也是待证明的观点,笔者称之为“逻辑嵌套结构”。比如,刑法大前提规定,致人轻伤的(T),应判故意伤害罪(R);案件事实小前提是,被告人殴打他人,致人鼻骨粉碎性骨折(S)。鼻骨粉碎性骨折和轻伤之间并不吻合(S≠T),不能直接推导出构成故意伤害罪的结

论,所以需要确立一个中间命题:造成他人鼻骨粉碎性骨折,是致人轻伤(M),则有简易逻辑式:

(1)T→R

(2)M=T

(3)S=M

(4)S→R

当然,这只是嵌入一个中间层的例子,实践中常见的是多层嵌套结构,象征着刑法论证层层递推的思维模式,如果没有这些中间命题拉近大小前提的距离,填补涵摄的间隙,把想当然的观点直接作为论证理由,就会造成逻辑结构的断层,出现上文提到大小前提连接错位的问题。

指导性案例147:张某等人通过打岩钉的方式攀爬三清山风景名胜区岩柱体巨蟒峰。

辩护人直接以“打岩钉的攀爬行为不会造成巨蟒峰严重毁损”为由,提出无罪辩护,这就是典型的从事实向法律跳跃时跨度过大导致论证漏洞。而法官正确运用了逻辑嵌套的方式,得到完整的论证链条:“毁损严重”←破坏自然遗产的基本属性←破坏自然遗产的稳定性、原始性←使巨蟒峰的柱体结构更加脆弱,甚至有崩解的危险←巨蟒峰脆弱段直径仅7米,被打入4个岩钉。

弱点之二:各级嵌套论证饱和度欠佳。

即使逻辑结构分解得再细密,每一层级的嵌套内都需要完成至少一个大小前提证成,这类似于向钢筋里注入混凝土,也是建立牢固支撑的必要工序。刑法论证体系的依据是多元开放的,有时不能只局限于对孤立法律条文的理解和运用,甚至会涉及社会效果①、刑事政策②、经济分析③和社会科学知识④的运用。否则论证饱和度不高,导致结论失

① 参见宋亚辉:《追求裁判的社会效果:1983—2012》,载《法学研究》2017年第5期。

② 参见劳东燕:《刑事政策与刑法体系关系之考察》,载《比较法研究》2012年第2期。

③ 参见钱弘道:《法律的经济分析工具》,载《法学研究》2004年第4期。

④ 参见王云清:《司法裁判中的社会科学:渊源、功能与定位》,载《法制与社会发展》2016年第6期。

之偏颇。比如，指导性案例 93 号“辱母杀人案”，一审法院在犯罪起因上情理论证不足，忽略了亵渎人伦的不法侵害对行为人心理和情绪的刺激，从而低估了被害方的过错程度，导致量刑过重。又如，指导性案例 4 号和 12 号，均是死刑案件在发回重审后，加入了化解社会矛盾的目的考虑，充分论证了认罪态度、积极赔偿等情节的作用，改判“死缓”。

弱点之三：法律事实小前提的引用断章取义。

不可否认，刑法适用是受主体价值选择影响的活动，各方当事人的论证目的可能并非得到正确的判决，而是于己有利的结果。在角色和利益驱动下，以不甚周延的大前提，涵摄经过截取、加工的小前提，得出一个以偏概全的结论。这是刑事审判思维需要警惕的危险，被刻意规避的事实要素，往往和大前提的漏洞密切相关。比如，指导性案例 3 号受贿案中，辩方为达到减轻罪责的目的，将事实要素删减为以明显低于市场价格购买房屋，得知关联人被查处，为掩饰犯罪而退还了购房差价，得出该房屋取得合法、不是受贿财物的结论。显然，删除的要素恰恰是论证体系的缺口，暴露了论证的漏洞。

揭露现有论证方法的弱点，不是为了全盘否定，相反地，它依然是刑法适用的正当性源泉，但需要一些结构性、饱和性、纠偏性的改良，继而更有益于导出正确的、可以普遍接受的结论，这就是引入内外部证成规则的目标。

（四）内外部证成使理性与经验的方法珠联璧合

在寻求法律适用难题的正确解答方法过程中，法律论证理论作为一个主流的法哲学研究方向，占据了前沿和统治地位，主张将论证从传统的逻辑三段论中释放出来，引入基于语言哲学和对话理论的道德论证理论①，强调法律前提的价值判断，从而将法律论证分为内部证成和

---

① 参见舒国滢：《法学实践知识之困与图尔敏论证模型》，载《国家检察官学院学报》2018 年第 5 期。

外部证成。其中比较有代表性的是德国学者阿列克西的研究成果,他认为,内部证成是通过大小前提的三段论逻辑地导出结论,而外部证成是为了解决内部证成中大前提的合理性问题①。

1. 内部证成遵循“同案同判”的形式理性

刑法规范是可普遍化的,这是形式正义的基础,即“遵守一定的规则,其表达了对属于一定范畴的一切人按照一定的方式对待的义务”。这个目标是靠严谨的逻辑推理保证的,是法官思维区别于大众朴素正义观的基本特征。内部证成的范式是大小前提的三段论推理,法官裁判思维的逻辑,通常是按照刑法规范大前提的构成要件,对案件事实小前提进行拆分,把关于主观目的、行为手段、结果等几个方面要素的事实作为次级小前提,分别与对应的次级大前提进行涵摄。当然,这其中的每一组涵摄可能又包含一个或几个三段论递推嵌套的逻辑模式,它表现为环环相扣的演绎模式。这种严谨的逻辑结构建立起了从事实到法律的理性推理形式,目的是实现“同案同判”的安定性和可预测性②。

2. 外部证成建立了经验论辩的规则

逻辑形式不足以支撑起整个刑法论证,否则将出现“自助售货机式”的司法,裁判者的意志决断就在于解决这个逻辑结构中的一个关键命题——各级大前提的合理性。正如波斯纳所指出的,“司法三段论表面上的严谨往往只是一种假象。对前提的选择在很大程度上取决于法学家的直觉,这会使结论变得不确定”③。即使做出无穷尽的递推演绎,总会有一个大前提跳出逻辑推理的范畴,进入立法目的、社会价值等“应然”层面,需要通过普遍联系的、经验归纳的方法进行价值权衡,建立大前提的可接受性。在这部分,论证是自由的、开源的,只要有利于增强观点可接受性的一切材料和方法都可以为我所用。

---

① 参见[德]罗伯特·阿列克西:《法律论证理论》,舒国滢译,商务印书馆2019年版。

② 参见雷磊:《如何理解“同案同判”?——误解及其澄清》,载《政法论丛》2020年第5期。

③ [美]波斯纳:《法理学问题》,苏力译,中国政法大学出版社1994年版,第55页。

3. 内外部证成两方面规则的相融和协同关系

内部证成的理性要求有时很难达到，刑法规范的欠缺或冲突都有可能造成与案件事实之间的沟壑，需要设置几个递推的嵌套结构，以及必要的假设命题——这个“预设”实则是法官价值选择的初判。而外部证成的“权衡”方法貌似是一种开源的、自由的非理性的形式，但在运用资料和方法上并不是无序堆砌的，论证来源的位阶、优势理由的判断，饱和性的标准都有秩序性要求，以“重力公式”比较权衡对象的分量就可以看作一种理性形式①。

内部证成的逻辑推理构成了法律适用的总体框架，将经验的、价值的论证方法统摄于形式理性之下，为外部证成提供了目标对象。而外部证成虽服务于内部证成，却是整场刑法论证的灵魂，通过实质性的经验论辩，赋予大前提“舍我其谁”的说服力。综上，刑法适用的论证是“理性（内部证成）统摄下的经验（外部证成），以及经验（外部证成）支撑上的理性（内部证成）”。

三、内外部证成在刑法适用中的规则构建

一场令人信服的刑法论证不是神秘的“黑箱”，它应当提炼出可优化、可推广的具体指引。笔者将内外部证成方法运用于涵摄、权衡和类比这三类论证形式中②，得出十条规则性的结论，求教于方家。

（一）内部证成：逻辑周延的涵摄

内部证成最简单的形式是一个三段论结构，其中必定包括一个能够涵摄案件事实（小前提）的刑法规范（大前提），但是一次涵摄往往不足以解决所有复杂情形：某条刑法规范可能有多个解释，案件事实要素

---

① 参见雷磊：《为权衡理论辩护》，载《政法论丛》2018 年第 2 期。

② 论证形式的划分参见雷磊：《法律推理基本形式的结构分析》，载《法学研究》2009 年第 4 期。

在刑法规范中缺乏对应……法理学通常运用逻辑符号对三段论进行形式化表达,这种接近于量化的方式有助于厘清法律论证的内在逻辑,笔者效仿此法,导出内部证成的合理化规则。

1. 建构案件事实和法律规范之间的多层跳板

指导性案例 144:周某强等 4 人经预谋分别手持砍刀、铁锹等作案工具,突然闯入张某拉居所,径行向张某拉实施了拖拽及砍砸后脑部的行为,张某拉随手在茶几上抓起一把尖刀捅刺了其中一人的胸部,致其死亡。

法官需要审查的是《刑法》第 20 条"正当防卫,不负刑事责任"的规范能否适用,用 x 表示不特定的个体,T 表示大前提的构成要件,→表示"如果……,那么……",O 表示"应当",R 表示法律后果。这个规范可表示为:

(1)$(x)(Tx \rightarrow ORx)$。

即如果 x 满足构成要件 T(正当防卫),则法律后果 R(不负刑事责任)就应当适用于 x。《刑法》第 20 条第 3 款规定了行凶、杀人、抢劫、强奸、绑架等五种特别防卫情形,可归为下列形式:

(2)$(x)(M_1^1x \vee M_2^1x \vee \cdots\cdots M_5^1x \rightarrow Tx)$。

由(1)和(2)可得:

(3)$(x)(M_1^1x \vee M_2^1x \vee \cdots\cdots M_5^1x \rightarrow ORx)$,即表示当至少一个特征存在时,则法律后果 ORx 出现。M_1^1的含义是,正在行凶的暴力犯罪。由(3)可以得出:

(4)$(x)(M_1^1x \rightarrow ORx)$。

行凶的暴力犯罪包括达到现实危害人身安全、危及其生命安全的程度(M_1^2),所以下列式同样有效:

(5)$(x)(M_1^2x \rightarrow M_1^1x)$。

假如被凶器击打身体要害部位(M_1^3),则 M_1^2的条件也应当被认为得到满足。得到下列逻辑式:

(6)$(x)(M_1^3x \rightarrow M_1^2x)$。

显然,案例中周某强等 4 人经预谋分别手持砍刀、铁锹等作案工具,突然闯入被告人居所,径行向其实施了拖拽及砍砸后脑部的行为

（案件事实 S），被告人则应称为 M_1^3 所适用的人。用逻辑式表示为：

（7）（x）（Sx→M_1^3x）。

用 a 表示特定的个体张某拉，代入案件事实表达式：

（8）Sa。

据此，由（1）~（8）得出张某拉应当适用正当防卫的法律规定：

（9）ORa。

如果省略上述（1）~（7）的步骤，直接推论（x）（Sx→ORx），显然跨度之大令人难以信服。当一次性跳跃难以完成时，则需要搭建“跳板”的方式解决，逻辑步骤的展开正是在事实和法律的鸿沟间增加了数个跳板，使“惊心动魄的”跳跃变得步步为营，清晰地呈现出思维的缜密与理性。通过论证结构完整化增加了结论的可接受性，而且使隐匿其中的大前提浮现出来，提高了识别错误和批判错误的可能性。所以得出：

规则 1：尽可能多地展开逻辑推导步骤，从而把刑法分歧范围缩小到最低。

2. 避免将主观加工的案件事实带入涵摄

内部证成的一端连接的是刑法规范，而另一端（通常的说法）是“案件事实”。但事实也是经过论证得出的不确定结论，虽然这不是本文研究的范畴，然而，如果是根据大前提有选择地去提取事实要素，则不得不说这样得出的“事实”可能是丢失了重要信息的、将动摇论证基础的“二手货”。比如在上述演示案例中，如果把 Sa 描述成“周某强等 4 人使用凶器击打被告人的要害部位”，事实概括的痕迹就很明显，虽然能够直接与（6）建立紧密连接，并且省略了步骤（7），但是距离证据越远，事实的原貌就越模糊，论证的根基则不牢。“凶器”“身体重要部位”这些刑法概念界定还需要一次大前提的外部证成，而被遗漏的“闯入被告人住所”等情节则可以被用于论证攻击行为的不可预见及紧迫性。这些都将导致错失充分论证的机会。由此得出：

规则 2：内部证成的理想终端是全部已知的、未经加工的刑事案件证据。

3. 有目的地引入中间命题

在事实与刑法之间搭建的"跳板",有时只是为了逻辑的形式要求而存在,是一个暂时的假定的命题,其稳固性问题需要外部证成去解决,但内部证成仍然需要基于结构完整性的目标进行初步预设,这稍微跳出了演绎的范畴,运用了由果及因的归纳方法。比如,对于何为"行凶的暴力行为",没有直接的刑法解释,案例中(6)(x)($M_1^3x \rightarrow M_1^2x$)的预设产生过程可表达为:

a.(x)($M_1^3x \rightarrow M_1^1x$)——持凶器打击要害部位的行为是行凶的暴力行为;

b.(x)($M_1^2x \rightarrow M_1^1x$)——严重危及人身安全的行为是行凶的暴力行为;

c. ◇(x)($M_1^3x \rightarrow M_1^2x$)——持凶器击打要害部位的行为是严重危及人身安全的行为(◇表示相对可能性)。

这个预设应当是有利于涵摄小前提的,并且具备一定规范性或经验性的基础。预设命题是内外部证成的媒介,它由内部需要而产生,依靠外部加以证成。由此得出:

规则 3:在刑法规范缺失时,锚定小前提合理假设命题。

(二)外部证成:大前提合理性的权衡

外部证成的对象是内部证成的大前提,是刑法论证的核心,关系到内部证成的每一步推论是否有理由支持。刑法适用的外部证成往往是两个或以上的分歧观点的权衡,裁判者要同时考虑,在某一个案的具体情境下,采用这个规范还是那个规范的利弊两方面的理由。这种"权衡"可以用比例公式的形式表达:

$$P_{i,j} = \frac{I_i \cdot G_i \cdot S_i}{I_j \cdot G_j \cdot S_j}$$ ①

① Robert Alexy. Die Gewichtsformel[A]. Joachim Jickli, Peter Kreutz, Dieter Reuter. Ged? chtnisschrift für Jürgen Sonnenschein[C]. Ber-lin: De Guyter, 2003.

其中，$P_{i,j}$ 表示规范 P_i 相对于规范 P_j 的优势，即比较此规范和彼规范哪个更有“分量”，当结果大于 1 时适用 P_i，当结果小于 1 时适用 P_j。S、G、I 分别代表进行权衡的三个方面变量：法律解释、社情伦理和裁判后果，将两种选项逐一代入，高下立判。

1. 规范性变量（S）：不同法律解释方法推导出的大前提

外部证成是在刑法没有提供具体规范的前提下开展的，但刑法论证的性质决定了，如果能够根据现有法律作出合理的引申解释，则属于大前提的射程范围，故而：

规则 4：在缺少适合的具体刑法规范时，运用法律解释方法得出的结论应当优先作为大前提使用。

比如，指导性案例 13 号非法买卖、储存危险物质案中，对于氰化钠是否属于毒害性物质，裁判者运用了目的解释的方法，排除了辩方的否定性观点：

（1）OP：刑法的目的是保护公共安全；

（2）¬ Q→¬ P：对环境和人的生命健康造成重大威胁和危害就是危害了公共安全；

（3）¬ R→¬ Q：如果不限用氰化钠，将对人体、环境具有极大的毒害性和极度危险性；

（4）OR：《刑法》限用氰化钠，氰化钠属于《刑法》意义上的毒害性物质。

正如拉伦茨断定的“各种解释规准根本不存在任何固定的位序关系”①，解释方法之间、与个案情形之间的融贯作用是最终作出选择的理性依据。比如：

指导性案例 61：马某在担任某基金公司投资经理期间，利用其掌握的标的股票、交易时间和交易数量等未公开信息，操作自己控制的三个股票账户，累计成交金额 10.5 亿余元，非法获利 1800 万余元。

一审和二审法院均以《刑法》第 180 条第 4 款字面文义作出限制解

① ［德］卡尔·拉伦茨：《法学方法论》，陈爱娥译，商务印书馆 2003 年版，第 334 ~ 335 页。

释,认为法律没有规定“情节特别严重”情形(S_i);而再审法院则运用目的解释、文义解释和体系解释方法,认为应当引用第一款全部法定刑情形(S_j),纠正了原审法律适用错误的判决($P_{i,j} = \frac{S_i}{S_j} < 1$)(见图 11)。

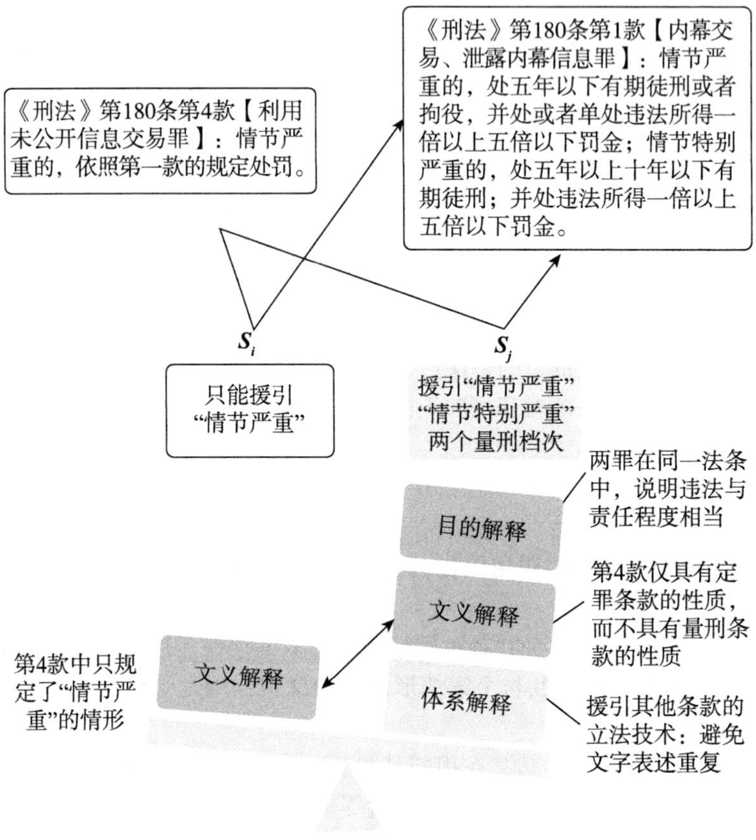

图 11　指导性案例 61 号法律解释方法结论冲突的权衡

如图 11 右侧,方法之间相互配合支持,则加重了结论的分量;而对于产生反向结论的方法,要经过证伪,尽量排除其论证基础,加大双方的比重差。由此得出:

规则5：提倡运用多种刑法解释方法，如果获得的结论发生冲突，则通过同向补强、异向排除的方式权衡，获得融贯效果。

2. 经验性变量(G)：多元价值判断的分量

上述刑法解释的方法都很大程度借助于经验论证，如目的解释中的关键一步"$\neg Q \to \neg P$"，就是依靠经验法则作出的判断，但它们都因为和刑法的紧密联系而自带了规范性的属性。而大前提的来源也可以是道德、社会、历史领域的纯粹经验。如考夫曼所言，"法是某种联系的事物，它存在于人的相互关系之中，并面对物而存在。这种法思维，只能存在一种敞开的体系，在敞开的体系中，只能存在主体间性，此乃不可言喻"①。比如，指导性案例4号与12号故意杀人案，根据法律解释($P_{i,j} = \frac{S_i}{S_j} < 1$)作出了应当适用死刑的结论，但是案件事实背后还隐藏着两种社会价值的取舍："严惩恶性犯罪、震慑犯罪分子"(G_j)与"化解社会矛盾、促进社会和谐"(G_i)。在具体案件的情境下，考虑诱发犯罪的原因、积极赔偿的表现、亲属协助抓获等事实情节，$P_{i,j} = \frac{G_i \cdot S_i}{G_j \cdot S_j}$ 的结果就发生了逆转。无独有偶，指导性案例93号与144号，在把握正当防卫的适用及对量刑的影响时，伦理的价值判断也发挥了关键作用。这都体现出，司法尺度会随着国家治理重心的转移而发生变化，需要法官调动价值判断去把控。由此得出：

规则6：在刑法范畴外寻找合理性依据是非常必要的。

经验性前提总是与案件具体情况相关联的。指导性案例32号危险驾驶案中，可以作为"追逐竞驶"行为认定理由的正反两方面价值是"行动自由"(G_i)和"公共安全"(G_j)，经过权衡得到：个人自由要适量让渡于公共安全的结论($\frac{G_i}{G_j} < 1$)。如果大胆假设，假如行为人是为了抢救生命垂危的病人而"追逐竞驶"，那么这个新情况又带来了"个

① [德]阿图尔·考夫曼、[德]温弗里德·哈斯默尔主编：《当代法哲学与法律理论导论》，郑永流译，法律出版社2002年版。

体生命安全”的新价值(G_p),其支持的结论与“行动自由”(G_i)相同,原有的权衡结构就变为 $\frac{G_i + G_p}{G_j}$,对该行为的评价就可能受到影响。由此得出:

规则7:经验前提的引入须紧密结合个案的具体情况。

3. 后果性变量(I):若不适用某命题则受损害的程度

一般而言,刑法前提未适用受到损害的程度(I),是与该前提在规范性和经验性两方面的确定性呈正相关的,即确定性越强的刑法前提,如果没有被适用则负面影响越大。这个变量的引入,是提醒裁判者作出选择前对后果有一定预见和论证。比如,指导性案例97号非法经营案,对无证照买卖玉米行为是否入罪的问题,除了在规范层面权衡“是否扰乱市场秩序”的目的解释(S_i)与“违反行政管理规定”的行为构成(S_j),在经验层面权衡“自由”(G_i)与“秩序”(G_j)在个案中的分量,还应当考虑两种判断产生的后果:如果不以刑罚处罚,亦可用行政手段替代,则“秩序”的损伤程度(I_j)能够得到缓解;而如果对行为人判处了刑罚,个体“自由”受到损伤的程度(I_i)则无可挽救,故 $\frac{I_i}{I_j} > 1$, $P_{i,j} = \frac{I_i \cdot G_i \cdot S_i}{I_j \cdot G_j \cdot S_j} > 1$ 。由此得出:

规则8:在选择适用刑法前提时应当充分预测后果,并权衡不同后果的损害程度。

(三)援引类案:适用内外证成的类比

最高人民法院《关于完善统一法律适用标准工作机制的意见》指出,参考类案裁判是统一刑法适用标准的重要路径,能够发挥关键作用。引用指导性案例不同于演绎或归纳的方法,实则是一种类比,通过搜索与待证案件“类似”的判例,决定是否适用该类案的刑法评价结论。内外部证成的规则在其中亦大有可为。

1. 由关键要素同一性逻辑导出刑法适用结论

参照案例与待决案件的相似性是被引用的前提。刑法评价的对象是要素化的事实，所以关键要素的匹配性是甄别刑事类案的重要标准。

（2020）粤0306刑初2282号刑事案件：陈某以625元的价格购买了一袋重约25kg的氰化钠，放在公司生产车间其中一条生产线塑料槽里供工人日常电镀使用。

法官在判定该行为是否构成非法买卖、储存危险物质罪时，援引了指导性案例13号的裁判要旨。除上文提及的逻辑符号外，用Tsimx表示符合指导性案例关键要素的构成，H表示待决案件的关键要素，论述形式用逻辑式表达为：

（1）（x）（Tx→ORx）。

（2）（x）（Tsimx→ORx）。

（3）（x）（Hx→Tsimx）。

（4）（x）（Hx→ORx）。

（5）Ha。

（6）ORa。

上述推导过程的两个关键节点在于：一是在步骤（2）引入指导性案例事实Tsimx，完成了指导性案例与法律规范的等值转换，将Tsimx→ORx视为权威的刑法解释直接适用。二是在步骤（3）将Hx（非法储存氰化钠）作为指导性案例事实小前提的关键要素，与待决案件要素Ha具有高度同一性，直接得出构成该罪的法律结论。因此：

规则9：锁定类案的方法在于对比影响刑法适用的关键事实要素。

2. 权衡关键要素代表的刑法规范和社会价值

上述能够无争议地引用判例的情形并不多见，多数刑事案件只是部分的符合参照案例，或者同时符合两个以上结论不同的参照案例，造成取舍两难的困境。这就再次回到了外部证成的比重公式 $P_{i,j}=\frac{I_i \cdot G_i \cdot S_i}{I_j \cdot G_j \cdot S_j}$ 上。

（2018）粤20刑终81号刑事案件：冯某醉酒后驾驶汽车碰撞停车场起落杆而肇事，被查获时血液中的酒精含量为210.2mg/100ml。

此案二审中,辩护人基于"相同罪名,相同刑罚"的前提,认为应当参考指导性案例32号改判缓刑。然而,本案中冯某的酒精含量已经超出入罪标准接近三倍,处于神志不清的状态,极易发生严重事故,从人身危险性($\frac{S_i}{S_j}$)、对公共安全造成危险的程度($\frac{G_i}{G_j}$)等方面权衡,不适用缓刑的分量明显大于适用缓刑($\frac{P_i}{P_j} > 1$)。所以,对追逐竞驶的行为人适用缓刑的依据在当下情形中不具有正当性,二审法院驳回了辩护人的意见。

规则10:参考类案,需要权衡先前判例中的关键性要素代表的刑法原则和社会价值在本案中是否同样正当且必要。

内部证成是刑法适用的"形",将司法的过程以严谨理性的面目示人;而外部证成是刑法适用的"神",将裁判者的意志信念转化为普遍认可的理由。为了达到"形神俱佳"的效果,与其说要建构规则,毋宁说是对已有刑法适用方法的提炼和规范,从而把不可告人的方法变得可以告人,把不清晰的思路变得清晰,把含凝在心的论证变成铺在纸上的说理,倘若能成为向刑事司法确定性和可接受性迈出的一小步,就是实现了本文的最大价值。

The Effectiveness of Internal and External Justification Rules to the Application of Criminal Law and Its Realistic Path

Zhang Ruofeng

[内容摘要]统一刑法适用事关人民法院裁判的质量和公信力,而调查研究发现,近年来法院审理案件适用法律错误的情况没有实质性好转,刑法适用分歧加剧了错判的风险。从四类法律适用大小前提发生错位的情形看,"逻辑结构易断裂"、"论证缺乏饱和度"和"对案件事实涵摄不全"是形成刑法适用分歧观点的主要原因。为了规制现有论证方法的上述弱点引入内外部证成规则,将刑法论证划分为:以三段论逻辑为总体框架的"内部证成"和以法律解释方法、社会价值权衡为重

要填充的“外部证成”,提出具体的规则指引,实现内外部证成效用的协同化和最大化,以“逻辑连贯、价值统一”的论证过程,排除刑法适用分歧,保证裁判结论的正确和恰当。

[**关键词**] 内部证成;外部证成;刑法适用;法律论证

Abstract: Uniform application of the criminal law is related to the quality and credibility of judgments, but research have found that in recent years, the application of law in court cases has not substantially improved, and differences in the application of criminal law have exacerbated the risk of misjudgment. From the four types of dislocation of the law application, "the logical structure is easily broken", "the lack of saturation of argumentation" and "the incomplete coverage of the facts of the case" are the main reasons for the divergent views. In order to regulate the above-mentioned weaknesses of the existing argumentation methods, the internal and external justification rules can be used and legal argumentation can be divided into: "internal justification" with syllogism as the overall framework, and "external justification" with legal interpretation methods and social value weighing as important fillings. "External justification" puts forward specific rules and guidelines to realize the synergy and maximization of the effectiveness of internal and external evidence, and use the "logical coherence and unity of value" argumentation process to eliminate differences in the application of criminal law and ensure the correctness and appropriateness of the adjudication conclusions.

Keywords: Internal Justification; External Justification; Application of the Law; Legal Argumentation

保险诈骗罪认定中的刑民冲突及其解决

吴加明[*]

目　　次

《刑法》第198条对保险诈骗罪采取的是叙明罪状的方式，其犯罪主体包括"投保人"、"被保险人"以及"受益人"，行为方式包括"虚构保险标的""编造虚假的事故原因或夸大损失程度""编造未曾发生的保险事故"等。如何理解上述要素十分重要，刑事司法中的实质解释遭遇《保险法》及相关行政法规中的特殊规则时，可能出现刑民冲突。

一、涉及保险诈骗罪刑民冲突的疑难案例

2005年发生在四川的"帅英骗保案"引发了理论界和实务界的巨

* 上海立信会计金融学院法学院讲师，法学博士。

大关注,最后以无罪告终。而近年来,司法实践中也陆续遇到了一系列涉及保险诈骗罪的疑难案例,其争议的焦点便是刑民冲突。

(一)南京李某利用航班延误险骗保案

根据相关媒体报道,李某曾有过航空服务类工作经历。她首先在网络上精心挑选延误率较高的航班,再去查询该航班的航程中有没有极端天气。如果找到了存在较大延误可能的航班,李某会以理财为由,从亲朋好友处要来身份证号及护照号,使用不同身份购买机票并大量投保。为了更具隐蔽性,她每次购票都要用4~5个身份,每一个身份,最多购买30~40份的延误险,以逃避系统核查。由于李某根本不会去乘坐上述购票的航班,因此她时刻关注着航班动态,如果获悉航班可能不会延误,她就会在飞机起飞前把票退掉,尽量减少损失。一旦航班出现延误,李某便着手向保险公司索赔。2015年至2019年,李某用自己和他人的20多个身份信息购买了近900次航班的延误险,获得了近300万元的保险理赔。

而据南京市公安局鼓楼分局2020年6月12日发布的通告,李某还存在"多次伪造航班延误证明、虚构航班延误事实,骗取巨额保险金"的客观事实。

本案争议的焦点在于:实质上无乘坐意图,形式上合法购买机票和航班延误险,伪造证明、虚构航班延误事实,利用延误险规则索赔获利的行为,究竟是合理利用规则的"薅羊毛"还是非法占有目的的保险诈骗罪?

(二)无锡徐某利用挂靠经营机动车骗保案

2002年6月,被告人徐某个人购买了一辆凤凰牌重型自卸货车,并挂靠在原无锡市郊区北郊汽车运输队(后更名为无锡市滨湖区北郊汽车运输队,以下简称北郊运输队),牌照号码为×××,并以北郊运输队的名义向中华联合财产保险股份有限公司无锡市锡山支公司办理了盗抢险保险业务,所有上牌、年检、保险的相关费用均由被告人徐某个人支出。2005 年 5 月 4 日,被告人徐某将自己购买的上述凤凰牌重型自卸货车出售给他人,次日即向公安机关及保险公司谎报假案,称车辆失窃。2005 年 9 月,被告人徐某通过北郊运输队从中华联合财产保险股份有限公司无锡市锡山支公司骗得盗窃险保险金 63,130.97 元。

本案客观事实部分无疑符合保险诈骗罪罪状,但争议的问题是犯罪主体是谁?本案的保险标的具有特殊性,是挂靠经营的机动车辆,其名义上的所有权人与实际上的不尽一致。换言之,投保人是被挂靠的公司,而实际使用、支付保费和获益的均是徐某个人,但徐某又不是投保人,不符合保险诈骗罪的主体要件,可否构成本罪?

(三)苏州韩某、简某伪造营业性机动车证明骗保案

简某,为某速递分公司负责人;韩某,原为某速递分公司员工。某苏州牌照的轻型厢式货车,系该车辆实际所有人简某挂靠在苏州某菜篮子蔬菜配送有限公司,并由该配送公司作为被保险人和投保人,与某财产保险股份有限公司苏州分公司(以下简称财保苏州分公司)签订了机动车交强险和商业险合同。2017 年 2 月 16 日,韩某作为简某雇用的车辆驾驶员(有 C1 驾驶证),驾驶该轻型厢式货车与行人发生交通事故,致行人受伤并死亡。由于担心因机动车商业保险单中关于"驾驶营业性机动车无交通运管部门核发的许可证书或其他必备证书"这一保险人责任免除条款,无法取得财保苏州分公司的商业保险理赔,韩某、简某经商议,向财保苏州分公司提供虚假的道路运输从业人员从业资格证(由市运输管理处核发,无印章),该保险公司将该车辆商业保险理赔款 262,754.4 元支付给交通事故受害人亲属。后来,保险公司在核查过程中发现,该资格证系虚假证件,遂向公安机关报案,公安机关以涉嫌保险诈骗罪立案侦查,后以简某、韩某涉嫌保险诈骗罪移送检察机关审查起诉。

2019 年 3 月 20 日,苏州工业园区检察院审查起诉公安机关移送的简某、韩某涉嫌保险诈骗一案。在审查起诉期间,2019 年 5 月 8 日,简

某挂靠的苏州某菜篮子蔬菜配送有限公司作为原告,以财保苏州分公司为被告,向法院提起民事诉讼。原告以投保合同中关于“驾驶营业性机动车无交通运管部门核发的许可证书或其他必备证书”这一保险人责任免除条款属无效条款等为由,请求被告赔偿原告保险理赔款,即公安机关起诉意见书指控的简某、韩某骗取的保险理赔款。经一审、二审,同年12月23日,苏州市中级人民法院作出民事终审判决,认为因财保苏州分公司未尽到充分的提示和说明义务,上述免责条款不发生法律效力,财保苏州分公司据此主张免责不予支持,故终审判决撤销一审判决,并判决财保苏州分公司须支付该保险理赔款262,754.4元。①

本案争议的焦点在于:行为人本无营业性机动车许可证书,出事故后为了顺利理赔而向保险公司提供了虚假的道路运输从业人员从业资格证,并顺利获得理赔。但民事领域,“无营业性机动车许可证则免赔”的条款被法院判决认定无效,也即保险公司应当赔付。民事上应当赔付,刑事上提供虚假证明理赔的,是否还构成保险诈骗罪?

(四)西宁马某伪造证明将“黑车”投保、车辆被盗后申请理赔

2013年11月,被告人马某经马一介绍得知马二(另案)能办理无车上牌手续后,便同马一取得联系,后经二人商议,马某将其个人身份信息提供给马一,并支付报酬20万元后,在没有实际车辆的情况下,从马一处购买了属马某所有的冀A8××××的白色丰田兰德酷路泽车辆的上牌手续,包括机动车注册、转移、注销登记/转入申请表、机动车查验记录表、伪造的合格证明、伪造的机动车销售统一发票(票面金额为68万元)、完税证明以及行驶证。2014年5月4日,被告人马某隐瞒真相,使用其购买的伪造的冀A8××××白色丰田兰德酷路泽车辆手续,为其非法购买的与该手续同车型的车辆向中国人民财产保险股份

① 参见王军、徐秋露:《以“先民后刑”方式推进刑事案件正确处理》,载《检察日报》2020年5月8日,第3版。

有限公司西宁市城西支公司投保。后该车被盗,2015 年 2 月 4 日被告人马某以冀 A8××××白色丰田兰德酷路泽车被盗为由,向保险公司提出索赔申请,同年 8 月 21 日保险公司向其支付赔付金 100 余万元。①

本案争议的焦点在于:伪造证明将来历不明、不符合投保条件的车投保后,确因车辆失窃而向保险公司申请理赔的,是否构成保险诈骗罪。

上述四个案例均是实践中真实的案例,其共同特征在于刑民认定结论产生冲突,即刑事认定构成保险诈骗犯罪而民事角度认为合法(或应当理赔),抑或,刑事角度认定的投保人是甲,而民事上保险合同上的投保人是乙,可简单总结为刑事犯罪与民事合法的冲突,以及刑事认定与民事判断的偏差。

二、保险诈骗罪认定中刑民冲突的形成原因

同一行为、同一客观事实为何会在刑法上和民法、商法上有不同的认定,并得出迥然相异的评价结论?这是基于刑民逻辑思维的差异以及刑民实体特征的不同及其背后的价值追求顺序差异所导致的。

(一)"刑事看实质"与"民事重外观"的逻辑思维差异

法律思维是根据法律规范和精神来观察、分析和解决社会问题的思维方法,是逻辑思维、经验判断和价值判断等思维方式的全面结合。② 根据部门法的划分,法律思维又可进一步划分为刑事法律思维、民事法律思维、商事法律思维等。刑事思维与民商事逻辑在实践中真实而广泛存在,典型的表现就是刑事法官与民商事法官针对同一问题截然相反的观点,尤其是刑事法官与商事法官的观点冲突更为剧烈。在涉及商事纠纷与经济犯罪的问题上,刑事法官往往以"实质穿透形

① 参见青海省西宁市城西区人民法院刑事判决书,(2016)青 0104 刑初 446 号。

② 参见王洪:《法律逻辑的基本问题》,载《政法论坛》2006 年第 6 期。

式""透过现象看本质"的思维将其认定为犯罪，而民商事法官尤其是商事法官，首先会考虑是否有商事法的特殊规则为依据。刑事法官的"这实质就是犯罪"，与民商事法官的"这是民商事纠纷，怎么是犯罪呢？"的惊叹，就是刑事思维与民商事思维的差异和冲突的生动表现。

刑事司法实践中，司法人员基于内心的朴素正义感、基于常年的生活经验，对案件往往内心先有整体的、大致的判断，有罪或无罪、重罪或轻罪，在此基础上再以专业为技术寻求法理或规范的支持，最后得出结论。一旦确信这种行为社会危害性的存在、符合犯罪构成，就进而得出应予以刑事处罚的结论。至于民商事手段再高明、领域再专业、程序再复杂，在刑事司法人员眼里不过是遮掩犯罪的幌子、掩盖实质的外观而已。

而民商法中则坚持"外观主义"，大陆法普遍称为外观法理或外观主义（Rechtsscheintheorie），英美法则表现为允诺禁反言原则（Doctrine of Promissory Estoppels），其理论内涵是指"交易行为的效果以当事人交易行为的外观为准，一旦法律行为完成，即认定该行为的效果，出于对交易安全的保护，原则上不得撤销"①。因此，交易相对方基于外观事实产生了相应的信赖，即便该外观事实与交易中的真实权利并不对应一致，也必须根据该外观事实而认定交易的法律效果。这种认识论与方法论旨在保护交易安全、鼓励交易，关注社会公共利益，不仅符合民法的公平、正义理念，而且有利于社会发展进步，因此该原则在 19 世纪前后得到各国立法的采纳。典型的制度如法律行为制度中的表示主义之立法、物权行为的公示公信原则之立法、善意取得制度之立法等。因此，民商事交易中只要认定外观事实的存在，则无须进一步探究商事主体内在的意思表示，只需要再确认第三人据此信赖并无重大过失，则第三人所取得的信赖利益就将获得肯定性的对待，也即"对外观事实姑且以真论"、交易行为合法有效。②

---

① 参见黄任重：《民商法上的外观法理之研究》，载赵中孚主编：《社会主义市场经济民商法律问题研究》，中国法制出版社 2005 年版，第 18 ~ 21 页。

② 参见杨志琼：《权利外观责任与诈骗犯罪——对二维码案、租车骗保案、冒领存款案的刑民解读》，载《政法论坛》2017 年第 6 期。

综上所述,刑事看实质,民商事重外观。当刑事实质遭遇民商事外观,透过民商事现象看刑事本质的思维惯性客观存在,同一案件事实基础上完全可能得出不同的认定结论。

(二)刑法的伦理性、兜底性与商法的技术性、商业性的实体差异

刑法与民法、商法的实体特征之差异,可以从自然犯与法定犯的分类入手展开。

在自然犯领域,这种差别体现为伦理性与技术性的差异。自然犯,是指在侵犯或威胁法益的同时明显违反伦理道德的传统型犯罪,[①]如杀人、强奸、抢劫、诈骗等罪名。自然犯有着强烈的伦理性色彩,如杀人偿命、欠债还钱等朴素道理,充斥着对市民伦理道德的同情和对弱者的保护,偏保守、和谐。自然犯的这种伦理性除了体现在规范本身特征外,还体现在这些罪名往往涉及百姓民生、民众生活领域,侵犯一般民众朴素道德情感,甚至可能引发严重的社会群体性事件。

而民商事法律,尤其是商事制度更多表现为技术性规范而远离道德伦理。[②] 这些制度由立法专家基于民商事交易的特殊背景和需要,根据严密的法理和逻辑精心设计,内容仅凭一般常识难以理解。民法领域的例如:宣告失踪及宣告死亡制度,是在自然人下落不明达到法定期间,经利害关系人申请,由人民法院宣告拟制为失踪或死亡,目的在于为其设立财产代管人,了结其遗留的债权债务关系,并救济因自然人下落不明而导致的财产关系不稳定状态,维护自然人和利害关系人的利益。而权利外观及善意取得制度、表见代理制度,是为了保护善意第三人的信赖利益,通过公示公信制度减少交易环节的审查难度,提高交易效率,促进财富流转。商法领域的例如:公司法上的公司人格独立及

① 参见张明楷编著:《刑法学》,法律出版社 2014 年版,第 92 页。

② 参见胡业勋、郑浩文:《自然犯与法定犯的区别:法定犯的超常性》,载《中国刑事法杂志》2013 年第 12 期。

其衍生的系列制度,票据法上基于票据无因性原理而制定的背书规则,保险法上的基于"防止保险人滥用免赔权"而制定的特殊规则,海商法上基于保护承运人而产生的提单规则,国际贸易中基于提高贸易效率而制定的"单单相符、单证相符"规则等,均是特殊领域中的专业制度设计。

刑民伦理性与技术性的冲突,实践中表现为传统犯罪披上了技术外衣,导致表面合法与实质违法的冲突。典型的表现在敲诈勒索、诈骗、强迫交易等传统犯罪的实施从传统的、直接的、赤裸的、低级的方式,转向利用民商事特殊制度或技术规则,以表面合法的民商事行为为掩盖。换言之,民商事法律中基于契约自由、促进交易等理念而设计的技术性规范一旦被滥用,即可能成为行为人实施违法犯罪的幌子或手段,即行为人滥用民商事技术性规则实施的行为危及刑法所保护的法益,以技术为名侵害民生。技术再高明、规则再精巧,在刑事角度观之无非就是幌子和手段,最后难逃"刑事实质穿透民商事技术外观"的结局,这就可能产生表面合法与实质违法的刑民冲突。

在法定犯领域,这种冲突表现为刑事违法性判断的独立性。一般认为,法定犯中行为人首先应具有行政违法性,在此基础上才进一步成立刑事违法性,也即行政违法性是刑事违法性判断的前提。这就是法定犯的依附性、从属性,或者说二次违法性。笔者认为,多数情况下,刑事违法性与行政违法性的判断是一致的。但是,犯罪的本质是侵害法益,是行为严重程度的社会危害性,刑事违法性的判断除了从属性之外,还具备一定的独立性。① 对于法定犯,我们必须以保护法益为出发点,综合运用目的解释、文理解释、体系解释、补正解释、历史解释等方法与技巧,对其刑法内涵再进行实质诠释。②

综上所述,刑法与民商事法在规范特征存在较大差异。民商法律

① 参见孙国祥:《经济犯罪违法性判断具有从属性和独立性》,载《检察日报》2017年10月16日,第3版。

② 参见刘夏:《犯罪的行政从属性研究》,中国法制出版社2016年版,第124~127页。

的规定只有作为犯罪认定的线索意义,刑事司法人员办案过程中还应立足法益保护的基本精神,以自由保障、预防犯罪的理念为指引,根据刑法的基本原则、条文的具体规定与目的、刑法的补充原理等独立判断,发现刑法条文背后的真实含义。① 这也是保险诈骗罪认定过程中刑民冲突的形成原因之一。

(三)价值追求位阶的差异:公正与效率何者为先

除了逻辑思维和实体特征的差异,公正与效率的冲突是刑民实体冲突的根本原因。如前所述,不同部门法在维护共同价值观的同时,也在形成自己独特的价值理念、位阶,这就是整体法秩序统一背景下部门法价值理念的细微差异。个人与社会、效率与公正何者为先,关系法哲学领域的基本价值取向。自由主义强调个人高于社会,注重个人自由权利的法律保护,主张个人权利的优先;国家主义以社会秩序为基本价值取向,主张社会秩序和社会公共利益的优先。②

换言之,上述刑事领域与民商事领域在逻辑思维、实体方面差异的背后,实际上根源在于二者价值追求位阶的差异,即公平与效率何者为先的差异。民商法更注重效率,而刑法则首先追求公正,这是二者诸多差异的根本原因。

三、处理涉及保险诈骗刑民冲突疑难案件的前提和方法

首先应明确,如何正确看待并处理此类案件?

---

① 参见张明楷:《避免将行政违法认定为刑事犯罪:理念、方法与路径》,载《中国法学》2017 年第 4 期。

② 参见冉富平:《民法引致公法所带来的司法权与行政权的冲突与协调》,载《河南社会科学》2008 年第 2 期。

（一）客观公正、理性平和

客观公正、理性平和是讨论和处理此类案件的前提，而正视刑民差异并严格遵守罪刑法定原则，则是处理此类案件的基础。

1. 查清事实尤其是关涉案件定性的事实细节是前提

以南京延误险骗保案为例，案发后大量的讨论依据都只是以媒体报道的事实为基础，而无完整的官方报道。当然，囿于刑事司法程序的规定，办案机关在此阶段也不宜公开陈述事实。非法占有目的的认定需要大量的客观事实基础，尤其是关涉案件定性的事实细节。例如，李某理赔的时候是否提供了虚假材料或虚假陈述，以证明或承诺其已搭乘航班进而符合理赔条件。因为按照保险公司理赔的相关规定，如果没有这个关键步骤（证实或承诺其已搭乘航班），李某是无法获得理赔的。这样的事实细节媒体没有报道，官方在此阶段也不方便透露，但不等于不存在。因此，无视这样的事实细节而径直分析并得出的结论是值得商榷的。

2. 客观公证、理性平和是应有的态度

一是不能把长期以来因饱受航班延误之苦、保险理赔难而产生的怨气带入案件的分析，而简单认为就是保险公司、航空公司店大欺客，“愿赌不服输、直接掀桌子”；二是不能简单认为乘客就是弱势群体，将“锄强扶弱”的伪正义感带入案件的分析进而出现明显的偏袒，认为行为人的行为只是利用规则漏洞，甚至是“替天行道”的正义之举；三是不能把经济犯罪立案难的现状与本案公安机关为何能够立案联结起来，无依据地揣测，进而丧失了客观、公正的立场。

综上所述，一码归一码，航班延误多、保险理赔难、经济犯罪立案难，都是业已存在的客观事实，且恰巧集中于此类案件中，但这些都与案件的定罪量刑无直接关系，不应将由此产生的负面情绪带入本案的分析中。唯此，才能真正秉持客观、公正立场，才能理性、科学地探讨问题。

3. 防止从一个极端走向另一个极端

既要反对“以刑事手段插手经济纠纷”，也要防止“一遇上号称经济纠纷的案件就不敢管、不愿管、不会管”的另一种极端。经济纠纷与经济犯罪往往交叉存在,纵然理论上构建了多种方案和设想来解决其区别,但实践中刑民交叉的实体区分和程序处理,仍然不断出现迷局。这既源于刑民不同的规制方式、思维模式以及价值取向,也与刑事政策、刑事司法环境等现实因素不无关系。

对于此类案件,是合法行为还是一般的保险合同纠纷,抑或涉嫌保险诈骗犯罪,还是应当回归法律技术层面的分析和论证,不应动辄扣上“以刑事手段插手经济纠纷”的大帽,尤其是案件还处在侦查阶段、未能充分了解案情的背景下,贸然作出这样的论断,于情于理都是值得商榷的。

(二)刑事实质穿透民事外观的方法及其限制

“刑事看实质、民事重外观”,对于以合法形式掩盖非法目的的行为,从民法角度看是合法的,但从刑法角度认定可能构成犯罪——出于保护法益的目的,依据实质解释的路径,刑事实质可以穿透民事外观,这就是解决保险诈骗罪认定中刑民冲突的基本方法。

虚构事实、隐瞒真相的手段骗取不应得的保险金,是保险诈骗罪的本质特征,也是认定此罪的关键。《刑法》第198条列明的关于保险诈骗罪客观方面的几种行为,均以“骗取保险金”作为结尾。由此可见,该主观目的要件是本罪一切客观行为的共同指向。所谓“骗取保险金”就是虚构事实、隐瞒真相,意图获取按照保险法规定或保险合同约定的不应当得到的保险金。

换言之,“有骗取保险金的目的”是穿透一切外在掩饰,将“貌似合法实为骗保”行为纳入犯罪的根据。反面观之,通过客观方面分析得出行为人“无骗取保险金的目的”,或者行为人“骗取”的对象是依据保险法规定及保险合同约定本应得到的保险金,这就可以将“貌似骗保实为无罪”的行为剔除出犯罪圈。

四、保险诈骗罪认定中刑事实质可以穿透民事外观

保险诈骗罪认定中刑事穿透民事的情形主要涉及犯罪主体的认定、虚构保险标的的认定、商业保险的实质解释和认定等。

(一)投保人、被保险人、受益人的实质认定

仅仅依外在形式认定投保人、被保险人、受益人可能不当限缩本罪的犯罪主体,无法满足司法实践的需要。

依据《保险法》第10条规定,投保人是指与保险人订立保险合同,并按照合同约定负有支付保险费义务的人;第12条规定,被保险人是指其财产或者人身受保险合同保障,享有保险金请求权的人;第18条规定,受益人是指人身保险合同中由被保险人或者投保人指定的享有保险金请求权的人。由此可见,作为本罪的主体,无论是投保人、被保险人,还是人身保险中的受益人,必须是保险合同或配套文书中明确记载、指示的主体。

但这样的立法显然已经无法满足现实需要,近年来保险诈骗的方式和手段呈现多样化、隐蔽化和智能化,实际实施保险诈骗的犯罪主体已不限于上述三类,①甚至出现了名义主体与实际主体分离,无身份证者单独实施保险诈骗的案例。例如,个人挂靠公司情形下,保单上显示的投保人是运输公司,但实际支付保费的以及出险后理赔的以及实际获益的都是个人;又如,夫妻共有车辆,妻子是投保人和被保险人,在其不明知不参与的前提下,丈夫虚构该车的保险事故并理赔,如何认定保险诈骗罪主体;再如,汽车修理厂或职业的保险黄牛,在车主不知情的前提下,虚构车辆事故或扩大车损并利用车主的理赔骗取保险金的,如何认定。对于此类无身份者单独实施的骗保行为,实践中有的以"间接正犯"(有身份者类似于无身份者实施犯罪的工具)将无身份者认定

① 参见温培霖:《保险诈骗罪主体的立法界定》,载《中国保险》2019年第2期。

为保险诈骗罪,[①]也有认为不具备主体身份不构成保险诈骗罪,而应以诈骗罪认定。[②]

我们赞同以间接正犯认定为保险诈骗罪的观点,间接正犯理论对于上述夫妻共有案、维修店员工骗保案均可以适用。

但对于挂靠案补充认为,由于刑民不同的思维方式和证据要求,对于保险诈骗罪主体的保险人、被保险人以及受益人可能有不同认定。民事领域涉及的是债权债务问题,主要解决的是保险合同的权利义务问题,以保险合同外观载明的内容作为主体,而不需探究背后的实质真实;而刑事领域注重实质真实,对于合同主体与实际权利义务人不一致的,例如挂靠的情形,应以实质穿透形式、刺破外观看内在,可以将权利义务的实际承担者即挂靠者认定为投保人。

(二)"虚构保险标的"的实质认定

要结合保险诈骗罪保护的法益对"虚构保险标的"作实质解释,其本质在于骗取保险人对本不符合条件的保险标的进行承保。

因此,虚构保险标的既包括无中生有、虚构根本不存在的标的物等传统虚构行为,也包括将价值较小的标的虚构为价值较大的标的进行投保,还包括对标的物相关情况进行不实说明,且这种不实说明足以影响保险合同是否缔结和履行。例如,伪造文书将不合格的标的伪称为合格标的,或将不合法财产伪称合法财产,或将他人财产伪称为自己财产的,属于"实质上的虚构保险标的"。[③] 前述案例四西宁马某伪造证件将"黑车"购买保险,就是此例。

另外,虚构保险标的还包括外观上有保险标的但实质上不存在、不

① (徐开雷保险诈骗案)参见最高人民法院刑事审判第一、二、三、四、五庭编:《刑事审判参考》(第61集),法律出版社2008年版,第1~7页。

② 参见袁婷、王霏:《无身份者单独实施保险诈骗行为应以诈骗罪论处》,载微信公众号"至正研究",2021年4月2日。

③ 参见高保京主编:《刑事案例诉辩审评》,中国检察出版社2014年版,第29~30页。

具备保险标的的情形。前述案例一南京李某利用航班延误险骗保案就是此例。具体而言,能够成为航班延误险保险标的的前提应该是有真实乘坐航班意愿的乘客。本案中,无论是李某本人还是其亲朋好友,实际上都没有乘坐航班的真实意图,只是为了购买延误险而预订机票,或者说只是为了理赔而预订机票。南京鼓楼警方的声明更印证了这样的事实,即李某还存在伪造航班延误证明、虚构航班延误事实的客观行为,这就更能体现行为人并无实际乘坐航班的需要和客观行为。因此,其属于外观上具备但实质上不存在航班延误险的保险标的。

类似的情形还发生在网络购物的"退货险"领域。例如,2012 年 1 月到 2013 年 11 月,被告人吴某在淘宝上注册网店,通过虚假购物并投保运费险、编造虚假物流信息进行虚假退货并要求赔付的手段,骗取被害人华泰保险公司的理赔款 24 万余元,后被以保险诈骗罪判处相应刑罚。① "退货险保险诈骗案"中,虽然在外观上行为人存在网购下单、投保退货险、发生退货等表象,且有购物记录、物流凭证等外在证据为凭证,但经调查,行为人实质上并无上述需求和行为,只是为了骗取保险金而制造上述外在表象,即实质是以购物退货为幌子进行骗保,属于"虚构保险标的"行为。

此外,实践中还有将"事后投保、倒签保单"也认定为"虚构保险标的"的案例。2004 年 12 月,被告人陆某生在未按海门市建筑工程管理局的规定办理镇村居民建房建筑施工人员意外伤害保险及民房建筑施工合同的情况下,承建了本村村民虞某家住宅楼房。2004 年 12 月 12 日下午,被告人陆某生雇用的施工人员冯某生在二楼搬砖时不慎坠下,经抢救无效死亡。被告人陆某生为骗取保险金,于当晚与虞某高、范某夫妻到正余建管站找到被告人王某江,请求补办保险手续。王虽未同意,但仍向中国人寿保险股份有限公司海门支公司(以下简称海门人寿保险公司)报告了出险事故。13 日上午,被告人陆某生与虞某高、范某夫妻又到正余建管站找到被告人王某江商量补办保险手续,后被告人王某江吩咐会计张某为被告人陆某生补办了虞某高家建房的村居民

① 参见浙江省湖州市吴兴区人民法院刑事判决书,(2014)湖吴刑初字第 1221 号。

建房建筑施工人员意外伤害保险,开具了中国人寿保险股份有限公司海门支公司 No. 005623 号保险理赔凭证,并将投保时间提前到 2004 年 11 月 30 日。海门人寿保险公司接受被告人陆某生的理赔申请后,于 2005 年 1 月 28 日支付保险金 80,000 元,由被告人陆某生出具收条,被告人王某江将其中 1 万元扣留作为补偿处理事故的费用,余 70,000 元交给被告人陆某生用于支付赔偿款。对此,检察机关以合同诈骗罪起诉,后法院以保险诈骗罪认定并判处相应刑罚。① 本案认定的关键就是对“事后投保”的实质认定,即事后投保的实质就是将并不存在的保险标的虚构为已经存在的保险标的,这与事前投保时故意虚构保险标的并无二致,两者都是无中生有地虚构事实。

综上所述,立足于刑事穿透民事、实质刺破形式的视角,保险诈骗罪中的“虚构保险标的”应坚持“广义说”,②即“虚构事实、隐瞒真相”,其既包括传统的“无中生有”的传统型虚构,也包括“以不符合要求标的冒充符合保险要求标的”,还包括“形式上符合保险条件但实质上不具备保险利益”,以及“事后投保、倒签保单”等情形。

(三)“保险”的实质解释

作为妨害金融管理秩序罪的一种,保险诈骗罪主要侵害的法益应当是商业领域的保险管理秩序,也即本罪的“保险”应当仅限于《保险法》规定的范围。《保险法》第 2 条规定:本法所称保险,是指投保人根据合同约定,向保险人支付保险费,保险人对于合同约定的可能发生的事故因其发生所造成的财产损失承担赔偿保险金责任,或者当被保险人死亡、伤残、疾病或者达到合同约定的年龄、期限等条件时承担给付

① 参见江苏省海门市人民法院一审刑事判决书,(2006)门刑初字第 0294 号;江苏省南通市中级人民法院二审刑事判决书,(2006)通中刑二终字第 0111 号。

② 参见丁学文:《保险诈骗罪中“虚构保险标的”若干问题研究》,载《安徽广播电视大学学报》2015 年第 3 期;龚义年:《“虚构保险标的”若干问题研究》,载《法学杂志》2007 年第 2 期。

保险金责任的商业保险行为。

由此可见,本罪中的“保险”仅限于依法成立的保险公司发售的商业保险,需同时具备商业性、金融性以及发售主体的特定性等要求,缺一不可。换言之,基本医疗保险等社会保险虽有保险之名,但无商业盈利之性质,不属于本罪的“保险”;同时,虽具有商业保险功能但不是保险公司发售的服务,例如“准时宝”等产品,也不属于本罪的“保险”。

1. 不具有商业性质的社会保险不属于保险诈骗罪中的“保险”

社会保险不同于商业保险。根据我国《社会保险法》第 2 条之规定,国家建立基本养老保险、基本医疗保险、工伤保险、失业保险、生育保险等社会保险制度,保障公民在年老、疾病、工伤、失业、生育等情况下依法从国家和社会获得物质帮助的权利。由此可见,社会保险是由国家规定的,强制某一群体缴纳部分收入作为社会保险基金,使面对困境的群体能够获得固定的收入或损失的补偿,它是一种再分配制度,它的目标是保证物质及劳动力的再生产和社会的稳定,使公民共享发展成果,促进社会和谐稳定。换言之,社会保险具有公益性、强制性和普遍性,属于社会保障制度的一种,而商业保险属于商事领域,具有盈利性、自愿性和非普遍性等特征,二者有着完全不同的立法目的和价值追求。

因此,骗取基本医疗保险、工伤保险、失业保险、生育保险等行为,即使符合保险诈骗的其他客观要件,但因其所涉及的不属于本罪的“保险”,故不构成刑法上的保险诈骗罪,而只能以(普通)诈骗罪定罪处罚。①

2. 虽具有商业保险功能,但不是保险公司所售的产品也不属于本罪的“保险”

近年来,随着网购、外卖、拼单等行业的蓬勃发展,与之相关的各种延伸服务也不断创新,其中不少涉及商业保险或实质上的保险服务,例如以网购领域以发生退货为赔偿条件的“退货险”“运费险”,以飞机航班延误为赔偿条件的“航班延误险”,以及以快递或外卖不能准时送达

① 参见沈言:《基本医疗保险基金不能成为保险诈骗罪的对象》,载《人民司法 案例》2014 年第 16 期。

为赔偿条件的"准时宝"等,这些服务实际上都具有一定的保险功能,即符合《保险法》第 2 条规定的,以"可能发生的事故造成的财产损失为赔偿条件",但是否属于《保险法》上的保险还要看其形式要件,即保险人是否为经法定程序批准的、有经营保险业务资质的保险公司。

众所周知,在我国保险是专营业务,必须经特殊许可、获得经营许可证的保险公司才可经营,而根据《保险法》第 135 条之规定,关系社会公共利益、依法实行强制保险以及人寿险等特殊险种的保险条款和保险费率,还需要经过二次许可。换言之,只有具备经营资质的保险公司才能成为保险人,才能合法发售保险产品,否则可能涉嫌非法经营,其行为涉嫌违法甚至是犯罪。换言之,虽具有商业保险实质内容,但未以"保险"命名、未经过行政批准手续发售的,如美团外卖的"准时宝",虽与航班延误险类似,但因其未经过行政认定和行政许可手续,也不宜认定为"商业保险"。

因此,伪造外卖订单并购买"准时宝",再故意制造延迟送达事故并向外卖公司骗取赔偿金的,虽然符合保险诈骗罪的行为特征,但因其并非发生在商业保险投保和理赔的过程中,不涉及金融秩序,故不构成保险诈骗罪而只可能构成(普通)诈骗罪。①

五、保险诈骗罪认定中刑事实质穿透民事外观的限制

保险诈骗罪罪状列明的五种客观行为,均以"骗取保险金"作为尾缀,可见"骗取保险金"是该罪不可或缺的构成要件。因此,除了对"虚构保险标的""编造虚假事故原因"等客观行为作实质认定之外,还需要对"骗取保险金"作进一步的合理解读,才能得出真正合理、科学的结论。

---

① 实践中,相关案例参见辽宁省凌海市人民法院刑事判决书,(2018)辽 0781 刑初 72 号。

(一)“骗取保险金”应解释为“骗取依据保险法不应获得的款项”

从语义解释角度看,所谓“骗取保险金”的前提是该保险金本不应为行为人所获得,也即行为人得到该笔款项既无事实基础,也无法律依据。从保险人角度看,“骗取保险金”核心在于,使得保险人支付本不应支付的款项、对保险人造成实质的财产损失。反过来讲,如果所得款项是依据保险法及相关规定本应获得的,亦是保险人本应支付的,即行为人没有非法所得、保险人亦无财产损失,则不宜认定为“骗取”。

从犯罪构成角度看,行为人误认本可理赔获得的款项为不能获得,而采取欺骗手段企图获得理赔的,属于对象认识错误,进而属于对象不能犯。该行为不可能对保险诈骗罪所保护的保险秩序以及保险人的财产权法益造成危害,不应构成本罪。当然,如果行为人的手段行为涉嫌其他犯罪,如伪造证明符合伪造国家机关公文证件等罪的,则以相关罪名予以定罪处罚。

从法秩序统一原理角度看,行为违反保险刑法规范但为保险行政法律规范或其他行政法律规范所容许的,应当径直否定具有刑事可罚性。① 换言之,刑事实质认定应主要在于事实判断层面,在规范评价层面应充分尊重民商事领域的特殊规则,否则无法弥合刑民之间的剧烈冲突。尤其是在商事领域,商事法律规则往往不是依常识常情常理所能简单判断,刑事实质以“幌子”为由穿透商事特殊规则外观时,要尤其慎重。一般情况下,有明确法律依据的商事规则,不宜被刑事实质所穿透,即商事角度认定为合法,刑法一般不宜再评价为犯罪。

---

① 参见高铭暄、曹波:《保险刑法规范解释立场新探——基于缓和违法一元论的展开》,载《中国应用法学》2019 年第 3 期。

(二)“行为人本应得款项”的认定——有明确的法律规定或生效的法律文书作为依据

明确了上述限制后,还需要解决的问题就是何谓“行为人本应获得的款项”?

笔者认为,应当以《保险法》等法律及司法解释明确规定,或生效的法律文书所明确的结论,方可作为“应得款项”的依据。

1.明确的法律依据

法律依据主要存在于《保险法》及其相关司法解释。基于保险原理的特殊性,《保险法》有诸多独特的制度设计,通过限制保险公司的免责事由强制要求其履行赔付义务,目的就在于制约保险公司滥用免赔权侵害被保险人利益,或损害社会公共利益,致使保险目的被架空。例如,根据《保险法》第16条之规定,尽管投保人投保时未如实告知实际情况,骗得了保险公司的承保,但自合同成立之日起超过2年的,保险公司就不能解除合同,如发生了保险事故,保险公司仍应当承担赔偿责任或给付保险金。换言之,即使投保人虚构保险标的、骗取保险公司承保,但一旦合同已成立超过2年,保险公司就不能解除保险合同,并且必须履行保险责任。如果发生约定的保险事故,投保人就应当获得相应理赔款,而不属于违法,更不应认定为犯罪。典型的例子就是“帅英涉嫌保险诈骗无罪案”。

该案外,甘肃徽县“刘某平涉嫌保险诈骗无罪案”也是此例。该案案情简介如下:刘某平无证驾驶发生交通事故致一人死亡,为躲避刑事责任追究而安排有驾照的好友刘某顶替后向公安机关报案,并赔偿了死者23万余元。其后,刘某平隐瞒真相并向保险公司申请交强险理赔,获得赔偿96,000余元。① 本案最终被判无罪,理由有二:一是刘某平找人顶包的初衷是为逃避刑事责任追究,无证据证明刘某平有保险诈骗的故意;二是根据国务院《机动车道路交通责任强制保险条例》第

① 参见甘肃省徽县人民法院刑事判决书,(2012)徽刑初字第38号。

22 条规定，无证驾驶情况下，保险公司仍应在交强险范围内垫付抢救费用，并有权向致害人追偿。此外，最高人民法院《关于审理道路交通事故损害赔偿案件适用法律若干问题的解释》（法释〔2012〕19 号，已失效）第 18 条第 1 款也明确，无证驾驶情况下发生交通事故的，保险公司应在交强险范围内对第三人有赔付义务。上述无罪理由二可进一步阐释为，尽管刘某平存在无证驾驶的因素，但这并不减免保险公司在交强险范围内对第三人的赔付义务，也即这 96,000 余元的理赔款本来就是保险公司应当支付的，保险公司不存在损失，也即不可能被诈骗。

前述案例四"西宁马某黑车投保涉嫌骗保案"也是此例。尽管前文已述，通过伪造证件方式将本不符合投保条件的"黑车"投保，属于刑法上的"虚构保险标的"，但是否构成保险诈骗罪，还需要进一步考察其是否存在"骗取保险金"。笔者认为，本案不存在骗取不应得的保险金，保险公司也未产生实质财产损失，理由诚如有论者所言：其一，尽管是"黑车"，但该车确系马某花费对价所购，标的也是客观、完好存在，客观上并无增加保险风险；其二，该车确实发生了被盗的事实，马某并无伪造事故材料，亦无编造虚假的事故原因；其三，从马某的支出和最后的获赔金额对比看，马某并未从虚构标的投保中获利。①

除此之外，笔者补充如下：其一，应区分投保环节与理赔环节，对于保险合同订立过程中（投保环节）涉嫌保险诈骗的认定应更为谨慎、谦抑，应把刑罚重点放在保险合同履行过程中（理赔环节）。这主要是因为，基于利益平衡、权利义务相统一的考虑，投保环节除了要防范投保人虚假投保之外，更要促使保险人更加谨慎、积极地履行审查义务，甄别虚假投保或恶意投保，不能为扩大保险业务放任或鼓励业务人员违规操作，否则应自行承担相应后果。② 其二，有救济，无诈骗。对于马某的理赔申请，保险公司认为不应赔的完全可以依法予以拒赔，已经予

① 参见高铭暄、曹波：《保险刑法规范解释立场新探——基于缓和违法一元论的展开》，载《中国应用法学》2019 年第 3 期。

② 参见胡启忠、秦正发：《"虚构保险标的"型保险诈骗罪适用边界论》，载《中国社会科学院研究生院学报》2014 年第 3 期。

以赔偿的,依法可以追索。因为依据《保险法》第 16 条第 4 款之规定,投保人故意不履行如实告知义务的,保险人对于合同解除前发生的保险事故,不承担赔偿或者给付保险金的责任,并不退还保险费。换言之,投保人主体真实,保险公司完全可以通过民事手段拒赔或追偿,刑法没有介入的必要。因此,本案不应认定为保险诈骗罪。

2. 有生效的法律文书依据

有生效法律文书依据,是指涉嫌犯罪的保险理赔纠纷经过民事判决、仲裁、调解等途径确认,保险公司负有赔偿义务,被保险一方应获得理赔。前述案例三"苏州韩某、简某案"就是此例。因为保险合同中的免责条款,行为人认为无营业性车辆的许可证明无法获得理赔,发生事故后为了顺利理赔便伪造许可证明提交,因此涉嫌保险诈骗。但经法院一审及二审民事判决确认,该保险合同中的"驾驶营业性机动车无交通运管部门核发的许可证书或其他必备证书"这一保险人责任免除条款属无效条款,即保险公司本来就应当理赔,哪怕没有提交伪造的营业性车辆证明。诚如本案承办检察官撰文所言,"对于事实清楚、但法律关系复杂或技术问题难以判断的案件,不妨以民事上的权利确认及法律关系判断作为基础和前置程序,进而以该民事诉讼的裁断作为刑事程序推进的依据(先决原则),以保证法秩序的统一性"①。

综上所述,如果依据《保险法》等法律即司法解释规定,或者经生效的法律文书确认,保险公司本来就应当支付赔偿金,则不能认定为"骗取保险金",即使行为人在理赔过程中存在虚构事实、隐瞒真相、编造虚假事故原因等前端行为,也不宜认定为保险诈骗罪。

六、结　语

刑事司法实践中,对于保险诈骗罪的认定应秉持"刑事看实质、实质穿透外观"的思维,立足保护商业保险经营秩序的原则,对"虚构保

---

① 王军、徐秋露:《以"先民后刑"方式推进刑事案件正确处理》,载《检察日报》2020 年 5 月 8 日,第 3 版。

险标的”“投保人、被保险人、受益人”“保险”等概念作出实质解释;同时,以“行为人骗取依法本不应获得的款项”以及“给保险人造成实质的财产损失”作为“骗取保险金”的内涵,并限制上述实质解释。

回到前文所述四个案例:案例一南京李某航班延误险涉嫌骗保案,本案关键在于李某“伪造证明、虚构航班延误事实”,行为人既“虚构保险标的”,也骗取了不应得的款项并造成了保险人的实质财产损失,构成保险诈骗罪无疑。案例二无锡徐某挂靠营运公司涉嫌骗保案,刑事角度系从实质认定而非依外在形式考察,投保人就是徐某,其构成保险诈骗罪。案例三苏州韩某、简某伪造营运证明涉嫌骗保案,民事部分经终审判决认定,保险公司免责条款无效,保险公司本应该向韩某、简某支付保险金,换言之,行为人获得的是应得的款项,也未造成保险人的实质损失,故本人不宜认定为犯罪。案例四西宁马某黑车投保案,尽管其前行为属于“虚构保险标的”,但后行为不存在“骗取保险金”的事实,故也不构成保险诈骗罪。

Criminal-civil Confliction and Its Solution in the Identification the Crime of Insurance Fraud

Wu Jiaming

[**内容摘要**]保险诈骗罪的认定过程中,可能出现民事角度为合法、刑事上却认定为犯罪等刑民冲突的情形。此类刑民冲突的形成原因,一是“刑事看实质、民事重外观”的逻辑思维差异,二是刑民实体特征差异,最后彰显的是刑民背后的价值追求位阶差异。分析认定此类案件,应秉持客观公正原则,查清基础事实,以法秩序统一原理为基础,以刑事实质合理穿透民事外观。本罪的主体即投保人、被保险人、受益人应以实际操作者为准。“虚构保险标的”既包括以不符合要求的标的冒充符合条件的标的,还包括形式上符合保险条件但实质上不具备保险利益的情形,以及事后投保等情形。本罪中的“保险”仅限于依法成立的保险公司发售的商业保险。“骗取保险金”的要件决定了应将行为人依法或依合同本应获得保险金的情形排除在犯罪之外。

[**关键词**]保险诈骗罪;刑民冲突;诈骗罪

Abstract: In the process of identifying the crime of insurance fraud, there may be criminal-civil confliction, such as it is legal in the civil law but criminal. To analyze and identify such cases, we should uphold the principle of objectivity and impartiality, find out the basic facts, take the principle of unity of legal order as the basis, and reasonably penetrate the civil appearance with the criminal essence. The subject of this crime, the applicant, the insured and the beneficiary, shall be subject to the actual operator. "Fictitious subject matter of insurance" includes not only passing off the subject matter that does not meet the requirements as the subject matter that meets the conditions, but also the situation that meets the insurance conditions in form but does not have the insurable interest in essence, as well as the situation of insurance afterwards. The "insurance" in this crime is limited to the commercial insurance offered by the legally established insurance company. The element of "defrauding insurance money" determines that the perpetrator should be excluded from the crime in accordance with the law or the contract.

Keywords: Crime of Insurance Fraud; Criminal-civil Confliction; Crime of Fraud

非法经营罪兜底条款解释理念的重构

——“回应—限缩”二元刑法解释理念之提倡

郭　玮*

目　次

一直以来，非法经营罪因其兜底条款被学界视为“口袋罪”而饱受批判，“口袋罪”通常具有“罪名涵摄内容多、内涵模糊且嬗变、外延界定难”[①]等特征，导致其适用范围较广，司法裁量空间较大。在非法经营罪中，上述特征主要体现在立法与司法领域，在立法领域，为了消弭高度抽象的兜底条款所带来的内涵与外延的模糊状况，国家通过一系列司法解释将诸多种类的经济行为纳入非法经营罪的规制范围，如哄抬物价、使用 POS 机套现、互联网金融、危险废物经营等；在司法领域，司法机关为维护市场经济秩序，倾向于运用非法经营罪应对各种经济现象，随着新型经济行为不断涌现，非法经营罪的适用范围不断扩张，“王力军案”等一系列错案的出现将非法经营罪频繁推向风口浪尖，有

---

* 北方工业大学文法学院法律系讲师、法学博士。

① 王群：《口袋罪何以正确适用》，载《新疆大学学报（哲学 · 人文社会科学版）》2017 年第 2 期。

学者认为,导致非法经营罪成为“口袋罪”的直接原因是“该罪采取了空白罪状和弹性条款相结合的高度抽象的罪状规定模式”。不可否认,非法经营罪存在一定的扩张倾向,但这与兜底条款并不存在必然联系,事实上,兜底条款在保障特定阶段经济发展的过程中发挥着不可或缺的作用,其存在具有深厚历史背景和现实原因。要走出非法经营罪滥用的困境,前提在于正视并接纳兜底条款的正当性与必要性,并将视线从立法论转向解释论,实现刑法解释理念的重构。

一、非法经营罪兜底条款的正当性

非法经营罪兜底条款的存在具有正当性,其正当性主要源于历史与现实的必要性,以及法益保护的周全性。

(一)历史与现实的必要性

非法经营罪的兜底条款一直以来颇受非议,特别是当出现显失公平的案件时更是成为众矢之的,甚至有学者提出拆分或彻底废除非法经营罪。[①] 笔者认为,非法经营罪的兜底条款与该罪的滥用无直接因果关联,以个案的偏颇来论证罪名的存废是不严谨的。任何法律都有很大程度的非自足性,法律体系是制度化的规范体系,法律体系的创制、执行和适用都是通过一系列的制度化安排进行的。立法论的盛行在一定程度上遏制了解释论的反思与发展,在出现疑难案件或现有罪名适用不当的现象时,人们总是很少从解释论的角度加以改进完善,而更多地诉诸立法。事实上,在以经济建设为中心且相关配套规则尚不健全的当前,非法经营罪中的兜底条款依然发挥着规范市场运行的重要作用,具有历史与现实的必要性。

---

① 参见葛恒浩:《非法经营罪口袋化的成因与出路》,载《当代法学》2016 年第 4 期。

1. 历史视角下的必要性

非法经营罪的前身是投机倒把罪,1950 年,中央人民政府颁布《关于取缔投机商业的几项指示》,列举了买空卖空、假冒伪造、引起物价波动等八种投机商业行为。1963 年,中央人民政府颁布《关于打击投机倒把和取缔私商长途贩运的几个政策界限的暂行规定》。在此基础上,1979 年《刑法》规定了投机倒把罪,1985 年,最高人民法院和最高人民检察院发布《关于当前办理经济犯罪案件中具体应用法律的若干问题的解答(试行)》,以司法解释的形式详细规定了投机倒把罪。之后,由于投机倒把罪已无法适应市场经济的发展,1997 年《刑法》以非法经营罪代替了投机倒把罪,出于罪刑法定原则的考虑,立法机关在罪状中列举了三项典型行为,且设计了兜底条款,并配合司法解释继续惩治严重扰乱市场秩序的犯罪行为。尽管废除了投机倒把罪,使刑法规定更加明确和可预期,但惩治严重扰乱市场秩序的非法经营行为的初衷并未改变,最高司法机关发布了一系列司法解释,涵盖了种类繁多的非法经营行为。且在进入网络时代以来,积极扩张非法经营罪的适用范围,将刷单炒信等新型不法行为纳入犯罪圈。投机倒把罪向非法经营罪的演变反映了计划经济向市场经济的发展,以及罪刑法定原则的不断强化。尽管当前已基本摆脱了计划经济模式,刑法的人权保障功能也日益凸显,但经济制度的转型使经济失范现象急剧攀升,严重影响了社会经济的正常发展。从一系列司法解释的出台可以看出,非法经营罪承接和保留了投机倒把罪中的市场干预功能,旨在保障社会主义市场经济的正常运行。在此意义上,可以认为非法经营罪所保护的法益就是国家的市场交易管理秩序,并不单纯是市场准入秩序。从投机倒把罪的萌芽、诞生与发展可以看出,哄抬物价、牟取暴利的行为与我国的社会主义性质相违背,破坏了市场交易的整体秩序,在任何阶段都是不被允许的。由于经济模式的多样性与多变性,国家无法通过详细的罪状进行规定,只能通过兜底的方式规制非法经营行为。“口袋罪”并不等同于刑法滥用,而是立法机关面对复杂现实所进行的技术性妥协。当前,经济转型与网络时代相互交织,愈加提升了经济活动的复杂性,兜底条款显得更为重要,所谓的“口袋罪”只是人们制造出来以批判罪名滥用,夸大立法缺陷的词汇。与非法经营罪前3款相比,兜底条款的确用语模糊、指向不明,该罪的运用不当如王力军案则为人们找到了批判兜底条款的借口,而兜底条款所发挥的严密法网、惩治新型经济犯罪的功能则如同镁光灯下的暗点而不为人们所注意。刑法分则中的很多罪名亦存在着模糊罪状,如非法持有宣扬恐怖主义、极端主义物品罪,非法吸收公众存款罪,诈骗罪,破坏生产经营罪,传授犯罪方法罪等。这些罪名虽存在解释争议较大,罪名适用不当的情况,但很少有人将这些罪名称为"口袋罪"。实际上,"口袋罪"越来越成为司法懒政的借口,公众的注意力应当从立法转移到司法上,更多地关注具体罪名的适用是否恰当,程序性救济是否充分,而不是无视具体罪名的历史渊源与地位,甚至盲目批判与否定立法意义。

2. 现实视角下的必要性

古典自由主义刑法理论认为,行为之所以受到处罚,是因为其侵害了某些个人的利益,如声明、身体、自由、财产,而不是因其可能破坏一种抽象的机制、制度或人们想象出来的价值。① 据此,一些法学家认为应由行政法而并非刑法来维护经济秩序,刑法只能用于保护市民的经济生活。但在现代市场经济国家,少有奉行完全放任的市场经济模式,大都实行国家一定程度干预的市场经济模式。在我国,政府依然广泛而深刻地介入社会经济活动,国家权力在资源配置方面发挥着重要作用,这种政府主导的经济发展模式有效地动员了社会资源为经济建设服务,实现了我国经济的持续高速增长。在政府主导经济发展的同时也出现了一定程度的法律工具主义,市场主体的保护难以完全平等的问题。② 尽管随着市场经济的健康、全面发展,政府对市场干预的程度会逐步降低,但政府干预会一直存在于市场经济法律体系的各个层面,即便传统上被认为是私法代表的民法也在人法与物法中较为明显地体

---

① 参见林东茂:《危险犯与经济刑法》,台北,五南图书出版公司1996年版,第75页。

② 参见何荣功:《自由秩序与自由刑法理论》,北京大学出版社2013年版,第275~276页。

现了政府的干预。[①] 在空间维度，对于市场化不足、行政干预过多的领域，应全力推进市场化。但同时也要改进政府的宏观调控和市场监管，营造良好的市场环境，实现效率与公平的兼顾。[②] 在时间维度，对于特定时期的市场，政府应制定行之有效的经济政策，推动经济的平稳健康发展，但同时也要采取特殊措施，兼顾特殊时期的国家政策与民众需求。实践中，兜底条款往往契合了当前风险社会的需求，在社会治理与经济秩序维护方面一直扮演着积极的角色。如在 2015 年的 A 股股灾期间，国家严查股市"恶意做空"行为，通过《刑法》第 182 条"以其他方法操纵证券市场行为"的兜底条款，将其与操纵证券市场罪相联系，否则"恶意做空"股市的行为将愈演愈烈，对市场经济秩序造成更大的冲击。[③]

（二）法益保护的周全性

法益对刑事司法具有指导作用，我们在判断某一行为是否触犯了具体罪名时，必须首先判断该罪名所保护的法益是否受到了侵犯。从本质上而言，法益是一个极具扩张性的概念，许恒达在考察法益概念的起源与流变的基础上指出：法益概念最初的目的，并非限制或限缩刑罚范围，而是为诸多风俗、伦理、宗教犯罪找到处罚正当性的出口。法益从来不是一个清楚且有明确内涵的概念，法益担负的真正任务不是限缩刑罚，相反，法益毋宁是刑罚"柔软而正当"扩张过程中的关键因子。[④] 学界对非法经营罪的诸多非难，主要原因也在于该罪所保护的法益模糊不定，为司法滥用提供了便利。有学者认为，从立法明文列举的项来看，《刑法》第 225 条所包含的所有行为方式具有的共同本质是

---

① 参见侯利阳：《市场与政府关系的法学解构》，载《中国法学》2019 年第 1 期。

② 参见张守文：《政府与市场关系的法律调整》，载《中国法学》2014 年第 5 期。

③ 参见王群：《口袋罪何以正确适用》，载《新疆大学学报（哲学·人文社会科学版）》2017 年第 2 期。

④ 参见许恒达：《法益保护与行为刑法》，台北，元照出版有限公司 2016 年版，第 8～13页。

侵犯市场准入秩序,兜底性的规定也只应当包括破坏市场准入秩序的行为。[①] 还有学者认为,按照刑法并列款项同等解释原则,非法经营罪第4项必须与特定的许可证相关联,本罪的规范目的是保护国家对特定经营活动的行政许可制度,第4项的适用范围尤应受此规范目的之严格限定,背离此规范目的的司法解释将会产生实质上的造法效果,并致使非法经营罪的适用范围进一步扩张。[②]

笔者认为上述观点值得商榷,非法经营罪所保护的法益不能局限于特定经营活动的行政许可制度,理由如下:首先,从实然的角度看,罔顾司法解释讨论非法经营罪的本质及其保护的法益是不现实的。自非法经营罪代替投机倒把罪以来,最高立法机关与司法机关相继出台了诸多解释,包含非法买卖外汇、非法经营出版物、非法经营电信业务、在饲料中添加禁用药品等行为,并在近年来适应社会发展,将经营网游外挂、经营群发短信业务、利用POS机套现等行为纳入犯罪圈。由此可见,最高立法机关与司法机关显然不满足于利用非法经营罪保护特定经营活动的行政许可制度,而意在充分发挥该罪保护正常市场交易秩序,促进市场交易规范进行的功能。否则,我们无法解释为何专门针对“在饲料中添加禁用药品”“疫情期间哄抬物价”等行为出台解释。若狭隘地看待非法经营罪所保护的法益,那么自1998年以来出台的一系列司法解释恐怕多数将失去效力,这显然是缺乏现实基础的。其次,体系解释未必会得出同等解释的结论,二者之间不可画等号。体系解释方法鼓励解释者拓宽视野,从被解释的法条扩展到相关法条甚至其他法律中,进而使其与相关法条或其他法律保持内在的协调一致。通过体系解释方法,解释者可以避免同一部法律之间的条文自相矛盾、相互冲突,使相同的犯罪得到相同的处理。与此同时,我们也不能狭义地认为体系解释等于同等解释,机械地比照其他法条衡量待解释的法条。

① 参见郑勇:《非法经营罪的扩张:原因及其对策》,载《中国刑事法杂志》2018年第1期。

② 参见葛恒浩:《非法经营罪口袋化的成因与出路》,载《当代法学》2016年第4期。

体系解释不只有同一性,还包括特殊性,如“倒卖”一词在倒卖伪造的有价票证罪,倒卖车票、船票罪,倒卖土地使用权罪中的意思是先买后卖,即购买之后加价出售牟利。而“倒卖”在倒卖文物罪中不只包含先买后卖的意思,也包括单纯出卖的意思。若盲目地坚持同等解释,认为倒卖文物罪中的“倒卖”应与上述罪名中的“倒卖”一致,那么单纯出卖文物的行为将得不到应有的规制,如偶然挖到文物并非法出售的行为,这无法体现国家文物保护立法的初衷。其实,论理解释的方法有多种,这些方法之间并没有所谓的等级或适用顺序,“我们很难说哪种方法总是处于独立的主导地位,而不具有辅助意义,哪种方法则完全处于辅助地位”①。除体系解释外,我们还可以运用历史解释、目的解释等方法进行解释,若没有考虑到其他的解释方法,或者通过其他解释方法能够得出更符合立法初衷且公平公正的解释结论,即便从体系解释的角度得出了看似较为合理的解释结论,这种单一的解释路径也是不可取的。最后,同等解释规则的适用,将使非法经营罪前三项规定的地位和意义受到质疑。同等解释规则的原理在于,当同一刑法规范存在两个不同的行为结构时,由于适用罪名和法定刑罚的同一性,必须对这两个行为结构的价值进行等质或等置解释。② 同等解释论者通常认为,非法经营罪前三项所保护的法益均为特定经营活动的行政许可制度,兜底条款所保护的法益自然应当与前三项保持一致。关键问题在于,既然非法经营罪前三项所规定的行为类型及保护法益一致,立法者为何要细分为三类情形?若以同等解释进行分析,非法经营罪所列举的前三种行为方式存在的价值和意义是什么?对于这些问题,同等解释论者并没有作出回答。事实上,刑法规范中的兜底性用语也发挥着与兜底条款相同的功能,在行为类型与认知思维多元化的背景下,同等解释规则的适用缺乏足够的根据。如在解释破坏生产经营罪状中“其他方法”的含义时,“毁坏机器设备”与“残害牲畜”尽管可提供一定程度的

① 张志铭:《法律解释操作分析》,中国政法大学出版社 1999 年版,第 107 页。

② 参见童德华:《非法经营罪规制目的的预设与生成》,载《政治与法律》2021 年第 4 期。

参照,但若坚持适用同等解释规则,认为“其他方法”亦为针对生产工具的物理性破坏,则根本无法适用于多变的网络犯罪,使该罪在网络时代的效力大打折扣。

综上所述,由于非法经营罪兜底条款与前三项规定不具有内容、结构与价值上的一致性,不能以前三项规定束缚兜底条款的适用,完全可以通过论理解释中的体系解释、历史解释、目的解释等方法作出更符合立法意图的解释结论。从历史与现实的角度看,非法经营罪所保护的法益应为市场交易管理秩序,这种法益的设定更加符合非法经营罪的历史演变与立法初衷,所有违反国家规定,扰乱市场交易管理秩序的经营行为均应考虑是否触犯了非法经营罪,非法经营罪兜底条款的设置为该罪的法益保护预留了足够的空间,且赋予该罪法益保护以形式合法性。若严重侵犯法益,无法通过非刑事手段很好地规制,且不予惩治将严重损害市场经济的健康发展,则应适用非法经营罪的兜底条款。

二、对类型解释理论的质疑

非法经营罪兜底条款之所以出现滥用现象,表层原因在于有罪必罚或诉讼便利的司法追诉倾向,深层原因则在于刑法解释方法的机械运用,对行为的法益侵害性作形式性判断。为了增强规范适用的回应性与实效性,近年来,受类型理论与犯罪定型说的影响,一些学者主张消除概念思维的影响,运用类型思维开展刑法解释,有学者认为:在刑法解释过程中,概念并非解释的重点,类型才是解释的重点……德国刑法从类型与本质的层面对“武器”下了定义,认为“武器”是一种给受害人造成极其严重伤害方法的类型,“盐酸”被解释进“武器”的类型范畴是正当的。① 与单一涵摄、“非黑即白”的概念思维相比,类型思维较为包容开放,有助于刑法解释由真实性向合理性转变,由构成要件该当性

① 参见龚振军:《刑法解释限度理论的反思性解读与认定模式探究》,法律出版社2016年版,第117~118页。

向社会意义与事实评价转变。[①] 为此，有学者主张运用类型化解释理论认定非法经营罪，以期缓解"口袋化"现象，如"司法者应超越纯粹的概念而深入理解何为'非法经营'，观念上将非法经营罪当作一个规范的经济犯罪类型"；"既不将非法经营罪司法解释中未规定的经营活动入罪，也不将司法解释中所规定的与经营许可无关的经营活动入罪"[②]。笔者认为，作为类型化解释理论基础的类型化思维本身就存在一定的缺陷。

第一，类型化思维建立在事物本质这一不稳定的地基之上。类型化思维强调从事物本质出发进行论证，分别从事实本质与规范本质两个向度相向而行，企图达到事实与规范的契合，实现形式合理性与实质合理性的统一。这一过程的关键在于从规范与事实中抽象出本质，而抽象出本质的方式与路径直接关系到所谓的"本质"是否为真的本质。既然离不开价值判断，在抽取本质的时候必然有较大的回旋余地，加之规范的构成要件要素繁多，应以哪些因素为基准界定规范的本质，值得商榷。待证事实种类繁多，新型犯罪层出不穷，事实的本质亦较难把握。对于司法者而言，若倾向于将某待证事实认定为犯罪，就会抽象出二者相同或相似的本质。若不倾向于将某待证事实认定为犯罪，就会循着另一条思路，分别抽象出二者的不同本质。如对于反向炒信的行为，既可以认为该行为与破坏生产经营罪的本质一样，都使他人的生产经营遭受损失；也可以认为反向炒信的本质是直接破坏他人正常的生产经营秩序，而破坏生产经营罪的本质是通过破坏他人的生产工具而间接破坏他人正常的生产经营秩序。又如对于纠集3人以上进行私密的淫乱活动，既可以认为该行为与聚众淫乱罪的本质一样，都是聚集多人进行淫乱活动，破坏国家对社会风尚的管理秩序的行为；也可以认为私密淫乱活动的本质是道德败坏的行为，应受到道德谴责或行政处罚，而聚众淫乱罪的本质是对公众的性心理与社会风气造成伤害的行为。

---

① 参见童德华、赵阳：《类型化思维在刑事司法中的适用》，载《法律适用(司法案例)》2018年第10期。

② 葛恒浩：《非法经营罪口袋化的成因与出路》，载《当代法学》2016年第4期。

另外,事物的本质往往是隐蔽且难以掌握的,即便找到了所谓的“本质”,其在解释中的应用也极为有限,因为所谓的“本质”极有可能导致循环解释的出现。人们提出事物本质的概念,企图用其缓和事实与价值、实然与应然的对立,进而建立某种联系。殊不知,事物本质这一概念本身就来源于二元对立的框架,自然也存在自说自话之嫌。①

第二,类型化思维有生成类推解释结论的风险。类型化思维通过厘定犯罪构成要件与待证事实的本质与类型,将二者相匹配。从本质上说,这是一种开放的思维方式,虽然法律规范属概念范畴,但在面对形形色色的不法行为时,可以基于一定的实质性考量,实现概念与类型的转换,进而将不法行为囊括进规范中。类推解释亦以事物的本质或类型为支撑,与类型化思维极为相似,二者的分界大多数时候是晦暗不明的。邓子滨研究员指出,我国学界一般会刻意回避类型思维与类推解释的关系,以免有支持类推之嫌。② 此观点表达了对类型思维的担忧,这种担忧并非毫无根据。类推解释是指“对于刑法没有明文规定的危害行为,通过类比推理将其适用于最相类似的刑法条文的解释方法”③。类推解释之所以受到批判,其重要原因在于类推思维使刑法解释过度倚重实质性判断与目的性导向,通过考察不法行为对法益侵犯的程度,以此决定该不法行为的本质是否等同于规范本质,所得出的往往是过度创造性的解释结论,很容易超出法条文义的可能范围与国民的预测可能性。与此同时,类推解释在成文法与实质正义的庇护下,呈现出遵循罪刑法定原则的假象。正如法国学者达维德所言:尽管解释者事实上是至高无上的,但解释者似乎更倾向于矮化自己在解释中的作用与地位,进而极力使他人认为自己只是规范的实施者。④ 由此可

① 参见王彬:《法律适用的诠释学模式及其反思》,载《中南大学学报(社会科学版)》2011 年第 6 期。

② 参见邓子滨:《中国实质刑法观批判》(第 2 版),法律出版社 2017 年版,第 19 ~ 20 页。

③ 刘延和:《刑法解释与适用研究》,法律出版社 2016 年版,第 77 页。

④ 参见[法]勒内·达维德:《当代主要法律体系》,漆竹生译,上海译文出版社 1984 年版,第 110、117 页。

见,类推解释使合理性压制了合法性,削弱了依法治国的根基,司法权绝对不可僭越立法权,以实质正义的名义破坏刑法的规范性。

鉴于此,运用类型化思维解释非法经营罪,可能会走向两种极端:

其一,犯罪圈无限扩大,无法摆脱"口袋罪"的帽子。类型解释理论的推崇者德国学者考夫曼认为"事物本质"与类型其实是一种关系性概念,"事物本质"指向类型,"事物本质"所产生的思维是类型式思维。从"事物本质"出发进行思考,我们便可以连接价值与事实,有助于调和事实正义和规范正义。在本质上,刑法的构成要件都是不法的类型,即类型化之非价的生活事实。[①] 类型解释理论将"事物本质"当作连接规范与事实的纽带,意图通过对"事物本质"的挖掘与探索归纳出规范类型。可以看出,司法过程的成败,基本在于能否越过"事物本质",准确掌握规范类型。考夫曼认为,法官在判决过程中必须掌握规范类型的核心特征,并以此来研判规范是否足以涵盖案件事实。[②] 对此,有学者认为,如果某一类型的核心特征包括 a1、a2、a3 三个要素,事实对象既包括 a1、a2、a3 三个要素,也包括 a4、a5、a6 等其他要素,但这些事实对象毕竟包含了核心特征,均可以被该类型所涵摄。[③] 笔者并不赞同上述观点,只要满足核心特征要素即可被视为特定类型的模式过于简单化,没有充分考虑与比较核心特征要素之外的要素,这将无限扩大类型的认定范围。如某一事实对象既具有 a、b、c 三个所谓的核心特征要素,也包括 x、y、z 等要素,若 x、y、z 等要素在特定语境下所发挥的作用大于 a、b、c 要素,是否还能简单地将该事实对象视同类型 A?若认为非法经营罪的类型只是违反行政许可制度的特定经营活动,该罪的核心特征要素在于"违反行政许可制度",这种理解看似严格限制了非法经营罪的适用范围,实际上为非法经营罪的滥用提供了条件,因

① [德]亚图·考夫曼:《类推与"事物本质"—兼论类型理论》,吴从周译,台北,学林文化事业有限公司 2003 年版,第 109 页。

② [德]亚图·考夫曼:《类推与"事物本质"—兼论类型理论》,吴从周译,台北,学林文化事业有限公司 2003 年版,第 115 页。

③ 参见胡剑涛:《类型化思维与刑法解释的边界》,载《研究生法学》2016 年第 6 期。

为任何一种违反行政许可制度的行为都有可能被认定为非法经营罪,其他的犯罪构成要件要素被自觉或不自觉地忽略了。可见,若不能准确地提炼出规范与事实的本质,或者借助所谓的核心特征要素简单地定义犯罪,就等于在模糊罪状的基础上赋予了法官随意解释的权力,解释结论的不确定性极大提升。

其二,犯罪圈一味限缩,无法发挥罪名功能。类型解释理论者认为,立法者通过强大的理性归纳与抽象概念,将生活中频繁出现的各种类型塑造成法律规范。司法者在处理案件时,不可依照设计好的法条刻板地执行,必须要深刻理解法条的内涵,归纳出法条所代表的类型,并通过类型来更好地理解法条分类的立法初衷。其代表性人物贝林认为,每一个法定构成要件均代表一个类型,比如盗窃的类型、杀人的类型。[①] 可知,类型理论将每一个刑法规范或罪名理解为一个类型,这实际上将刑法规范固定化、单一化了,类型的层次性与动态性被忽视。诚然,立法者以所侵犯的不同法益为依据将各种犯罪予以"类型化",法益的相似使得立法者容易对某一类型的犯罪作出统一评价,近似的犯罪之间在犯罪构成要件以及处罚措施方面不至于差距过大,也契合同罪同罚的理念。但是,法益的相似性并不等同于一个罪名只拥有一个类型,否则罪名功能的发挥将受到严重局限。如破坏生产经营罪,类型解释理论将其理解为通过毁坏机器设备、残害牲畜等方法破坏生产经营的类型,但在当前,破坏生产经营的方法早已超出了破坏生产工具的类型,扩展到破坏生产经营流程、生产经营信誉等方面。非法经营罪亦同,类型解释论者认为,非法经营罪规制的类型仅仅是与经营许可有关的经营活动,这种观点将非法经营罪的前三项视为非法经营罪的全部类型。若依此观点,非法经营罪仅需简单罪状即可,前三项没有必要被具体列举在刑法条文中,仅由司法解释负责明确即可。

---

① 参见[德]恩施特・贝林:《构成要件理论》,王安异译,中国人民公安大学出版社 2006 年版,第 5 页。

三、“回应—限缩”二元刑法解释理念的建构

在某种程度上，法治进化的过程就是法律体系化的过程，刑法学的体系化最初表现为犯罪构成要件的运用，这使得“刑法在安全和可预见的方式下得到运用，并能够避免非理性化、专横性和随意性。信条学越不发展，摇奖的机会就越多，一直会发展到刑法混乱和无目标使用的地步”①。进入网络社会以来，传统刑法学及解释论所依托的纯粹概念体系的缺陷逐渐暴露，确定性与不确定性、形式化与实质化、中心化与去中心化的矛盾愈加凸显，有必要在刑法解释过程中注入社科法学的因子。陈兴良教授指出，法作为一种规则体系，学者可以采用不同的方法从不同维度进行考察，社科法学偏重整体性研究、外部性研究与价值性研究，犯罪学与刑事政策学其实均为社科法学，刑法学并不排斥社科法学的研究。② 网络社会背景下诸多因素对案件或明或暗的影响，急切地需要通过法教义学与社科法学的结合，建构一种“兼听则明”的体系性的刑法解释理念，增强刑法解释的回应性、过程性与合宪性。笔者认为，这种体系性的刑法解释理念为“回应—限缩”二元刑法解释理念。具体而言，在法教义学层面，应秉持“去中心化”及“路径导向”的刑法解释理念，在灵活解释非法经营罪兜底条款，有效回应网络社会挑战的同时，通过清晰路径的铺设，避免解释过程逻辑混乱，实现规范的融通与自洽。在社科法学层面，应秉持功能主义及合宪性的刑法解释理念，在全面考察犯罪构成要素，增进刑法外部性、系统性与回应性的同时，过滤掉抵牾宪法原则与精神的解释结论，将解释结论限缩在合理范围内，杜绝对依法治国原则的侵害。总体来看，无论在法教义学层面还是社科法学层面，均呈现出“回应—限缩”的二元格局，在“回应—限

① ［德］克劳斯·罗克辛：《德国刑法学总论》（第1卷），王世洲译，法律出版社2005年版，第126页。

② 参见陈兴良：《法学知识的演进与分化——以社科法学与法教义学为视角》，载《中国法律评论》2021年第4期。

缩”二元刑法解释理念的引导下,非法经营罪兜底条款的运用既能够有效回应现实生活,也可以避免沦为“口袋罪”的命运。

(一)规范层面:“去中心化”的刑法解释理念

自进入网络社会以来,网络重塑了人们的生活与生产方式,其突出表现为“去中心化”,最终影响到刑法解释理论的演变。刑法解释理论的核心是刑法解释限度理论,当前的刑法解释限度理论建立在“射程理论”的基础之上,即承认刑法规范核心或本质的存在,并试图以此来丈量事实与规范之间的距离,决定刑法规范是否适用。然而,“射程理论”有着巨大缺陷,立基于“射程理论”之上的刑法解释论也存在明显的漏洞,其根本原因在于对规范核心文义的盲目追寻,实际上,规范的核心文义无迹可寻。哈特指出:无论传达行为标准的判决先例或立法在大量的日常个案上运作得如何顺利,在碰到其适用会成为问题的方面来看,这些方式仍显出不确定性,因为他们有着开放性结构。[①] 伽达默尔认为,文字具有自我陌生性,文字一经产生就与其作者脱离干系,具有较强的外部性。对于文字的现存理解,无论来自作者还是读者,在当前均已不复存在,这种空白需要根据具体情境加以填充。传承之所以具有生命力,主要在于新解释的不断涌现,新解释要根据具体的语境作出。[②] 罪状由文字组成,对罪状的理解归根结底是对文字含义的理解,随着社会的多样性演变,语言形式与内容均出现变异。事实上,刑法规范的含义自诞生以来就不断受到客观事实的塑造而逐渐变形、扭曲,并不存在稳固不变的刑法规范,因此规范中心也处于频繁的变动之中,导致所谓的核心可能并不存在。就连“原型论”者也不得不承认:“原型范畴中差的样本会随着时间的推进—世界的变化和认知的改

---

① 参见[英]H. L. A. 哈特:《法律的概念》,许家馨、李冠宜译,法律出版社2006年版,第123页。

② 参见[德]汉斯-格奥尔格·伽达默尔:《诠释学Ⅰ真理与方法》,洪汉鼎译,商务印书馆2010年版,第549~559页。

变—会由边缘向中心迁移,原来处于中心的典型原型也可能失去其'原型'的地位。如损毁财物罪中物理毁损行为的中心地位逐渐衰落,效用毁损行为则逐渐中心化并成为原型范畴。"①刑法解释不可避免地受到时代背景的制约与主体认知个性化的影响,对于核心的理解,不同的人可能得出不同的结论。如在工业社会,若将寻衅滋事的核心文义理解成对现实社会秩序的破坏当无异议,但在网络社会,不同的人对寻衅滋事核心文义的理解恐怕大相径庭,"对包括网络空间在内的整个社会秩序或社会安宁的破坏"也成为寻衅滋事所谓的核心文义,那么我们到底应当以哪种"核心文义"为圆点划出解释的界限?因此,试图找到刑法规范的文义核心并以此厘定刑法解释限度在很多情况下是行不通的。鉴于此,我们不能掩耳盗铃地认为网络时代的刑法解释结论仍处于以规范核心文义为核心而发散出的射程之内,而应该勇于承认网络社会中刑法解释的多层次性、多中心性与流变性。漠视现状而一味地认为传统解释论能够提供一条切实可行而又自圆其说的路径,抑或是认为任何规范条文均有其唯一的核心,只能为刑法解释平添阻力,既无法满足刑法规制犯罪的需要,也使解释理论的内部矛盾愈加尖锐,在网络社会中面临撕裂的危险。作为网络社会的主要特质,"非中心性"逐渐改变了人们的思维与认知方式,必然对司法过程与理念产生深远影响,面对无孔不入的网络化趋势,我们可立基于网络社会特质,以"去中心化"重构刑法解释理论。

应当说,非法经营罪中的兜底条款契合了"去中心化"刑法解释理论的发展趋势,改变了人们对非法经营罪的刻板印象,使非法经营罪的灵活解释成为可能。为了适应社会经济发展趋势,最高司法机关出台了与非法经营罪兜底条款相配套的一系列司法解释,适度扩展了非法经营罪的适用范围。有学者认为,非法经营罪的内涵和外延呈现出一种扩张性趋势,在司法实践中非法经营罪的兜底条款也越来越多地被援引,一些与经济活动相关的经营行为极易被当作非法经营罪处理,使

① 王政勋:《刑法解释的语言论研究》,商务印书馆2016年版,第120页。

得司法经营罪的适用范围不断扩大,人权保障机制无法贯彻落实。① 非法经营罪尽管具有兜底条款,但不必然与罪刑法定原则及刑法谦抑精神相悖,兜底条款既可能导致"口袋式"的适用,也可以发挥"兜底式"的功能,我们应对"口袋式"的适用进行非难,而不应对兜底条款本身的存在加以苛责。实际上,最高立法机关和司法机关一直在致力于实现非法经营罪在立法层面上的"去口袋化",从投机倒把罪到非法经营罪的转变可以很清楚地看到立法者"去口袋化"的初衷。一系列司法解释的出台貌似激进扩张了非法经营罪的规制范围,但这是进一步具体化、明确化非法经营罪兜底条款的谨慎行动,是进一步"去口袋化"的体现。② 若要正确理解非法经营罪的兜底条款,前提在于摆脱传统解释理论的束缚,破除对规范文义核心的盲从,选择"去中心化"的刑法解释理念。"去中心化"的刑法解释理念并非是对罪刑法定原则的背离,而是通过对规范动态性与社会网络化的正视与接纳,实现罪刑法定原则的灵活适用。在不同的时期与情境,刑法基本原则、司法既定规则与公众刑法理念的外延是变动的,如之前美国刑法较为严格地遵循了禁止事后法原则,后来随着美国社会的发展演变,人们逐渐认为遵循先例并非不可克减,而是一种政策性安排,对遵循先例原则是否遵守,完全取决于法官的自由裁量权。由此,与遵循先例原则标准降低相伴随的是司法能动性的兴起,并导致了大量新规范的产生。③

以刷单炒信为例,一些网络商家为了吸引更多顾客,急于提升其商家信用度,由此催生了刷单行为。行为人通过制造虚假交易为网络商家做虚假评价,进而赚取佣金。刷单行为严重扰乱了正常市场秩序,会导致其他网络商家生产经营的重大损失,具有一定的社会危害性。对于刷单炒信行为的惩治,现有司法判决通常会将刷单炒信行为认定为

---

① 参见田宇航、童伟华:《从罪刑法定的实质侧面对兜底条款的分析——以非法经营罪为例》,载《河北法学》2015 年第 8 期。

② 参见郑勇:《非法经营罪的扩张:原因及其对策》,载《中国刑事法杂志》2018 年第 1 期。

③ 参见车剑锋:《刑事指导性案例溯及力问题研究——以美国刑事判例溯及既往问题的奥德赛之旅为借鉴》,载《安徽大学学报(哲学社会科学版)》2015 年第 5 期。

非法经营罪,如"刷单炒信第一案"①。对此,不少学者认为刷单炒信行为本身就是非法的,不属于"经营行为"范畴。这一现象正是反映出随着社会的发展,非法经营罪的行为外延不断扩张,行为类型不断增多,各种行为类型在具体特征上相去甚远,从而使该罪构成要件的定型性越来越模糊,现在该罪的行为结构与其刚设立时的行为结构已有很大差异。② 笔者认为,网络本身的"去中心化"带动了刑法规范语义的"去中心化",在该趋势面前,"射程理论"与类型解释理论无疑是应对乏力的,网络时代的社会关系已发生剧烈变化,部分传统经营模式或传统经济概念发生了根本性改变,"经营"的含义本就包罗万象,如服务业、工业、交通运输业等,在网络时代,"经营"的外延更加扩大,甚至部分内容发生了根本变化,我们须对"经营"进行重新审视。③ 在前网络时代,非法经营罪着重保护特定经营活动,排斥未经许可而进入特定领域的经营行为,在此期间,破坏国家对特定经营活动许可制度的行为具有较强的范式性。如今,非法经营罪的类型愈加多样,一切危害市场交易管理秩序的行为均可能进入该罪的规制范围,其依据在于行为范式性的强弱,典型如刷单炒信不法行为。这时,非法经营罪的兜底条款能够适应语义范式性动态的强弱消长,及时惩治当下范式性较强的不法经营行为,避免罪状"挂一漏万"情形的出现。最高司法机关根据非法经营罪的司法实践出台了一系列司法解释,增强了兜底条款的明确性,提升了特定不法行为的范式性,丰富了"经营"的外延与内涵,使非法经营罪的适用变得更加灵活。

---

① 参见新华网:"全国刷单炒信入刑第一案宣判",http://www.xinhuanet.com/legal/2017-06/21/c_1121180917.htm,最后访问日期:2021 年 7 月 30 日。

② 参见史丰丽:《非法经营罪兜底条款司法适用实证分析——以施某某等聚众斗殴案为例的商榷》,载《刑法论丛》2019 年第 2 期。

③ 参见滕嘉远:《"互联网+"背景下保留"兜底条款"的必要性分析——以非法经营罪为视角》,载《学术交流》2020 年第 6 期。

(二)方法层面:"路径导向"的刑法解释理念

当前,"结果导向"的解释理论日益风行且为多名学者所提倡,"结果导向"的解释理论主张提前预设好解释结果,并以自我拟定的解释立场指导解释过程,由此形成逻辑自洽的闭环。如桑本谦教授认为,与我们通常的认知不同,"解释结果"的产生先于解释方法,解释之前即预设好的"解释结果"引导着解释方法的选择与运用,对解释过程起到决定性作用。① 劳东燕教授提出"前瞻性分析法",主张发挥刑法解释的立法功能或法律续造功能,对解释结论所可能产生的后果进行预判,进而形成合理的价值判断与解释规则。② 笔者并不赞同"结果导向"的解释理论。首先,从逻辑上讲,解释结论所引发的深远影响已超出人类的理性认知范围,尤其是在价值多元的网络社会。价值多元与结果预见是一对基本矛盾,各种变量层出不穷且不断叠加、发酵,引发诸多意想不到的结果,凭借人类有限的理性立足于"上帝视角"所设计出的结果很可能是灾难性的。因此,我们不能看到某行为侵犯了利益,造成了损害就将其解释为犯罪,真正需要考虑的是解释的过程、程序以及思维的路径。③ 其次,结果的预见与选择依然属于价值判断范畴,问题在于,结果应由谁来决定?结果应当是什么样的?我们需要解释结论所达到的结果或效果到底应当侧重于哪一方面?在这个问题上,"结果导向"的解释理论只是含混地认为解释结论所产生的结果应当是合理与可接受的,但这个模糊的标准极难拿捏。从这个意义上,自诩与传统解释理论不同的"结果导向"的解释理论,实际上仍不免陷入自说自话的困境。对此,"结果导向"的解释理论想极力证明对结果的考察不仅

---

① 参见桑本谦:《法律解释的困境》,载《法学研究》2004 年第 5 期。

② 参见劳东燕:《能动司法与功能主义的刑法解释论》,载《法学家》2016 年第 6 期。

③ 参见石聚航:《利益法学立场下刑法目的解释的适用》,载《法学论坛》2017 年第 2 期。

是价值判断与利益衡量的过程,也是以客观判断制约主观意志以使其具有合理性的过程。① 所谓的“客观判断”看似是解释者对社会现实的筛选、认知与分析,实际上这些筛选、认知与分析又何尝不听命于解释者的主观意志? 如在解释“经营”的过程中,要考虑互联网时代下经营模式与经济概念的变革,不可将所有具有“营利”与“互联网”特征的非接触性经济行为囊括其中,对于在主业外偶尔从事的网络经济行为,应作出罪处理。最后,“结果导向”解释理论的根本缺陷在于以貌似完美的逻辑掩盖解释结果专断性预设的事实,这使其根本无法承担保障解释结论合理性的重任,且极易成为权力的附庸。“结果导向”的解释理论企图使解释过程和方向看起来水到渠成,但由于解释结论的提前预设,解释过程和方向都是按照既定的程序进行的,充其量只是证成解释结论正当性与合理性的手段,这就决定了解释结论的正当性与合理性是大打折扣的。加之对能动司法或司法续造的过度推崇,“结果导向”的解释理论容易导致刑法滥用的结果,这也是非法经营罪兜底条款滥用的主要原因。由于兜底条款使用了较为模糊的立法方式,为“结果预设”提供了前提,肩负着政治与社会职能的司法者为了追求社会稳定、民众满意等结果,往往不顾及构成要件与法律概念的约束,以看似合情合理的方式将有关联的新型生活事实入罪。这导致在非法经营罪的适用问题上,无论多么精致的解释方法和高超的论证技术都难以取得最佳效果。②

对于非法经营罪兜底条款而言,由于其罪状兼具基底广阔与语言模糊的特点,全面性与逻辑性势必成为解释者所追寻的最高价值,这也使解释结论有可能获得最大限度的共识,不至于超出国民的预测可能性,“法院无论如何应当优先考虑一项可达成共识的解释,亦即能够得到尽可能多的赞同的解释”③。与预设结果相比,铺设路径是更为稳妥

① 参见姜涛:《刑法解释的基本原理》,法律出版社 2019 年版,第 74 页。

② 参见葛恒浩:《非法经营罪口袋化的成因与出路》,载《当代法学》2016 年第 4 期。

③ [德]罗尔夫·旺克:《法律解释》(第 6 版),蒋毅、季红明译,北京大学出版社 2020 年版,第 124 页。

且灵活的刑法解释立场,网络社会的多元价值与平台经济的迅猛发展足以打破一切预设结果的幻想,对科学解释路径的规划远比预设缥缈不定的解释结论更加可靠,灵活的解释与全面的考虑则是达致妥当解释结论的不二路径。相较于"结果导向"的解释理论,"路径导向"的解释理论杜绝了解释者肆意将自己的意志注入解释结果与解释方法的企图,减少了解释者个人倾向或偏见所带来的司法不公,将解释主体、解释对象、解释过程、解释结论等众多要素暴露在公众目光之下。这使公众清楚明白地看到解释逻辑的环节与过程,必然会打破"结果导向"解释理论所带来的司法神秘主义,使解释结论更加令人信服,而这正是非法经营罪兜底条款解释过程中所极度欠缺的。在兜底条款解释过程中,解释者需要尽最大的注意义务考虑到与案件相关的诸多因素,对不同因素的考虑与分析不可避免地会生成不同的目的或倾向,这些不同的目的或倾向可比作不同方向发散的力。在具体案件的语境中,一部分力相互叠加成为合力,另一部分力相互排斥进而互相抵消削减,在各种力的综合作用下,最终得出解释结论。通过预设好的解释路径,我们得出的解释结论只需要满足国民的预测可能性与规范的可能文义即可。

(三)情境层面:功能主义的刑法解释理念

在刑事司法过程中,决定裁判结论的并不仅是规范,还包括情境,哈耶克认为,"在审判过程中,法官不得不推出他的结论,但不是仅从明确的前提中推出结论,而是从一种情境逻辑中推出结论"①;波斯纳也持有类似看法:"规则的一个主要局限就是在解决纠纷的思维中屏蔽了纠纷的诸多潜在关联因素,于是适用规则时必须不考虑纠纷的具体情境,而这经常使规则的基础价值无法完美实现。"②所谓情境,就是

---

① [英]弗里德利希·冯·哈耶克:《法律、立法与自由》(第1卷),邓正来等译,中国大百科全书出版社2000年版,第180页。

② [美]理查德·A.波斯纳:《法理学问题》,苏力译,中国政法大学出版社2002年版,第121页。

指与刑法评价相关联的主客观情况,“任何人都不可能根据某个单一的、绝对的因素或原因去解释法律制度,一系列社会的、经济的、心理的、历史的和文化的因素以及一系列价值判断,都在影响和决定着立法和司法”①,以单一因素去阐明复杂现象的逻辑都是荒谬的,情境逻辑则强调将规范放在情境中去理解和阐释,避免过于司法的形式化与逻辑的单一化。

古典时代的刑事法治强调规范文本的基础性地位,主张从规范内部阐释文义内涵,由此形成的解释论以形式逻辑为基础,将刑法适用视作单纯的涵摄过程。自20世纪以来,社会结构发生变化,公民自由维护不再是刑法的唯一功能,社会风险越来越受到关注,刑法的预防功能受到青睐。随着刑法稳定性与社会变动性之间裂痕的加大,学界开始反思三段论式的形式逻辑并追求实质正义,由此,包括利益法学、现实主义法学,后现代法学等在内的法学流派渐次出现,这些流派倡导非规范解释论,反对概念主义的思维范式,认为法律解释是制度与权力结构的产物,并非纯粹的逻辑过程。在此基础上,功能主义刑法观得以成形。功能主义的刑法观不承认固定不变的结构或本体,强调积极应对日益复杂化的外部环境,注重刑法的应变能力与社会功能,推动新情境中刑法的自我进化。② 作为功能主义刑法观的下位概念,功能主义的刑法解释理念避免了刑事司法与现实社会的疏离,增强了刑法的社会适应性,刑法规范的解释不再只是本体论意义上的逻辑推理,而是以揭示事物客观本质为导向的功能主义展开。正如劳东燕教授所言,功能主义的刑法解释理念并未丢弃形式逻辑,而是主张全面对接社会需求,强调形式逻辑受价值判断的支配,体现规范解释的功利性与实用性,进而服务于合理解释结论的得出。③

---

① [美]E. 博登海默:《法理学:法律哲学与法律方法》,邓正来译,中国政法大学出版社1999年版,第199页。

② 参见劳东燕:《刑事政策与功能主义的刑法体系》,载《中国法学》2020年第1期。

③ 参见劳东燕:《能动司法与功能主义的刑法解释论》,载《法学家》2016年第6期。

在非法经营罪兜底条款的解释过程中,除规范因素的考虑外,还应当围绕该罪所保护的法益对关联因素进行考察,任何严重破坏市场交易管理秩序的行为都有可能构成非法经营罪。非法经营罪成立的前提是"违反国家规定",这就要求犯罪的成立以行为违反前置法为前提。根据"法秩序统一原理",为了排除部门法之间的矛盾,法规范之间应实现目的的统一,即便如此,由于各个部门法具有不同的目的、价值与机能,不同法域内的违法性也具有相对的独立性,不存在贯通整个法秩序的"一般违法性"。事实上,刑事违法性的判断也呈现出相对独立的趋势,如《刑法修正案(十一)》删除了刑法第 141 条和第 142 条中关于假药与劣药的认定须依照相关前置法的规定。因此,尽管非法经营罪的成立以"违反国家规定"为前提,但某一行为"违反国家规定"并不必然构成非法经营罪,即"违反国家规定"是非法经营罪成立的必要非充分条件。若要将某一行为纳入非法经营罪兜底条款的规制范围,需要着重考察其刑事违法性,具体来说,就是探讨"情节严重"的具体内涵。应当说,非法经营罪兜底条款屡受诟病的主要原因就在于对行为实质危害性考察的失当,即"只关注行为的属性是否具备以及行为的量是否达到了值得处罚的要求,而很少关注具体的行为在其实施的市场条件下,是否具有扰乱市场秩序的性质"①。自进入平台经济时代,传统定量因素的滞后性越发明显,往往无法准确衡量网络经济行为的真实危害性。以有偿删帖为例,根据《关于办理利用信息网络实施诽谤等刑事案件适用法律若干问题的解释》第 7 条的规定,司法机关仅按照非法经营数额认定是否达到情节严重的程度,且没有列明具体的行为方式。实践中,有偿删帖的情形多样,非法经营数额的单一标准不足以全面评价其危害性,对于专门从事非法删帖业务,破坏正常市场竞争秩序且牟利巨大的"网络公关公司",有必要认定为非法经营罪。但对于多数合法设立的公关公司而言,删除来源不明、不属实甚至侵权的帖子是开展品牌维护和危机公关的重要手段,并未扰乱市场秩序,即便数额达

① 郑勇:《非法经营罪的扩张:原因及其对策》,载《中国刑事法杂志》2018 年第 1 期。

到了《关于办理利用信息网络实施诽谤等刑事案件适用法律若干问题的解释》第7条规定的标准,也不应当认定为非法经营罪。因此,在考察非法经营行为情节是否严重时,要根据具体情境,全面考察相关的规范外因素对行为定性的影响,包括但不限于基本刑事政策、特定时期的经济政策、特定行业的培育导向、区域经济协调等因素。值得注意的是,对上述规范外因素的考察必须建立在尊重市场规律,厘清政府与市场关系的基础之上,在认知层面实现政府由资源分配者向秩序监管者的转变,使资源配置依据市场规则、价格、竞争实现效益的最大化。

(四)限缩层面:合宪性的刑法解释理念

"去中心化"与功能主义的刑法解释理念是实质解释立场在非法经营罪兜底条款中的贯彻,借助兜底条款自身所具有的张力,为非法经营罪的有效适用开拓了必要的解释空间。与此同时,解释立场与方法的中立性并不天然地具有适用的正当性,正如魏德士所言:"对于法律工作者而言,对方法的忠诚起着自我监督的作用。当'法律适用的精神和目标'毫无约束地专行时,方法就发挥着报警器的作用。反之,如果赋予法律适用自身以单独的'精神',那么已经意味着踏上了非理性的道路。"[①]为此,有必要对趋向无节制的刑法实质化解释保持警惕,在不抵牾刑法条文的可能含义,戴着规范的"镣铐"跳舞的同时,还要立足于法秩序统一原则,使刑法解释处于宪法的统摄之下,以合宪性解释解决刑法解释的分歧,构筑刑法解释限度的外部框架,进而为刑法解释结论的正当性背书。

从刑法与宪法的关系看,作为下位法的刑法理应受到宪法的制约,其中包括对刑法解释的制约。因此,宪法的基本精神和价值安排不仅体现在刑法立法中,也应体现在刑法解释中,法官有权在刑法解释过程中充分考虑宪法,使刑法解释的结论不超出宪法所宣示的基本价值、精

---

① [德]伯恩·魏德士:《法理学》,丁晓春、吴越译,法律出版社2013年版,第283页。

神与秩序。劳东燕教授将运用合宪性解释的案件分为两类:一类是旨在确保国家履行保护义务的案件;另一类是旨在限定刑法解释边界的案件。[①] 笔者认为,这种划分将刑法的存在意义局限在秩序价值或人权价值,且认为理性能够人为地将体现不同价值的罪名划分开来,进而动用不同的合宪性解释策略,事实上,在运用合宪性解释之前已经对案件作出了预断,合宪性解释只是证成法官逻辑推定与价值判断的工具。从宪法的视角来看,《宪法》既通过第2章赋予公民一系列权利,也通过第28条与第53条为公民设定义务,以维护国家与公共利益。与之相对应,《刑法》第1条开宗明义地提出刑法的目的是“惩罚犯罪,保护人民”,第2条列举了刑法的任务。由此可见,宪法与刑法均没有将权利保护与秩序维护相对立,而是体现出立法目的与价值的复合性。对于刑法而言,一方面,当暴力、胁迫、奴役、控制侵犯或威胁人们的自主权时,刑法应保护人们免受这些行为的困扰;另一方面,刑法被允许或要求防止对某种自主生活的形成造成障碍,刑法不应被用来强制人们从事自主性的生活,否则只能适得其反。[②] 非法经营罪既具有对非法经济活动的合规性管制功能,又具有对合法或创新性经济活动的鼓励保护功能,对某种功能的倾向或者对某种法益的保护是运用合宪性解释的结果,而非原因,只有以宪法精神与价值全面解读案件事实,排除显失公平的解释结论,才能建立起合宪性解释与刑法功能发挥或法益保护的关联。

有论者认为,若要在形式上贯彻合宪性解释,借助于文义解释就够了,只要解释结论没有超出刑法用语的含义范围,就在形式上达到了合宪性解释的要求;在实质上,合宪性解释的贯彻要求在刑法用语含义范围内选择适合当下案件解决的文义,目的解释承担着从实质上贯彻合宪性解释的重要任务。[③] 这种观点将合宪性解释的运用完全寄托在文

---

① 参见劳东燕:《功能主义刑法解释的体系性控制》,载《清华法学》2020年第2期。

② 参见[英]杰瑞米·侯德:《阿什沃斯刑法原理》,时延安、史蔚译,中国法制出版社2019年版,第60页。

③ 参见苏永生:《刑法合宪性解释的意义重构与关系重建——一个罪刑法定主义的理论逻辑》,载《现代法学》2015年第3期。

义解释与目的解释中，不仅混淆了文理解释与论理解释的界限，更是将合宪性解释直接等同于“文义解释 + 目的解释”的综合体，从而剥夺了合宪性解释的独立性与必要性。目的解释有助于消弭概念法学所造成的刑罚漏洞，但会导致司法权对立法权的僭越，削弱罪刑法定的制约机能，威胁刑法适用的安定性，导致刑法解释实质化倾向的泛滥。其实，规范目的的多元性使解释者在“字面目的”、“主观目的”与“客观目的”之间徘徊，使目的解释的适用存在重大分歧，甚至成为一种任意解释。事实上，合宪性解释提出的主要目的就是通过上位法对下位法的制约，实现对目的解释的外部控制。根据瑞士学者 Campische 和 N. Müller 的观点，一共有三种合宪性解释规则：第一是“单纯解释规则”，即法官在依法裁判时，宪法相关规定在法律解释时直接发生一定影响；第二是“冲突规则”，即法官在数种可能的法律解释中优先选择与宪法内容相符者；第三是“保全规则”，即当法律有违宪嫌疑而有数种解释可能性时，违宪审查机关选择不违宪的解释。[①] 我国实际上运用的是前两种解释规则，即直接引用宪法具体条文的规定或根据宪法基本原则与精神进行合宪性解释。其中，借助“冲突规则”，法官立足于宪法衡量包括目的解释结论在内的所有可能的解释结论，匹配出最合乎宪法基本原则与精神的解释结论，若目的解释与之相契合，则予以采纳，反之则予以摒弃。这不仅是合宪性解释的具体路径，也是对目的解释的控制性设计。

除“单纯解释规则”与“冲突规则”的形式路径之外，在解释非法经营罪兜底条款的过程中，还应规划合宪性解释应用的实质路径，其核心在于对秩序维护或权利保护的取舍。笔者认为，在社会危害性层面，不法行为须具备严重的社会危害性且通过前置法无法较好的规制；在规制必要性层面，不法行为须大量发生甚至形成趋势，达到了社会无法容忍的程度，不予规制将使社会秩序遭受严重破坏。传染病期间囤积居奇、哄抬物价的行为不仅使民众无法及时获得防护用品，更会妨害疫情

---

① 苏永钦：《合宪性控制的理论与实际》，台北，月旦出版公司 1994 年版，第 84 页。转引自黄卉：《合宪性解释及其理论检讨》，载《中国法学》2014 年第 1 期。

防控效果,造成社会恐慌,危及民众的生命健康安全及国家的稳定。更重要的是,特殊时期的此类行为具有极强的传染性,若不予及时制止,将会引发一系列连锁反应,产生远比个体行为更大的危害性。因此,此类行为兼具社会危害性与规制必要性,在合宪性解释中应向秩序维护倾斜。在"肖某凤非法经营案"①中,则诠释了合宪性解释的除罪及权利保护功能,一审法院认为,国务院颁发的《危险废物经营许可证管理办法》第 2 条要求从事危险废物收集、贮存、处置经营活动的单位,应当领取危害废物经营许可证,废机油是危险废物,属于限制买卖的物品。由于肖某凤未取得相应的资质,属于未经许可经营国家限制买卖的物品,构成非法经营罪。二审法院认为一审判决定性不当,改判为污染环境罪。二审判决无疑是正当的,尽管司法解释将非法买卖外汇、骗购外汇、非法经营出版物等情况纳入非法经营罪的打击范围,但尚未就无证经营废机油等情况出台司法解释,定罪缺乏明确的法律依据。肖某凤经营数额虽较大,但产品并无质量问题,经营对象也较为特殊,销售对象仅限一家公司,并未对市场秩序造成严重破坏。从刑法谦抑以及社会危害性考量的角度看,肖某凤行为的社会危害性并未上升到刑法规制的层面。从规制必要性的角度看,非法经营废机油的行为并未大量出现,对市场秩序的冲击较小,对于此类偶发性的不法行为,最高司法机关没有出台相应的司法解释予以规制,因此,肖某凤的行为缺乏规制必要性。

---

① 案情:肖某凤在上海宝山区开办了一家专门从事废机油加工处理业务的企业,但并未取得相应的经营危险废物的资质。2012 年,福建龙岩浩新能源有限公司与肖某凤建立了长期合作关系,此后肖某凤企业生产的产品基本由该公司统一收购,随着生意的红火,肖某凤雇用多人协助其装卸、过滤、处理废机油。截至案发,肖某凤非法经营的数额共计 1318.29 万元。详见北大法宝司法案例"肖某凤非法经营案—无证经营非专卖、限制买卖商品不宜认定为非法经营罪",https://www.pkulaw.com/pfnl/a6bdb3332ec0adc46f198b1235460b406e6215b55551047bbdfb.html?keyword=%E9%9D%9E%E6%B3%95%E7%BB%8F%E8%90%A5%E7%BD%AA%20,最后访问日期:2021 年 10 月 9 日。

Reconstruction of the Explanation Idea of the Crime of Illegal Business Operation

—Advocate of the Concept of "Response-constriction" Dual Interpretation of Criminal Law

Guo Wei

[**内容摘要**]非法经营罪的兜底条款经常被视为该罪滥用的根源，然而兜底条款承接了投机倒把罪规范经济运行的功能，是当前政府调控市场经济的利器，具有历史与现实的必要性。非法经营罪保护的法益不应局限于特定经营活动的行政许可制度，应为市场交易管理秩序，兜底条款为法益保护预留了足够的空间。由于依赖"本质"概念，类型解释理论有生成类推解释结论的风险，导致非法经营罪沦为"口袋罪"。"回应—限缩"二元刑法解释理念可将非法经营罪兜底条款的适用限制在妥当范围之内。在法教义学层面，秉持"去中心化"及"路径导向"的刑法解释理念，在社科法学层面，秉持功能主义及合宪性的刑法解释理念，通过不同层面内刑法解释理念回应与限缩效能的博弈，妥当划定非法经营罪兜底条款的犯罪圈。

[**关键词**]非法经营罪；兜底条款；类型解释；去中心化；功能主义

Abstract: The bottom-saving clause of the crime of illegal business operation is often regarded as the root of its abuse, However, the bottom-saving clause has the function of regulating the economic operation of the crime of speculation and profiteering. It is a sharp tool for the current government to regulate the market economy and has the historical and realistic necessity. The legal interest protected by the crime of illegal business operation should not be limited to the administrative licensing system of specific business activities, but should be the order of market transaction management. Relying on the concept of "essence", type interpretation theory has the risk of generating analogical interpretation conclusions, which leads to the crime of illegal business operation being reduced to "mouth crime". The concept of "response-limit" dual interpretation of criminal law can limit the application of the provisions of illegal business crime to the proper scope. At the level of legal doctrine, it holds the concepts of "decentralization" and "path orientation", at the level of social science law, it holds the concepts of functionalism and constitutionality of criminal law interpretation. Through the different levels of the criminal law interpretation concept response and the game of limiting the effectiveness of the appropriate delineation of illegal business crime to the bottom of the provisions of the criminal circle.

Keywords: The Crime of Illegal Business Operation; The Bottom-saving Clause; Type Interpretation; Decentralized; Functionalism

袭警罪的实务检视与规范适用[*]

李永升[**]　安军宇[***]

目　　次

一、背景与问题

早在20余年前，根据公安部的建议，国家立法工作机构就曾经在刑事立法工作调研中研讨过应否增设袭警罪的问题。[①] 基于《刑法》规定的妨害公务罪已经涵盖了对袭警行为的规制，而且警察之外的法官、检察官以及税收征管等工作人员，由于其在履行职责时遭到暴力抗拒

---

* 基金项目：国家社科基金重点项目“认罪认罚从宽制度的刑法应对研究”(20AFX012)。

** 西南政法大学法学院教授、博士生导师。

*** 西南政法大学金融刑法研究中心助理研究员。

① 参见赵秉志主编：《〈刑法修正案(十一)〉理解与适用》，中国人民大学出版社2021年版，第245页。

甚至被袭击的情况也时有发生,比较而言,警察的自我防护手段、执法装备保障、对暴力抗法或袭警人的追究能力等相比其他执法主体更强。[①] 所以,长久以来立法者都对袭警罪的增设问题持审慎态度。但近些年来我国袭警案件呈现出高发态势,并且案件中的暴力程度也有所增加,根据公安部统计,仅 2020 年我国公安机关就有 315 名警察、165 名辅警因公牺牲,4941 名警察、3886 名辅警因公负伤。在此背景下,为了遏制频繁发生的袭警行为,有效维护警察的执法活动,2020 年 12 月 26 日通过的《刑法修正案(十一)》终于将《刑法》第 277 条第 5 款修订为袭警罪,即"暴力袭击正在依法执行职务的人民警察的,处三年以下有期徒刑、拘役或者管制;使用枪支、管制刀具,或者以驾驶机动车撞击等手段,严重危及其人身安全的,处三年以上七年以下有期徒刑"。

诚然,袭警罪的增设确实在一定程度上有助于发挥刑法的事前预防功能,遏制袭警行为的发生,但却不可避免地却引发了关于袭警罪的诸多理论争议。例如,有的学者指出"袭警罪的增设无非是想解决之前刑法对袭警行为处罚力度过轻的问题。然而,这一'补漏'性质的修复措施却带来了新的罪刑失衡问题。比如说,同样是公务员甚至是司法工作者,我国刑法中却并没有'暴力袭击法官、检察官的',构成犯罪,也没有'暴力袭击政府官员的',构成犯罪等类似规定"。[②] 与之相反,也有学者认为袭警罪的新设具有积极的正面意义,不仅增强了条款的平衡性与协调性,而且有利于实现"轻轻重重"的刑事政策价值取向。[③] 除此之外,学界还对于袭警罪的成立条件以及加重法定刑的适用标准展开了激烈的理论争辩。至今仍未就上述问题达成共识。但法律终究是一种实践产物。[④] 与其不遗余力地对袭警罪进行纯粹的学理分析,不如深入我国司法实践,对袭警罪的实践运行进行全面地考察与

---

① 参见王爱立主编:《中华人民共和国刑法条文说明、立法理由及相关规定》,北京大学出版社 2021 年版,第 1042 页。

② 刘宪权:《刑法学名师讲演录》(第 3 版),上海人民出版社 2021 年版,第 723 页。

③ 参见李翔:《袭警罪的立法评析与司法适用》,载《上海政法学院学报(法治论丛)》2022 年第 1 期。

④ See Scott J. Shapiro, *Legality*, Harvard University Press, 2011, p. 44.

反思,进而针对其实务认定中的痛点与难点提供有效的解决方案。因此,本文将以袭警罪的判决书为样本,在全面梳理袭警罪认定现状的基础上总结其认定分歧,并以袭警罪的保护法益为指引,对其构成要件进行规范解读。

二、袭警罪的认定现状

笔者采集的关于袭警罪的相关判决书共计420件。[①] 实证研究发现,人民法院在定罪阶段对袭警罪采取了扩张适用的态度;在量刑阶段对相关的从重情节尽量限制适用,对从轻情节则宽松适用,以便实现刑罚的轻缓化。

(一)定罪情况

样本中的绝大多数案件都认为本罪是危险犯,只要行为对警察的职务执行或身体健康造成了危险,即使该行为未造成轻微伤也构成袭警罪,这样的案件共计265件;也有少部分案件在行为造成轻微伤或轻伤的情况下,才认定该行为构成袭警罪,此类案件共计155件。

1. 未造成轻微伤的案件共计265件

这类案件大部分认为本罪属于抽象危险犯,是立法者根据日常生活经验的积累,将那些对法益具有典型危险性的行为抽象化、类型化的结果;只要行为人实施了暴力袭警行为原则上就对本罪法益形成了抽象危险,就符合本罪的构成要件。正如有的判决书所言:"袭警罪的成立不以实际造成的损害后果为构成要件,对其造成的损害后果只需在量刑时予以考虑。"[②]通过归纳分析发现,这些案件大致表现为下述两种类型。其一,有关推搡、抓挠等手段的案件共计36件。这些推搡、侮

① 笔者以袭警罪为关键词,在中国裁判文书网中搜索了相关判决书,共搜集判决书420个(截至2021年11月24日)。

② 参见山东省烟台市莱山区人民法院刑事判决书,(2021)鲁0613刑初第42号。

辱等行为通常难以造成轻微伤。例如,在王某袭警案件中,王某在警察执法过程中,多次辱骂、推搡警察,法院认定王某的行为属于暴力袭警。① 常某袭警案件中,常某酒后乘出租车返回暂住的小区时,因车费与出租车司机发生纠纷,司机报警后,警察出警并将常某带至派出所,常春趁警察联系其家属不备之际,打了警察左脸一巴掌,法院认定该行为属于袭警罪。② 其二,有关撕咬、踢踹等手段的案件共计 93 件。这些行为大致都能够造成轻微伤。例如,在郑某袭警案件中,郑某的丈夫黄某因害怕饮酒驾车被查,便将车辆停在路边准备与郑某互换位置,警察发现异常随即上前核查,郑某坐到驾驶位置意图冒充驾驶员,并且不配合警察调查,意欲离开现场,警察上前控制郑某时右臂被郑某咬伤,法院认定郑某的行为属于暴力袭警。③ 刘某袭警案件中,刘某在被控制时踢踹警察,致两名警察腿部受伤。辩护人提出,刘某的行为未造成严重后果,不应被认定袭警罪。但法院认为暴力袭警行为是否造成严重后果并非袭警罪的必要构成要件,本案中刘某的行为妨害了警察的正常执法工作,损害了警察执法权威,应以袭警罪论处。④

此外,还有 136 个案件认为本罪属于具体危险犯,在这类案件中司法机关会着重考虑袭警行为是否对本罪法益造成了具体危险,其行为通常表现为掐脖、殴打等手段。这些行为的危险性较高,通常能够造成轻伤及以上后果。例如,张某袭警案件中,因张某与车站验票员发生争执,警察上前制止,张某不听劝阻,并用右手掐住警察的脖子,将警察推倒在安检仪传送带上,法院认定其行为属于暴力袭警。⑤ 董某袭警案件中,董某无证驾驶小型普通客车,未按照警察指示停车接受检查,直接通过检查站,警察上前拦停该车辆时,董某驾驶车辆加速右转逃离。法院指出,董某在警察手扶其车窗的情形下,依然拖拽警察并加速右转逃离,

① 参见北京市密云区人民法院刑事判决书,(2021)京 0118 刑初第 301 号。

② 参见浙江省宁波市海曙区人民法院刑事判决书,(2021)浙 0203 刑初第 971 号。

③ 参见四川省简阳市人民法院刑事判决书,(2021)川 0180 刑初第 239 号。

④ 参见北京市通州区人民法院刑事判决书,(2021)京 0112 刑初第 539 号。

⑤ 参见河南省郑州市铁路运输法院刑事判决书,(2021)豫 7101 刑初第 145 号。

这对警察的人身安全造成极大危险性,因此其行为属于暴力袭警。[①]

2. 造成轻微伤或轻伤的案件共计 155 件

根据行为造成的损害后果以及行为本身的危险程度,可将本类案件分为下属三种类型:造成轻微伤且手段普通的案件、造成轻微伤且手段危险的案件以及造成轻伤且手段危险的案件。

其一,造成轻微伤且手段普通的案件共计 96 件。例如,周某袭警案件中,周某酒后因琐事与邻居发生矛盾,警察接报警赶赴现场后,周某拒不配合警察工作,通过强行关门的方式将警察的左手夹伤,经鉴定该伤情为轻微伤。[②] 贾某袭警案件中,贾某因对村书记不满,拿起事先准备好的烧纸和打火机,准备在村委会院内烧纸钱,警察上前制止,贾某拒不配合工作,咬警察的手背,经鉴定该伤情为轻微伤。[③]

其二,造成轻微伤且手段危险的案件共计 56 件。例如,黄某袭警案件中,警察在处置黄某与顾某的租房纠纷过程中,黄某在屋外推搡警察,并在进屋后用右手掐住警察的脖子,致警察颈部被抓伤,经鉴定该伤情为轻微伤,法院认定其行为属于暴力袭警行为。其理由在于,从黄某行为的积极性、主动性、攻击的部位及造成轻微伤的危害后果来看,其行为危及了警察的人身安全,侵犯了警察的执法权威,显属本罪规定的"暴力袭击"。[④] 同样,在曹某袭警案件中,曹某驾驶一辆未悬挂号牌的轻便二轮摩托车在非机动车驾驶道上行驶时,警察向曹某伸手示意其停车,曹某为逃避处罚在驾车加速逃跑的过程中用车辆冲撞警察,致警察倒地受伤,经鉴定该伤情为轻微伤。[⑤]

其三,造成轻伤且手段危险的案件共计 3 件。例如,张某袭警案件中,张某拒不配合警察让其停车进行酒精呼气测试的要求,驾驶车辆加速逃离现场,在驾车逃离过程中将警察刘某 1 带倒在地;将车前的辅警

---

① 参见北京市房山区人民法院刑事判决书,(2021)京 0111 刑初第 762 号。
② 参见北京市东城区人民法院刑事判决书,(2021)京 0101 刑初第 487 号。
③ 参见北京市房山区人民法院刑事判决书,(2021)京 0111 刑初第 671 号。
④ 参见上海市崇明区人民法院刑事判决书,(2021)沪 0151 刑初第 302 号。
⑤ 参见上海市徐汇区人民法院刑事判决书,(2021)沪 0104 刑初第 530 号。

刘某 2 撞伤。经鉴定,刘某 1 的伤势为轻微伤;刘某 2 的伤势为轻伤。法院认定其行为属于加重款的暴力袭警行为。①

(二)量刑情况

样本案件显示,司法实践对袭警罪的量刑总体呈现出轻缓化的趋势,但也会根据行为所造成的损害后果(如有无轻微伤或轻伤)以及行为本身的危险程度来微调量刑结果。

1. 未造成轻微伤的 265 个案件量刑整体偏轻

样本中以危险犯认定的案件,行为的性质与刑罚的轻重直接关联,当行为的手段越危险时刑罚就会越严厉。但量刑在整体上仍然显著偏轻,有 76 件被判处拘役;182 件被判处 1 年以下有期徒刑;7 件被判处 1 年以上有期徒刑。具体而言,样本案件中以推搡、抓挠等手段袭警的有 36 件,都只被判处拘役;以撕咬、踢踹等袭警的有 93 件,有 25 件被判处拘役,有 65 件被判处 6 个月至 1 年有期徒刑,3 件被判处 1 年以上有期徒刑;以掐脖、殴打等手段袭警的有 136 件,有 15 件被判处拘役,有 117 件被判处 6 个月至 1 年有期徒刑,4 件被判处 1 年以上有期徒刑。(见表 1)

表 1　未造成轻微伤的样本案件量刑情况

单位:件

行为手段	量刑			总计
	拘役	1 年以下有期徒刑	1 年以上有期徒刑	
推搡、抓挠等手段	36	—	—	36
撕咬、踢踹等手段	25	65	3	93
掐脖、殴打等手段	15	117	4	136
总计	76	182	7	265

① 参见上海市闵行区人民法院刑事判决书,(2021)沪 0112 刑初第 1184 号。

此外,为了实现本罪量刑的轻缓化,法院也会扩张适用法定或酌定从宽处罚情节。例如,就警察的谅解而言,在袭警罪增设之前,部分法院认为其不能作为妨害公务罪的酌定量刑情节,因为妨害公务罪保护的法益是国家公务的顺利执行,而不是警察的人身安全;但在袭警罪增设之后,法院通常都会将其作为袭警罪的酌定从宽量刑情节,甚至还有公诉机关认为能否得到警察的谅解会直接影响被告人能否适用缓刑。[①]

2. 造成轻微伤或轻伤的155个案件量刑相对较重

对警察造成轻微伤或轻伤是本罪的酌定从重处罚情节,这是样本中多数案件所形成的共识。在造成轻微伤的148个案件中,有128件被判处有期徒刑,只有24件被判处拘役;在造成轻伤的3个案件中,1件被判处1年以下有期徒刑,2件被判处3年以上有期徒刑。值得注意的是,之所以有24件被判处拘役,其原因在于这类案件的行为手段并不危险,多是推搡、撕咬等手段,通常情况下难以造成较为严重的损害后果。这意味着如果行为的手段较为危险且造成了轻微伤,那么该行为通常都会被判处有期徒刑。(见表2)

表2　造成轻微伤或轻伤的样本案件量刑情况

单位:件

结果	行为手段	量刑			总计
		拘役	1年以下有期徒刑	1年以上有期徒刑	
轻微伤	一般手段	24	64	5	93
轻微伤	危险手段	—	53	6	59
轻伤	危险手段	—	1	2	3
总计		24	118	13	155

综上所述,实务在认定袭警罪时会格外考察行为对警察所造成的伤害后果,如果行为已经对警察造成较为严重的伤害(如轻微伤及以

① 参见湖南省道县人民法院刑事判决书,(2021)湘1124刑初第117号。

上后果),那么,该行为通常会被认定为暴力袭警;反之,对于没有严重人身危害性的行为(如推搡、抓挠等行为),法院通常不会将其认定为袭警罪。同样,法院在量刑时也会考虑行为对警察所造成的伤害后果,在行为已经造成轻微伤的情形下,法院通常会对其判处6个月以上有期徒刑,如果造成轻伤的话,甚至会被判处3年以上有期徒刑;反之,在行为没有造成轻微伤的情形下,法院则有可能会对其判处拘役,甚至适用缓刑。

三、袭警罪的认定分歧

(一)基本款的认定分歧

其一,"暴力袭击"的认定,实践中主要存在"形式说"与"危险说"。(1)"形式说"认为,在认定"暴力袭击"时无须考虑行为的法益侵害性,只要行为在外观上具有暴力袭击的形式即可。例如,闻某袭警案件中,闻某因琐事与其妻发生纠纷,后其妻报警求助,警察到达现场后,闻某对警察进行辱骂、推搡及撕扯警服,法院认定闻某的行为属于"暴力袭击"。① (2)"危险说"主张,"暴力袭击"应当是对人身安全具有危害性的行为,而不能是单纯的推搡、辱骂行为。例如,刘某袭警案件中,刘某在警察执行职务过程中使用手机投掷警察的左侧胸口。法院认为从执法录像及手机被摔的程度可以看出,刘某投掷手机的力度较大,其行为对警察具有一定危害性,故而属于暴力袭警行为。②

其二,"正在依法执行职务"的判断,存在分歧的主要是执行职务的时间问题以及合法性问题。(1)执行职务的时间问题。对于该问题,多数判决采取"严格说",其认为"正在执行职务"既不包括执行职务的准备行为,也不包括执行职务完毕后的行为;但也有判决主张"关联说",其认为即使职务已经执行完毕,但如果之后行为与原先职务具

① 参见北京市朝阳区人民法院刑事判决书,(2021)京0105刑初第2835号。

② 参见北京市昌平区人民法院刑事判决书,(2021)京0114刑初第1036号。

有关联性,其也应被视为职务行为。例如,袁某某袭警案件中,警察上午11时对袁某某妻子经营的麻将馆治安清查,袁某某得知后因不满警察执法于下午4时到达派出所欲与警察理论,警察见其喝了酒,便要求其先回家醒酒之后再向其解释。之后袁某某坐在派出所院内的台阶上,继而和警察发生争吵,并脱掉自己外套后扑向警察,双臂绕着警察颈部,对警察实施抱摔、压制等行为。法院认为袁某某到派出所闹事是妨害警察执行职务行为的延续,其行为构成袭警罪。[①] (2)执行职务的合法性问题。其中,有较大争议的是瑕疵执法问题。实践中有判决认为,一般的不文明执法并不阻却袭警罪的成立,而只能作为酌定从宽处罚情节在量刑时适用。例如,袁某某袭警案件中,法院以及辩护人都认为警察存在执法不文明、使用不雅言语激怒袁某某的事实,但该事实不能阻却袭警罪的成立,而只能在量刑时应作为从宽处罚情节予以考虑。[②]

其三,"警察"的范围,则存在"类推适用说"与"身份说"之争。(1)"类推适用说"认为,应根据行为的内容、性质实质地判断人民警察的范围。按照这种观点,由于辅警和警察执法时强调的是执法一体化的概念,辅警在执行职务时听从警察指挥,和正在依法执行职务的警察成为一体;此时辅警的行为应视为警察执法行为的延伸,对辅警的暴力袭击就如同对警察的暴力袭击。[③] 但按照这种说法,如果辅警没有和警察共同执法,而只是单独执法的话,暴力袭击辅警的行为就不构成袭警罪。(2)"身份说"认为,"警察,包括治安警察、交通警察、司法警察等各类警察;辅警不是警察,不具备执法主体资格,不能直接参与公安执法工作,只能在警察的指挥和监督下开展辅助性工作,应作为虽未列入国家机关人员编制但在国家机关中从事公务的人员。警察在场的情况下,辅警是配合警察依法执行职务,对辅警进行袭击,符合相关条件

① 参见陕西省铜川市耀川区人民法院刑事判决书,(2021)陕0204刑初第117号。
② 参见陕西省铜川市耀川区人民法院刑事判决书,(2021)陕0204刑初第117号。
③ 参见上海市闵行区人民法院刑事判决书,(2021)沪0112刑初第1161号。

的可构成妨害公务罪”①。

(二)加重款的认定分歧

根据《刑法》规定,“使用枪支、管制刀具,或者以驾驶机动车撞击等手段”,袭击正在依法执行职务的警察,“严重危及其人身安全的”,处3年以上7年以下有期徒刑。由此可见,适用袭警罪加重款时需满足两个条件:一是“使用枪支、管制刀具,或者以驾驶机动车撞击等手段”;二是“严重危及其人身安全”。实务在认定“使用枪支、管制刀具,或者以驾驶机动车撞击等手段”时很少存在争议,但对于如何理解“严重危及其人身安全”则存在“行为说”与“结果说”的对立。

“行为说”主张应当从行为的危险性层面出发,将“严重危及其人身安全”解释为对行为手段的限定。例如,刘某某袭警案件中,刘某某驾驶轿车行进时,因有交通违法行为而被在此进行交通执法的警察上前拦停检查,为了逃避检查,刘某驾车逃跑并将警察冲撞在车辆引擎盖上行驶300多米后才被其他车辆拦停。经鉴定,警察伤情不构成轻微伤。法院认为,虽然刘某的行为没有造成严重的死伤结果,但却具有严重危及警察人身安全的可能性,因此,其行为符合袭警罪的加重款规定。②

“结果说”认为应当从结果的维度思考,主张“严重危及其人身安全”是犯罪的客观结果。例如,陶某袭警案件中,陶某驾驶面包车经过查车点时警察示意陶某停车接受检查,陶某不听指示强行驾驶面包车冲过执法点,警察驾车追赶,在路上多次用喇叭喊陶某停车,陶某不听警告并在逃窜过程中撞掉警车的前保险杠,最终在驾车到无路可走时再次被逼停,此后警察将陶某带下车,并将陶某口头传唤至公安机关接受调查。公务机关认为陶某以驾驶机动车撞击、挤别手段,对警察的人身安全就有严重危险性,其行为应构成袭警罪并适用加重法定刑。然

---

① 参见上海市杨浦区人民法院刑事判决书,(2021)沪0110刑初第225号。

② 参见上海市浦东新区人民法院刑事判决书,(2021)沪0115刑初第2605号。

而,法院并不赞同这种观点,其认为虽然陶某驾驶机动车从警车左侧强行驶离,与警车左前方发生了碰撞,但其主观目的系逃离并非故意撞击,而且陶某驾车撞警车的行为也未达到严重危及警察人身安全的程度,其手段方式并没有直接造成严重后果。故陶某存在驾驶机动车撞击的行为,但未造成严重危及警察人身安全的结果。①

四、袭警罪的法益确定

由于刑法的目的是保护法益,犯罪的本质是法益侵害,所以,为了有效达成保护法益的刑法目的,在对犯罪构成要件进行解释时,就应当将保护法益作为解释基准,从如何能够最恰当地保护法益的角度进行思考。② 换言之,个罪的保护法益是犯罪构成要件目的解释的指引和依归,它对于厘清犯罪的认定分歧以及成立范围都具有关键作用。③ 因此,为了有效化解前述袭警罪的认定分歧,也需事前确定袭警罪的保护法益。关于袭警罪的保护法益,当前主要存在单一说与复合说之间的对立。其中,单一说又可以分为"公务说"与"人身安全说"。

(一)单一说及其不足

"公务说"是刑法理论中的主流观点,其认为袭警罪的保护法益是警察的公务或者说警察的执法权,立法者设置袭警罪的目的在于保障警察公务的顺利执行,维护警察的执法权威和执法尊严。④ 其理由在于:一方面,从条文的体系定位来看,立法者将袭警罪与妨害公务罪规定在同一条文中,所以袭警罪的保护法益也应与妨害公务的保护法益

---

① 参见湖南省湘乡市人民法院刑事判决书,(2021)湘 0381 刑初第 163 号。

② [日]井田良、丸山雅夫:《刑法案例研究》,日本评论社 2019 年版,第 59 页。

③ [日]日高义博:《刑法总论》,成文堂 2020 年版,第 13 页。

④ 参见钱叶六:《袭警罪的立法意旨与教义学分析》,载《苏州大学学报(哲学社会科学版)》2021 年第 5 期。

保持协调,而妨碍公务罪的保护法益是国家机关工作人员的公务,故而袭警罪的保护法益也应与警察的公务息息相关。另一方面,警察的公务具有特殊性,它以维护社会秩序、保护国民利益为目的,其能否圆满顺利执行,攸关社会秩序的稳定与国民利益的实现,也考验着国民对于政府执行公务的信心,因此警察职务的执行必然要比一般人事务的执行受到更大的保护。

但"公务说"的观点存在可商榷之处。其一,从条文与规范的关系来看,立法者将袭警罪与妨害公务罪规定于同一条文,只能表明袭警罪与妨害公务罪的保护法益具有关联性,但不能由此推论出袭警罪的保护法益完全等同于妨害公务罪的保护法益。立法者在同一条文中设立两个法益不完全相同的罪刑规范,这并非稀奇之事。由于立法技术的原因,一个条文可能表述数个罪刑规范,同样数个条文也可能只表达一个罪刑规范,条文与罪刑规范之间的关系错综复杂,而非一一对应。如使用虚假身份证件、盗用身份证件罪与冒名顶替罪,这两罪都规定在《刑法》第280条,都属于扰乱公共秩序罪,但是两者的保护法益却并不相同,前者是身份证件的公共信用,后者则是高等学历教育入学、公务员录用、就业安置的公正性。[①] 所以,不能因为袭警罪与妨害公务罪都规定在同一条文而认为两者的保护法益完全相同。其二,从构成要件的类型来看,袭警罪的行为类型是"暴力袭击",而妨害公务罪的行为类型是"妨害",对比而言,前者明显比后者对人身安全具有更大的危险性。由此可见,袭警罪的行为类型在一定程度上就蕴含了对人身安全的危害。在此情形下,就很难说袭警罪和妨害公务罪一样都只保护"公务",而不保护警察的人身安全。反之,倘若袭警罪果真不保护警察的人身安全,那么,就没有理由将构成要件规定为"暴力袭击正在依法执行职务的人民警察",而是应当设置为"妨害正在依法执行职务的警察的"。

"人身安全说"是司法实践中的多数说,其主张警察的人身安全是袭警罪的保护法益。在日常生活中,警察在执法时会经常遇到违法犯

---

① 参见张明楷:《刑法学》(第6版),法律出版社2021年版,第1367页。

罪人员,特别是派出所和交通警察等身处执勤执法第一线的警种,在执法执勤、处置群体性事件、盘查嫌疑人过程中,最容易遭受侵害;实践中某些妨害警察执行职务的行为人,从口头挑衅、谩骂、侮辱演变为直接使用棍棒、凶器或者驾驶机动车撞击等手段袭击警察,对警察的身心造成了严重伤害。[①] 因此,随着警察职务范围的延展,警察的执法风险远远高于其他国家机关工作人员,其人身安全更容易受到侵害,所以应当对警察的人身安全进行特殊保护,将袭警罪的保护法益理解为警察的人身安全。

同样,"人身安全说"也存在诸多问题。其一,从体系解释来看,袭警罪虽然已经独立成罪,但立法者依然将其与妨害公务罪置于同一条文,而未将其规定在侵犯公民人身权利、民主权利罪中,所以,应当结合妨害公务罪的法益来理解袭警罪的法益,而不是孤立地对其进行思考。其二,从文义解释来看,袭警罪的罪状表述为"暴力袭击正在依法执行职务的警察",而没有表述为"暴力袭击警察",这意味着法条强调了"正在依法执行职务的"重要性,所以警察的公务才是袭警罪的法益。其三,从立法规定来看,既然刑法没有规定针对一般人的暴行罪,那么,基于公平原则的要求就不能只为了保护警察而特意规定暴行罪,所以袭警罪法益不应等同于暴行罪的法益,即他人的人身安全。[②] 其四,从保护必要性来看,警察的人身安全只是保护公务的反射效果,其没有必要称为单独的法益。[③]

(二)复合说及其提倡

复合说是为了弥补"公务说"与"人身安全说"的不足而提出的观点,其认为袭警罪的保护法益是一种复合法益,它既包括警察的公务,

---

① 参见王爱立主编:《中华人民共和国刑法条文说明、立法理由及相关规定》,北京大学出版社 2021 年版,第 1041 ~ 1042 页。

② 参见张明楷:《袭警罪的基本问题》,载《比较法研究》2021 年第 6 期。

③ 参见[日]日高义博:《刑法各论》,成文堂 2020 年版,第 638 页。

也包括警察的人身安全。[1] 本文赞成“复合说”,并认为其目的在于通过保障警察的人身安全来有效维护公务的顺利执行。

其一,从立法目的来看,立法者将暴力袭警从妨害公务罪中分离出来,并为其设置了较妨害公务罪更重的法定刑,这表明袭警罪的增设不只为了保护妨害公务罪的法益,也在一定程度上保护了其他法益,即警察的人身安全。在《刑法修正案(十一)》颁布之前,暴力袭警本身就属于妨害公务罪的调整对象,其侵犯的法益是警察的公务,学界对此并无太大争议。但在《刑法修正案(十一)》颁布之后,暴力袭警已经被立法者独立成罪,而且为其配置了较之前更为严厉法定刑,在此情形下,如果依然主张暴力袭警所侵犯的法益没有改变,而只是警察的公务,那么这便很难说明立法者的修法意图。此时,较为合理的做法是,应当认为袭警罪的保护法益除了警察的公务之外还包括其他额外法益,即警察的人身安全。正是因为这种额外法益的存在,才使得立法者有必要增设袭警罪,也才能说明袭警罪的法定刑为何较妨害公务罪更为严厉。

其二,从法律逻辑来看,危害结果是保护法益的反面,有何种样态的危害结果就会有何种内涵的保护法益,由于暴力袭警通常都会产生危及警察公务以及人身安全的结果,因此作为袭警罪之危害结果的反面,即袭警罪的保护法益,也应当是警察的公务以及人身安全。在确定个罪的保护法益时,应当以构成要件的危害结果为判断中心,其原因在于立法机关是因为某种行为造成了某种危害结果才将这种行为规定为犯罪,反过来通过观察危害结果的内容就能知道刑法是为了保护何种法益。根据日常生活经验可知,暴力袭警本身就蕴含着对警察公务以及人身安全的双重危害,它借由对警察的人身安全进行伤害,来妨害公务的顺利执行。可见,暴力袭警的危害结果既包含了对警察公务的妨害,也包括对警察人身安全的伤害。因此,作为其危害结果反面的保护法益就是警察的公务以及人身安全。反之,如果认为暴力袭警只会妨

---

① 参见赵秉志主编:《〈刑法修正案(十一)〉理解与适用》,中国人民大学出版社2021年版,第249页。

害警察的公务,而不会危害警察的人身安全,难免会有“视而不见”之嫌。

其三,从后果考量来看,主张袭警罪的保护法益是复合法益,不仅有助于袭警罪构成要件的实务认定,而且有利于实现对袭警行为的行刑分流治理。一方面,由于刑法是为了保护法益而存在,在适用刑法时应当从如何能够保护法益的观点来解释法条,所以,如果主张袭警罪的保护法益是复合法益,那么,在认定袭警罪时就能以“行为的公务妨害性”与“行为的人身危害性”为指引,来判断生活中的事实行为是否具有构成要件该当性。这会为袭警罪的司法认定提供一套行之有效的操作标准。另一方面,复合法益说有利于实现对袭警行为的行刑分流治理。众所周知,我国拥有刑事处罚与行政处罚并行的二元制裁体系,其不同于欧美等国家所实行的单一制裁体系,这使得我国在应对袭警问题时可以采取行刑分流的治理模式。[①] 问题是,何种袭警行为属于行政处罚的调控对象,何种行为属于刑事处罚的制裁对象?本文认为,复合法益说可以有效确定这种治理模式的分流标准。具体而言,可以将有无“行为的公务妨害性”作为袭警行为行政制裁的认定标准,将有无“行为的公务妨害性”与“行为的人身危害性”视为袭警罪刑事处罚的认定标准,以此实现对袭警行为的行刑分流治理。

五、袭警罪的规范适用

(一)基本款的规范适用

其一,暴力袭击的认定。如前所述,实践中关于暴力袭击的认定存在“形式说”与“危险说”之争。其中,“形式说”主张只要行为在外观上具有暴力袭击的样态,即使其没有法益侵害性或者法益侵害性较低,也可被认定为暴力袭击。但这种观点并未得到刑法学界的支持,其主

---

① See David Ormerod & Karl Laird, *Smith, Hogan, and Ormerod's Criminal Law*, Oxford University Press, 2018, p. 40.

要原因是“形式说”与法益保护原则相抵触。具体而言,法益保护原则是刑法的基本原则,它要求任何犯罪都应是严重侵害法益的行为,那些没有法益侵害的行为或者轻微的法益侵害行为,都不应被认定为犯罪。① 由于“形式说”的认定模式与法益侵害性缺乏关联性,所以采用“形式说”所认定的暴力袭击有可能会违反法益保护原则,因而并不合理。对于“危险说”而言,则可以分为广义说与狭义说。其中,广义说认为暴力袭击在对象上必须是警察,但不必直接针对警察身体,即使是通过破坏物品的形式间接对他人身体造成危险的行为,也被包含在内(间接暴力);暴力袭警在程度上不需要达到压制警察反抗的程度,即使是撕咬、踢打、抱摔、投掷等不会对警察造成轻伤的行为手段,也会被认定为暴力袭击。这种观点在袭警罪增设之前是学界的主流学说。不过,需要注意的是,广义说所针对的暴力袭击,其在性质上是妨害公务罪的从重处罚情节,而不是袭警罪的构成要件要素。因此,在《刑法修正案(十一)》将暴力袭击修订为袭警罪构成要件要素的情况下,是否仍可沿用以往的司法解释,这在学界引起了激烈争论。有学者持赞成态度,认为应当尊重司法解释的权威性,在关于暴力袭击的司法解释并未失效时,依然可以延续以往关于暴力袭击的认定规则。② 但狭义说对此表示反对。例如,张明楷教授提出,在袭警罪成为独立犯罪且法定刑高于妨害公务罪的前提下,不能继续按之前的解释来理解暴力袭击的内涵;袭警罪中的暴力袭击仅限于积极对警察的身体实施暴力(直接暴力),而且必须具有突然性。③

本文认为,对于暴力袭击的讨论可以拆分为两个部分:暴力袭击的对象问题与程度问题。广义说认为暴力袭击的对象只要是警察即可,在程度上也无须太多限制;狭义说则主张暴力的对象只能是警察身体,

---

① See R. A. Duff, *Answering for Crime: Responsibility and Liability in the Criminal*, Hart Publishing, 2007, p. 17.

② 参见王爱立主编:《中华人民共和国刑法条文说明、立法理由及相关规定》,北京大学出版社2021年版,第1039页。

③ 参见张明楷:《刑法学》(第6版),法律出版社2021年版,第1356页。

在程度上需要有所限制。本文认为,暴力袭警的对象应当是警察,在程度上需要有所限制,仅限于足以严重危害警察人身安全的程度。一方面,暴力袭击的对象是警察,无须限制为警察身体。这是因为,按照目的解释的要求,对于构成要件的解释应当始终以个罪的保护法益为指引和依归,而袭警罪的保护法益是警察的公务以及人身安全,因此,在解释暴力袭击时就应当时刻将目光聚焦于警察的公务以及人身安全。既然如此,无论暴力袭击是否针对警察身体,只要它足以严重危害警察人身安全即已足够。反之,如果将其暴力袭击局限于警察身体,则会将那些虽未针对警察身体,但却可能造成警察人身安全受损的行为排除出去。另一方面,暴力袭击的程度应当仅限于足以严重危害警察人身安全的程度,如果行为人实施的暴力袭击程度较为轻微,如普通的推搡、抓挠或者轻微的身体冲突,原则上都不应认定为暴力袭击,但构成违反治安管理行为的,应当依法给予治安管理处罚。

其二,正在依法执行职务的判断。一方面,执行职务的时间范围。如前所述,实践中多数判决采取"严格说",其认为"正在执行职务"并不包括执行职务完毕后的情形;但也有判决主张"关联说",其认为即使职务已经执行完毕,但如果之后行为与原先职务具有关联性,其也应被视为职务行为。多数学者赞同"关联说",其认为"关于执行职务的时间范围,需要个别地、具体地进行判断,其范围不仅包括执行开始到结束这一狭义的时间段,而且也包括与之关联的准备活动、报告活动等与执行行为本身一体的、不可分的时间段"①。本文赞成"关联说",因为这种观点更有利于保护警察的公务以及人身安全。另一方面,执行职务的合法性判断。实务中关于该问题有较大争议的是瑕疵执法问题,如不文明执法现象。学界不少学者认为,即使警察的执法行为有一定瑕疵,"违反了行政取缔法规,但如果执法行为事实上是平稳进行的,或者说没有明确的反社会性的,其依然属于依法执行职务"②。这种观点与实践判决具有相似性。不过,存在问题的是,是否所有瑕疵执

① [日]伊东研祐:《刑法讲义各论》,日本评论社2011年版,第377页。

② [日]井田良等:《刑法事例演习教材》,有斐阁2020年版,第53页。

法都不会阻却袭警罪的成立？或者说执行职务的合法性判断需要考虑哪些要件？传统观点认为应当考虑三个要件：第一，职务行为应属于公务员的一般性、抽象性的职务权限，如交警对交通违规行为具有开处罚单的权限，但却没有追缴税收的权限；第二，公务员对该行为有具体的职务权限，如只有特定的交警才具有开处罚单的权限；第三，公务员履行了法律上的重要条件和程序，如交警在开处罚单时需要符合相应的条件，并履行特定的程序。[①] 按照《人民警察法》的规定，我国警察的任务是维护国家安全，维护社会治安秩序，保护公民的人身安全、人身自由和合法财产，保护公共财产，预防、制止和惩治违法犯罪活动。由此可见，我国警察的职权范围较为宽泛，警察的职务行为在一般情况下都会符合前两个要件，此时值得关注的便则是第三个要件。关于第三个要件的判断，本文认为应当综合考虑以下四个方面：第一，职务行为对职务相对人的侵害程度；第二，职务目的的正当性；第三，职务手段的相当性；第四，职务行为的必要性程度。[②] 并且，在对这四个方面进行审查时需要时刻协调好公务保护与人权保障之间的冲突，不能将轻微的瑕疵执法认定为犯罪阻却事由，也不能将严重损害职务相对人重要权益的行为认定为合法行为。

其三，警察的范围。关于警察的范围问题，无论是实践中还是刑法学界都存在"类推适用说"与"身份说"之间的对立。当前学界主流观点并不支持"身份说"，而是坚持"类推适用说"，其认为"警察，是指依照《人民警察法》的规定取得执法资格的警察，不包括警察的辅助人员(辅警、临时工等)。因此，在警察的辅助人员单独执行任务时，行为人对其进行暴力袭击的，并不构成本罪。但是，在警察在场时，即便仅对警察的辅助人员实施暴力袭击，也属于对正在依法执行职务的警察进行妨碍，可以构成本罪"[③]。本文认为，在认定警察的范围时，如果主张

① 参见[日]松原芳博：《刑法各论》(第 2 版)，日本评论社 2020 年版，第 543 页。

② 参见[日]前田雅英：《刑法各论讲义》(第 7 版)，东京大学出版会 2020 年版，第 452 页。

③ 周光权：《刑法各论》(第 4 版)，中国人民大学出版社 2021 年版，第 390 页。

"身份说"则会不当限缩警察的范围,难以对辅警的公务以及人身安全进行有效保护,所以"身份说"的观点并不合理。与此同时,"类推适用说"也会面临同样的问题。按照"类推适用说"的观点,如果只有辅警单独执行公务的话,那么行为人对辅警的攻击则不能视为对警察的攻击,此时行为人的暴力袭击就不构成袭警罪。这种结论不仅无法对辅警的人身安全以及公务进行有效保护,而且也会与人们的常识、常理、常情相违背。因此,"身份说"与"类推适用说"都存在不妥之处。

本文认为,在判断警察的范围时无须拘泥于执行职务者是否依照《人民警察法》的规定取得警察身份,即使是没有获得警察身份的辅警,如果其在形式上具有警察的外观,并且在实质上属于依法执行职务,则应当将其视为警察。在判断警察的范围时,应当着重考察两方面内容:一是在形式上执行职务者是否具有警察的外观,二是在实质上执行职务者是否属于依法执行职务(公务说)。只要执行职务者符合这两方面内容,即使其是辅警也依然属于本罪中的警察。诚然,这种观点会使《人民警察法》与《刑法》关于警察的认定范围不一致,与概念的统一性原则相抵触。但刑法中的概念本就具有相对性,不同个罪因其保护法益的差异而会形成宽严不一的内涵与外延。① 以国家工作人员的范围为例,贪污罪与挪用公款罪中国家工作人员,须依据公务员法任命且其从事的公务实质上具有公权力;而妨害公务罪中国家工作人员则无前述要求,但却必须是执行强制性公共事务的工作人员,不能是执行非强制性的行政给付行为或私经济行为的工作人员。② 由此可见,刑法中的概念具有相对性,其内涵与外延需要与个罪的保护法益相协调,所以,袭警罪中警察的范围也无须仅限于《人民警察法》的规定,而可以包括警察的辅助人员。

---

① See Dennis J. Baker, *The Right Not to be Criminalized*, Routledge Press, 2016, p. 5.

② 参见姜涛:《刑法中国家工作人员定义的个别化解释》,载《清华法学》2019 年第 1 期。

(二)加重款的规范适用

“使用枪支、管制刀具,或者以驾驶机动车撞击等手段”,“严重危及其人身安全”,是适用袭警罪加重款的两个必备条件。对于前者而言,由于其并无牵涉价值判断,所以实务界与理论界都对其司法适用没有太大分歧。值得讨论的是,“严重危及其人身安全”应当如何理解。如前所述,实务界对该问题存在“行为说”与“结果说”的对立。“行为说”主张应当从行为的危险性层面出发,将“严重危及其人身安全”解释为对行为手段的限定;“结果说”则认为应当从结果的维度思考,主张“严重危及其人身安全”是一种具体危险结果,亦即,“只要达到足以造成正在依法执行职务的警察重伤、死亡的程度,即使没有对其人身造成实害结果,在处罚标准上也应适用加重法定刑”①。

“行为说”在实务界得到不少判决支持。但该观点却存在下述不妥之处。一方面,“行为说”会造成本罪加重款罪刑失衡。根据罪刑相适应原则,刑罚的严厉性应当与行为的严重性相适应。② 当袭警罪加重款的法定刑被设置为“三年以上七年以下有期徒刑”时,与之相适应的暴力袭警也应足够严重。以故意伤害罪为例,在被害人只是特定个人的情况下,行为人需对被害人造成重伤及以上结果,除非行为人具有故意杀人的心理状态,反之,如果行为人的行为只具有侵犯人身安全的危险性,其行为便不构成犯罪。据此,在袭警罪中就不能以行为具有侵犯人身安全的危险性为由,将袭警罪的刑罚从“三年以下有期徒刑、拘役或者管制”提升至“三年以上七年以下有期徒刑”。否则,这将导致暴力袭警行为与其刑罚后果严重失衡。另一方面,“行为说”无助于实现袭警罪加重款的一般预防效果。美国学者罗宾逊指出,欲达成刑法的预防效果,人们在犯罪前必须直接或者间接地知道犯罪的成立条件

① 赵秉志主编:《〈刑法修正案(十一)〉理解与适用》,中国人民大学出版社 2021 年版,第 250 页。

② See William Wilson, *Criminal Law*, Pearson, 2020, p. 6.

及其法律后果。[①] 这意味着,欲实现袭警罪加重款的一般预防效果,就必须以公众对袭警罪加重款的充分认知为前提。反之,在公众对袭警罪加重款并不知晓的情况下,即使采取"行为说"扩张袭警罪加重款的适用,这种做法也很难实现袭警罪加重款的一般预防。不仅如此,即使人们充分了解袭警罪加重款的法律规范,大部分人也不是因为法律的权威性或者强制力才放弃犯罪,而是因为暴力袭警行为本身是错误的,是一种不值得被效仿的行为,才使人们不愿意犯罪。[②] 因此,"行为说"无助于实现袭警罪加重款的一般预防效果。

本文认为,在认定"严重危及其人身安全"时应当采取"结果说",重点考察行为是否对警察人身安全造成了严重的具体危险,即重伤或死亡的具体危险。这种观点不仅能够协调好袭警罪基本款与加重款的罪刑关系,而且有助于保护袭警罪的法益,实现刑法的谦抑性。

其一,"结果说"能够协调好袭警罪基本款与加重款的罪刑关系。对任何单一法律规定的适用,实际上都是对整个法秩序的适用;在理解某个法律规定时,既要考虑该规定在整个法秩序中的具体位置,也要重视关于该规定的解释结论能否与其他类似规定相协调。[③] 由此推论,在理解袭警罪的加重款时也应当结合袭警罪的基本款进行思考,从而将袭警罪的基本款和加重款结合成为一个不法与刑罚彼此相适应的整体。考虑到基本款所规定的"暴力袭警"本身就蕴含着对警察公务以及人身安全的危险性,所以,在理解刑罚更为严厉的加重款时,其不法程度应该比基本款的不法程度更高,其行为的严重性也应当较基本款更高。由于基本款的不法是"对警察公务以及人身安全的危险性",所以加重款的不法程度不能与其等量齐观,而是应当在此基础上有所提升。较为合理的做法是,将基本款中所产生的危险理解为抽象危险,而

① See Paul H. Robinson, *Distributive Principles of Criminal Law*, Oxford University Press, 2008, p. 224.

② See R. A. Duff, *Punishment, Communication, and Community*, Oxford University Press, 2001, p. 57.

③ Vgl. Rolf Wank, Die Auslegung von Gesetzen, 6. Aufl., 2015, S. 66.

将加重款中所产生的危险提升至严重的具体危险,以便合理划分基本款与加重款的不法程度。因此,在理解加重款时,尤其是“严重危及其人身安全”时,也应当将其解释为对警察人身安全所造成的严重的具体危险。

其二,“结果说”能够兼顾法益保护与人权保障的双重目标。在适用袭警罪加重款时,如果过分扩张“严重危及其人身安全”的适用范围,确实在一定程度上有利于维护警察的人身安全,但问题是,这种做法可能会不当加重行为人的罪责,对行为人科处过苛的刑罚。所以,在理解“严重危及其人身安全”的内涵时,应当在保护警察人身安全的同时保障职务相对人的合法权利。一方面,将加重款中的“严重危及其人身安全”理解为对警察人身安全造成的严重的具体危险,这意味着加重款的不法内涵已经无法被基本款的不法内涵涵盖,此时才有必要升格其法定刑。反之,在警察人身安全未受到严重的具体危险时,则无法说明为何立法者会对其配置“三年以上七年以下有期徒刑”。另一方面,正是因为这种严重的具体危险是行为人的“作品”,行为人对其具有客观上的支配事实以及主观上的故意心态,因而对行为人科处“三年以上七年以下有期徒刑”才具有法理正当性。

其三,“结果说”有利于实现刑法的谦抑性。通过实证研究发现,实践中所发生的暴力袭击多是因行为人酒后滋事或与他人发生纠纷而引发的,很少有行为人无缘由地对警察进行袭击,而且通常情况下行为人的事后态度良好,认罪认罚比例较高。虽然酒后滋事或与他人发生纠纷不能成为对行为人从宽处罚的事由,但却在一定程度上表明行为人主观上对法规范的违反程度较低,事后改过的可能性较高。在这种社会现实的前提下,过分扩张袭警罪加重款的处罚范围,借助重刑来事后威吓袭警行为的发生,可能并不符合比例原则。合理的做法是,适当限制“严重危及其人身安全”的适用范围,将其解释为对警察人身安全造成的严重的具体危险;同时规范警察的执法活动,使警察的执法活动更为合法、合理,使公务相对人更愿意配合警察的工作,由此减少警察和公务相对人的摩擦和争端。①

综上所述,袭警罪基本款中的暴力袭击的是指足以危害警察人身安全的行为;执行职务的时间范围,不仅包括执行开始到结束这一狭义的时间段,而且包括与执行行为本身一体的、不可分的时间段;执行职务的合法性判断,需要同时兼顾实体要件与程序要件;人民警察的范围应当包括警察的辅助人员。在认定"严重危及其人身安全"时应当重点考察行为是否对警察人身安全造成了严重的具体危险。

Practical Inspection and Normative Application of the Offence of the Assaulting Police: Taking 420 Judgments on the Offence of Assaulting Police as Samples

Li Yongsheng & An Junyu

[**内容摘要**]实证研究发现,法院在定罪阶段对袭警罪采取了扩张适用的态度;在量刑阶段对从重处罚情节尽量限制适用,而对从轻处罚情节则宽松适用,以便实现刑罚的轻缓化。在实务认定中,袭警罪的基本款以及加重款的构成要件都存在一定程度的认定分歧。袭警罪的保护法益是警察的公务以及人身安全。袭警罪基本款中的暴力袭击的是指足以危害警察人身安全的行为;执行职务的时间范围,不仅包括执行开始到结束这一狭义的时间段,而且包括与执行行为本身一体的、不可分的时间段;执行职务的合法性判断,需要同时兼顾实体要件与程序要件;人民警察的范围应当包括警察的辅助人员。在认定"严重危及其人身安全"时,应当重点考察行为是否对警察人身安全造成了严重的具体危险。

[**关键词**]袭警罪;暴力袭击;依法执行职务;人民警察

Abstract: The empirical study found that the people's Court adopted

① 参见李永升、安军宇:《暴力袭警行为法律性质与内涵的教义解读》,载《海南大学学报(人文社会科学版)》2019 年第 1 期。

the attitude of expanding the application of the offence of the assaulting police in the conviction stage; In the sentencing stage, the application of heavier punishment circumstances is limited as much as possible, while the application of lighter punishment circumstances is relaxed, to realize the mitigation of punishment. In practice, there are some differences in the identification of the basic section and the constituent elements of the aggravated section of the offence of assaulting police. The protection legal interest of the offence of assaulting police is the official duty and personal safety of the police. The violent attack in the basic section of the offence of the assaulting police refers to the behavior that is enough to endanger the personal safety of the police; The time range of performing duties includes not only the narrow time period from the beginning to the end of the performance, but also the integral and inseparable time period with the performance itself; The judgment of the legitimacy of performing duties needs to take into account both substantive and procedural elements; The scope of the people's police shall include auxiliary personnel of the police. When determining "seriously endangering the personal safety of the police", we should focus on whether the behavior poses a serious specific danger to the personal safety of the police.

Keywords: Offence of Assaulting Police; Violent Attack; Lawful Performance of Official Duties; Police Constable

论拒不履行信息网络安全管理义务罪中的“信息网络安全管理义务”*

赖早兴**

目　次

在网络信息化的时代中，信息网络安全一直是各国关注的焦点问题。我国网络信息化走在世界前列，截至2021年12月，我国网民规模达10.32亿；网络成为办公、交易的重要途径，截至2021年12月，在线办公用户规模达4.69亿①；2021年全国网上零售额达13.1万亿元②。

* ［基金项目］最高人民法院2021年度司法研究重大课题“新形势下宽严相济刑事政策贯彻问题研究”（项目批准号：ZGFYZDKT202104－01）。

** 湘潭大学法学院教授，博士生导师。

① 参见王轶辰：《我国网民规模达10.32亿——在线医疗和在线办公用户增长快》，载《经济日报》2022年2月27日，第1版。

② 参见《2021年全国网上零售额达13.1万亿》，载《中国信息报》2022年5月25日，第1版。

与此同时,我国也面临着突出的网络安全问题。以恶意程序为例,2020 年上半年,我国捕获的计算机恶意程序样本数量约 1815 万个,涉及计算机恶意程序家族约 1.1 万个,活跃在智能设备上的恶意程序家族超过 15 种,被恶意程序感染的计算机约 304 万台。[①] 为确保信息网络安全,我国制定了一系列的法律和行政法规,规定了网络参与者的相关义务,尤其是赋予了网络服务提供者更为广泛、具体的信息网络安全管理义务。这是因为,在网络社会中,网络服务提供者居于网络信息流动的中心位置。《刑法》中设置了拒不履行信息网络安全管理义务罪,用刑事手段强化网络服务提供者信息网络安全管理义务的履行。网络服务提供者不履行法律、行政法规规定的信息网络安全管理义务是拒不履行信息网络安全管理义务罪成立的前提条件。因此,在该罪的认定中,如何判定“信息网络安全管理义务”具有十分重要的意义。

一、信息网络安全管理义务的来源

拒不履行信息网络安全管理义务罪是不作为犯罪。在不作为犯罪中,行为人在有能力履行义务的情况下未履行相关义务以致产生严重的危害后果。一般认为行为人的作为义务通常来自法律明文规定、业务要求、法律行为和先行行为。广义上的法律有宪法、法律、行政法规、地方性法规、部门规章等。针对不同的不作为犯罪,我国《刑法》分则中有 50 个条文对不作为义务的来源作了间接规定,分别使用的是“国家规定”、“法律规定”或“法律、行政法规规定”、“规定”或“规章”等概念。其中规定行为人违反“国家规定”的共 27 个条文,规定行为人违反“法律规定”(包括“法律、行政法规规定”)的共 6 个条文,规定行为人违反“规定”的共 15 个条文,规定行为人违反“规章”的共 2 个条文。根据《刑法》第 286 条之一的规定,拒不履行信息网络安全管理义务罪中信息网络安全管理义务是来源于“法律、行政法规”的规定。

---

① 参见石磊等编著:《网络安全与管理》,清华大学出版社 2021 年版,第 21 ~ 22 页。

(一)法律的规定

既然《刑法》第286条之一将“法律、行政法规”并列列举,说明这里的“法律”是狭义上的法律,即由全国人大或其常务委员会制定的法律①。例如《网络安全法》由第十二届全国人大常委会第二十四次会议于2016年11月7日通过。该法为网络运营者规定了一系列的信息网络安全管理义务。例如该法第21条从五个方面规定网络运营者的安全管理义务,保障网络免受干扰、破坏或未经授权的访问。又如《反恐怖主义法》由第十二届全国人大常委会第十八次会议于2015年12月27日通过。该法第19条为网络服务提供者规定了恐怖主义、极端主义内容信息的停止传输、保存记录、删除信息及报告的义务。

但这里的“法律”并不等同于“国家规定”。因为根据《刑法》第96条的解释,违反“国家规定”是指违反全国人大及其常务委员会制定的法律和决定,国务院制定的行政法规、规定的行政措施、发布的决定和命令。该解释是从全国人大、全国人大常委会和国务院这一主体的角度对“国家规定”作了规定。在该解释中,“国家规定”的外延大于“法律”,因为它将国务院的规定纳入其中。

从法律文件的名称上看,全国人大及其常务委员会制定的规范性法律文件可以区分为法律和决定。那么决定是不是拒不履行信息网络

① 宪法是全国人大制定的,作为根本大法的宪法广义上也是法律。宪法规定了公民的基本权利和义务,这些权利和义务要通过其他法律、行政法规具体规定才能得以实现。如《宪法》第38条禁止用任何方法对公民进行侮辱、诽谤,《互联网信息服务管理办法》第15条就规定互联网信息服务提供者不得制作、复制、发布、传播含有侮辱或诽谤他人的信息。行政执法实践中,当行为人利用互联网侮辱或诽谤他人时,行政执法机关不会根据《宪法》第38条而会根据《互联网信息服务管理办法》第15条对行政相对人作出行政处罚。从宪法与刑法关系看,除《刑法》第1条规定根据宪法制定刑法外,《刑法》条文中未再提及宪法,刑法也不可能从宪法义务的角度对行为人行为进行定性处理。因此,宪法不可能成为拒不履行信息网络安全管理义务罪中“信息网络安全管理义务”的规定来源。

安全管理义务罪中“信息网络安全管理义务”的规定来源？无论从形式还是实质上看,法律和决定均存在区别。我国《立法法》中规定了法律、行政法规、地方性法规等制定程序,并未规定决定的制定程序;在立法机关的统计中通常也是将法律和决定分开,例如2021年2月24日全国人大常委会原副委员长王晨在国家法律法规数据库开通仪式的讲话中说:“国家法律法规数据库已经建成,收录了宪法和现行有效法律275件,法律解释25件,有关法律问题和重大问题的决定147件,行政法规609件,地方性法规、自治条例和单行条例、经济特区法规16,000余件,司法解释637件。”①又如2022年4月25日,在中共中央宣传部举行的“中国这十年”系列主题新闻发布会上,全国人大常委会委员、法制工作委员会副主任许安标说:“党的十八大以来,全国人大通过了宪法修正案,全国人大及其常委会新制定法律68件,修改法律234件,通过有关法律问题和重大问题的决定99件,作出立法解释9件,现行有效法律292件。”②这说明全国人大常委会在统计中是明确将法律和决定分开的。从内容上看,全国人大及其常委会通过的决定涉及政治、经济、文化等方方面面,可分为有关法律问题的决定和有关重大问题的决定。

有关法律问题的决定是不是具有法律的性质？有观点认为,“有关法律问题的决定与法律有区别的必要,二者的区别可以分为名称、制定程序和实质内容三个标准”③。名称的差异显而易见,现在决定的制定程序与法律通常也是有明显的区别的④。但决定与法律关系的处理其实不在于名称和制定程序而在于其内容。从内容看,有关法律问题的决定基本可以分为两个类型:一是对法律修改的决定,如全国人大常

① 王晨:《建设好运用好国家法律法规数据库　为人民群众提供权威便利公共法律服务——在国家法律法规数据库开通仪式上的讲话》,载《中国人大》2021年第5期。

② 张天培:《中国特色社会主义法律体系完善取得显著进展》,载《人民日报》2022年4月26日,第4版。

③ 江辉:《有关法律问题的决定与法律的区别》,载《人大研究》2012年第1期。

④ 《立法法》出台前,一些决定的制定程序与法律制定程序是一样的,但此后两者的制定程序有了差别。

委会通过的《关于修改部分法律的决定》,这种决定生效后其涉及的法律内容全部归入修改的法律中,该决定已经无独立存在的意义。例如该决定第82条将《关于维护互联网安全的决定》的第6条第2项中的“治安管理处罚条例”修改为“治安管理处罚法”,经修改后就实现了替换,在对违反《关于维护互联网安全的决定》[①]的行为实施治安管理处罚时无须再引用该决定。二是规定具体规则的决定,该种决定自身具有规则性内容,生效后将独立存在。例如,全国人大常委会制定的《关于加强网络信息保护的决定》。《关于加强网络信息保护的决定》第3条规定,网络服务提供者对在业务活动中收集的公民个人电子信息必须严格保密,不得泄露、篡改、毁损,不得出售或者非法向他人提供。如果网络服务提供者在业务活动中违反保密的规定,泄露、篡改、毁损,出售或者非法向他人提供其收集的公民个人电子信息,管理部门应当依据《关于加强网络信息保护的决定》第11条进行行政处罚。此类决定虽然性质上属于有关于法律问题的决定,但实质上与法律无异。既然此类决定与法律性质无异,当这些决定中规定了网络服务提供者的信息网络安全管理义务时,可以认定该义务为拒不履行信息网络安全管理义务的来源。至于全国人大常委会制定的条例,全国人大常委会联合有关国家机关共同组建的国家法律法规数据库直接将其归类于法律中。因此,如果全国人大常委会制定的条例中为网络服务提供者设定了信息网络安全管理义务,该条例可以成为拒不履行信息网络安全管理义务罪行为主体义务的规定来源。

---

① 前述观点认为只有创设新权利义务的决定才是法律,否则就不能归入法律中。如全国人大常委会制定的《关于维护互联网安全的决定》中规定“并未创设任何新的制度和权利义务规范,如果当事人出现该决定中的行为,应当适用刑法或者治安管理处罚法处罚”。江辉:《有关法律问题的决定与法律的区别》,载《人大研究》2012年第1期。笔者认为,不能因为适用《刑法》或《治安管理处罚法》处理某行为就认为该决定未创设新的权利义务。例如该决定第1条第2项关于“故意制作、传播计算机病毒等破坏性程序,攻击计算机系统及通信网络,致使计算机系统及通信网络遭受损害”的规定相对于1997年《刑法》是有新的规定。因为1997年《刑法》第286条第3款只规定“故意制作、传播计算机病毒等破坏性程序,影响计算机系统正常运行”,并未涉及“通信网络”。

(二)行政法规的规定

行政法规是国务院根据宪法和法律制定的政治、经济、教育、科技、文化、外事等各类法规的总称。行政法规的制定主体必须是国务院。根据《立法法》第 77 条的规定,行政法规由总理签署国务院令公布。从现实情况看,国务院制定的网络管理的行政法律中,有的规定了网络服务提供者的信息网络安全管理义务。例如,国务院颁布的《计算机信息系统安全保护条例》第 7 条规定,任何组织不得利用计算机信息系统从事危害国家利益、不得危害计算机信息系统安全。又如,国务院颁布的《计算机信息网络国际联网安全保护管理办法》第 5 条规定,任何单位不得利用国际互联网制作、复制、查阅和传播煽动分裂国家、破坏国家统一的信息。

除行政法规外,还有大量的部门规章。部门规章是国务院所属的各部、委员会根据法律和行政法规制定的规范性文件。有的部门规章涉及信息网络安全管理问题。这些规章有的是由国务院的单个部门发布,有的则是由国务院不同部门联合发布。前者如公安部发布的《计算机信息网络国际联网安全保护管理办法》第 8 条至第 14 条规定的安全保护责任就适用于网络服务提供者;后者如公安部、国家保密局、国家密码管理局和国务院信息工作办公室联合颁布的《信息安全等级保护管理办法》规定了信息系统运营和使用单位信息安全等级保护的义务。

部门规章中规定的网络服务提供者信息网络安全管理义务是否可以成为拒不履行信息网络安全管理义务罪犯罪主体的义务来源?笔者认为,既然《刑法》第 286 条之一的立法中明确使用的是“行政法规”这一概念,那么部门规章中创设的信息网络安全管理义务就不能成为拒不履行信息网络安全管理义务罪行为主体的义务来源。这主要是三方面的原因所致:一是部门规章与行政法规不属于同一效力层次。部门规章由国务院各部门制定出来,无论是从程序的严格性、规定的严谨性、行政权力运用的审慎性上,部门规章与行政法规不在一个层级。因权力的划分、部门利益的分歧,各部门分别作出的规章完全可能出现矛盾冲突。因此,《刑法》将网络服务提供者信息网络安全管理义务来源限于法律和行政法规,而将规章排除在外。二是为了防止网络服务提供者义务过多。在实践中,一些部门为了规范管理,可能会无约束地赋予网络服务提供者安全管理义务。这可能导致网络服务提供者因承担过多义务而被削弱技术创新的积极性,进而影响互联网经济的正常发展。[①] 三是刑法中罪刑法定原则的要求。因为网络服务提供者信息网络安全管理义务来源关系到行为人行为是否构成犯罪,因此构罪要件必须严格地依据刑法规定来确定。既然《刑法》限定网络服务提供者信息网络安全管理义务来源为法律和行政法规,实践中行政管理部门根据部门规章责令网络服务提供者采取改正措施,而网络服务提供者拒不改正,这不能成为网络服务提供者构成拒不履行信息网络安全管理义务罪的行政前置条件[②]。例如,国家互联网信息办公室出台的《互联网直播服务管理规定》是一个部门规章,该规定中明确要求互联网直播服务提供者应当建立黑名单管理制度,对纳入黑名单的互联网直播服务使用者禁止重新注册账号,并及时向所在地省、自治区、直辖市互联网信息办公室报告。互联网信息办公室依据职责对违反该规定的行为依法予以处罚。有学者认为“凡是违背此类禁止性规范设定义务的,就是不履行网络安全管理义务”[③]。笔者认为,网络直播服务提供者未按上述规定建立黑名单管理制度,虽然是不履行网络安全管理义务的行为,但不属于拒不履行信息网络安全管理义务罪成立要件中的不履行网络安全管理义务,因为该规定只是规章,不是国务院制定的行政法规。

同理,地方性法规、自治条例和单行条例也不能成为网络服务提供者信息网络安全管理义务的规定来源。现在一些地方为了维护计算机

---

① 参见葛立刚:《网络服务商不作为刑事责任的边界》,载《西南政法大学学报》2016 年第 6 期。

② 参见赖早兴、董丽君:《论行政犯立法中的行政前置》,载《法学杂志》2021 年第 4 期。

③ 谢望原:《论拒不履行信息网络安全管理义务罪》,载《中国法学》2017 年第 2 期。

信息系统和互联网的安全,也制定了一系列的地方性法规。例如,2021年湖南省人大常务委员会通过《湖南省网络安全和信息化条例》就网络安全保障作了较为详细的规定,该条例也为违反相关规定的行为规定了行政处罚措施。如果湖南省的网络管理部门仅依据该条例责令网络服务提供者采取改正措施,而网络服务提供者拒不改正,网络服务提供者不构成拒不履行信息网络安全管理义务罪。

二、信息网络安全管理义务的类型

信息网络安全管理义务的重心是"网络安全",如果某些义务属于网络服务提供者的信息网络管理义务,但该义务与安全无关,不能作为拒不履行信息网络安全管理义务罪的义务来源。例如,根据《互联网信息服务管理办法》第7条的规定,从事经营性互联网信息服务应当向相关部门申请经营许可证,如果未取得许可证擅自从事经营性互联网信息服务,就要受到行政处罚。显然,这是经营许可问题,不是互联网安全问题。因此,擅自从事经营性互联网信息服务者即使经监管部门责令采取改正措施而拒不改正,也不会构成本罪,而只可能按非法经营处理。

有学者认为网络安全法对网络服务提供者的信息网络安全管理义务作了系统和完整的规定,主要有三个方面:一是落实信息网络安全管理制度和安全保护的义务;二是及时发现、处理违法信息;三是在服务过程中必须对网上信息和网络日志信息记录进行备份和留存。[①] 这主要是聚焦于违法信息对网络安全管理义务作的分类。但网络服务提供者的网络安全管理远不止对违法信息的管理。

信息网络安全管理义务的类型取决于信息网络安全的类型。信息网络安全可以从不同的角度进行分类。从层级上看,根据网络的应用现状和PCP/IP协议结构,可以将网络安全体系的层次划分为物理层

---

① 参见周光权:《拒不履行信息网络安全管理义务罪的司法适用》,载《人民检察》2018年第9期。

安全、系统层安全、网络层安全、应用层安全和管理层安全。[①] 也有人将信息网络安全分为物理和环境安全、网络和通信安全、设备和计算安全、应用和数据安全。[②] 还有人将信息网络安全分为物理安全、系统安全、电子商务安全、协议安全和应用系统安全。[③] 从这些观点中可以看到信息网络安全分类的共性,其安全应当包括物理安全、系统安全、网络安全、应用安全。至于管理安全、通信安全、电子商务安全、数据安全、协议安全均可为上述四种安全所包容。与这些安全类别相对应,信息网络安全管理义务可以分为相应主体的物理安全管理义务、系统安全管理义务、网络安全管理义务和应用安全管理义务。而应用安全主要指网络系统应用软件和数据库的安全,包括 Web 安全、DNS 安全和邮件系统安全等。[④] 这说明应用安全实际上可以内含于系统安全与网络安全中。因此,网络服务提供者的信息网络安全管理义务主要集中于物理安全管理义务、系统安全管理义务和网络安全管理义务。

(一)物理安全管理义务

物理安全是指计算机及网络设备本身、物理环境等方面的安全。首先,从设备本身上看,虽然硬件漏洞比较少,但 BIOS 中的漏洞和 CPU 中的缺陷等也可能造成严重的安全问题。[⑤] 其次,从物理环境看,计算机性能、功能的发挥受环境的影响,因此要做好环境管理,如防盗、防火、防潮、防腐、防潮、防电磁干扰、防静电等。对于信息网络安全的物理层安全,国家有相关的规定。例如《计算机信息系统安全保护条

---

① 参见张媛、贾晓霞:《计算机网络安全与防御策略》,天津科学技术出版社 2019 年版,第 6 页。

② 参见刘运席主编:《网络安全管理》,电子工业出版社 2018 年版,第 15 ~ 83 页。

③ 参见石磊等编著:《网络安全与管理》,清华大学出版社 2021 年版,第 10 ~ 12 页。

④ 参见张媛、贾晓霞:《计算机网络安全与防御策略》,天津科学技术出版社 2019 年版,第 9 页。

⑤ 参见吴灏等编著:《网络攻防技术》,机械工业出版社 2009 年版,第 2 页。

例》第 10 条规定:“计算机机房应当符合国家标准和国家有关规定。在计算机机房附近施工,不得危害计算机信息系统的安全。”这就是涉及信息网络的物理安全,该规定也赋予了计算机机房的所有者和附近施工者相应的安全义务。如果计算机机房建设不符合消防的相关规定,发生火灾导致机房受损,或施工者在机房附近施工未尽注意义务而致计算机网络受损,根据《计算机信息系统安全保护条例》第 21 条的规定,“由公安机关会同有关单位进行处理”。从实践情况看,如果该机房中的计算机网络系统不涉及公共信息,信息网络管理部门不会因信息网络设备的所有者或附近施工者未尽管理义务对其进行行政处罚,而是由单位自担损失或相关责任者承担民事赔偿。因为信息网络安全重点关注的是信息系统受到破坏后国家安全、社会秩序、公众利益受到损害。也就是说,信息网络安全特别关注公法益受到损害而不是信息网络设备所有者自身私法益受损。这在公安部等五部门发布的《信息安全等级保护管理办法》中的信息安全分级有清晰的体现。

如果物理安全涉及国家安全、社会秩序或公众利益,那么物理安全也是信息网络安全的重要内容。现在一些企业提供存储服务。数据存储对企业存储设备的安装、维护、保管、处理等方面有特殊的要求。为保障数据的安全,提供数据存储服务的企业对一些重要的数据应当有容灾备份,甚至将存储介质存放于不同的省份或地区。对于动态数据的管理要求就更高。例如,安防数据的采集是 7 × 24 小时不间断,且安防音视频信息资料留存的时限不少于 30 日。这不但对网络宽带、数据处理能力、缓存等有很高的要求,对设备本身及其安装、运行环境也有特定的要求。如果企业在提供存储服务的过程中,存储设备机房不符合国家标准和国家有关规定,致使存储服务提供过程信息丢失、损坏,经监管部门责令采取改正措施而拒不改正,其行为可能构成拒不履行信息网络安全管理义务罪。

但并非只要涉及网络安全就必然与拒不履行信息网络安全义务罪相关,只有网络服务提供者才可能成为该罪的主体。例如,从事工程施工的单位在施工的过程中因未尽注意义务,危及某重点实验室的计算机机房的安全,经机房单位交涉,施工单位拒不停工。后机房单位向公安机关报案,公安机关责令施工单位停止施工,但施工单位仍继续施工,致使计算机机房及计算机设备受损。这虽然涉及网络安全,但在此类情形下不可能以拒不履行信息网络安全义务罪来规制施工者,因为行为主体不是网络服务提供者。

(二)系统安全管理义务

网络服务提供者一般通过允许网络接入或网络访问的方式为客户提供信息服务,这就要求网络服务提供者本身的系统具备安全性。这里的系统是指网络服务提供者的操作系统,它是提供网络信息服务的基础。由于操作系统是软件程序,因此系统安全不归属于物理安全。例如门户网站(如人民网、新华网、腾讯网等)提供各类互联网信息资源并提供有关信息服务,这些网站建设需要大量的硬件设备和软件程序。为确保门户网站的正常访问、浏览、搜索和下载等功能的实现,网站管理者应当确保自身操作系统的安全,这就产生了系统安全的管理义务。系统安全管理义务可以基于系统安全的内容加以细化。系统安全主要有系统漏洞修复、系统安全配置、系统病毒防范等;也可以基于具体的措施细化系统安全管理义务,因为在系统维护中有检测、维护等措施,就产生了相应的义务。一般认为,系统安全义务包括系统漏洞修复义务、系统安全配置错误防止义务、系统病毒威胁应对义务等。①

系统漏洞只是计算机漏洞中的一种。计算机在硬件、软件、协议等方面存在缺陷都属于漏洞。但系统漏洞不是一般缺陷,而是攻击者在未获得授权的情况下访问或破坏系统时可以利用的缺陷。这种缺陷往往是系统开发设计中疏忽所致的技术缺陷,但也不排除是设计者在设计时故意留“后门程序”。正是因为系统漏洞的存在,为不法者非法访问网络提供了便利,进而出现更为严重的破坏性事件或致严重的损失。

① 参见张媛、贾晓霞:《计算机网络安全与防御策略》,天津科学技术出版社 2019 年版,第 7 页。

系统漏洞有操作系统漏洞、应用程序漏洞、连接性漏洞等。[①] 操作系统(OS)是管理计算机硬件与应用软件资源的程序,是计算机工作最基础性的程序。操作系统极为庞大,容易出现程序漏洞,例如用户在使用 Windows 操作系统时经常收到漏洞补丁程序。应用程序是指为完成某项或多项特定工作的计算机程序,它确保计算机多功能的用途。但应用程序也容易出现漏洞,引发安全问题。美国新思科技公司(Synopsys)2020 年对 2600 个系统或程序进行的 3900 次测试,结果表明 97% 的程序存在漏洞,36% 的程序存在严重的程序漏洞。[②] 计算机系统安全配置是保证系统安全的重要组成部分,配置设置的安全性直接影响整个系统的安全[③]。系统安全配置错误使访问控制、认证与授权等方面的安全服务无法生效,系统也处于被入侵的危险之中。系统病毒是计算机病毒的一种,是攻击计算机系统的病毒,对计算机资源进行破坏。该类病毒有可执行性、传染性和潜伏性的特点,网络服务提供者自身系统中的病毒完全可能传染给网络客户,从而造成用户的损失。

针对系统漏洞及他人可能利用漏洞实施攻击行为,网络服务提供者应当尽到安全管理义务,维护系统安全,及时修复安全漏洞,避免系统安全配置错误,防止病毒对系统的入侵和破坏。只有网络服务提供者履行了系统安全管理义务,确保了自身电脑操作系统安全,才可能为客户提供安全的网络服务。《计算机信息系统安全保护条例》第 13 条规定:“计算机信息系统的使用单位应当建立健全安全管理制度,负责本单位计算机信息系统的安全保护工作。”这是从管理制度上赋予安全管理义务。国务院于 2021 年发布的《关键信息基础设施安全保护条例》第 6 条要求运营者在网络安全等级保护的基础上,采取技术保护措施和其他必要措施,应对网络安全事件,防范网络攻击和违法犯罪活

---

① 参见黄晓璐:《计算机系统漏洞与防护》,载《信息记录材料》2020 年第 10 期。

② See 2021 *Software Vulnerability Snapshot: An Analysis by Synopsys Application Security Testing Services*, https://www.synopsys.com/software-integrity/resources/analyst-reports/software-vulnerability-trends.html.

③ 参见杨文杰、蔡勉:《一种适用于配置漏洞的安全配置评估系统》,载《计算机与现代化》2012 年第 8 期。

动,保障关键信息基础设施安全稳定运行,维护数据的完整性、保密性和可用性。这是从技术方面赋予网络运营者安全管理义务。“在技术上,网络罪犯富于创新,只要投资能够获得足够的回报,他们就愿意在技术上投资。”①网络攻击者愿意在技术上投资,网络服务提供者也应当注重防范技术的投资。

(三)网络安全管理义务

网络服务提供者要通过网络的媒介与客户产生联系,提供服务。因此,网络服务提供者除了做好系统维护、确保系统安全的同时,也要注重网络安全管理。如果网络存在技术或管理漏洞,访问安全得不到保障,数据也可能被篡改、截留、泄露或滥用。我国网络安全方面问题比较突出。“我国有30%以上的网站都在运行期间存在漏洞,且主要集中体现在用户名和密码登录上、浏览网页等,既可能泄露用户信息,又会受到外界因素的攻击。”②2020年上半年国家信息安全漏洞共享平台收录通用型安全漏洞11,073个,高危漏洞4280个。③ 特别是在网络访问过程中,计算机病毒利用网络漏洞经常随着用户访问而大肆传播。因此网络安全是网络服务提供者保证用户安全的重要内容。

在网络安全方面,网络服务提供者不但自身不得设置恶意程序或病毒,还要设置病毒防杀程序和病毒监测程序,确保自己的系统和网络免被病毒传染和破坏,保护用户访问、下载、存储等方面的安全。网络安全涉及访问安全、数据安全等。网络安全可以分为网络功能安全和网络内容安全④,网络安全管理义务也就可以基于此分为两个方面。

---

① Markus Jakobsson, Zulfikar Ramzan:《黑客新型攻击防范——深入剖析犯罪软件》,石华耀译,人民邮电出版社2009年版,第4页。

② 莫媛淇、陈智慧:《信息通信网络安全威胁与漏洞分析》,载《电子元器件与信息技术》2021年第7期。

③ 参见石磊等编著:《网络安全与管理》,清华大学出版社2021年版,第23页。

④ 参见孙钦东等编著:《网络信息内容审计》,电子工业出版社2010年版,第2页。

首先,从网络功能安全义务看,网络服务提供者应当采取必要的技术和管理手段为用户提供安全和可靠的身份认证、访问控制,以保证用户在通过身份验证或身份识别的基础上对网络进行安全访问。网络服务提供者有义务构建访问身份识别机制和入侵检测预警系统,堵塞程序漏洞,如连接漏洞、协议漏洞,防止攻击者冒用用户的身份访问并获取用户数据造成用户损失。连接漏洞是指计算机终端与服务器连接中的缺陷,如远程登陆漏洞、密码设置漏洞等;由于协议的开放性,TCP/IP 本身没有提供安全性的保证,导致存在许多协议上的漏洞和隐患[①];TCP/IP 协议的信息传输以明文形式传播,容易受到攻击;用户登录中设置的"记住密码"使黑客容易获取系统的静态密码。[②] 为保障网络功能安全,我国法律和行政法规赋予了网络服务者相关的义务。例如,《网络安全法》第 22 条规定,网络服务提供者不得设置恶意程序,发现其网络产品、服务存在安全缺陷、漏洞等风险时,应当及时告知用户并采取补救措施;第 25 条规定,网络运营者应当制定网络安全事件应急预案,及时处置系统漏洞、计算机病毒、网络入侵、网络攻击等安全风险。

其次,在网络内容安全方面,网络服务提供者应当确保数据传输的完整性、保密性,也要注重审查数据内容的合法性。例如,为强化对未成年人的保护,法律、行政法规要求网络服务提供者审查发布的信息,发现危害信息应当采取处置措施。《未成年人保护法》第 80 条规定,网络服务提供者发现用户发布、传播的信息可能影响未成年人身心健康,应当作出提示或者通知用户予以提示;发现用户发布、传播的信息含有危害未成年人身心健康内容的,应当立即停止传输相关信息,采取删除、屏蔽、断开链接等处置措施,保存有关记录,并向网信、公安等部门报告。为确保数据内容的完整、合法、保密,网络服务提供者有义务从制度管理和技术应对两个方面双管齐下:一方面

① 参见石磊等编著:《网络安全与管理》,清华大学出版社 2021 年版,第 11 页。

② 参见黎仪:《计算机系统漏洞与防护》,载《电子技术与软件工程》2018 年第 21 期。

是构建基于内容的防火墙和网络信息内容审计系统;另一方面通过技术手段,基于模式识别技术对煽动颠覆国家政权、推翻社会主义制度、煽动分裂国家、破坏国家统一、宣扬恐怖主义、极端主义等非法或敏感信息加以过滤。

三、网络服务提供者具体信息网络安全管理义务

(一)网络服务提供者及类型

《刑法》第286条之一使用了“网络服务提供者”的概念,这与《刑法修正案(九)》通过时正生效适用的《侵权责任法》《信息网络传播权保护条例》等法律法规中使用的概念一致,也与现行《民法典》关于民事责任主体的规定一致。但2016年通过的《网络安全法》却使用了“网络运营者”的概念,并将其界定为“网络的所有者、管理者和网络服务提供者”。从《网络安全法》的界定看,网络服务提供者只是网络运营者之一,两者在逻辑上是被包含与包含关系。由于互联网是由若干节点组成,世界上每一台终端设备对网络进行操作时都可以成为网络的一部分,很难说存在严格意义上的网络所有者。这里的“网络所有者”是指网络基础服务的提供者,即主干网络提供者、基础电信运营者①,如为有线网络铺设网线、为无线网络架设基站的中国电信和中国联通。“网络管理者”可以从狭义和广义两个层面进行界定。从狭义上看,网络管理者是指网络行政管理者,即履行网络管理职责的行政机关。如根据《网络安全法》第8条的规定,国家网信部门负责统筹协调网络安全和监督管理工作,国务院工业和信息化、公安部门和其他有关部门在各自职责范围内负责网络安全保护和监督管理工作。又如《信息安全等级保护管理办法》第3条规定公安机关负责信息安全等级保护工作的监督、检查、指导。这些都是从行政管理职权、职责的角度对

① 有学者将基础服务运营者纳入“网络服务提供者”范畴。陈磊、陈晨:《刑法新设网络犯罪的立法目的与司法适用》,载《中国应用法学》2019年第1期。

网络管理作的规定,明确了网络的行政管理者。从广义上看,网络管理还包括网络所有者、网络服务提供者对网络或网络服务进行的日常监督管理,但这个意义上的网络管理者实际是网络所有者、网络服务提供者的内部机构,不是独立的网络管理者。既然《网络安全法》并列列举"网络的所有者、管理者和网络服务提供者",那么这里管理者仅指网络行政管理者。

谁是"网络服务提供者"?"现有法律法规并没有对网络服务提供者进行明确的界定,因而只能通过相关行为的性质来对行为人是否属于网络服务提供者进行界定。"①从网络服务内容、功能角度明确网络服务提供者是欧盟的做法。我国相关法律文件也是以网络服务行为内容、功能来界定网络服务提供者。我国较早使用"网络服务提供者"这一概念的《互联网安全保护技术措施规定》第18条从网络服务的内容角度对"互联网服务提供者"作了解释:向用户提供互联网接入服务、互联网数据中心服务、互联网信息服务和互联网上网服务的单位。与此相应,网络服务提供者应当就是接入服务提供者、数据服务提供者、信息服务提供者和上网服务提供者。《信息网络传播权保护条例》是从信息网络传播的具体功能明确网络服务提供者。从该条例第14、21、22、23条的规定看,网络服务的功能主要是提供信息存储空间或者提供搜索、链接服务,因此网络服务提供者包括网络信息存储服务提供者、搜索服务提供者和链接服务提供者。从上述法律文件的规定看,虽然它们都基于服务内容和功能类型化对网络服务提供者进行归类,但相互之间存在交叉、重叠关系。

最高人民法院和最高人民检察院于2019年发布的《关于办理非法利用信息网络、帮助信息网络犯罪活动等刑事案件适用法律若干问题的解释》第1条也是从服务内容类型的角度对网络服务提供者作出分类,即信息网络接入、计算、存储、传输服务提供者,信息网络应用服务提供者,信息网络公共服务提供者三类。该解释虽然是以

① 叶良芳:《风险社会视阈下拒不履行信息网络安全管理义务罪之法教义学分析》,载《贵州省党校学报》2019年第6期。

三个类型归纳网络服务提供者,但实际上第三类与前两类是重叠关系。因为公共服务也涉及信息网络接入、计算、存储、传输服务和信息网络应用服务,只不过这些服务是发生在政务、通信、能源、交通等公共领域而已。因此,该分类中表面上分为三类但实质上是两个类型。司法解释中将信息网络公共服务独立出来,其目的在于强调该类信息网络安全更为关键,这些网络服务提供者应当更注意信息网络安全管理义务的履行。

正是由于法律文件未就网络服务提供者的分类作出一致性规定,关于网络服务提供者的分类学理讨论或观点仍然有启示意义。有学者基于德国和欧盟法的分类将网络服务提供者分为四种类型:内容提供者、接入服务提供者、缓存服务提供者和存储服务提供者。[①] 有学者借鉴美国《数字千年版权法》的分类将网络服务提供者分为存储服务提供者、缓存服务提供者、接入(或传输)服务提供者和信息定位(搜索、链接)服务提供者。[②] 由此看来,学者们关于网络服务提供者分类的共识中应当包括网络接入服务提供者、缓存服务提供者和存储服务提供者。信息定位服务与我国《信息网络传播权保护条例》所规定的网络搜索服务和链接服务一致。因此,结合我国法律文件的规定和学者的观点,网络服务提供者可以分为接入服务提供者、缓存服务提供者、存储服务提供者和定位服务提供者。

至于内容提供者是否属于我国刑法意义上的网络服务提供者,值得探讨。根据“两高”《关于办理非法利用信息网络、帮助信息网络犯罪活动等刑事案件适用法律若干问题的解释》的规定,网络服务提供者包括单位和个人。如果某人在信息平台上发布煽动分裂国家、煽动民族仇恨等内容,当网络管理部门责令其删除而其拒不删除时,是否应当基于其内容提供者的身份而将其作为拒不履行信息网络安全管理义

① 参见王华伟:《网络服务提供者的刑法责任比较研究》,载《环球法律评论》2016年第4期。

② 参见陈洪兵:《论拒不履行信息网络安全管理义务罪的适用空间》,载《政治与法律》2017年第12期。

务罪的主体？根据现行《刑法》的规定，对此类行为可以直接依据煽动分裂国家罪、煽动民族仇恨罪定性处理。在探讨拒不履行信息网络安全管理义务罪的立法意图时，多数学者谈到一个问题，就是帮助行为正犯化[①]，即在实践中一些网络平台在提供网络服务的过程中没有尽到安全管理义务而客观上助力了犯罪行为的发生，为加重网络平台责任，立法者将帮助行为正犯化了。这是否说明内容提供者不能成为拒不履行信息网络安全管理义务罪的主体？笔者认为，通过网络向用户提供内容的服务也是网络服务。如果内容服务提供过程中一个行为触犯两个以上罪名时应按想象竞合处理，不能因此否定内容提供者作为网络服务提供者的身份。

(二)网络服务提供者共同信息网络安全管理义务

网络服务提供者是一个统一的概念。在网络服务提供过程中，不同类型的网络服务提供者具有广泛的共同信息网络安全管理义务。

1. 物理安全管理义务。任何网络服务提供者都有自己的计算机网络设备，这些设备的安全是提供网络服务的基础。即使在云计算时代，在基础设施即服务(Iaa, Infrastructure as a Service)的理念下，用户也是通过计算机基础设施获得服务。[②] 因此，《网络安全法》第 22 条也规定网络产品、服务应当符合相关国家标准的强制性要求；《计算机信息系统安全保护条例》第 10 条要求计算机机房应当符合国家标准和相关规定。网络服务提供者的计算机设备、机房建设不符合国家标准和相关规定，公安机关将会同有关单位进行处理。如果该物理安全危及社会公众信息安全，经责令改正而拒不改正的，可以依拒不履行信息网络安全管理义务罪追究责任者的刑事责任。对于公共通信、能源、交通、金

---

① 参见李本灿：《拒不履行信息网络安全管理义务罪的两面性解读》，载《法学论坛》2017 年第 3 期。

② 参见北京市互联网信息办公室编：《互联网信息安全与监管技术研究》，中国社会科学出版社 2014 年版，第 217 页。

融、水利等重要领域的网络服务提供者,国家更是赋予了更多的物理安全管理义务。例如,《关键信息基础设施安全保护条例》第19条要求这些关键信息基础设施的运营者应当采购安全可信的网络产品和服务。这里国家对特定领域中网络服务提供者提出了更高的物理安全管理要求,因为如果这些领域的计算机或网络一旦遭到破坏、丧失功能或数据泄露,可能危及国家安全、国计民生和公共利益。如果这些关键信息基础设施运营者采购可能影响国家安全的网络产品或服务,由相关主管部门责令改正。而对于拒不改正者可以按拒不履行信息网络安全管理义务罪追究责任人的刑事责任。

2. 系统安全管理义务。网络服务提供者是基于计算机系统和网络系统为公众提供服务,因此任何网络服务提供者都负有系统安全管理义务。《计算机信息系统安全保护条例》第13条规定,网络服务提供者应当建立健全安全管理制度,负责本单位计算机信息系统的安全保护工作。这是从内部管理制度的角度对网络服务者提出的要求。法定的义务往往也是通过内部管理制度落实的。例如,根据《计算机信息系统安全保护条例》第23条和《网络安全法》第22条的规定,网络服务提供者不得故意输入计算机病毒、不得设置恶意程序以及其他有害数据危害计算机信息系统安全。这种义务就要通过网络服务提供者内部管理制度加以明确,以将法律规定的义务落到实处。就具体的系统安全事件而言,为防止和处置系统安全事件,网络服务提供者有事前预防义务、事中处置义务和事后报告和协助义务。

事前预防义务要求网络服务提供者制定安全事件应急预案,以便及时处置系统漏洞、计算机病毒等安全风险。对此《网络安全法》第25条有明确规定。由于计算机系统漏洞和计算机病毒入侵导致计算机崩溃会给网络服务提供者本身造成严重损失,而且计算机病毒具有传染性,社会公众对网络的访问也会导致用户计算机系统感染而发生次生危害。因此,确保网络服务提供者计算机系统安全不但是对其本身的保护,也是对社会公众的保护。系统漏洞、病毒预防的应急预案能在一定程度上确保系统安全事件发生时及时采取相应措施,防止损害的进一步扩大。为确保系统安全,国家有关部门会对重要领域的计算机网络设备进行例行检查,网络服务提供者有配合的义务。例如《关键信息基础设施安全保护条例》第28条规定运营者对保护工作部门开展的关键信息基础设施网络安全检查检测工作,以及公安、国家安全、保密行政管理、密码管理等有关部门依法开展的关键信息基础设施网络安全检查工作应当予以配合。

事中处置义务是指网络服务提供者在系统安全事件发生时应当立即启动应急预案,采取补救措施,并及时告知用户。当网络服务提供者从自我检查、他人举报或管理部门通知中发现系统漏洞、计算机病毒等,应当立即启动预案修复系统、清除病毒等。在这个过程中,网络服务提供者应当根据《网络安全法》第22条的规定,及时向用户告知发现的安全缺陷、漏洞等风险情况,以便用户能及时采取措施,防止损害的发生或扩大。

事后报告和协助义务是指网络服务提供者在计算机信息系统发生安全事件后应当及时向有关单位报告,并积极配合公安机关、国家安全机关、检察机关、网络信息管理部门等调查处理。如《计算机信息系统安全保护条例》第14条要求网络服务提供者对计算机信息系统发生的案件在24小时内向公安机关报告;《数据安全法》第35条规定,网络服务提供者应当配合公安机关、国家安全机关因依法维护国家安全或侦查犯罪的需要调取数据。

3. 网络安全管理义务。网络服务提供者主要是通过网络为用户提供服务,因此网络安全管理在其安全管理义务中更为突出。这些义务主要包括以下内容。

首先,网络安全管理制度与安全事件预案制度建立的义务。这是网络安全管理的基础,如果网络服务提供者有健全的全流程数据安全管理制度、开展数据安全培训,网络安全就有了基本的保障。在日常管理的过程中,网络服务提供者应当根据《网络安全法》第21条的规定,记录、跟踪网络运行状态,监测、记录网络安全事件,并按照规定留存网络日志。为防范计算机病毒和网络攻击、网络侵入等危害网络安全事件的发生,必要时网络服务提供者应当采用行之有效的技术措施。《网络安全法》第21条规定,网络运营者应当制定网络安全事件应急预案,及时处置网络入侵、网络攻击等安全风险。因此,网络服务提供者应当建立安全事件预案机制,以备网络安全事件发生时及时启动,将损害控制在最小程度。

其次,网络安全事件发生时的及时处置与报告义务。网络安全事件发生后,网络服务提供者应当立即启动预案,采取处置措施。该义务要求网络服务提供者在自身网络发生安全事件时或一定的时间内,向有管理权限的部门报告。不过,网络服务提供者应当何时向相关单位报告,不同法律文件中规定有所不同。有的法律文件未规定报告的具体时间要求,如《关键信息基础设施安全保护条例》第 18 条要求网络服务提供者在关键信息基础设施发生重大网络安全事件或发现重大网络安全威胁时,向保护工作部门、公安机关报告;《数据安全法》第 29 条规定,发生数据安全事件时,网络服务提供者应当及时向有关主管部门报告。有的法律文件要求安全事件发生时立即报告,如《网络安全法》第 25 条规定,在发生危害网络安全的事件时,网络服务提供者应立即按照规定向有关主管部门报告;《保守国家秘密法》第 28 条规定,发现利用互联网及其他公共信息网络发布的信息涉及泄露国家秘密的,网络服务提供者应当立即向公安机关、国家安全机关或者保密行政管理部门报告。

最后,网络事件配合调查义务。在提供服务的过程中网络受到入侵、攻击时,网络服务提供者本身是受害者,但往往不是唯一的受害者,还有大量的用户甚至社会、国家都受到影响甚至承受损失。为了查明网络入侵、网络攻击等危害行为,相关国家机关会进行调查,网络服务提供者有配合调查的义务。如根据《数据安全法》第 35 条的规定,网络服务提供者应当配合公安机关、国家安全机关因依法维护国家安全或侦查犯罪的需要调取数据;根据《反间谍法》第 32 条的规定,在国家安全机关向其调查有关情况、收集有关证据时,网络服务提供者有如实提供的义务;《保守国家秘密法》第 28 条也规定,互联网及其他公共信息网络运营商、服务商应当配合公安机关、国家安全机关、检察机关对泄密案件进行调查。这种调查虽然是安全事件发生后的工作,但为了配合调查,网络服务提供者应当在日常管理中保存好记录,以便相关部门调查时据此作出准确的溯源、分析和判断。在调查的过程中,网络服务提供者应当如实反应网络安全事件发生的情状,提交与安全事件相关的证据。

(三)不同网络服务提供者的信息网络安全管理义务

不同类型的网络服务提供者除有共同的信息网络安全管理义务外,也有各自不同的信息网络安全管理义务。有学者指出:"网络服务提供者的刑事责任以网络服务提供者的类型化为前提。"①应根据不同的网络服务提供者业务发展特点、经营风险承担不同类型、不同程序的网络安全管理义务,且其义务应当具有明确性、特定性。② 网络服务提供者类型化的目的就在于基于类型的不同分析其信息网络安全管理义务,再基于其义务分析其行为的性质。前文中将网络服务提供者分为接入服务提供者、缓存服务提供者、存储服务提供者、定位服务提供者和内容提供者,它们在不同内容的服务中承担着不同的网络安全管理义务。

1. 网络接入服务提供者的网络安全管理义务。网络接入是用户通过网络与外界产生联系的必经途径,无论是有线网络还是无线网络,只有网络服务提供者为用户提供接入服务,用户才能成为网络中的一员。因此,网络接入服务是最初始但也是最持久的网络服务。我国实行网络接入实名制,以对抗网络身份匿名的技术异化危险,维护网络空间运行秩序,便于追踪责任主体、发现危害行为轨迹和测量评价网络风险级别等③。为此,《网络安全法》第 24 条规定,网络运营者为用户办理网络接入服务手续时,要求用户提供真实身份信息;用户不提供真实身份信息的,网络运营者不得为其提供相关服务。违反网络接入实名制度,

---

① 王华伟:《避风港原则的刑法教义学理论建构》,载《中外法学》2019 年第 6 期。

② 参见葛立刚:《网络服务商不作为刑事责任的边界》,载《西南政法大学学报》2016 年第 6 期。

③ 参见孙道萃:《网络实名制与刑事治理的协同化思考》,载《南京邮电大学学报(社会科学版)》2016 年第 3 期。

经责令改正而拒不改正,将构成拒不履行信息网络安全管理义务罪。①

在提供接入服务中,如果接到有关部门断开网络通知时,网络接入服务提供者有断开网络的义务。例如,在暴恐事件发生时,为了阻断恐怖主义、极端主义内容的信息传播,网信、电信、公安、国家安全等主管部门可以根据《反恐怖主义法》第19条的规定责令网络服务提供者停止传输、删除相关信息,或者关闭相关网站、关停相关服务。网络接入服务提供者接到相关部分的通知后应当立即履行,如果拒不履行,将涉嫌构成拒不履行信息网络安全管理义务罪。

接入服务提供者是否应当有实时审查义务?从网络安全的角度看,如果赋予接入服务提供者该义务,对于保障网络安全、维护社会秩序都有重要意义。但我们必须充分评估赋予接入服务提供者该义务是否具有可行性。在网络技术日新月异的背景下,接入服务的提供者能否提前预测到侵入、破坏事件的发生或实时掌握传播信息的内容,并积极采取技术进行预防,实在值得怀疑。正如有学者所言:“对于纯粹传输服务提供者和接入服务提供者而言,要求其对自己所传输的信息进行监控,首先便存在技术上的难题。”②因此,接入服务提供者无法承担实时审查义务③。但我们可以倡导接入服务提供者在服务过程中采取

① 例如,在李某全拒不履行信息网络安全管理义务案中,被告人李某全负有查验、评估、审核行业卡使用情况的职责,在明知违反实名制管理规定的情况下,仍然将大量带有公民个人信息的回收卡交给亚飞达信息科技股份有限公司,违反用户实名制进行挑卡,造成严重后果,且在两年内经监管部门多次责令改正而拒不改正,法院认定被告人李某全犯拒不履行信息网络安全管理义务罪,判处有期徒刑1年零3个月,并处罚金5000元。云南省昆明市盘龙区人民法院刑事判决书,(2020)云0103刑初1206号。

② 王华伟:《网络服务提供者的刑法责任比较研究》,载《环球法律评论》2016年第4期。

③ 如果接入行为本身就是非法的,行为人不能以无审查义务为由作无罪辩护。例如,在胡某拒不履行信息网络安全管理义务案中,胡某为非法牟利,租用国内、国外服务器,自行制作并出租“土行孙”“四十二”翻墙软件,为境内2000余名网络用户非法提供境外互联网接入服务。上海市公安局浦东分局先后两次约谈被告人胡某,并要求其停止联网服务,作出责令停止联网,但胡某继续出租翻墙软件。法院认定胡某犯拒不履行信息网络安全管理义务罪,判处拘役6个月,缓刑6个月,罚金人民币3万元。上海市浦东新区人民法院刑事判决书,(2018)沪0115刑初2974号。

技术防范手段,在条件许可的情况下也应当及时引进新的技术,实现安全管理中的"通知—移除"的被动方式向"预防—阻断"的主动方式转变。

2. 缓存服务提供者的网络安全管理义务。与前述接入服务提供者不同,本类主体提供的服务不再是为客户提供进入网络的通道,而是为客户缓存信息服务,或允许客户访问在其网络缓存的信息。这里的缓存是指Web高速缓存。为解决多人或者是个人经常访问某个网站而出现的网站响应速度降低、重复付费等问题,一些企业开发出缓存服务器,或通过缓存技术为客户提供服务。例如我们熟知的快播案中,快播公司提供了P2P缓存服务器,快播调试服务器会将用户看过的视频拖曳存储在缓存服务器里,其他用户在看该视频时就从缓存中读取。在网络缓存服务中,提供者具有"通知—移除"的义务,这一点没有疑问,即当缓存服务提供者接到相关的通知,要求其删除其网络缓存中的非法信息时,就应当移除该信息。但缓存服务提供者对缓存信息是否有主动审查义务,社会各界对此有不同的观点,这从快播案引发的争议中体现出来。《互联网信息服务管理办法》第13条规定互联网信息服务提供者应当保证所提供的信息内容合法;同时在第15条规定互联网信息服务提供者不得传播含有危害国家安全、煽动民族仇恨等非法内容的信息;第16条规定如果发现其网站传输的信息明显属于非法内容,应当立即停止传输。提供缓存服务实质上是提供传播服务,因为缓存就是为了用户访问阅读、观看、下载等。只有将主动审查作为义务规定下来,上述规定的义务内容才可能在缓存服务提供中得到切实履行。但将对内容的主动审查作为缓存服务提供者的安全管理义务,并不意味着其未履行该义务就构成犯罪,只有未履行该义务,经监管部门责令采取改正措施而拒不改正,才会构成拒不履行信息网络安全义务罪。

3. 存储服务提供者的网络安全管理义务。存储服务是利用存储软件和解决方案为客户提供数据存储服务。在云存储的概念中,存储即服务(Storage as a Service, SaaS)已发展为公司向客户提供技术专业知识和存储空间的商业模式。云存储是将网络中大量各种不同类型的存储设备通过应用软件集合起来协同工作,共同对外提供数据存储和业务访问功能的一个系统。[①] 与缓存服务类似，存储服务为客户存储信息，有“通知—移除”的义务。至于存储服务提供者是否有主动审查的义务，则视信息的公开与否有不同的要求。如果存储的信息非公开，完全是客户自我存储，为尊重客户的隐私或商业秘密，存储服务提供者对存储的信息无主动审查义务；如果存储信息具有公开性，例如为客户提供文档存储、共享服务的网盘中存储的信息，因其具有公开性，存储服务的提供者对其内容有主动审查义务。另外，特定的存储服务提供者原则上应当将信息存储于境内。《网络安全法》第 37 条规定，关键信息基础设施的运营者在中国境内运营中收集和产生的个人信息和重要数据应当在境内存储。因业务需要，确需向境外提供的，应当按照规定进行安全评估。

4. 定位服务提供者的网络安全管理义务。该类主体包括网络搜索服务提供者和链接服务提供者。该类服务的实质是通过网络程序帮助客户搜索、定位相关信息。搜索服务是协助信息查找者获得网络中的相关信息，链接服务则是帮助信息供应者确定信息在网络中的位置。两者的结合才能实现网络信息的定位。定位服务提供者并非完全中立者[②]，其提供定位服务的过程中往往基于自身利益的需要运用算法程序控制搜索结果的排列顺序，达到推送相关信息的目的。例如，常用推荐算法、过滤算法等都可以由搜索引擎进行设置而改变搜索结果及排序。既然定位服务提供者可以通过算法程序控制搜索结果的排序，也就有技术能力通过屏蔽搜索或链接的关键词而禁止非法内容的链接和搜索。从现实情况看，搜索引擎在处置非法信息方面发挥着重要作用。中央网信办统计，2021 年第一季度，百度、搜狗、QQ、UC、猎豹、OPPO、神马和夸克等 8 家搜索引擎和浏览器服务者处置境外色

① 参见北京市互联网信息办公室编：《互联网信息安全与监管技术研究》，中国社会科学出版社 2014 年版，第 220 页。

② 参见杨晖：《网络搜索服务中侵权的司法认定——兼评网络搜索的中立性》，载《人民司法》2015 年第 11 期。

情、赌博类举报信息均为12万余条。[①] 定位服务提供者有义务审查链接或搜索信息,对于非法信息有屏蔽义务,未履行该义务,经监管部门责令采取改正措施而拒不改正,可能构成拒不履行信息网络安全义务罪。从立法规定看,对内容的审查义务主要由信息发布或传输者、提供者承担。如《网络安全法》第47条规定,网络运营者发现其发布或者传输的用户发布的信息含有法律或行政法规禁止的内容,应当立即停止传输该信息,采取消除等处置措施;《反恐怖主义法》第63条也规定,网络服务提供者不得传播虚假恐怖事件信息、可能引起模仿的恐怖活动的实施细节;《互联网信息服务管理办法》第16条规定,联网信息服务提供者发现其网站传输含有颠覆国家政权、破坏国家统一等危害内容的信息,应当立即停止传输。这里的"传输""传播"主要是指网络提供者在自己的网站展示信息内容,而信息定位服务本身并未展示信息内容,只是帮助用户得知信息所处位置。但定位服务为用户明确了信息位置,对信息传输、传播起到了十分重要的助推作用,可以说信息定位是信息传输、传播的重要助力者。因此,与信息内容提供者一样,信息定位服务提供者发现其定位的信息中含有危害内容,应当立即停止定位。而发现的方式并非仅限于事后发现,事前程序设计以实现事中实质审查也是必不可少的途径。

5.内容提供者的网络安全管理义务。在网络空间中存在大量的内容提供者。这些内容提供者有的自身提供专业或综合性的内容,有的则是提供一个平台由用户上传相关内容。前者如新闻网站发布记者采访的新闻稿,后者如网站提供网络留言版、公众号的评论区。内容提供者应当对其提供的内容有安全管理义务。这种安全管理义务通常包括三方面的内容:对网络内容的预先审查义务、实时监控义务、报告与删除义务。就网站自身提供的内容而言,这三个方面的安全管理义务都不难履行。但对于用户平台上传或发布的信息,网站或公众号等网络

---

① 参见《网信办:一季度百度、QQ等处置境外色情举报信息12万余条》,载中新经纬网,https://www.jwview.com/jingwei/html/05-25/402490.shtml,最后访问日期:2022年6月20日。

服务者是不是也具有此三项完整的内容,存在不同的观点①。笔者认为,此种情况下,平台是一个信息的发布者,与缓存、存储服务类似,同样有审查、监控和删除义务。《互联网信息服务管理办法》第 15 条规定,互联网信息服务提供者不得制作、复制、发布、传播含有颠覆国家政权、破坏国家统一、煽动民族仇恨和民族歧视等危害内容的信息。该规定主要是赋予网络信息内容提供者审查义务。该办法对制作、发布和传播作了一致性规定,并未将制作与后两者分别开来,说明它们具有同样的义务。该办法第 14 条规定从事新闻、出版以及电子公告等服务项目的互联网信息服务提供者,应当记录提供的信息内容及其发布时间、互联网地址或者域名。记录的目的一方面是强化内容提供者的审查义务,另一方面也能约束留言或评论者,防止其发布非法信息。从可行性上看,已有技术为内容安全审查提供了解决方案,如 Web 内容过滤器 I-Gear,Email 过滤器 Mail-Gear,以及邮件安全信息网关、即时信息过滤器等各类内容安全产品,为网络内容的安全审查提供了技术支持。

四、信息网络安全管理义务履行可行性之考量

义务与能力虽然是两个不同的范畴,但二者有着密不可分的关系:义务的实质意义离不开对能力的评价。如果行为主体具有法律规定的义务,但行为主体缺乏行为能力,法律上的义务实质上就没有意义。例如刑法中规定了遗弃罪,该罪是指负有扶养义务的人,对年老、年幼、患病或者其他没有独立生活能力的人拒绝抚养、赡养或扶养,情节恶劣的行为。在评价行为人是否构成遗弃罪时,不但要明确其是否具有抚养、赡养或扶养义务,而且要评价其是否有履行该义务的能力。如果没有能力,即使他没有履行其法定义务,其行为可不会构成遗弃罪。同样,"不同的网络服务提供者只有在违背自己职能所承载的义务而助力犯

① 参见涂龙科:《网络内容管理义务与网络服务提供者的刑事责任》,载《法学评论》2016 年第 3 期。

罪,或在自己有能力发挥抑制犯罪作用而不作为时才承担刑事责任"①。在拒不履行信息网络安全管理义务罪中网络服务提供者虽然具有上述物理安全管理义务、系统安全管理义务和网络安全管理义务,但它没有能力履行该义务,即使行政管理部门责令其改正而未改正,同样不应当以拒不履行信息网络安全管理义务罪对其定罪判刑。这里我们主要讨论两个方面的问题。

(一)自然人主体与组织主体的能力差异

根据《互联网信息服务管理办法》的规定,只要通过互联网向上网用户提供信息服务活动的,都是互联网信息服务,因此网络服务提供者范围非常广泛。自然人和单位均可以成为网络服务提供者。最高人民法院和最高人民检察院《关于办理非法利用信息网络、帮助信息网络犯罪活动等刑事案件适用法律若干问题的解释》第1条也明确规定提供网络服务的单位和个人都应当认定为网络服务提供者。

自然人与单位之间存在履行义务能力的差异。我国立法者也承认这种差异。例如《关键信息基础设施安全保护条例》第16条规定,运营者应当保障专门安全管理机构的运行经费、配备相应的人员。这是立法者从管理机构、经费和人员等方面赋予关键信息运营者安全管理义务。这种义务对于关键信息基础设施运营者而言不但是必须的,而且也是可行的,因为这类经营者一定是大型的组织机构,而不可能是单个的自然人。我国立法者并未在其他法律法规中普遍赋予网络服务提供者此类义务。否则,因自然人无法履行该义务会导致义务规定无现实意义。

在信息网络安全管理中,技术支持是重要一环。各国都重视采取技术手段弥补网络漏洞、抵御网络入侵、防范信息泄露等。欧盟《网络与信息系统安全指令》第14条第1款规定:"成员国应当确保基本服务

① 上海市普陀区人民检察院课题组、朱文波:《网络服务提供者的刑事责任问题研究》,载《犯罪研究》2021年第6期。

运营者采取合适和适当的技术与有组织的措施来管理其运营中的网络与信息系统安全风险。”我国《网络安全法》第 21 条和第 43 条也分别规定,网络运营者应当采取监测、记录网络支行状态、网络安全事件的技术措施;网络运营者应当采取技术措施,确保其收集的个人信息安全,防止信息泄露、毁损、丢失。在实践中,网络运营者为确保网络安全也运用各种技术手段。例如网络服务提供者运用密码保护的专业技术手段来确保网络数据安全,创造安全的网络数据信息存储环境。[①] 但技术手段的运用需要相应的成本与技术人员的支持,这对自然人网络服务提供者来说可能是个极大的负担,甚至是难以承受的负担。

因此,无论是从制度建设、人员配置还是技术手段的采取上,自然人主体与单位主体存在实质上的差异。如何在信息网络安全管理中正视这种差异,并采取差异性的政策,是值得我们思考的问题。如果自然人网络服务提供者因未履行信息网络安全管理义务而被网络管理部门责令改变,因其不具备改正能力,是否就应当认定为拒不改正?能否因此而被认定为构成拒不履行信息网络安全义务罪?笔者认为,拒不改正是指网络服务提供者客观上有能力改正的情况下主观上拒不改正,而非仅从客观的角度上因其未改正即认定其“拒不改正”。

(二)信息网络安全管理义务的冲突

我国行政管理中职能部门众多,对于同一个行政事务有不同的行政部门进行管理。同一个行政相对人在同一个事务中可能要应对不同的部门基于自身管理权限所作的行政管理决定。从立法规定看,立法者将众多行政单位设置为网络管理主体。例如根据《网络安全法》第 8 条的规定,从中央层看,国家网信部门、国务院工业和信息化、公安部门和其他有关部门都是网络安全管理主体;从地方层面看,县级以上地方人民政府有关部门也是网络安全管理主体。这些主体在网络安全管理中,会基

① 参见李真成:《计算机网络信息安全中心的数据加密技术》,载《电子测试》2021 年第 8 期。

于自身职权对网络服务提供者提出要求,而这些要求本身又可能存在冲突。这就会使网络服务提供者在信息网络安全管理过程存在义务冲突问题。而这会引发其网络安全管理义务履行的可行性问题,因为网络服务提供者面对冲突义务会无所适从。

网络服务提供者的安全管理义务冲突主要体现在防止违法信息大量传播与防止刑事犯罪证据灭失之间。[①] 法律和行政法规规定网络服务提供者不得传播违法信息,例如,《互联网信息服务管理办法》第 15 条规定,互联网信息服务提供者不得传播含有颠覆国家政权、破坏国家统一、煽动民族仇恨、民族歧视等危害内容的信息;《反恐怖主义法》第 19 条规定网络服务提供者发现含有恐怖主义、极端主义内容的信息的,应当立即停止传输,删除相关信息。同时法律也规定发现违法信息时网络服务提供者应当保存相关记录。例如《反有组织犯罪法》第 16 条规定互联网服务提供者发现含有宣扬、诱导有组织犯罪内容的信息的,应当立即停止传输,采取消除等处置措施,保存相关记录。保存的记录是为侦查有组织犯罪保留刑事证据。在违法信息删除与相关记录的保存义务冲突时,如何做到两者种义务的协调,不但是网络服务提供者要充分注意的问题,也是司法机关在认定网络服务提供者信息网络安全管理义务履行中要注意的问题。司法实践中,针对该类安全管理义务的冲突,应当基于网络安全事件发生时的紧急情况、网络服务提供者履行安全管理义务的积极程度、不同网络管理部门介入先后顺序等综合认定,而不能仅基于其未履行其中某一义务就判定其未履行义务。

五、结　　语

信息网络安全管理义务是拒不履行信息网络安全管理义务罪认定中的关键要素。由于《刑法》第 286 条之一将“经监管部门责令采取改正措施而拒不改正”作为该罪成立的前置条件,司法实践中裁判者往

---

① 参见周光权:《拒不履行信息网络安全管理义务罪的司法适用》,载《人民检察》2018 年第 9 期。

往会从形式要件的角度出发,审查案卷材料中是否有网络管理部门责令采取改正措施的行政命令。如果有该行政命令,而网络服务提供者又未按该行政命令改正,法院就会以拒不履行信息网络安全管理义务罪追究其刑事责任。这种不分析网络服务提供者具体信息网络安全管理义务的做法,会导致刑事判决仅具有形式合理性,而失之实质合理性。因此,在拒不履行信息网络安全管理义务案件的处理中,裁判者要结合网络服务提供者信息网络安全管理义务的内容、履行可能性等因素对其行为做实质性判断。

On “ Information Network Security Management Obligations ” in the Crime of Refusing to Perform Information Network Security Management Obligations

Lai Zaoxing

[**内容摘要**]拒不履行信息网络安全管理义务罪构成中的核心要素是信息网络安全管理义务。《刑法》将该义务的来源限定为法律和行政法规的规定。从具体的内容上看,网络服务提供者的信息网络安全管理义务主要体现在物理安全管理义务、系统安全管理义务和网络安全管理义务。网络服务提供者可以分为接入服务提供者、缓存服务提供者、存储服务提供者、定位服务提供者和内容提供者。它们承担的上述信息网络安全管理义务有共性,但因所提供服务内容的差异,各自承担的信息网络安全管理义务也存在差别。基于能力与义务的密切关系,在认定网络服务提供者信息网络安全管理义务时,要考虑不同主体安全管理能力的差异,也要分析义务冲突时网络服务提供者履行义务的可能性。

[**关键词**]拒不履行信息网络安全管理义务罪;信息网络安全管理义务;网络服务提供者;义务内容

Abstract: The core element in the composition of the crime of refusing to perform information network security management obligations is the information security management obligations. Criminal Law limits the source of the obligations to the provisions of laws and administrative regulations. In terms of specific content, the information security management obligations of network service providers are mainly embodied in physical security management obligations, system security management obligations and network security management obligations. Network service providers can be divided into access service providers, cache service providers, storage service providers, location service providers and content providers. The above-mentioned information network security management obligations undertaken by them have commonalities, but due to the distinctions in the content of the services provided, their respective information network security management obligations are also different. Based on the close relationship between capabilities and obligations, when determining the information security management obligations of network service providers, the differences in the security management capabilities of different subjects should be considered, and the possibility of network service providers performing obligations in the event of obligation conflicts should also be analyzed.

Keywords: The Crime of Refusing to Perform Information Network Security Management Obligations; Information Network Security Management Obligations; Network Service Providers; Content of Obligations

基因科技犯罪的保护法益及其教义学思考*

陈　昊**

目　　次

一、问题的提出

随着基因科技的不断发展和推广，修改人体基因的探索已经从想象变成了现实，滥用基因技术的行为不仅具有严重的社会危害性，也对现有刑事立法体系造成了冲击，刑事法律应当及时对此作出回应。为维护国家安全和生物安全，防范生物威胁，并与最新制定的《生物安全法》相衔接，《刑法修正案（十一）》（以下简称《修正案（十一）》）第39条规定，在原有的非法行医罪、非法进行节育手术罪后增加一条，即非

* 本文系北京市社会科学基金规划项目"资本市场新型违法行为的刑法规制路径研究"（21FXB009）阶段性成果。

** 中国政法大学刑事司法学院刑法学博士生。

法植入基因编辑、克隆胚胎罪,这标志着我国刑事立法正式对基因科技犯罪进行专门规制。无论是在提交全国人大常委会审议过程中,还是在面向社会各界广泛征求意见过程中,该条文的内容引发了社会公众热切关注和充分讨论,从草案到最终的三审稿,此罪的构成要件发生了重要变动,因此可以说该罪从孕育之初,便成为了刑法学界研究的热点话题。

众所周知,一项新增设的罪名能否顺利实现立法之初的规范目的,很大程度上取决于该罪在司法实践中的具体适用效果,而取得良好司法适用效果的关键在于司法者对该条文罪状能够准确地理解与应用,因此刑法学界应当积极发挥理论研究之智识引导功能,为司法适用提供科学合理的教义学解读,以最大限度地发挥刑法的法益保护和人权保障机能。当前,学界对这一新增罪名的研究多集中于立法检视与批判,如有学者就指出《修正案(十一)》仅仅处罚对人体胚胎进行基因编辑和克隆的行为,却忽略了危害可能更大的“制造”基因编辑或克隆的人体胚胎行为纳入刑事规制范围;[①]还有学者认为该罪尚存在实行行为类型化归纳不足、体系性定位不够准确、缺少对立法的前瞻性等一系列不足,并主张应当增设“滥用基因编辑技术罪”。[②] 与此相反的是,缺少对该罪实行行为、主观心态以及定量要素等构成要件要素的教义学解读。

笔者认为,“重立法批判、轻教义解读”的研究现状,由于缺少对该罪保护法益及实行行为的充分理解,就贸然地批判立法规定之缺陷,不仅无助于有效实现该罪良好的司法适用效果,有效维护生物安全乃至国家安全,而且会进一步加剧理论研究与司法实践之间的“鸿沟”,最终不利于刑法规范引导与积极预防功能的实现。因此,刑法学者应当及时跳出批评立法活跃化的思维惯性,积极寻求符合当下社会治理现

---

① 参见梅传强、盛浩:《论生物安全的刑法保护——兼论〈刑法修正案(十一)〉相关条文的完善》,载《河南社会科学》2021年第1期。

② 参见姚万勤:《基因编辑技术应用的刑事风险与刑法应对——兼及〈刑法修正案(十一)〉第39条的规定》,载《大连理工大学学报(社会科学版)》2021年第2期。

实需求的教义学路径。[1] 现代刑法一般认为,法益概念不仅具有指导构成要件解释的方法论机能,而且也是检验罪刑条文是否正当的根据。[2] 具体到该罪,无论是证成以刑法惩治非法植入基因编辑、克隆胚胎行为的正当性,还是对构成要件行为进行教义学解读,首要问题都是需要明确非法植入基因编辑、克隆胚胎行为是否侵害了值得刑法保护的法益,以及保护法益具体的指向和表现,如果该行为没有侵害值得刑法保护的法益,或没有造成法益侵害的危险,此时刑法的介入也就丧失了必要性和正当性。

二、模糊而抽象:人类尊严与伦理秩序法益之缺陷

有关该罪的保护法益,当前学界存在较为激烈的争议,其中比较具有代表性的观点包括“人类尊严说”和“伦理秩序说”。前者认为该罪所保护的应是生命伦理学意义上“人类尊严”这一新型权利或利益,具体而言包括人类基因的统一性、多样性以及人存在的目的性,[3]无论是反对基因编辑与克隆技术的新自然法学者约翰·菲尼斯(John Finnis)所主张的位格人尊严论[4],还是明显带有康德主义色彩的尊严论[5],二者都认为人不能作为实现某种目的的手段,或是被奴役的对象,而应是一切存在的目的,从这一点来看,非法植入基因编辑、克隆胚胎的行为

---

① 参见周光权:《刑事立法进展与司法展望——〈刑法修正案(十一)〉总置评》,载《法学》2021 年第 1 期。

② 参见[德]乌尔斯·金德霍伊泽尔、陈璇:《法益保护与规范效力的保障——论刑法的目的》,载《中外法学》2015 年第 2 期。

③ 参见于慧玲:《人类辅助生殖基因医疗技术滥用的风险与刑法规制——以“基因编辑婴儿事件”为例》,载《东岳论丛》2019 年第 12 期。

④ 所谓的“位格人尊严论”,是指承认胚胎是一个具有潜在性的生物人和位格人,并因此享有权利或尊严。

⑤ 主张人只能作为主体而存在,任何时候都不能成为客体与工具,这是现代法治必须坚守的基本价值立场。参见韩大元:《维护人的尊严是文明社会的基本共识》,载《探索与争鸣》2018 年第 12 期。

的确具有将人工具化的嫌疑;[①]后者主张该罪保护的应是人类社会赖以生存的基本伦理秩序,人类胚胎基因编辑技术或克隆技术存在的伦理风险是刑法介入的更为深层次的原因,具体而言包括引发基因歧视的危险和侵害基因编辑人或克隆人及其后代人格尊严的风险。[②] 有学者指出刑法中新设定的法益应当具有以下四个特征:第一,具有比较法基础;第二,为国际公约所肯定;第三,具有可证成性;第四,具有可侵害性。[③] 笔者认为,上述四个特征的限定无法有效否定人类尊严作为非法植入基因编辑、克隆胚胎罪保护法益的正当性根基,因为无论是《世界人类基因组与人权宣言》,还是《世界生物伦理与人权宣言》,都已将确保并促进人类尊严作为生物科学研究的首要宗旨和基本前提,任何有关基因编辑和生物克隆技术的研究及应用,都必须以尊重某个个体或种群的人权、自由以及尊严为前提,任何不利于尊重人的尊严与自由的科研活动都应是被禁止的,因此将人类尊严作为该罪保护法益具有比较法基础,符合上述新增法益所需要的第一个标准;尽管当前与生物技术和遗传资源有关的三个国际公约[④]未明确将尊重人的尊严作为基本原则,但正如前文所述,无论是人类生物多样性还是可持续利用,抑或是对人类身体健康安全风险的防范,本质上都属于人的尊严之现实表现和具体内容。正如有学者强调的那样,人类胚胎基因编辑技术限制甚至是剥夺人格尊严主要有以下两个具体表现:一是有使人成为满足他人私欲的工具危险;二是有泯灭人类个体间差异、冲击人类基因多样性的危险,特别是克隆技术对人存在的个性造成了严重威胁。[⑤] 因此,将人类尊严作为该罪的保护法益为国际公约所肯定,符合上述第二

---

① 参见朱振:《基因编辑必然违背人性尊严吗?》,载《法制与社会发展》2019年第4期。

② 参见马路瑶:《风险社会视阈下人类胚胎基因编辑的刑事立法立场》,载《湖北社会科学》2019年第11期。

③ 参见姜涛:《基因编辑之刑法规制及其限度》,载《东方法学》2021年第2期。

④ 分别是《生物多样性公约》、《卡塔赫纳生物安全议定书》以及《名古屋议定书》,上述公约我国均已正式加入,并批准生效。

⑤ 参见王晖:《人之尊严的理念与制度化》,载《中国法学》2014年第4期。

个要求;非法植入基因编辑、克隆胚胎的行为现实地侵犯了基因编辑人或克隆人的自决权和美好生活的开放性,而这种人格尊严也是值得刑法保护的法益,因此将人类尊严作为该罪的保护法益,同样符合上述第三个要求;至于可侵犯性,既然论者承认了任何侵害法益的行为都会侵犯人类尊严,也就印证了将人格尊严作为该罪的保护法益并不违背上述第四个要求。

笔者认为,上述四个特征的限定并未抓住问题的实质关键,反对将人类尊严作为该罪保护法益的实质依据,应当是人类尊严概念的内涵模糊性与抽象性,并不具有法益概念所应具有的立法批判功能和指导构成要件解释的方法论功能。实际上,人类尊严内容的抽象与模糊已为众多学者所意识到,如有学者很早就明确提出:"人类尊严这一概念太过模糊,是一个规范上使用,却不包含任何描述性内容的词,因而只是一个空洞的公式。"①因此,由于缺少实质内容和具体的判断标准,该概念无法实际承担起法律创制和适用过程中的价值选择和限定处罚功能,无法在对法律条文理解发生分歧时为裁判者提供明确的行为指引,且极其容易沦落为无意义的"口水战"论据。况且,这里的人类尊严究竟是指的被基因编辑、克隆胚胎自身的尊严,还是被植入者的人格尊严,并不明确,胚胎自身的人格尊严本身又是相对的,是以具有成为人的可能性为前提的。更为重要的是,当前学界对侵害人格尊严的判断标准存在巨大争议,受康德"绝对命令"表述的影响,人是否被工具化成为了判断是否侵害人格尊严的普遍标准,但由于既存在没有被工具化而明显侵犯人格尊严的情形,也存在工具化却没有损害人格尊严的情形,工具和目的本身就具有相对性和可互转性,"工具化"这一标准反而使得人格尊严有可能成为支持克隆技术的理由,所谓的"人的尊严集合理论"也无法证实克隆技术或基因编辑技术必然违背人类尊严。②

---

① 王晖:《人之尊严的理念与制度化》,载《中国法学》2014 年第 4 期。

② 参见[德]埃里克·希尔根多夫:《德国刑法学:从传统到现代》,江溯等译,北京大学出版社 2015 年版,第 488 页。

此外,由于我国刑法规范多采取的是“定性+定量”的规制模式,对定量要素的合理解释往往成为了入罪与否的关键,法益概念正是在此过程中划定了刑法规制的可能边界,这也就决定了新增的保护法益必须能够为犯罪圈划定特别是定量要素的适用提供明确有效的指引,如将他人的生命权作为故意杀人罪的保护法益,那么在适用“情节较轻”这一档较轻的法定刑时,就不能单纯考虑行为的客观危害性、行为人的人身危险性以及主观恶性,而应当充分结合行为对该罪所保护法益所造成侵害的严重程度予以判断,即使行为人出于一时激愤而杀人,但杀害多人的,此时就算具备多种较轻情节,也不应适用“情节较轻”这一较低的法定刑档。相反,若是保护法益本身具有模糊性和抽象性,而无法清晰界定法益侵害程度高低的,不宜成为刑法规范保护的法益类型,典型的例证便是按照之前学界通说,非法经营罪所保护的应是市场管理秩序,但由于这一法益本身脱离了构成要件行为本身,将本罪的保护客体与该罪所处章节的保护法益简单等同,缺少明确性,不具有实质内容,抽象的法益界定造成了司法适用过程中对该罪兜底条款和定量要素理解的标准不一,“情节严重”这一限定性要件存在被忽视的风险。具体到该罪,若将人类尊严作为该罪的保护法益,在理解“情节严重”时,则无法找出清晰明确的判断标准,这是因为很难说某种行为对人类尊严侵害的程度要高于另一种行为,如学界普遍认为的在一定程度上可以有限容忍的生殖系基因编辑行为,即以治疗严重基因遗传疾病为目的的生殖系基因编辑行为,①同样严重侵害了胚胎的位人格尊严,此时无法得出该类行为比以增强为目的的生殖系基因编辑行为,对人类尊严和自由的侵害程度更低这一“荒谬”结论。

将伦理秩序作为该罪的保护法益,也面临着同样抽象与模糊的困境。更为关键的是,这将与实质法益概念的基本原理和实质彻底背离。“伦理秩序说”源于规范违反说,认为刑法的目的是维护社会伦理秩序,非法植入基因编辑、克隆胚胎的行为具有破坏甚至彻底颠覆人类伦

①　参见陈景辉:《有理由支持基因改进吗?》,载《华东政法大学学报》2019年第5期。

理秩序的巨大风险,而具有纳入刑法制裁范围的必要性。[①] 伦理秩序的含义并不明确,这里的伦理秩序不同于一般意义上社会共同体日常生活中所形成的普遍遵守的规范秩序,而是仅指对法律、生命技术、医学等特殊领域提出的要求与批评,二者本质上具有明显差异。与道德规范具有实存性不同,伦理不必然是实际存在的社会事实,一般也并不直接指引人的行动,而是为了防范和控制伦理危险存在的,有时不可以凭借经验法则来查明特定社会群体的伦理规范与行为。[②] 从现代法益概念的发展历程来看,受西南德国新康德派价值哲学方法论的影响,法益概念经历了逐渐精神化的历程,日益抽象的法益概念能否继续发挥限制刑法处罚范围的功能遭受到强烈质疑,甚至成为了犯罪圈日益扩张的理论工具。于是有学者指出,法益概念并非捉摸不定的空洞概念,从概念的起源来看,法益是从"财产""财物"等概念派生出来的,换言之,作为犯罪保护客体的法益概念是由实际存在的行为客体演变而来的,与行为客体的纯事实性不同,保护客体具有浓厚的价值色彩,如盗窃罪的行为对象是现实存在的财物,保护法益则是被害人对该财物享有的占有、收益、处分等权利,因此法益是人与某种事物的联系,某项利益能够成为刑法上的保护法益,前提就是必须具有经验上可能把握、对人有益的实体,法益概念的属性是经验的实在性以及对人的有用性,由此出发,法益概念必然排斥伦理,而且还排斥没有被害人或自己是被害人的犯罪。[③]

三、形式而宽泛:人类基因安全和生物安全法益之不足

近来学界较为有力的两种观点值得关注:一是"人类遗传安全

---

① 参见马路瑶:《风险社会视阈下人类胚胎基因编辑的刑事立法立场》,载《湖北社会科学》2019 年第 11 期。

② 参见朱晓峰:《人类基因编辑研究自由的法律界限与责任》,载《武汉大学学报(哲学社会科学版)》2019 第 4 期。

③ 参见张明楷:《论实质的法益概念——对法益概念的立法批判机能的肯定》,载《法学家》2021 年第 1 期。

说”,该说的支持者认为对非法植入基因编辑、克隆胚胎的行为采用刑法予以规制,正当性在于其可能会引发人类基因突变,并产生代际遗传,污染或扰乱人类基因库,严重的还会危及整个人类物种的生存安全,因此该说又可被称为“人类基因库安全说”;[①]另一种观点也比较具有代表性,即生物安全法益说,主张该罪作为危害生物安全犯罪的一类,该罪的保护法益应是生物安全法益,本质上是不特定多数人的身体健康和生命安全。[②] 笔者认为,所谓的“人类基因安全”或“生物安全”均无法全面概括本罪的社会危害性,只是对该罪罪质和规范目的的形式化解读,造成了与相近罪名之间的模糊性,以及与该罪体系位置的不相协调,因此二者不能成为该罪的一个适格法益。

(一)安全法益的类型性与不确定

首先,人类基因安全只是非法植入基因编辑、克隆胚胎行为可能侵犯到的法益,并非所有类型的非法植入胚胎行为都会威胁到人类基因安全,而且从该说支持者的表述来看,其更适宜作为滥用基因资源及基因编辑技术行为的类型化法益。如支持者所言,基因安全是指人体基因不受人类活动不当干扰、侵害、威胁的正常状态,关键在于基因科技的良性运用与基因资源的良好保护。[③] 据此,非法植入基因编辑、克隆胚胎的行为,特别是克隆人或者制造人兽混合物的技术,侵犯了人的尊严,对人类基因安全造成了巨大风险,属于典型的滥用基因科技的行为,但并非所有的非法植入行为都会干扰、侵害、威胁基因资源的良好保护,如只是对人类胚胎的部分基因进行简单修饰,被编辑的基因有的已经存在于人类基因库中,并不会因此对人类基因的纯洁性和多样性

---

① 参见姜涛:《基因编辑之刑法规制及其限度》,载《东方法学》2021 年第 2 期。

② 参见梅传强、盛浩:《论生物安全的刑法保护——兼论〈刑法修正案(十一)〉相关条文的完善》,载《河南社会科学》2021 年第 1 期。

③ 参见张小罗:《制定我国〈基因安全法〉的重点与难点》,载《政治与法律》2018 年第 11 期。

造成严重威胁，将这类基因编辑的胚胎植入人体中，并不会对基因安全构成不当干扰、侵害或威胁。此外，《修正案（十一）》同时增设了非法采集人类遗传资源、走私人类遗传资源材料罪，该罪的保护法益应当也是人类基因安全，包括对我国人类遗传资源的良好保护以及合理利用，如果将人类基因安全作为刑法规范保护的法益，那么该罪将比非法移植基因编辑、克隆胚胎罪更为适宜，这是因为我国基因资源丰富，但由于管理制度不够完善、法律规制不够健全等，我国人类遗传资源流失较为严重，基因资源的良好保护成为了我国基因安全的重中之重，是治理基因安全问题的根本举措。① 若将基因安全界定为二者共同保护的法益，则在行为人先是非法采集人类遗传资源，又对该资源进行基因编辑或克隆后，将胚胎非法植入人体内时，容易导致适用法条竞合原理或牵连犯原理，只择一重罪处罚，如此处理显然会违背罪刑均衡原则和常识常理，因为行为人实施了两个性质截然不同的行为，侵害了两个独立的法益，数罪并罚更为合适。

其次，生物安全法益应是生物刑法的保护法益，尽管非法植入基因编辑、克隆胚胎的行为属于典型的生物犯罪，但将抽象的类型法益作为该罪的具体保护客体，并不妥当。有学者认为，将生物安全法益单线理解为不特定多数人的生命健康，忽略了生物犯罪社会危害性的潜在性、持续性等特点，生物安全是新型极端重要的法益，是国家安全的重要组成部分，内涵丰富，涉及国家安全、人类安全与个体安全三个不同层次的法益，涉基因编辑技术的安全属于以人类为中心的法益群，不仅包括市场经济秩序、社会管理秩序等集体法益，还包括个人的生命健康权、财产权等个体法益。② 笔者认为，将个人的生命健康纳入该罪的保护法益欠缺合理性，这是因为在非法植入胚胎犯罪过程中，被植入基因编辑、克隆胚胎的人体胚胎发育而来的人，其身体完整权与健康权是否受

---

① 参见张小罗：《制定我国〈基因安全法〉的重点与难点》，载《政治与法律》2018 年第 11 期。

② 参见姜涛：《生物刑法的保护法益与发展路向》，载《河南社会科学》2021 第 1 期。

到现实损害并不能确定,短时间内不易察觉,而且由于存续时间长,介入因素复杂,非法植入行为与个人的生命健康受损这一法益侵害结果的因果关系,无法准确判断,况且伤害胚胎的行为是否构成犯罪在刑法学界也存在巨大争议,即使能够认定,依据故意杀人罪或故意伤害罪等现有罪名即可充分评价,因此,个人的生命健康不宜作为该罪的保护法益。若按照一些学者的理解,将不特定多数人的生命健康作为该罪的保护法益,则更应将该罪置于"危害公共安全罪"一章,与该罪现处的体系地位不相协调。

最后,刑法增设该罪名正是积极刑法观或预防性刑法观的生动体现,因此对待该罪的司法适用更应保持一种相对理性的态度,将人类基因安全或生物安全作为该罪的保护法益,容易导致刑法失控。实质的法益概念不仅具有价值面,而且具有存在面,刑法既然作为宪法上的法益保护法,那么法益必须是真实存在的,存在被毁损可能性的。① 人类基因安全或生物安全都是难以清晰界定的概念,看不见也摸不着,且安全是与危险相对而言的,将安全作为刑法的保护法益,更多的是指代一种法益面临紧迫危险的状态,而状态本身是难以作为现代刑法保护法益存在的。更何况该罪的罪状并没有要求实害结果或具体危险结果,故普遍认为本罪性质上属于抽象危险犯,即立法推定符合构成要件的行为便具有了侵害法益的危险,若将人类基因安全或生物安全作为保护法益,那么只要行为具有侵犯人类基因安全的危险,就可以构成犯罪,这无疑会过度扩张该罪的适用范围,导致刑法适用上的失控。正如有学者指出,集体法益本身就具有较强的抽象性和模糊性,成为了现代刑法不断扩张适用范围的"有力工具",只有避免将原本的公共安全、市场经济管理秩序等集体法益,再次升格为值得通过刑法干预前置进行保护的法益,让集体法益的内容具有明确性,才能防止刑法侵害公民自由发展的权利。②

① 参见钟宏彬:《法益理论的宪法基础》,台北,元照出版有限公司2012年版,第177页。

② 参见王强军:《刑法干预前置化的理性反思》,载《中国法学》2021年第3期。

此外,将人类基因安全或生物安全作为本罪的保护法益,容易造成生物安全与生物技术发展之间的失衡,事实上只要将基因编辑或克隆后的人类胚胎植入人体内,就会存在对人类遗传基因资源安全的危险,无论情节是否严重,刑法都应予以规制。况且,将经过基因编辑或克隆的人类胚胎或动物胚胎植入人体内,由于存在先天发育不良、与受体产生排异效应等诱因,植入后的胚胎存在停止发育的极大可能性,此时人类基因并不存在遗传的可能性,按照保护法益是人类遗传基因安全或生物安全的逻辑推演,上述行为并未对基因安全造成实质威胁,也就无法构成该罪,如此得出的结论不仅与大众正义观相背离,也不利于发挥刑法的社会保护机能。

(二)规范保护目的与保护法益的混淆

需要进一步说明的是,本文虽反对将人类遗传基因安全或生物安全作为该罪的保护法益,但这并不能否认非法植入的行为对人类遗传基因安全或生物安全造成了事实上的威胁,这种威胁状态只是事实上的描述,并非规范上的确证。以"基因编辑婴儿案"为例,国内外学界对此次事件的批评和担忧主要集中在以下几个方面:第一,研究设计与目的间无足够证据支持应当进行人体试验,已有科学研究表明,剔除CCR5基因与HIV病毒免疫功能之间并无稳定联系,试验者还面临着遭受其他更严重病毒攻击的危险;第二,研究设计并非以改善人类身体健康为目的,无论是对受试者还是婴儿的生命健康都存在不可预估的风险;第三,科学研究表明,当前第三代基因编辑技术或克隆技术存在巨大的技术风险,包括明显的脱靶效应、马赛克现象①、基因变异、患癌率增加等;第四,人类基因编辑或克隆技术可能会对人类和平共处的稳定格局造成威胁,容易导致严重的政治和社会问题。② 由此可以得出,

① 指容易形成镶嵌性的胚胎,参见梁普平、黄军就:《推开人类胚胎基因研究的神秘大门》,载《生命科学》2016年第4期。

② 参见张捷:《人类基因编辑的法律规制》,载《河南社会科学》2019年第8期。

正是基因技术在进一步发展应用中所带来的技术风险,以及对人类生存发展必要条件的可能侵害,刑法的介入才具有了正当性。

将生物安全或基因安全作为本罪的保护法益,实质上是混淆了刑法规范保护目的与手段性罪名保护法益之间的关系。当前我国刑法中存在众多以保护个体利益或公众利益为最终目的的手段性罪名,如受贿罪的最终保护目的并非仅仅是维护国家工作人员职务行为的廉洁性或国家机关的正常管理活动,而是公共资源分配上的机会平等①,因此受贿罪是保护公共资源分配机会平等的手段性罪名;侵犯商业秘密罪的最终保护目的并非仅仅是公平的市场竞争秩序或创新激励机制②,而是商业秘密权利人的财产权利,因此侵犯商业秘密罪是保护个人财产权的手段性罪名。但是,如果将受贿罪的保护法益界定为公共资源分配机会平等,也就是将是否威胁到公共资源分配的机会平等作为受贿罪的成立条件,那么极有可能造成现有受到刑事处罚的受贿情形不再构成犯罪,如国家工作人员虽利用职务便利索取他人财物,但根本不具备为他人牟取利益的意图和行为,此时就会得出行为人没有威胁到公共资源分配的机会平等,因此不宜认定为犯罪这一不合理的结论。如果将侵犯商业秘密罪的保护法益界定为权利人的财产权,进而将财产损失作为本罪的必备构成要件,那么可能造成司法实践中无法化解的适用难题:如果是以利润减少作为权利人财产损失的计算标准,那么如何覆盖因果关系地确定权利人的利润减少数额,是一个非常困难的问题;如果以侵权产品的销售金额作为权利人财产损失的计算标准,那么会存在无视侵权人自身的智力投入的嫌疑,公正就成为了问题。

同理,立法增设非法植入基因编辑、克隆胚胎罪的目的,必然包括维护生物安全或基因安全,保护人民群众的身体健康利益不受侵害,因此本罪是保护生物安全或基因安全的手段性罪名,但如果因此将本罪

① 参见陈俊秀:《受贿罪的保护法益新说及其教义学展开》,载《刑法论丛》2020年第1期。

② 参见王志远:《侵犯商业秘密罪保护法益的秩序化界定及其教义学展开》,载《政治与法律》2021年第6期。

的保护法益界定为生物安全或基因安全,进而将公众身体健康受到损害或威胁作为本罪的构成要件,那么就会导致在没有造成受试验者身体健康损害或危险的情形下,得出无罪的处理结论,从而放纵了滥用基因编辑或克隆技术等具有严重社会危害性的行为。

四、证成:基因技术管理制序法益之适格性

由于该罪处于第六章“妨害社会管理秩序罪”第五节“危害公共卫生罪”中的非法行医罪、非法进行节育手术罪之后,参照将医疗卫生管理秩序作为非法行医罪、非法进行节育手术罪保护法益之做法,将基因技术管理秩序作为该罪的保护法益具有合理性。但由于秩序法益具有高度的抽象性和扩张性,欠缺作为实质法益概念的存在面,需要对其具体内容作出进一步明确和限定。

(一)充实“秩序”内容的“制序”

“社会制序”一词来源于我国著名经济学家韦森教授的《社会制序的经济分析导论》一书,“制序”并非制度和秩序两个词的简单拼合,作者经过对“institution”“order”“regime”“system”“constitution”等词语含义的反复推敲,最终确定德文“Gesellschaftordnung”一词译为“社会制序”,将均质欧洲语中的“institution”一词译为“制序”,意即一种由规章制度调节和规制着的秩序,能够非常自然地内涵中西方文字中“社会秩序”“建制”“制度”的多重含义。① “社会制序”一词来源于制度经济学(institutional economics)这一经济学学科,在该学科看来,人类建立社会秩序有两种不同的途径:一种是凭借外部权威,依靠指示和命令来计划和建立的组织秩序(计划秩序);另一种则是哈耶克力倡的以自发自愿的方式服从于共同承认之制度建立起的自发秩序(非

① 参见韦森:《社会制序的经济分析导论》,上海三联书店2020年版,第25~26页。

计划秩序)。[1] “制序”一词核心在于“制”,即制度、规则、规范等,计划秩序具有明显的局限性,在中国特色社会主义市场经济的大背景下,依靠自发有序化和培养能够增进自发秩序的方法显得尤为重要,重点则是建立共同认可的规则体系统,个人对一个控制其行为的规则系统作出反应,多数主体能够以可预见的方式行事,能够激励个体发挥主观能动性追求自己的目标,并能够有把握地预料到他人能够以协调的方式行事。[2] 合理借鉴经济学上的“制序”一词,可以有效填充秩序法益的实体内容,克服其抽象模糊的局限。

(二)存在可依存的前置制度

将非法植入基因编辑、克隆胚胎的行为入罪存在前置法依据。根据《生物安全法》《人类遗传资源管理条例》《人类辅助生殖技术管理办法》《人胚胎干细胞研究伦理指导原则》《涉及人的生物医学研究伦理审查办法》《生物技术研究开发安全管理办法》等法律或行政规章,开展基因编辑技术和克隆技术研究,必须严格遵守相应的流程规定和操作标准,不得开展生殖性人克隆技术的任何研究,不得将人的生殖细胞与其他物种的生殖细胞结合。其中,《人类遗传资源管理条例》第 20 条规定,利用我国人类遗传资源开展生物技术研究开发活动或者开展临床试验的,应当遵守有关生物技术研究、临床应用管理法律、行政法规和国家有关规定,第 44 条并规定了刑事责任条款;《人胚胎干细胞研究伦理指导原则》第 6 条规定,不得将利用体外受精、体细胞核移植、单性复制技术或遗传修饰获得的囊胚植入人或任何其他动物的生殖系统;《涉及人的生物医学研究伦理审查办法》第 6 章规定了医疗卫生机构或项目研究者违法开展涉及人的生物医学研究,应当承担行政责任

---

① 参见[德]柯武刚、[德]史漫飞:《制度经济学:社会秩序与公共政策》,韩朝华译,商务印书馆 2000 年版,第 171 页。

② 参见[德]柯武刚、[德]史漫飞:《制度经济学:社会秩序与公共政策》,韩朝华译,商务印书馆 2000 年版,第 178 页。

甚至是刑事责任。有学者对此提出了质疑,认为上述前置规定的效力等级多为部门规章和部门规范性文件,不符合《刑法》第96条之规定。需要进一步说明的是,《刑法》第96条之所以对“违反国家规定”的适用进行了严格限制,是因为部门规章等效力更低的行政规范制定程序不如法律法规那样严格,规范目的更多是提升本部门的行政管理效能而非法益保护,从刑法规范适用的稳定性和可预期性出发,对作为个罪构成要件要素的“国家规定”进行限缩,具有合理性。但既然本罪并没有明确以“违反国家规定”为入罪要件,那么在寻找此类行为入罪的正当化依据时,所参照的前置法规定就不必局限于法律法规,而是应当涵盖部门规章乃至部门规范性文件在内的。

(三)“制序”法益的独立价值

秩序法益具有独立的存在意义和价值,有关基因科技发展的行政管理制度与刑法规范具有相同的规制目的。长期以来,我国刑法学界对秩序法益存在的正当性一直持比较保守的态度,认为“秩序法益观”是国家本位主义刑法观的具体体现,违反行政管理秩序成为了犯罪化的主要根据,导致了一系列问题。[①] 本文认为,上述所谓“秩序法益观”的缺陷实际上是将秩序法益简单等同于国家某种行政管理制度,或以此为核心形成的管理秩序所造成的,因此上述论者才会认为秩序法益并不强调利益的归属,故不属于抽象的“超个人法益”。已有学者指出,当前我国刑法理论往往将行政犯的法益界定为管理秩序法益,但是对于这一法益的界定,要么语焉不详,要么简单将其界定为抽象的行政管理秩序(制度),将大量的行政管理因素掺杂在刑法法益中,当然不能发挥法益对行政犯构成要件解释的指导作用,因此应将管理秩序还

---

① 参见钱小平:《中国金融刑法立法的应然转向:从“秩序法益观”到“利益法益观”》,载《政治与法律》2017年第5期。

原为实体性利益。①

笔者认为,简单将某项行政管理制度或以此为核心形成的管理秩序,等同于刑法上值得保护的秩序法益,无疑是片面的,但并不能因此一概否认行政法与刑法统一的可能性,对于某项行政管理制度而言,若是与刑法的规范目的相一致,最终也是为了保护个人或集体的某种值得保护的利益,那么二者就是统一的,将对这种管理制度的信赖作为刑法的保护法益也就具有了合理性。以生产、销售假药罪为例,《药品管理法》规定,该法的目的不仅是加强对药品生产销售使用的监督管理,也是保障公众身体健康,这与生产、销售假药罪的保护法益相统一,因此这里的"假药"依照前置法规定认定,并无不妥。② 具体到本罪,《生物安全法》第1条规定了制定目的是防范应对生物技术发展带来的安全风险,保障人民生命健康,促进生物技术健康发展,这与《刑法》增设该罪的目相统一于防范生物技术给人类生存发展基本条件造成的侵害风险,因此将对基因技术管理制序作为该罪的保护法益,不仅解决了秩序法益内容空洞模糊的弊端,也与现代刑法坚持法益保护这一基本立场相符合。

非法植入行为事实上不仅会对个人的生命健康造成损害或危险,也会威胁到不特定多数人的生命健康,但并不意味着上述个人法益能够成为该罪的保护客体,因为该罪性质上属于典型的累积犯,即不要求犯罪行为对个人法益或集体法益造成实际侵害和具体危险,只要是符合该罪构成要件的非法植入行为,就已经现实侵害到了人们所共同承认的对基因技术发展予以管控的制度边界,若是将个人的生命健康或不特定多数人的生命健康纳入该罪的保护范围,就会不当缩小该罪的适用范围。事实上,参照《世界人类基因组与人权宣言》,将非法植入基因编辑、克隆胚胎的行为入罪,目的是满足人类不受此类研究可能造

① 参见李文吉:《我国刑法中管理秩序法益还原为实体性法益之提倡》,载《河北法学》2020年第5期。

② 参见李文吉:《我国刑法中管理秩序法益还原为实体性法益之提倡》,载《河北法学》2020年第5期。

成的潜在虐待需要,基因编辑技术管理制度的设立目的与此并无二致。

(四)"制序"法益的可侵犯性

该罪的保护法益在价值层面属于对大众直接呈现、对个人持续潜在的集体法益,在存在层面属于以制度信赖为基础的集体法益,在宪法上具有存在的正当性。德国刑法学者罗兰德·黑芬德尔将集体法益大致分为两类上位功能,分别是为个人之自我实现创造自由空间的集体法益,以及保护国家架构条件的集体法益,前者又可进一步划分为对大众直接呈现、对个人持续潜在的集体法益,以及提供社会干扰发生时的反映手段的集体法益,以保障人类生存条件之延续、保护人民生命健康作为最终目的的本罪,在保护法益上就属于第一大类下的第一个下位类型,即持续在每一个当下都保证着社会成员生活的利益,这类利益还包括货币交易安全或文书制度安全。[①] 罗兰德·黑芬德尔还特别强调了只有可能被侵害才可能被保护,可能被保护才可能被验证目的是否正当和是否合比例,于是将集体法益从存在面上划分为两大类,即可能耗尽的社会重要资源以及对制度的信赖,所谓对制度的信赖,也就是对于为个人创造自由空间的制度而言,现在的信赖就是制度被使用、发挥功能的必要条件,按照公共财的属性,兼具非排他性与非竞争性,越多人信赖,制度就越稳固。[②]

具体到本罪,有关基因技术研究与应用的前置法规范规定,禁止公众或机构从事将基因编辑或克隆的人类胚胎非法植入人体或动物内,禁止将动物胚胎非法植入人体内,以防范给人类生存延续基本条件造成侵害的风险。上述规则的设定,不仅是我国当前对基因科技发展应用科以的边界,也是世界各国所达成的共识,背后是对基因科技高速发

① 参见钟宏彬:《法益理论的宪法基础》,台北,元照出版有限公司 2012 年版,第 257~259 页。

② 参见钟宏彬:《法益理论的宪法基础》,台北,元照出版有限公司 2012 年版,第 260~262 页。

展和广泛应用对人类自身生存条件造成威胁的深深担忧。当人们未按照上述规范作出合乎期待的行为时,当这种对制度的背离从偶然走向频繁时,将会逾越信赖与不信赖的临界线,人们的行为模式将发生改变,当这种信赖丧失,人们可能会寻找另外的替代手段,也可能彻底放弃任其崩解,社会将会重新陷入一种无序状态,基因技术发展将无所限制,人类生存所需基本条件将不复存在,因此该罪属于典型的累积犯。

累积犯这一概念是由德国学者洛塔尔·库伦最初在环境犯罪中提出的新分类,意指那些个别的行为一般无法满足保护法益的实际侵害或危险,但大量相同性质的行为累积之后就会产生对保护法益的侵害或危险。[①] 这一概念被提出之后就饱受争议,不少学者反对将其扩张至除环境犯罪以外的领域,总结而言,主要原因有以下两点:一是违反了罪责自负原则;二是无限扩张了犯罪圈。笔者认为,累积犯与抽象危险犯在规范上并无二致,都是立法者拟制对保护法益侵害的危险,二者本质上都是行为犯,区别在于前者是对后者的进一步细化,主要针对的是现代社会中存在的巨型风险,此类风险往往具有不可逆转性、累积性、不可预测性等特征,这也决定了立法者在对待此类风险时,往往要具有超前的预见眼光,着眼于未来的风险管控。基因技术滥用所带来的风险恰恰符合上述巨型风险的特征,非法植入行为所产生的对法益侵害的累积效应是真实存在的,具有经验基础和高度的可能性,因此该类行为属于累积犯立法模式的适格对象。

五、适用:“情节严重”之理解

将“情节严重”作为该罪的入罪门槛,充分体现了立法者对科研自由与安全保障之间的利益平衡,以及对刑法谦抑性的恪守。长期以来,我国司法解释在对“情节严重”进行解释时,标准并非统一,往往将能够表征行为客观危害性、行为人人身危险性以及主观恶性的因素,统统

---

① 参见[德]洛塔尔·库伦、唐志威:《法益理论与新形式犯罪类型》,载《苏州大学学报(法学版)》2021 年第 2 期。

纳入“情节严重”的判断范围，严重忽视了保护法益对“情节严重”认定的指导功能。[①] 接下来，本文将结合非法植入基因编辑、克隆胚胎罪的保护法益，对该罪的定量要素进行分析，以期提出具体可供司法实践参考的判断内容和标准。

（一）危害后果

由于该罪的保护法益是以保护人生命健康为价值追求的基因技术管理制序，当行为人将基因编辑、克隆的人体胚胎或动物胚胎植入人体内，如果受试者或该技术孕育的个体及其后代在临床试验阶段出现严重不良反应，如造成受试者等个体轻度残疾、器官组织损伤导致一般功能障碍、患有遗传性疾病，或造成传染性疾病传播、流行危险的，对受试者等个体的生命健康造成严重威胁的，应认定为“情节严重”。若造成受试者等个体重伤或死亡的，以及造成甲类传染性疾病传播流行危险的，则应直接认定为“情节特别严重”，加重处罚。需要注意的是，这里对受试者造成的危害后果不仅局限于身体健康，还包括受试者心理健康，这是因为基因科技的滥用不仅会对受试者等个体生命健康造成损害，而且也会影响到个体的心理健康，特别是将人兽胚胎混合的行为，培养出各种奇怪的生命体，严重违反了人类伦理秩序，侵害了社会公众的道德情感。也就是说，当非法植入行为对人的生命健康所造成的危险现实化，法益侵害性更为严重，刑法理应及时介入。上述标准的提出借鉴了非法行医罪的情节严重认定标准，同时参考了《干细胞临床研究管理办法（试行）》对于“严重不良事件”的认定标准，从而与前置法规定相协调。

---

① 参见陈洪兵：《“情节严重”司法解释的纰缪与规范性重构》，载《东方法学》2019年第4期。

(二)危害行为

若行为人针对多个试验对象展开非法植入基因编辑、克隆胚胎的研究,由于此时该行为将对多个个体的生命健康造成严重威胁,技术风险和伦理风险更加的不可控制,加剧了公众对此类研究可能造成的潜在损害的恐惧,属于严重侵害基因技术管理制序的情形,应认定为"情节严重"。此外,若行为人已经进入非法植入基因编辑、克隆胚胎的临床试验阶段,相对于上游基础研究阶段,对人体生命健康以及伦理的风险更加地难以控制,呈现出分散化、碎片化特征,滑坡风险大大增强,因此应当认定为"情节严重",这一点可以从两个案例的不同处理结果对比得出:中山大学研究人员黄军就利用废弃胚胎开展基因编辑研究,由于符合《人胚胎干细胞研究伦理指导原则》第6条规定的行为规范,即利用体外受精、体细胞核移植、单性复制技术或遗传修饰获得的囊胚,其体外培养期限自受精或核移植开始不得超过14天,尚处于上游基础研究阶段,并没有引发严重的技术危险和伦理争议,但贺某某利用基因编辑技术使得两名婴儿诞生,已经使得胚胎的发育期超过法律规定的期限,发育成人,引发了公众对该技术可能造成潜在损害的强烈不安,因此最终构成刑事犯罪。若行为人的研究已经使得非法植入的胚胎发育成人,或者已经进入下游临床应用阶段,则可以直接认定为"情节特别严重"。此外,将人类胚胎与动物胚胎相融合,并植入人类身体内使其发育的行为,不仅严重违背了人类伦理道德,更重要的是以此获得的变异种类极有可能不可被人类控制,严重危及人类社会自身生存延续,这种累积性效应的可怕程度使得人类对待这类技术的态度应当更加坚决,因此应当纳入刑事规制的范围内。根据"生物医学新技术临床应用管理条例"(征求意见稿)第27条、第35条的规定,在研究过程中出现未履行知情同意或损害受试者合法权益的,医疗机构及研究人员应当暂停或终止研究项目,并向省级人民政府卫生主管部门报告,临床研究应当尊重受试者知情同意权,因此以欺骗或胁迫等方式违背受试者真实意愿实施植入行为的,可以认定为"情节严重"。

(三)研究用途

有学者主张,将基因编辑的人类胚胎植入人体内,目的是用于普通认知意义上的“增强”的,应当作为情节加重犯处理。[①] 还有学者更为明确地提出,刑法应当以禁止“增强性”的基因编辑行为为目的,以治疗和预防疾病为目的的基因编辑行为,不宜直接作为犯罪处理,理由在于前者增加了不平等的风险,违背伦理道德,后者以增进人类福祉为目的,也被世界多数国家立法所容忍。[②] 也有不少法理学、伦理学学者从优生学、人的自由意志、尊严等角度展开充分讨论,支持对基因编辑技术采取有限的干预模式,明确禁止开展生殖系增强性基因研究,因为它不仅破坏了人的自然性和冒犯人的尊严,一个更重要的原因在于它剥夺了潜在者自主决定自己命运和生活的机会。[③] 笔者认为,是否以治疗疾病为目的不宜作为“情节严重”的判断资料,理由在于治疗与增强之间的界分并非明确,以预防某种遗传性疾病为目的开展植入研究,是否属于治疗型应用,存在较大争议,事实上“基因编辑婴儿案”中的贺某某也是宣称自己的实验行为目的是预防 HIV 疾病遗传,但不可否认的是,该行为已经进入临床试验阶段,将对婴儿的身体健康造成不可逆的损害风险,其行为未遵守相关技术和伦理规范,严重侵犯了基因技术管理制序,给人们造成受此类研究可能造成潜在损害的危惧,属于“情节严重”。况且,相关前置法规定的是禁止一切人类胚胎克隆以及与动物胚胎杂交的植入行为,正是基于此点考虑,《修正案(十一)》将二审稿中的“违反国家管理规定”删除。但是如果行为人是以制造生物武器以及针对特定基因人群的致病病毒、细菌等为目的,实施非法植入

---

① 参见马路瑶:《风险社会视阈下人类胚胎基因编辑的刑事立法立场》,载《湖北社会科学》2019 年第 11 期。

② 参见张如、魏汉涛:《人类基因编辑技术发展的刑法应对——以现代风险治理为视角》,载《学术界》2020 年第 1 期。

③ 参见孙海波:《基因编辑的法哲学辨思》,载《比较法研究》2019 年第 6 期。

胚胎的,即使处于基础研究阶段,也应当纳入刑事规制范围。

(四)行政处罚

该罪属于典型的秩序犯罪,在对影响秩序犯罪定罪量刑的“情节严重”进行解释时,司法解释多是将“2 年内受过行政处罚”作为参考要素之一,笔者认为对该罪的“情节严重”进行理解时,可以参照相关司法解释惯例,将“曾因非法植入基因编辑、克隆胚胎受过行政处罚的”直接纳入刑法规制范围。《干细胞临床研究管理办法(试行)》和《人类生殖辅助技术管理办法》等前置法规定均明确规定了非法开展基因编辑和克隆研究的行政处罚措施,受过行政处罚仍然继续实施非法植入行为的,因多次侵犯基因技术管理制序,法益侵害程度更高,应以“情节严重”论处。

六、余论

基因编辑技术和克隆技术是一把“双刃剑”,合理利用可以增进人类福祉,推动人类社会的进步,滥用则不仅会对试验个体的生命健康和心理健康造成侵害,还会威胁到人类生存的基本前提和条件,危害后果无法预测且不可控制,因此国际社会也普遍禁止将上述技术应用到人类遗传资源研究中。我国刑法对滥用基因编辑技术和克隆技术等行为正式予以回应,并在增设过程中反复对该罪罪状予以斟酌完善,明确规制将基因编辑、克隆的人类胚胎植入人体或动物体内,或将基因编辑、克隆的动物胚胎植入人体的滥用行为,以期最终的立法在生命科技良好发展与风险规制之间寻求到最佳平衡。在适用过程中,由于该罪罪状规定得过于简单,且主要是事实行为的描述,缺少一定的规范性,为确保生物科技领域健康发展,同时避免刑事处罚范围的不当扩张,阻碍生物科技的发展和应用,司法机关应秉持相对谨慎的态度,注意甄别一些情节轻微、社会危害性不大的非法植入行为,如针对体细胞的基因编辑和植入行为,若行为人只是将基因编辑后的人类体细胞植入重病患者体内,而非生殖系统,并且遵守了相关规章,那么其行为即使形式上符合该罪的罪状,也不宜以犯罪论处。

滥用基因编辑技术或克隆技术罪名的保护法益是目前医事刑法中争议最为激烈的问题之一。德国《胚胎保护法》第5条、第6条禁止对拟植入的胚胎实施基因操纵、克隆以及植入克隆细胞,第7条禁止胚胎混合,但上述条文的保护法益究竟为何,是存在较大疑问的,无论是克隆体的生命权还是人性尊严,都将是有问题的法益,因此原则上只能是防止操纵过程中已经存在的风险或人类基因的完整性。[①] 由此可以看出,行政法与刑法上对滥用基因科技行为规制的出发点都只能是为了防止对人类生存基本条件造成的风险,将基因科技管理制序作为相关罪名的保护法益,维护前置法规范的效力,推动前置法规范内化为公众自身的行动规范,具有合理性。即使持不同观点的学者也已经认识到与域外相比,我国有关包括基因科技在内的生物医学新技术法律规制体系并不完善,相关规范效力程度低、可操作性差、无法及时回应新技术带来的风险和挑战,如德国早在1991年就颁布了针对体外胚胎保护的专门法《胚胎保护法》,并且规定了相应的刑事责任条款,2002年又颁布了针对干细胞研究和应用的专门法《与胚胎干细胞的进口和使用有关的胚胎保护确保法》。事实上,我国立法者也早已经注意到以上问题,积极通过立法引导和规范生物医学新技术的研发与应用,完善相关管理体制和机制,如2023年国家卫健委发布了《涉及人的生命科学和医学研究伦理审查办法》,进一步促进生物医学新技术的健康发展。可以预见的是,未来有关基因编辑等生物医疗新技术的法律规范体系将日益完善,将基因科技管理制序作为基因科技犯罪的保护法益,有助于推动前置法规范的不断丰富和完善,从而构建起完整的有关基因科技健康发展的法律规范体系。

① 参见[德]埃里克·希尔根多夫:《医疗刑法导论》,王芳凯译,北京大学出版社2021年版,第140、141页。

The Protection Interests of Gene Technology Crime and Its Doctrinal Thinking

Chen Hao

[**内容摘要**]非法植入基因编辑、克隆胚胎罪的增设标志着我国刑法正式对基因科技犯罪作出回应,当前学界对该罪的立法正当性和周延性批判有余,而对其保护法益和具体适用的教义学解读不足。模糊而抽象的人类尊严和伦理秩序,由于无法发挥立法批判和指导解释的方法论功能,不宜作为该罪的保护法益。最近饱受关注的人类遗传安全和生物安全,由于都属于更宽泛的基因犯罪或生物犯罪保护的类型法益,且混淆了规范保护目的与保护法益,也不宜作为该罪的保护法益。秩序法益具有独立的存在价值和意义,但需要进一步明确其具体内容。将基因技术管理制序作为该罪的保护法益,具有适格性和合理性。结合该罪的保护法益,应从危害后果、危害行为、研究用途以及是否受过行政处罚等方面,正确理解“情节严重”这一定罪量刑的关键要素。

[**关键词**]非法植入;秩序法益;制序;情节严重

Abstract: The crime of illegal implantation of gene editing and cloning of embryos is a new crime that responds to the crime of gene science and technology in China's criminal law. The vague and abstract human dignity and ethical order cannot play the methodological function of legislative criticism and guiding interpretation, so it is not suitable for the protection of the crime. Human genetic security and biosecurity, which have been concerned recently, belong to the broader type of legal interests of gene crime or biological crime protection, and confuse the purpose of normative protection with the protection interests, so it is not suitable to be the protection interests of this crime. The interest of order law has independent value and significance, but its specific content needs to be further clarified. It is appropriate and reasonable to take the genetic technology management institution as the protection interest of this crime. Combining the benefit of the protection law of this crime, we should correctly understand the key elements of "serious circumstances" in the sentencing of a certain crime from the aspects of harmful consequences, harmful behavior, research purposes and whether the crime has been subjected to administrative punishment.

Keywords: Illegal Implantation; Order Legal Interest; Institution; Serious

〔外国刑法〕

俄罗斯刑法共犯制度及相关争议问题*

庞冬梅**

目　　次

在俄罗斯联邦现行刑法典出台之前,1960 年颁行的《苏俄刑法典》中只有一个条文涉及共同犯罪行为的规定。虽然此部法典在整个生效期间不断地进行修订,但其已经不能满足当时俄国社会发展的需求,因此,迫切需要出台一部新的刑法典。在这样的时代背景下,随着苏联的解体,《俄罗斯联邦刑法典》应运而生(1996 年 5 月 24 日通过)。1996 年《俄罗斯联邦刑法典》专设一章(第七章)规定共犯制度,其中的 5 个条文(第 32 条至第 36 条)分别规定了共犯概念、共犯种类、各类共犯人

---

* 本文系作者所主持的国家社会科学基金重点项目《俄罗斯刑法总则制度研究》的阶段性成果之一。

** 河南大学法学院/知识产权学院教授,博士生导师,中俄比较法中心主任,河南省特聘教授,河南省中青年法学家。

及其承担刑事责任的根据。

一、俄罗斯共犯制度概述

(一)共犯的概念

根据《俄罗斯联邦刑法典》第32条的规定,共同犯罪是指“二人以上共同故意参与实施故意犯罪”。

俄罗斯刑法学界多数学者认为,如果参与犯罪的一行为人具备犯罪主体所需的一切必要要件,而另一行为人却不具备这些要件,则不可能成立共犯。[①] 此外,如果一行为人利用另一因某种原因(如未达到刑事责任年龄或无刑事责任能力)不能追究其刑事责任的行为人实施犯罪,那么这种情况也不成立共犯。可见,根据俄通说立场,间接实施犯罪,即犯罪意图经他人之手实现的情形(间接正犯)不属于共犯之列。[②] 与此同时,俄罗斯刑法学界还存在另一种立场,即认为团伙成员不仅包括犯罪主体适格的人,也包括那些实际参与实施具体犯罪构成客观方面行为,但因年龄因素或无责任能力而不适格的犯罪主体。[③] 俄罗斯当代著名刑法学家拉罗格(А. И. Рарог)教授就曾指出,“《俄罗斯联邦刑法典》第32条在界定共犯概念时,并没有明确规定共同犯罪人应具备刑事责任能力和达到刑事年龄的要件。严格来讲,本法律条文中的‘人’是可以包含那些无刑事责任能力而实际参与犯罪实施的共犯人

---

① *Бойцов А. И.* Преступления против собственности. СПб.,2002. С. 568 – 569; Сафонов В. Н. Организованное вымогательство: уголовно-правовой и криминологический анализ. СПб.,2000. С. 64.

② *Рарог А. И.*, *Есаков Г. А.* Понимание Верховным Судом РФ «группы лиц» соответствует принципу справедливости // Российская юстиция. 2002. № 1. С. 51 – 53; Семернева Н. К. Квалификация преступлений (части Общая и Особенная). М. – Екатеринбург,2010.

③ *Галиакбаров Р. Р.* Квалификация групповых преступлений. М.,1980. С. 36 – 38.

的”。拉罗格教授因此而得出这样的结论:“一个有刑事责任能力的人,与一个或者几个不具备犯罪主体要件的人共同实施任何一种犯罪,都可以认定为团伙犯罪。”[①]

这里需要指出的是,俄现行刑事立法有关共犯概念的前述规定,不仅在学界阐释中存在歧义,而且在俄罗斯司法实践层面也出现了相互冲突的教义学解释。俄罗斯联邦最高法院作为法律的官方解释主体,对于刑事立法所规定的共犯概念中“人”的解释也曾一度呈现出自相矛盾的局面。[②]

苏联时期以及当代俄罗斯联邦的最高法院《全体会议决议》,在2000年以前坚持的立场,是将共犯概念中的“人”解释为既包含适格的犯罪主体,也包括未达到刑事责任年龄或无刑事责任能力的、参与犯罪实施的不适格犯罪主体。申言之,即使团伙中其他成员有不应当被追究刑事责任的客观情况存在(未达到刑事责任年龄或无刑事责任能力),团伙实施的犯罪行为,仍然应当按照俄刑事立法中规定的加重责任构成要件进行归罪。[③] 然而,后来这些决议均被撤销或者失效。

2000年以后,俄罗斯联邦最高法院在此类案件相关刑事法律规定所做的解释中,则呈现出自相矛盾的立场。例如,2000年2月14日出台的俄罗斯联邦最高法院《关于未成年人犯罪案件司法实践的全体会

---

① *Рарог А. И.*, *Есаков Г. А.* Понимание Верховным Судом РФ «группы лиц» соответствует принципу справедливости // Российская юстиция. 2002. № 1. С. 51 – 53.

② О судебной практике по делам о краже, грабеже, разбое: Постановление Пленума Верховного Суда РФ от 27 декабря 2002 г. // Бюллетень Верховного Суда РФ. 2003. № 2.

③ См.: Постановления Пленума Верховного Суда СССР от 25 марта 1964 г. № 2 «О судебной практике по делам об изнасиловании» // СПС КонсультантПлюс; Постановление Пленума Верховного Суда РФ от 22 марта 1966 г. № 31 «О судебной практике по делам о грабеже и разбое» // СПС КонсультантПлюс; Постановление Пленума Верховного Суда РФ от 22 апреля 1992 г. № 4 «О судебной практике по делам об изнасиловании» // СПС КонсультантПлюс.

议1号解释》[1]中明确指出，“利用因年龄（《俄罗斯联邦刑法典》第20条）或者无责任能力（《俄罗斯联邦刑法典》第21条）而不应当承担刑事责任的人所实施的犯罪，不构成共犯。同时，利用不应当承担刑事责任的未成年人实施犯罪的情况下，引诱未成年人实施犯罪的行为人，作为间接致害的实行犯，依照《俄罗斯联邦刑法典》第33条第2款的规定承担刑事责任”[2]。然而前述司法解释的规定并未得到俄最高法院的一贯坚持，即在其后生效的2011年2月1日出台的俄联邦最高法院《关于未成年人刑事责任和刑罚立法规定适用司法实践全体会议1号决议》中，并没有关于“利用因年龄（《俄罗斯联邦刑法典》第20条）或者无责任能力（《俄罗斯联邦刑法典》第21条）而不应当承担刑事责任的人所实施的犯罪，不构成共犯”的明确规定。

正是因为俄罗斯刑事立法中有关共犯制度的规定存在歧义性，所以才导致司法实践中法律适用标准的不统一，甚至出现相互冲突的立法解释和司法解释。基于此，有俄罗斯学者提出将《俄罗斯联邦刑法典》第32条所规定的共犯概念中的“人”，直接修订为“犯罪主体”，这样便可以避免司法实务中法律适用标准不一致情况的再度发生。建议修订后的共犯概念表述为“两个以上犯罪主体故意共同参与实施故意犯罪，是共同犯罪”[3]。

（二）共犯的构成要件

俄罗斯共犯构成要件的建构，源于《俄罗斯联邦刑法典》第32条有关共同犯罪概念的规定，即“二人以上故意共同参与实施故意

---

① 此解释目前已失效。

② 《俄罗斯联邦最高法院公报》2000年第4期，第10页。（Бюллетень Верховного Суда РФ. 2000. № 4. Ст. 10.）

③ *Есаков Г.* Квалификация совместного совершения преступления с лицом, не подлежащим уголовной ответственности: новый поворот в судебной практике // Уголовное право. 2011. № 2. С. 10 – 15.

犯罪”①。也就是说,只有具备《俄罗斯联邦刑法典》第 32 条规定的所有要件的共同犯罪活动,才可能成立共犯。换言之,实质意义上的共犯,是指二人以上在实施具有特定目的的作为或不作为时的互动,即有意识地共同完成某种活动。共犯的社会危害性主要体现为这样两个方面:首先,具有提高犯罪活动效率,产生更严重后果的可能性;其次,可能会起到引诱甚至于迫使多数没有犯意的人参与犯罪行为实施的作用。正是基于此,立法者才力图通过刑事立法构建共犯模式,以强化对此类行为(作为或不作为)的调整,并因此而形成共犯刑事责任的根据。

俄学界一般将共犯的构成要件分为两个部分:客观要件和主观要件。客观要件,又称数量要件或多数性特征,是指至少是两人(或两人以上)参与犯罪及其“共同性”特征。主观要件,是指参与犯罪的罪过形式和所实施犯罪的罪过形式。

客观要件中的数量要件“二人以上”的表述,虽然看起来简单明了,然而在俄理论界和司法实务界却存在诸多争议。如前所述,这里的争议主要源于《俄罗斯联邦刑法典》第 32 条规定的共同犯罪概念中有关“人”的表述上,即“二人以上”中的“人”,是否指的是《俄罗斯联邦刑法典》第 4 章“应当负刑事责任的人”中的“人”;抑或指的是“任何人”,其中也包括不应当负刑事责任的人?此问题看似简单,实则具有非常重要的实践意义,特别是只有两个人共同参与犯罪行为的实施,而其中一人不具备承担刑事责任要件的情形。此种情形下,无论是俄理论界,还是司法审判实务的具体操作层面,都存在将其认定为共同犯罪的立场。如果将这种情形认定为共同犯罪,则应当负刑事责任的行为人,就相应地被认定为实施了共同犯罪行为的犯罪主体,即对其应当以升格法定刑判处刑罚,因为根据《俄罗斯联邦刑法典》第 63 条第 1 款第 3 项的规定,“参加团伙、有预谋团伙、有组织团伙、犯罪集团(犯罪组

---

① 俄文原文表述为:Соучастием в преступлении признается умышленное совместное участие двух или более лиц в совершении умышленного преступления. http://oukrf.ru/st32(下载日期:2021 年 12 月 30 日)。

织）实施犯罪”是法定从重处罚的情节之一。

根据当代俄学界通说立场，只有两个以上应当负刑事责任的人参与实施的犯罪，才是共同犯罪，即若参与犯罪实施的人当中只有一个人是适格犯罪主体，而其他参加人因未达到刑事责任年龄或无刑事责任能力等原因而不应当负刑事责任，则不成立共同犯罪。①

客观要件中的“共同性”特征（признак совместности）当属立法规范中的评价性要件，其主要体现于参与犯罪实施的“人”，在角色、时间和相对稳定的“权能”方面的分工，即每个人对于犯罪的实施都有自己的“加功”（вклад），并且各个行为（不作为）之间存在某种程度的依存关系。这里的“共同性”，是共同犯罪的核心要素，它决定着行为实施所必备的若干条件，比如时间上的吻合、每个人的行为要达到一个统一的或者共同的结果、所实施行为（作为与不作为）之间的相互强化或互为条件等。“共同性”要件是俄刑事立法规定的共犯成立的必要要件，反映着共同犯罪的实质侧面。在其他要件均具备的情况下，参与的“共同性”特征，既决定着《俄罗斯联邦刑法典》第 33 条各共犯人的定罪以及第 34 条各共犯人的归责问题，同时也决定着共犯的类别化特征。

主观要件，也称为共同犯罪的主观特征。根据《俄罗斯联邦刑法典》第 32 条的规定，共同犯罪的主观要件体现为参与的故意性（“故意共同参与”）和犯罪的故意性（“实施故意犯罪”）。这即是说，行为人故意参与实施故意犯罪，并且在参与犯罪的行为人之间存在主观上的联系。前述两个“故意”，严格来讲，指的是主观上的一致性，即通过共犯人的故意内容予以揭示。参与的故意性，是指每个共犯人，其中包括实行犯，都应当知道有其他应当负刑事责任的人参与犯罪并且希望或者放任犯罪结果的发生。各共犯人应当认识到行为（作为或不作为）

① См.：Комментарий к Уголовному кодексу Российской Федерации для работников прокуратуры（постатейный）. 2 – е изд.，исправленное，дополненное и переработанное / отв. Ред. юрид. Наук В. В. Малиновский；науч. Ред. проф. А. И. Чучаев. – М.：«Контракт»，2015. С. 96.

的共同性,哪怕只是对于行为共同性的最低限度的认知。犯罪的故意性,指的则是行为人对其所实施行为之故意性质的认知。

以上是俄学界主流立场关于共同犯罪主观要件相关立法规定的惯常理解。与此同时,俄罗斯学界在各类共犯人和共犯行为整体的定性问题上存在诸多争议。其中,争议焦点集中于各共犯人之间主观方面联系的性质和内容问题上,即片面共犯问题。俄学者在论述此类问题时,经常会以实行犯(犯罪行为实施者)与帮助犯(协助实行犯的人)之间的主观联系为例,即当实行犯不知道帮助犯对其予以协助的情形,比如,帮助犯给潜在的实行犯带来一件武器,但其却做出一副只是把武器作为礼物送给实行犯的样子。这里更为现实的场景是片面教唆的情况,即教唆人使潜在实行犯产生犯罪意图的教唆行为,而被教唆者却并不知晓教唆人的存在。

俄刑法学界在各共犯人之间主观联系问题上存在三种主张:一是共犯人之间的主观联系在所有情形下都可以是单方面的,即承认片面共犯的存在;二是只承认在实行犯和其他共犯人之间可能存在片面共犯情况;三是只认可各共犯人之间的双方面主观联系,即不承认片面共犯的存在。[①] 第三种主张是俄通说立场,即不承认片面共犯的存在[②]

在多数人参与实施犯罪且各自承担不同角色的共同犯罪中,对于各共犯人之间主观联系的评价问题则更加复杂。从事物本质出发,同一犯罪的各共犯人之间是完全可能互相不知道其他共犯人的,特别是经济领域犯罪、犯罪集团实施的犯罪等。俄通说认为,在此类情况下不要求每个共犯人知晓所有其他共犯人的存在,即此种情形下各共犯人之间的主观联系呈多样化特点。但是,在认定共同犯罪及其定罪时,必须具备最低限度的主观方面联系,即每个共犯人应当知道哪怕其中一

① См.: Уголовное право: Учебник: В 3 т. Т. 1. Общая часть / Под общ. Ред. докт. юрид. наук, проф., зас. деятеля науки РФ А. Э. Жалинского. – М.: Издательский Дом «Городец», 2011. С. 500.

② См.: напр.: *Трайнин А. Н.* Учение о соучастии. М., 1941. С. 67; Бурчак Ф. Г. Учение о соучастии по советскому праву. Киев, 1969. С. 58 – 60.

个其他共犯人的存在。

俄共同犯罪主观方面要件的争议,还体现于共同过失行为、共同间接故意行为是否可以认定为共犯的问题。根据俄罗斯现行刑事立法的规定,共同过失行为不属于共同犯罪的范畴,所以俄学界通说与其立法规定相吻合,也认为共同过失行为不构成共同犯罪。但是,俄学界仍有一部分学者主张,共同过失行为应当按照共犯进行处罚,他们常用的例子是领导指使司机超速驾驶,进而发生交通肇事的情形(有关过失共犯问题后文详述,此不赘述)。至于间接故意是否可以构成共同犯罪的问题,俄学界是持肯定观点的,比如,两个人一起打第三个人,并且均有意识地放任第三人死亡发生的情形。

(三)共犯的分类

俄刑法理论界与俄现行刑事立法,一般将共同犯罪分为普通共犯和复杂共犯两种类型。[①] 普通共犯,意指共同实行犯,即各个共犯人均参与犯罪行为实施的团伙,包括团伙和有预谋团伙;复杂共犯是有角色分工的共同犯罪,即组织犯、教唆犯或者帮助犯与实行犯共同实施犯罪,包括有组织团伙和犯罪集团(犯罪组织)。

1. 团伙(группа лиц)。《俄罗斯联邦刑法典》第35条第1款规定的"团伙犯罪"(无预谋团伙犯罪)属于普通共犯的一种,即"两个以上实行犯不经预谋而共同参与实施犯罪,是团伙犯罪",其中,每个实行犯都全部或者部分参与实施构成具体犯罪客观方面的行为。在普通共犯中,不存在各共犯人之间的角色分工,即只有共同实行犯,没有组织犯、帮助犯和教唆犯。因此,此类团伙犯罪中各共犯人行为的定罪,只需根据《俄罗斯联邦刑法典》分则相应条款的规定即可,无须援引《俄罗斯联邦刑法典》总则第33条的规定。无预谋团伙是共同犯罪中危害性最小的共犯形式,因为各共犯人之间没有就犯罪开始时间,以及使犯

---

① См.: *Наумов А. В.* Российское уголовное право. Курс лекций. В 2 т. Т. 1. Общая часть. М., 2004. С. 295.

罪得以顺利实施的方式等方面进行专门的谋划,他们只是在直接参与实施某种犯罪侵害过程中互相协助。此种团伙犯罪,可以是各实行犯同时着手犯罪的实施,也可以是其中一个实行犯先开始实施犯罪行为,而其他实行犯稍晚(无任何约定)加入犯罪实施行列。无预谋团伙犯罪中,各共犯人之间的主观方面联系(犯罪行为的合意)是在具体犯罪构成客观方面要件实施的过程中产生的,各实行犯之间行为的合意程度及其主观联系,可以仅限于其中一个实行犯知道有其他实行犯在和自己一起实施犯罪活动。俄立法机关将(无预谋)团伙犯罪作为加重责任构成要件,规定在其《俄罗斯联邦刑法典》分则的故意杀人罪(《俄罗斯联邦刑法典》第105条第2款第7项)、故意严重损害他人健康罪(第111条第3款第1项)、强奸罪(第131条第2款第1项)、暴力的性行为罪(第132条第2款第1项)等具体罪名的罪状中,是法定的加重刑事责任要件。

2. 有预谋团伙(группа лиц по предварительному сговору)。《俄罗斯联邦刑法典》第35条第2款规定的有预谋团伙犯罪,是另外一种普通共犯,即"事先串通共同实施犯罪的人实施犯罪,是有预谋团伙犯罪"。这里的"串通"指的是各共犯人在犯罪开始实施前,其中包括在犯罪预备阶段,就共同实施犯罪进行合意。合意可以是口头的,也可以是书面形式的,还可以借助于手势、肢体语言或者其他具有特殊含义的符号等。申言之,在有预谋团伙犯罪中,各实行犯之间的主观方面联系,产生于具体犯罪构成客观方面行为实施之前。有预谋团伙犯罪作为加重责任构成要件,体现在《俄罗斯联邦刑法典》分则诸多罪名的立法规定中,比如侵害人身类犯罪(故意杀人罪、故意严重损害或中等损害健康罪、折磨罪、绑架罪、非法拘禁罪、强奸罪等)、经济领域犯罪(盗窃罪、敲诈勒索罪、洗钱罪等)、危害公共安全和妨害公共秩序的犯罪(恐怖活动罪、劫持人质罪、流氓罪等)等。

3. 有组织团伙(организованная группа)。《俄罗斯联邦刑法典》第35条第3款规定了有组织团伙犯罪,即"如果是为实施一个或几个犯罪而组织起来的稳定性团伙实施的犯罪,则是有组织团伙犯罪"。有组织团伙犯罪属于复杂共犯的范畴,与本条第1、2款规定的共同实行犯实施的无预谋团伙犯罪和有预谋团伙犯罪之间存在本质区别。其特点是团伙具有稳定性,即有组织团伙成员(共犯人)以实施一个或多个犯罪(可以是同类犯罪,也可以是不同类犯罪)为目的而在一段时间内组成的犯罪团伙。此类团伙也可以是由两个人为实施一个或几个犯罪而事先组成的,但需要其中一个人起领导作用,也就是承担组织者的角色。参与团伙的各个共犯人通常要为犯罪实施进行详细的计划和准备,为犯罪预备和犯罪实施的顺利进行而进行分工。

2002 年 12 月 27 日出台的《俄罗斯联邦最高法院全体会议决议》①,对前述所列有组织团伙的特征进行了明确的规定。需要强调的是,有组织团伙的特征不仅只体现为各团伙成员之间的共谋,更主要的是团伙内部的"稳定性"(устийчивость),并进而使各共犯人具有职业化特点。② 俄司法实践对于有组织团伙立法概念中"稳定性"的理解,是兼具主观和客观两方面含义的:主观角度的"稳定性",是指各共犯人犯罪意图坚定。客观意义上的"稳定性",主要体现为这样几个特征:时间较长或者在短期时间间隔内团伙成员犯罪数量较大、犯罪强度较高;团伙成员的组织性较强,在团伙内部有专门的领导者、有联系和管理机制;有相对稳定的团伙成员;犯罪活动的形式和方法比较固定。

根据俄现行刑事立法的规定,在认定是有组织团伙实施犯罪的情况下,所有共犯人的行为,无论其在所实施行为中承担什么角色,都应当作为共同实行犯进行定罪,不能援引《俄罗斯联邦刑法典》第 33 条的规定。此外,俄立法机关考虑到刑法保护的某些客体具有特殊价值,因而将组建有组织团伙的行为本身规定为既遂犯罪,从而赋予其独立犯罪构成(中国刑法语境中的独立罪名)的地位。当然,此种情形下,有组织团伙除了具备"稳定性"要件之外,立法者还规定此种有组织团

---

① 《俄罗斯联邦最高法院公报》2003 年第 2 期,第 5 页。(БВС РФ. 2003. № 2. С. 5.)

② 《俄罗斯联邦最高法院公报》2001 年第 10 期,第 17 页。(БВС РФ. 2001. № 10. С. 17.)

伙应当具备其他必要要件,例如,《俄罗斯联邦刑法典》第209条规定的"匪帮罪"中的"匪帮"的构成要件,除"稳定性"要件外,还必须具备"武装性"和"袭击公民或组织"要件。

4. 犯罪集团(преступное сообщество)或犯罪组织(преступная организация)。犯罪集团(犯罪组织)犯罪的概念规定在《俄罗斯联邦刑法典》第35条第4款①,即"如果犯罪是由为实施一个或几个重罪或特别重罪,从而获取直接或间接财政利益或其他物质利益而成立的、有统一领导的组织结构严密的有组织团伙或几个有组织团伙的联盟实施的,是犯罪集团(犯罪组织)犯罪"。由此可见,犯罪集团(犯罪组织)分为两种,即特殊类型的有组织团伙和有组织团伙联盟。

犯罪集团型有组织团伙(特殊类型的有组织团伙),相较于普通有组织团伙而言,具有三个附加特征:第一,此种团伙建立的目的是共同实施一个或几个重罪或特别重罪②。第二,实施犯罪是为了获取直接或间接的财政利益或者其他物质利益,比如,有组织团伙为了将他人财产据为己有而实施诈骗行为,则属于直接物质利益的范畴;若有组织团伙实施诈骗的对象是他人的财产权利,或者为了铲除竞争对手、建立自己在商品或服务市场上的垄断地位而出于贪利动机杀人的,则属于间接物质利益范畴。第三,有组织团伙是组织结构严密的犯罪组织,即由不同的分支部门组成。这些部门的成员构成稳定且行为协调一致;各部门间为实现共同的犯罪意图而相互配合,并且按照各自不同的功能进行分工,从而在实施犯罪行为以及保障犯罪集团其他活动正常进行方面,具有专业化的行动能力。犯罪集团内部的各个部门都是由两人以上组成的、具有各自功能和(或)势力范围的独立团伙。他们在犯罪

---

① 此款规定的犯罪集团(犯罪组织)犯罪概念的界定,由2009年11月3日出台的第245号联邦法律进行了修订。修订前的表述为"如果犯罪是由为实施重罪或特别重罪而成立的组织严密的团伙(组织)实施的,或者是由为此目的而成立的有组织团伙联盟实施的,是犯罪集团(犯罪组织)犯罪"。

② 根据《俄罗斯联邦刑法典》第15条第4、5款的规定,重罪是指"本法典规定的最高刑不超过10年剥夺自由刑的故意行为";特别重罪是"本法典规定的最高刑超过10年剥夺自由刑或更重刑罚的故意行为"。

集团的框架下或根据犯罪集团的目的实施相应的犯罪活动。这些分支部门的任务不仅负责实施犯罪活动,他们还需要履行一些犯罪集团自身的功能保障任务。

有组织犯罪团伙联盟是另一种形式的犯罪集团,其特征是具有统一的领导,各团伙之间存在稳固的联系,共同计划和参与实施一个或几个重罪或特别重罪,共同执行犯罪组织分配的其他行动任务。

俄立法机关之所以将共犯种类进行上述区分,主要是为了明确不同犯罪组织的如下归责特征:

第一,团伙、有预谋团伙、有组织团伙和犯罪集团(犯罪组织)实施犯罪,是法定从重处罚情节(《俄罗斯联邦刑法典》总则第63条第1款第3项规定);

第二,团伙、有预谋团伙、有组织团伙实施犯罪,是分则某些具体犯罪的加重责任构成要件,即对其规定的法定刑要重于相应罪名的基本犯罪构成的刑罚;

第三,在《俄罗斯联邦刑法典》分则条款没有规定的情况下,组建有组织团伙的,应当对该团伙所意图实施犯罪的预备承担刑事责任(《俄罗斯联邦刑法典》总则第35条第6款);

第四,组建或领导《俄罗斯联邦刑法典》第208、209、210条和第282－1条[①]所规定的有组织团伙或犯罪集团的人,应当为其组建和领导的行为本身承担刑事责任,同时还应当为其故意范围内团伙实施的所有犯罪承担刑事责任。

(四)共犯人的分类及其刑事责任

1.共犯人的分类

《俄罗斯联邦刑法典》第33条第1款至第5款明确规定了共犯人分类及各类共犯人的概念。其中,“直接实施犯罪或者直接与其他人

① 《俄罗斯联邦刑法典》第208、209、210条和第282－1条规定的罪名分别是:组建或参加非法武装队伍罪、匪帮罪、组建犯罪集团(犯罪组织)罪、组织极端主义集团罪。

(共同实行犯)共同实施犯罪的人,以及利用因年龄、无刑事责任能力或本法典规定的其他情况而不负刑事责任的人实施犯罪的,是实行犯”(第33条第2款);“组织犯罪的实施或者领导犯罪实行的人,以及成立有组织团伙或犯罪集团(犯罪组织)或者领导这些团伙或集团的人,是组织犯”(第33条第3款);“劝说、收买、威胁或者以其他方式怂恿他人实施犯罪的人,是教唆犯”(第33条第4款);“以建议、指点、提供信息、提供犯罪手段或工具或者排除障碍,从而帮助实施犯罪的人,以及事先允诺藏匿犯罪人、犯罪手段或工具,湮灭犯罪痕迹或藏匿犯罪赃物的人,以及事先允诺购买或销售赃物的人,是帮助犯”(第33条第5款)。此外,第33条第1款还明确将组织犯、教唆犯、实行犯和帮助犯归属于“共同犯罪人”之列,即“组织犯、教唆犯和帮助犯与实行犯一样,都是共同犯罪人”。也就是说,俄罗斯刑法没有“正犯”和“共犯”的区分,各类共犯人都统一称为共同犯罪人(соучастники)。换言之,共同犯罪人包括实行犯(исполнитель,相当于德、日刑法中的“正犯”)、组织犯(организатор)、教唆犯(подстрекатель)和帮助犯(пособник)。

《俄罗斯联邦刑法典》中的共同犯罪人,是根据每个共犯人在共同实施的犯罪中所起的功能角色不同而进行的分类。所有实行犯都是实施《俄罗斯联邦刑法典》分则规定的具体犯罪构成客观方面要件的人,而其他共犯人则是为犯罪实施创造必要条件的人。

2. 共犯人的刑事责任

根据《俄罗斯联邦刑法典》第34条的规定,“共同犯罪人的责任由每一共同犯罪人实际参与犯罪的性质和程度决定”(第1款);“共同实行犯依照本法典分则条款对他们共同实施的犯罪承担责任,不得援引本法典第33条的规定”(第2款);“组织犯、教唆犯和帮助犯的刑事责任,依照本法典对所实施犯罪规定刑罚的条款并援引本法典第33条予以确定,但他们同时又是实行犯的情形除外”(第3款);“不是本法典分则相应条款专门规定的犯罪主体的人,参与实施该条款所规定犯罪的,应该作为该犯罪的组织犯、教唆犯或帮助犯对该犯罪承担刑事责任”(第4款);“如果实行犯由于其意志以外的原因未将犯罪进行到底,则其余共同犯罪人仍应承担预备犯罪或者犯罪未遂的刑事责任。

由于意志以外的情况而未能怂恿他人实施犯罪的人，亦应承担犯罪预备的刑事责任”（第5款）。

总体来说，《俄罗斯联邦刑法典》第34条规定了共犯刑事责任的根据和界限、共犯人行为定性的一般规则、特殊主体参与的共同犯罪中共犯人行为的定性规则，以及犯罪预备活动中各共犯人行为的定性规则和未成功教唆行为的定性规则。应当指出的是，《俄罗斯联邦刑法典》第34条规定的只是有关共同犯罪人刑事责任的概括性规定，因此，需要进一步揭示本条立法规定的实质内涵。

根据俄学界通说立场，共同犯罪中每个共犯人刑事责任的事实根据是其所实施的犯罪，因为每个共犯人的行为都含有《俄罗斯联邦刑法典》第14条第1款规定的特征，即“本法典所禁止的并以刑罚相威胁的有罪过实施的社会危害行为”；各共犯人刑事责任的法律根据是每个共犯人的行为中都含有具体犯罪构成的要件。如果实行犯（或共同实行犯）实施的是刑法分则特定条款规定的具体犯罪客观方面的行为，则其他共犯的行为即是为此犯罪行为的实施创造必要条件，因此，实行犯（共同实行犯）的行为需按照《俄罗斯联邦刑法典》分则相应条款的规定定罪处罚，而其他共犯人行为的定性，除了依照前述相应条款的规定外，还需要援引《俄罗斯联邦刑法典》第33条的相应规定。

共同犯罪人刑事责任的轻重，源于其所应承担责任的根据，即取决于这样两个限制条件：一是共犯人定罪所适用分则条款的具体规定；二是每个共犯人个人的罪过性程度。第一个限制条件，意指对共犯人适用的只能是现行刑事立法规定的刑事责任种类和限度。例如，对每个共犯人适用的刑罚，只能是《俄罗斯联邦刑法典》分则条款具体条文规定的刑种和刑度，以法律有特殊规定的为例外（如《俄罗斯联邦刑法典》第65条的规定①即是有特殊规定的例外）。第二个限制条件，是指

① 《俄罗斯联邦刑法典》第65条是关于陪审员作出从宽处罚时的处刑规定，其第1款规定：“如果陪审员认为某人有罪但又值得从宽处罚时，刑罚的期限或数额不得超过对所实施犯罪规定的最重刑种最高刑期或数额的2/3……”

犯罪所造成的损害,首先应当归责于所有共犯人,因为每个共犯人的行为都是共同犯罪活动的"加功",但同时每个共犯人的"加功"又是不同的,因此,《俄罗斯联邦刑法典》对共犯人的刑事责任和刑罚进行了细化和个别化规定。

这里需要强调的是,俄现行刑事立法还明确规定了实行过限的归责原则,即根据《俄罗斯联邦刑法典》第36条的规定,"实行犯实施不属于其他共同犯罪人故意之内的犯罪,是实行犯的过限行为。对实行过限行为,其他共同犯罪人不负刑事责任"。

二、共犯定罪及相关争议问题

共犯定罪规则是世界各国共犯理论中最前沿也是最具争议的问题之一,俄罗斯也不例外。首先,共犯的准确定罪是司法实务工作者所面临的非常复杂的任务。在对共犯行为进行刑事法律评价过程中,如果对共犯形式认定不准确、使用的定罪规则不适当,会导致定罪错误,并且还会引起最高司法机关针对具体刑事案件所出台的相关裁定、决定的频繁变更。① 其次,虽然俄罗斯学界对于共犯制度整体进行研究的论著层出不穷,但针对共犯定罪规则和特征进行系统研究的专著和论文却不多。与此同时,俄罗斯刑法教科书中对于共同犯罪定罪中所适用的具体规则也鲜有介绍。比如,俄司法实务中对于有组织团伙和犯罪集团中各共犯人的定罪,适用的一般规则是将其认定为具体犯罪的实行犯,②但是,在俄罗斯有关共犯的论著对这方面内容却很少提及。因此,俄罗斯法学界对于共犯制度相关立法规范的司法适用,并没有形成统一、完整的教义学理念。

---

① См. апелляционное определение Судебной коллегии по делам военнослужащих ВС РФ от 7 мая 2015 г. № 211 – АПУ15 – 1.

② См.: Уголовное право. Общая часть: учебник для бакалавров / под ред. *А. И. Чучаева*. М.,2012. С. 204 – 206; Уголовное право России. Общая часть: учебник / под ред. *Н. М. Кропачева*, *Б. В. Волженкина*, *В. В. Орехова*. СПб.,2006. С. 553 – 611.

此外,俄共犯定罪的难点还体现于刑事立法的频繁修订,从而经常会补充规定一些新的共犯性质的罪名(比如,近年来新增的第291-1条的"介绍贿赂罪"、第282-3条的"资助极端主义活动罪"等),而俄最高司法机关关于此类共犯类罪名司法解释的出台又相对滞后。在这种情况下,对于《俄罗斯联邦刑法典》中新增罪名的适用,便只能依据相关刑法理论,这其中便自然会涉及定罪一般规则的引入。因此,俄学界认为,有必要对共犯定罪的一般规则进行系统研究和完善,以便为司法实务中各类共犯的定罪提供适用标准。

(一)复杂共犯及其定罪规则

1. 复杂共犯(сложное соучастие)的内涵特征。《俄罗斯联邦刑法典》有关共犯制度的规定中,并没有使用"复杂共犯"这一术语,但在其相关条文规定中涵盖了此类共犯现象,即根据《俄罗斯联邦刑法典》第34条第3款的规定,"组织犯、教唆犯、帮助犯的刑事责任依照本法典对所实施犯罪规定刑罚的条款并援引第33条予以确定"。本款规定即为"复杂共犯"的内容,只不过刑法规范中没有直接使用"复杂共犯"这一称谓。俄理论界对此类共犯的称谓有所不同,有的直接称之为"复杂共犯",也有的称之为"执行不同分工的共犯";实践中一般将其称为"有分工的共犯"(соучастие с распределением ролей),即此种共犯中,不是所有共犯人都参与实施具体犯罪的客观方面要件。①

《俄罗斯联邦刑法典》中复杂共犯具有这样两个特征:(1)在人员结构方面,复杂共犯由一个实行犯和一个或几个其他种类共犯人(组织犯、教唆犯或者帮助犯)组成;(2)不具有稳定性特征(此为复杂共犯和有组织团伙之间的区别所在)。

2. 复杂共犯的定罪规则。复杂共犯的定罪规则是:实行犯之外的

---

① См.: *Галиакбаров Р. Р.* Квалификация групповых преступлений. М., 1980. С. 7; Уголовное право Российской Федерации. Общая часть: учебник / под ред. *В. С. Комиссарова, Н. Е. Крыловой, И. М. Тяжковой.* М., 2012.

其他共犯人(组织犯、教唆犯、帮助犯)的定罪,依照犯罪行为所触犯《俄罗斯联邦刑法典》分则相应条款,同时援引《俄罗斯联邦刑法典》总则第33条有关共犯人种类的规定;实行犯的定罪直接依照《俄罗斯联邦刑法典》分则相应条款的规定,无须援引总则第33条的相关规定,因为实行犯直接实施了《俄罗斯联邦刑法典》分则条文罪状中规定的客观方面要件。实行犯以外的其他共犯人(组织犯、教唆犯、帮助犯)在共同犯罪中起的是辅助作用,他们并没有直接参与具体犯罪的客观方面要件的实施,因此,不能仅依《俄罗斯联邦刑法典》分则条文的规定对其进行归罪,还必须补充援引《俄罗斯联邦刑法典》总则有关其所实施不法侵害的客观构成要件(《俄罗斯联邦刑法典》第33条第3、4、5款规定的组织行为、教唆行为或帮助行为的要件),才能为其定罪提供充足的立法根据。

(二)团伙共犯及其定罪规则

如前所述,俄罗斯刑法立法中规定的团伙共犯类型有团伙、有预谋团伙、有组织团伙和犯罪集团(犯罪组织)。根据俄学界通说立场,这四种团伙共犯定罪的一般规则是:各共犯人的行为只能依照含有所实施犯罪侵害的分则条文规定进行定罪,不要求援引《俄罗斯联邦刑法典》总则第33条的规定,而无论各个共犯人的分工如何,因为相应犯罪团伙的成员或者实际上就是共同实行犯,或者法律上拟制其是共同实行犯。[①] 俄罗斯联邦最高法院也持同样立场,即认为必须将有组织团伙和犯罪集团所有成员的行为认定为实行犯行为:“……在团伙实施的犯罪中,所有共犯人的行为,无论其在所实施行为中是什么分工,都认定为实行犯行为,无须援引《俄罗斯联邦刑法典》第33条规定”。[②]

---

① См.: *Клименко Ю. А.* Правила квалификации преступлений, совершенных в соучастии // Уголовное право и криминология. 2017 № 4. С. 117.

② Пункт 15 постановления Пленума ВС РФ от 27 декабря 2002 г. № 29 «О судебной практике по делам о краже, грабеже и разбое».

上述定罪规则在多数情况下都可以起到简化定罪程序的作用,但是也有这样的例外情况:如果有组织团伙所实施犯罪的主体要件要求是特殊主体的情况(比如年龄、职务地位等),那么团伙成员中有不具备特殊主体要件的,则会出现两种定罪规则的竞合:一种规则是将有组织团伙的所有共犯人都按照实行犯定罪;另一种是《俄罗斯联邦刑法典》第34条第4款规定的特殊主体共同犯罪定罪的一般规则,即"不是本法典分则相应条款专门规定的犯罪主体的人实施该条款所规定犯罪的,应当作为该犯罪的组织犯、教唆犯或帮助犯对该犯罪承担刑事责任"。换言之,此种情形下,在对不具有特殊主体身份的共犯人定罪时,需要解决这样的问题:即对其行为进行评价时是援引《俄罗斯联邦刑法典》第33条规定,还是必须将其定性为实行犯直接适用《俄罗斯联邦刑法典》分则相应条款规定进行定罪。俄罗斯联邦最高法院全体会议对于此类刑事案件的处理,依罪名的不同而适用不同的标准。此种做法不仅割裂了俄司法实践的统一,而且也成为俄学界批判的靶子。[①](有关无特殊身份者参与特殊主体共同犯罪的定性问题,后文详述)

(三)"混合共犯"及其定罪规则

1."混合共犯"的含义及特征。"混合共犯"并非俄刑事立法中明文规定的共犯类型,而是俄罗斯学界的独创。所谓"混合共犯",是指"复杂共犯"与犯罪团伙或犯罪集团的结合。其主要特征有二:一是有犯罪分工;二是"复杂共犯"与前述任何一种团伙共犯(团伙、有预谋团伙、有组织团伙、犯罪集团)的结合。"混合共犯"的实质,是"复杂共犯"辅助于其他团伙共犯的一种特殊共犯类型,而此种情形下的犯罪团伙行为可以拟制成为一种特殊种类的实行行为,也就是说,将"混合

① См.: *Гарбатович Д. А.* Руководящие разъяснения Пленума Верховного Суда Российской Федерации как условие эффективности уголовно-правовых норм (на примере квалификации преступления, совершенного организованной группой) // Российский судья. 2015. № 3. С. 32–34.

共犯”中的团伙、有预谋团伙、有组织团伙和犯罪集团看作所实施犯罪的“实行犯”,而起辅助作用的“复杂共犯”人属于“混合共犯”中的实行犯以外的其他共犯人(组织犯、教唆犯或者帮助犯)。

2.“混合共犯”的定罪规则。依照俄学界立场,“混合共犯”的定罪规则是:“复杂共犯”人依照其辅助的“团伙共犯”人所实施犯罪触犯的相应《俄罗斯联邦刑法典》分则罪名定罪处罚,同时援引《俄罗斯联邦刑法典》总则第 33 条的相应规定;团伙共犯人(团伙、有预谋团伙、有组织团伙、犯罪集团)刑事责任的追究,依照前述“团伙共犯的定罪规则”执行。

俄罗斯司法判例:甲实施完抢劫行为之后,与乙、丙预谋杀害被害人。他们定好掩埋被害人尸体的地方后,甲便去商议好的地方挖了一个准备掩埋尸体的坑。然后乙和丙使用滑柄猎枪和一把刀将被害人 P 杀害。之后,甲、乙、丙将尸体埋进事先挖好的坑里。法院依照《俄罗斯联邦刑法典》第 33 条第 5 款(帮助犯的规定),第 105 条第 2 款第 7、8 项的规定,认定甲是伴有抢劫行为的、有预谋团伙实施故意杀人罪的帮助犯。①

从本案的判决中可以看出,甲行为的判决援引了《俄罗斯联邦刑法典》总则第 33 条的规定,因此,法院是将甲作为“复杂共犯”中的帮助犯认定的,而不是将其认定为有预谋团伙实施犯罪的实行犯,这与学界提出的“混合共犯”中“复杂共犯”人的定罪规则不谋而合。申言之,“混合共犯”说的提出,对于俄罗斯共犯定罪规则的完善具有一定的现实意义。

三、共犯量刑及相关争议问题

(一)立法规定

根据俄学界通说立场,《俄罗斯联邦刑法典》第 67 条第 1 款规定是

① 此案的判决是由伊尔库茨克州法院于 2014 年 1 月 30 日作出的,案件号为№ 2 - 19/2014。Приговор Иркутского областного суда от 30 января 2014 г. по делу.

共同犯罪量刑的普遍适用原则,即量刑一般规则。与此同时,《俄罗斯联邦刑法典》中还有一些量刑规则,仅适用于共犯量刑的部分情形,后者称为共犯量刑的特殊规则。

1. 共犯量刑一般规则。《俄罗斯联邦刑法典》第 67 条第 1 款规定:“在对共同犯罪量刑时,应当考虑行为人实际参与实施犯罪的性质和程度,该人的参与对于达到犯罪目的的意义,他对已经造成的或可能造成的损害的性质和大小的影响。”此即共犯量刑的一般规则。

2. 共犯量刑特殊规则。《俄罗斯联邦刑法典》第 67 条第 2 款规定:“与一个共犯人身份有关的从轻情节或从重情节,仅在对该共犯人量刑时予以考虑。”此款规定仅适用于具有从轻或者从重处罚情节的情形。如果所实施的具体犯罪中没有此类情节,便不适用此款规定。根据俄学界立场,此款规范的社会根据,是对每个共犯人量刑时应当考察其个人人身的个别化特征的一种社会需求。这种需求在刑罚个别化原则中得以体现,同时也体现于以共犯责任独立性说为依托的、共犯人刑事责任细化的诸多刑事立法规范中。

(1)从重处罚情节。《俄罗斯联邦刑法典》第 63 条“从重处罚情节”第 1 款第 3、4、5、10 项专门规定了与共犯量刑制度相关的从重处罚的法定情节,即“参加团伙、有预谋团伙、有组织团伙或犯罪集团(犯罪组织)实施犯罪”(第 3 项);“在犯罪中作用特别积极的”(第 4 项);“引诱患有严重精神病的人或处于不清醒状态中的人犯罪,以及引诱未达到刑事责任年龄的人犯罪”(第 5 项);“……采用身体或心理的强制迫使他人实施犯罪”(第 10 项)。其中,第 5 项和第 10 项是否构成共同犯罪在俄理论界是有争议的。

(2)从轻处罚情节。《俄罗斯联邦刑法典》第 61 条“从轻处罚情节”第 1 款第 6 项规定:“由于身体或心理受到强制或由于物质的、职务的或其他依赖从属关系而实施犯罪。”第 7 项规定:“因违反……执行命令或指令等的合法性条件而实施犯罪。”第 9 项规定:“……积极协助……揭发同案犯……”这几项从轻处罚情节的规定内容,只能适用于共同犯罪情形,不可能适用单个人犯罪。

(3)减轻处罚情节。《俄罗斯联邦刑法典》第 64 条“判处比法定刑更轻的刑罚”第1款规定的“当存在与……犯罪人的角色分工……相关的特殊情况,以及团伙犯罪的共犯人积极协助揭露该犯罪的,刑罚可以低于本法典分则相应条款规定的最低限,或者法院可以判处比该条的规定更轻的刑种,或者不适用本来作为应当并处附加刑规定的附加刑”。

(二)争议问题

应当说,《俄罗斯联邦刑法典》总则和分则有关共犯制度的规范,是比较全面和系统的。其总则第7章用了整整一章的篇幅对共犯概念、形式以及共犯人的分类、刑事责任进行了翔实规定,此种共犯的刑事法律调整模式,无论从法律技术,还是体系化视角,都堪称比较成功的共犯立法例。然而,在有关共犯量刑规则的立法规定方面还是存在诸多争议的。

第一,《俄罗斯联邦刑法典》关于共犯量刑一般规则的立法规定,是否违反系统性原则。这主要体现在《俄罗斯联邦刑法典》第7章“共同犯罪”第34条“共同犯罪人的责任”与第10章“量刑”第67条“共犯的量刑”之间的重复规定上,即根据第34条第1款的规定,“共同犯罪人的责任由每一共犯人实际参与犯罪的性质和程度决定”,而第67条第1款又规定“在对共同犯罪量刑时,应当考虑行为人实际参与实施犯罪的性质和程度……”基于此,有俄罗斯学者提出将共犯量刑规范从《俄罗斯联邦刑法典》第10章移至第7章的建议,[①]认为完全没有必要在共犯责任和共犯量刑规则中对同一规范进行重复规定。

第二,共犯量刑一般原则内部逻辑混乱问题。《俄罗斯联邦刑法典》第67条第1款规定的共犯量刑原则,共包含这样三个规则规范:一是行为人实际参与共同犯罪的性质和程度;二是共犯人的参与对于犯罪目的实现的意义;三是共犯人的参与对造成或可能造成损害的性质

---

① См.: *Шеслер А. В.* Перспективы совершенствования уголовно-правовых норм о соучастии в преступлении // Lex Russica. 2015. № 6 (том CIII). С. 37.

或大小产生的影响。此种立法模式会让人产生这样一种印象，即在我们面前的是三个共犯量刑规则，然而，根据俄刑法学界多数学者的立场，则认为第二和第三个规则并非是共犯量刑的独立规则，而只是对"考虑行为人实际参与共同犯罪程度"规则的进一步具体化的规定。[①]与此同时，也有俄学者提出相反意见，认为行为人的"参与对于犯罪目的的实现"以及对"造成或可能造成损害的影响"，指的是对于行为人参与犯罪实施的质的规定性方面的影响，即"法院应当对这样一些因素进行评价：共犯人所执行的功能是否促进了犯罪结果的实现、其行为对于犯罪后果的达成起了多大作用，换言之，法院必须对犯罪人犯罪活动的有效性作出评价。[②] 但是，俄多数学者仍然坚持认为，第 67 条第 1 款第一部分规定是涵盖本款第二、三部分内容的，为了不发生歧义，他们建议在此款规定中加入一个插入语"其中包括"，即建议本款的规定为"在对共同犯罪量刑时，应当考虑行为人实际参与实施犯罪的性质和程度，其中包括该人的参与对于达到犯罪目的的意义、他对已经造成的或可能造成的损害的性质和大小的影响"。[③] 如果对本款进行这样的修订，则既可以明确共犯量刑一般原则的内容，同时也解决了规则内容标准不统一的弊端。

第三，共犯量刑规则内容的实现路径问题。从第 67 条规定的共犯

① См.：Полный курс уголовного права：в 5 т. Том 1：Преступление и наказание / под ред. А. И. Коробеева. СПб.，2008. С. 905（автор главы — Л. Л. Кругликов）；*Илиджев А. А.* Назначение наказания за преступление，совершенное в соучастии：автореф. дисс. … канд. юрид. наук：12.00.08. Казань，2004. С. 19；*Мальцев В. В.* Наказание и проблемы его назначения в уголовном праве：монография. Волгоград，2007. С. 192 – 195；Энциклопедия уголовного права：в 35 т. Т. 9. Назначение наказания / отв. ред. В. Б. Малинин. СПб.，2008. С. 562.（авторы параграфа о назначении наказания за преступление，совершенное в соучастии — А. А. Арямов，М. Т. Тащилин，А. М. Становский）.

② См.：*Воронин В. Н.* Индивидуализация наказания：монография. М.，2017. С. 217.

③ См.：*Куликов Е. А.* Мера уголовного наказания за преступление в соучастии. Общие критерии определения：монография. Саарбрюккен，2013. С. 89.

量刑规范看,其内容包含着一些评价性要素和非具体化要素,这给司法实务中特定共犯人刑罚个别化带来了无法克服的困难,因此,有学者建议构建共犯危害性等级,并依此对共犯人进行量刑,以便确定每个共犯人所应承担的刑罚份额。①

虽然俄诸多学者都以共犯人的社会危害性为标准对共犯人进行了等级分类,但都各说各话,并没有形成过一个统一的共犯等级认定标准。他们往往将实行犯②或者组织犯③划归为一级危险共犯,将教唆犯和帮助犯划归为次级危险共犯。但是,俄刑事立法并没有明确规定哪类共犯人具有更严重的社会危害性。俄罗斯联邦最高法院全体会议决议中虽然有这方面规定,但也只是指出,在确定犯罪的社会危害程度时,必须考虑共同犯罪中被告人所承担的角色分工,而对于如何和多大范围以及对哪类共犯人进行考量等问题,均未给出具体建议。④

俄学界认为,《俄罗斯联邦刑法典》第 67 条的上述立法与司法实践充分证明,此项规定实质上是赋予法官在审理共同犯罪案件时,在共

---

① См. например: *Тельнов П. Ф.* Ответственность за соучастие в преступлении. М.,1974. С. 173 – 175; *Джекебаев У. С.*, *Судакова Р. Н.*, *Шапинова С. А.* и др. Криминологические и уголовно-правовые проблемы наказания. Алма-Ата, 1989. С. 83 – 91; *Ищенко А. В.* Назначение наказания по Уголовному кодексу Российской Федерации : научно-практическое пособие. М., 2002. С. 49; *Галиакбаров Р. Р.* Борьба с групповыми преступлениями. Вопросы квалификации. Краснодар, 2000. С. 30; и др.

② *Воронин В. Н.* Индивидуализация наказания : монография. М., 2017. С. 222.

③ *Сидирякова М. В.* Назначение наказания участникам групповых преступлений: автореф. дисс. … канд. юрид. наук: 12.00.08. Самара,2003. С. 9.

④ Постановление Пленума ВС РФ от 22 декабря 2015 г. № 58 // Сборник постановлений Пленумов Верховных судов СССР, РСФСР и РФ по уголовным делам / сост. А. И. Рарог, А. А. Бимбинов. 2 – се изд., перераб. и доп. М.,2017. С. 331 – 353.

犯人量刑的个别化问题上以更广泛的自由裁量权。[①] 另有俄学者指出，按照共犯人种类来划分各共犯人危险等级的做法，是与对具体犯罪的分析相脱节的，所以是没有根据的，而且"刑法中行为人的社会危害性，是完全体现在其所实施行为的社会危害性之中的。因此，正确的表述应当是关于组织犯、教唆犯、帮助犯、实行犯之具体行为的危害性，而非这些人自身的危害性"。[②]

综上所述，《俄罗斯联邦刑法典》第67条第1款规定的共同犯罪量刑规则，因其内容涵盖的评价性要素在俄司法解释中并未得到具体化展开，所以本条规定在司法适用过程中为法官自由裁量提供了过于广泛的空间，因此其认定的正当化理由和路径也成为俄学界热议的焦点问题。

四、俄罗斯共犯制度其他相关争议问题

除了前述所论的共犯学说理念与立法司法现状外，俄罗斯在共犯制度方面还存在诸多其他相关争议。因篇幅有限，这里仅探讨其中的几个问题。

（一）间接实行犯（间接正犯）的立法归属

如前所述，根据《俄罗斯联邦刑法典》第7章第33条第2款规定，"利用因年龄、无刑事责任能力或者本法典规定的其他情况而不负刑事责任的人实施犯罪的，是实行犯"，此即俄现行刑事立法有关间接实

---

① См.：*Павлухин А. Н.*，*Рыжов Р. С.*，*Эриашвили Н. Д.* Виды и ответственность соучастников преступления ：монография / под ред. А. Н. Павлухина. М.，2007. С. 139；Уголовное право. Общая часть ：учебник / отв. ред. И. Я Козаченко. М.，2008. С. 336 С. 581 – 587（автор главы — Г. П. Новоселов）；*Арутюнов А. А.* Соучастие в преступлении по уголовному праву Российской Федерации ：дисс. … д-ра юрид. наук：12. 00. 08. М.，2006. С. 184.

② См.：*Пудовочкин Ю. Е.* Учение о преступлении：избранные лекции. 2 – се изд.，испр. и доп. М.. 2010. С. 214 – 215.

行犯①的规定。由于俄立法者将间接实行犯规定在共同犯罪的刑法专属之章——第7章“共同犯罪”中,这必然引起俄学界关于间接实行犯立法归属方面的争议,即若承认间接实行犯属于共犯范畴,则对于此种间接致害行为的定罪、量刑就应当依照共犯的定罪、量刑标准,反之则应当按照单个人犯罪处理。

在共犯的立法规范范畴内直接对间接实行犯责任进行法律调整的做法,在苏联时期就曾有学者提出过反对意见,其中具有代表性的当属苏联时期著名刑法学者特拉伊宁(А. Н. Трайнин)教授。特氏指出“……只有在共犯范畴内才会有实行犯的存在……单独一个人成为实行犯是不可能的,就像不可能存在单独的帮助犯或者单独的教唆犯是一样的”。②

俄学界在有关间接实行犯的立法归属问题上存在着不同立场。有学者主张,应当在第7章“共同犯罪”中保留间接实行犯的规定,同时建议在第7章第36条“实行过限”之后补充规定第36.1条“间接实施犯罪”;③还有学者认为,间接实行犯的刑事责任问题当归属于《俄罗斯联邦刑法典》第4章“应当承担刑事责任的人”的内容,建议在第4章第23条后补充规定一条,作为第23.1条,用以专门规定间接实行犯内容。其理由是:“正是第19条‘刑事责任的一般条件’、第20条‘承担刑事责任的年龄’和第21条‘无刑事责任能力’的立法规定,为间接致害制度(间接实行犯制度)中无罪过致害者刑事责任的免除,以及间接实行犯刑事责任的追究提供了首要支撑。”④此外,还有学者主张在《俄罗斯联邦刑法典》总则第7章“共同犯罪”之后单独增加一章,作为第7

① 这里所说的间接实行犯,与德、日刑法语境中的“间接正犯”同义。俄罗斯共犯制度中的实行犯、组织犯、教唆犯和帮助犯都归属于“共犯”之列(见《俄罗斯联邦刑法典》第33条第1款),故俄刑法学语境中没有正犯和共犯的区分。

② *Трайнин А. Н.* Учение о соучастии. М. ,1941. С. 104.

③ *Баранков Н. В.* Посредственное исполнение преступления : автореф. дис. … канд. юрид. наук. СПб. ,2001. С. 7.

④ *Луньков Д. А.* Место и название института посредственного причинения вреда требуют уточнения // Российский юридический журнал. 2011. № 5. С. 114.

章之一,用以规制刑法中的间接致害和过失致害等特殊致害行为,即在第7章之一中以单独一个条文的方式规定间接实行犯制度。[1]

(二)过失共犯问题

根据1960年《苏俄刑法典》第17条的规定,共同犯罪是指两人以上故意共同参与实施犯罪。此共犯定义引起了学界争议,因为根据此条规定,共同犯罪既可以是故意犯罪,也可以是过失犯罪。[2] 苏联时期以著名刑法学家皮昂特科夫斯基(А. А. Пионтковский)为代表的学者,则反对过失犯罪可以构成共同犯罪的立场,为了避免学界争议,他们建议将共同犯罪概念界定为"二人以人故意共同参与实施故意犯罪"。然而,当时的立法者并没有采纳皮氏等学者的建议,因此,关于共同犯罪应当是故意犯罪,还是也包括过失犯罪的争议由来已久,特别是1960年《苏俄刑法典》的施行更是将此争议问题推向了风口浪尖。

这里应当指出的是,沙俄时代的学者就曾主张,"共同犯罪是故意协助故意实施犯罪。毋庸置疑,实施过失行为的人可能是犯罪人,但却不可能为他人的共同行为承担责任,也就是说,他可以为自己的过失承担责任,但不能为共同犯罪承担责任"。[3] 沙俄时代著名刑法学者谢尔盖耶夫斯基(Н. Д. Сергеевский)认为,只有当各共同参与人应当并且能够预见后果,但却没有预见的情形下,才可能存在过失共同犯罪。他还对此种情形进行了举例说明:建筑工人们在屋顶施工,工长让工人把屋顶上的圆木扔下去。一个工人叫上另外一位工人帮忙递了绳子,然后按照工长的命令将圆木从屋顶扔下去,不幸的是正好砸死了一位正

---

① *Янина И. Ю.* О правомерности регламентирования посредственного причинения в рамках главы 7 «Соучастие в преступлении» Уголоного кодекса Российской Федарации // Актуальные проблемы российского права. 2016 № 6 (67). С. 166.

② *Шаргородский М. Д.* Избранные труды. СПб. ,2004. С. 537 – 538.

③ Конспект по уголовному праву и процессу, составленный по лекциям профессоров Фойницкого,Случевского,Сергеевского и других. Одесса,1898. С. 94.

在经过此地的路人。那么,在这起事件中,工长是过失共同行为的教唆者、第一个工人是直接实行者、第二个工人是帮助者。① 谢氏认为,此事件中的各行为人的行为并不是为了实施犯罪(杀人),因此,并不能认定为共同犯罪。

沙尔戈罗茨基(М. Д. Шаргородский)则是赞同过失共同犯罪的代表学者。他在自己的论著中曾引入这样一个案例,来说明过失共同犯罪的存在:甲、乙、丙和丁在不确定下面没有人的情况下,从屋顶抛下了一块胶合板,结果造成了 A 的死亡。按照沙尔戈罗茨基的观点,这几个行为人应当作为过失致人死亡的实行犯承担刑事责任,而如果他们是事先商量好的,那么就要承担故意杀人的刑事责任。② 然而,实际上甲、乙、丙、丁的行为并没有故意杀人的目的,因此,捷尔－阿科鲍夫(Тер-Акопов)在分析此案例时,得出的结论则正好与沙尔戈罗茨基的相背,他认为过失罪过形式的共同犯罪是不可能存在的,此事件中的工人们应当每个人单独承担责任,而不应当以共同犯罪追究其刑事责任。③

沙尔戈罗茨基还列举了另外一个过失共同犯罪的事例:甲把一支子弹上膛的手枪留在了桌子上,乙未经检查直接扣动了扳机,结果打死了丙。沙尔戈罗茨基认为此种情形下应当追究过失共同杀人的刑事责任,即甲、乙应当以共犯身份承担刑事责任。④ 持反对意见的学者认为,按照沙尔戈罗茨基的前述逻辑,那么很多类似情形都会被认定为共同犯罪,比如甲不知道手枪里有子弹,而子弹是乙装的,但乙忘了告诉甲的情形,反过来,乙是从丙处拿的子弹,但丙在给子弹时忘了和乙说子弹不是空的,而是实弹的情形……以此类推。

俄学界在探讨过失是否构成共同犯罪的论争中,还经常会举这样

---

① *Арутюнов А. А.* Соучастие в преступлении. М.,2013. С. 23.

② *Шаргородский М. Д.* Указ. соч. С. 533,534.

③ см.: *Тер-Акопов А. А.* Преступление и проблемы нефизической причинности в уголовном праве. М.,2003. С. 138.

④ *Шаргородский М. Д.* Указ. соч. С. 534.

一个案例:甲搭乘乙开的车并怂恿乙在居民区道路上超速行驶,乙听从了甲的建议,结果将行人丙撞成重伤致死。此种情形,乙将依照《俄罗斯联邦刑法典》第264条的规定承担交通肇事罪的刑事责任,而将甲的行为认定为教唆行为。[①] 俄罗斯著名刑法学家特拉伊宁(А. Н. Трайнин)也赞同前述立场。[②] 此案例实际来源于法国法院的司法判例。[③] 然而,有俄学者提出反对意见,认为乙是以自己的行为造成了丙的死亡,那么就是说乙并不是在甲的怂恿下造成丙死亡结果的,则将甲认定为教唆乙过失致人死亡的教唆犯就是荒谬的,因为甲和乙对于造成丙的死亡这件事上并没有合意。[④]

俄罗斯学界支持过失共同犯罪立场的学者[⑤]大致可以分为这样两种具体主张:一是直接引入过失共同犯罪制度,即"过失共犯"[⑥];二是建议《俄罗斯联邦刑法典》引入术语"过失致害",其实质内容即是过失共同犯罪。有俄罗斯学者指出,"过失共犯"和"过失致害"并非两个完全等同的概念。"过失共犯"内部存在角色分工,即某些共同参与者不直接参与致害行为,而是为致害活动创造条件,因而与致害结果之间存在着因果关系和罪过联系;[⑦]"过失致害"则指的是各位参与者共同参

---

① Шаргородский М. Д. Указ. соч. С. 535.

② *Трайнин А.* Специальные вопросы учения о соучастии // Уч. записки ВИЮН. 1940. Вып. 1. С. 32.

③ *Крылова Н. Е.*, *Серебренникова А. В.* Уголовное право зарубежных стран (Англии, США, Франции, Германии). М., 1998. С. 120.

④ *Бохан А. П.*, *Петршева Н. В.* Соучастие в неосторожном преступлении: миф или реальность? // Lex Russica. 2016 № 5. С. 220.

⑤ См.: *Сергеевский Н. Д.* Русское уголовное право. Часть Общая: пособие к лекциям, 1910; *Трайнин А. Н.* Некоторые вопросы учения о соучастии // Соц. законность. 1957. № 2; *Тайбаков А.* Сопричастность при неосторожной форме вины //Законность. 2000. № 6; *Козлов А. П.* Соучастие: традиции и реальность. СПб., 2001.

⑥ См.: *Колоколов Г.* О соучастии в преступлении (о соучастии вообще и о подстрекательстве в частности). М., 1881.

⑦ *Гринберг М. С.* Понятие и виды соучастия в неосторожном преступлении // Вестник Омского ун-та. Серия «Право». 2008. № 2. С. 122.

与实施过失犯罪行为,是过失犯罪的共同实行犯,也就是说,在此种过失犯罪中,每个行为人的行为中都含有相同的犯罪构成。

虽然俄学界诸多学者都提及过过失致害的定义问题,但迄今为止并没有形成一个统一的"过失致害"概念。① 有学者主张,可以在共犯制度之外构建一个独立的共同犯罪活动类型,其包括故意致害和过失致害两种形式。其中,过失致害的情形包括以下几种情况:(1)两个以上主体过失实施犯罪;(2)一个适格主体与不应当负刑事责任的人共同过失实施社会危害行为;(3)一个适格主体与无罪过行为人一起实施过失犯罪。② 基于此,有学者建议,"如果几个人相互配合、互相协调地参与一个过失犯罪,并且造成了《俄罗斯联邦刑法典》分则条文规定的某种犯罪结果或者某种结果发生的危险,则所实施行为应当定性为共同过失致害。每个致害人依照所实施犯罪的全部犯罪构成予以归罪,其参与犯罪程度上的区别仅对其责任和刑罚的细化和个别化产生影响"。③ 俄学者建议将此条规范作为《俄罗斯联邦刑法典》第 32 条第 2 款引入俄现行刑事立法,④认为这样的界定可以揭示出过失共同致害行为的特征,并可以依据此规定将过失致害现象与其他相类似的犯罪行为区分开来。持反对意见的学者认为,将共同过失致害行为引入《俄罗斯联邦刑法典》第 7 章是不合逻辑的,因为这样将得出一个毫无

① *Галиакбаров Р. Р.* Квалификация многосубъектных преступлений без признаков соучастия. Хабаровск. 1987. С. 67 ; *Харитонова И. Р.* Неосторожное сопричинение в советском уголовном праве : автореф. дис. … канд. юрид. наук. Свердловск. 1985. С. 7 – 10 ; *Нерсесян В. А.* Ответственность за неосторожные преступные деяния в свете научно-технической революции : автореф. дис. … канд. юрид. наук. М. ,1983. С. 19 ; *Епифанова Е. В.* Становление и развитие института соучастия в преступлении в России. Краснодар,2003. С. 206 – 212.

② *Савельев Д.* Легализовать ответственность за групповой способ совершения преступления // Российская юстиция. 2001. № 12. С. 49 – 50.

③ *Нерсесян В.* Уголовная ответственность сопричинителей вреда по неосторожности // Российская юстиция. 1999. № 10 С. 23.

④ 《俄罗斯联邦刑法典》第 32 条规定的是共同犯罪的概念,即"二人以上故意共同参与实施故意犯罪,是共同犯罪"。

根据的结论,即过失致害属于共同犯罪的范畴。因此,他们提出了另外一条解决问题的路径,即对现行俄刑事立法予以修订,增加一个单独的第36.1条来规定过失致害行为,同时将原第7章的名称“共同犯罪”修订为“共同犯罪和其他数人犯罪”。[①]

如果两人以上过失造成严重犯罪后果,则各犯罪人应当依照《俄罗斯联邦刑法典》分则条文,为各自所实施行为进行定罪,那么还有必要在刑事立法中引入过失致害的规范吗?对于此问题,俄罗斯著名刑法学者佳日科娃(И. М. Тяжкова)指出,《俄罗斯联邦刑法典》引入过失致害责任追究程序和条件的条文,具有相当广泛的现实基础和根据,比如人们生活和活动的各个领域发生公共危险的概率和程度、损害后果的严重性和多维性都在不断增加;在科技高度发达的条件下,即使是对既定安全规则存在较小的认知偏差,都可能会引起各种机制运行与技术工艺进程中产生严重偏离。[②] 持反对意见的学者则认为,前述情形中行为人的行为属单个人行为,而并非与他人行为之间存在相互协调的因素,因此应当对这些人的行为进行单独的刑事法律评价,即所有行为人都应当为所发生的社会危害后果承担刑事责任。[③] 持此种主张的学者举过这样的案例,以佐证自己的观点:警卫室中的甲开启了自动步枪并且装上了子弹,他打开了枪支保险并且开始和乙开玩笑,将枪瞄准乙。丙走进警卫室,继续开玩笑说,他现在打死乙。丙以为自动步枪没有开启,所以他突然扣动了甲手里指向乙的枪的扳机,结果造成乙重伤。[④] 本案中,甲和丙的行为都构成《俄罗斯联邦刑法典》第349条规定的违反武器管理规则罪,但应当对两个人的行为进行单独的刑事法律评价,而与乙重伤结果之间存在因果关系的行为应当是丙扣动扳机

---

① *Бохан А. П.*, *Петршева Н. В.* Соучастие в неосторожном преступлении: миф или реальность? // Lex Russica. 2016 № 5. С. 221.

② *Тяжкова И. М.* Неосторожные преступления с использованием источников повышенной опасности. СПб., 2002. С. 57－58.

③ *Арутюнов А. А.* Указ. соч. С. 38.

④ *Тер-Акопов А. А.* Преступление и проблемы нефизической причинности в уголовном праве. М., 2003. С. 336.

的举动。

俄著名刑法学者卡兹洛夫不赞同构建“过失致害”的刑法规范，他更倾向于将此种现象定性为过失共犯，与此同时，此学者也不赞同《俄罗斯联邦刑法典》关于共同犯罪概念界定中两次使用术语“故意”。①卡兹洛夫主张将过失共犯的理念引入《俄罗斯联邦刑法典》的共同犯罪概念当中，即将现行刑事立法第32条规定的共同犯罪概念“二人以上故意共同参与实施故意犯罪，是共同犯罪”修订为“二人以上有罪过共同实施犯罪，是共同犯罪”，即删除“参与”和“故意犯罪”中的“故意”，同时将“故意共同……实施”中的“故意”修订为“有罪过”。②

佳日科娃教授认为，“从理论角度，此种情形下的共犯制度是模糊和乏定型性特征的，因此，要想对此种制度确定明确的标准是不可能实现的；从实践角度看，若干人共同故意行为具有较严重的社会危害性，而过失行为的社会危害性与前者之间并没有什么显著的区别”，③即佳日科娃是赞同过失共同犯罪制度的，但她却没有直接使用“过失共犯”的概念，而是称其为“过失致害”。很显然，佳日科娃教授虽然对过失共犯的说法持反对意见，但她所提出的“过失致害”的根据，则正是从过失共犯的立场进行阐述的，因此，在佳日科娃所主张的“过失致害”并非某种新的刑法制度，其实质当属过失共犯。

俄学界反对过失共犯立场的学者④认为，过失共犯的主张不仅不具有实践意义，而且有扩大犯罪圈的危险。⑤ 事实上，基于共犯的共同责任，共同参与犯罪的每一个人不仅对自己的行为负责，而且对所有其他人的活动负责。这意味着共同参与犯罪的每一个人都对犯罪作出了

---

① *Козлов А. П.* Соучастие. Традиции и реальность. СПб.,2001. С. 19 – 20,75 – 76.

② *Козлов А. П.* Указ. соч. С. 76.

③ *Тяжкова И. М.* Указ. соч. С. 54.

④ 其代表学者及论著参见 *Тельнов П. Ф.* Ответственность за соучастие в преступлении. М.,1974；*Иванов Н. Г.* Понятие и формы соучастия в советском уголовном праве. Онтологический аспект. Саратов,1991。

⑤ *Ковалев М. И.* Соучастие в преступлении. Екатеринбург,1999. С. 23.

自己的“加功”。然而,若《俄罗斯联邦刑法典》分则条文并未将此“加功”作为独立犯罪予以规定,则这些“加功”以要素总和的方式成为引起犯罪后果发生的具体条件。与此同时,如果行为人所实施的行为并非《俄罗斯联邦刑法典》分则具体犯罪构成所涵盖内容,则依照定罪规则不能追究此行为的刑事责任,当然,前述假定是以犯罪行为不构成共犯为前提的。在共同实施过失犯罪的情况下,处理的当是单独行事的违法者,他们每个人都有义务采取措施,以防止社会危害后果的发生。因此,无须针对“过失共同致害者”行为的定罪构建专门规则。①

综上可见,《俄罗斯联邦刑法典》总则只规定了两人以上共同故意犯罪的共犯类型,对于共同过失致害行为的属性并没有明确规定,因此,俄学界对于过失犯罪是否可以构成共同犯罪的问题存在肯定说和否定说两种对立立场。

值得关注的是,俄立法机关于 2014 年 2 月 3 日出台的第 15 号《联邦法律》,对《俄罗斯联邦刑法典》进行了修订,新增了第 263.1 条“违反运输安全要求罪”。② 此条第 1 款规定了因未遵守运输设施和运输工具的运输安全要求,从而过失造成严重损害他人健康或者造成巨大损失的行为;第 2 款规定的是负有保障运输设施和运输工具之运输安全的行为人,因未履行安全保障职责而导致严重损害他人健康或造成巨大损失行为的刑事责任;第 3 款将“有预谋团伙实施的或者过失致人死亡的”作为本条第 1、2 款行为的加重责任构成要件予以规定;第 4 款则将 “有组织团伙实施的或者过失致两人以上死亡的”规定为本罪的特别加重责任要件。

从《俄罗斯联邦刑法典》新增的第 263.1 条规定的内容看,此罪的主观方面的罪过内容为过失,然而,本条第 3 款和第 4 款则分别将“有预谋团伙”和“有组织团伙”这两种特别共犯形式作为加重责任或特别

---

① *Бабий Н. А.* Множественность лиц в преступлении и проблемы учения о соучастии. М. ,2013. С. 590.

② 此条规定于 2014 年 7 月 5 日开始生效。URL: http://www. pravo. gov. ru. 下载日期:2021 年 12 月 16 日。

加重责任的犯罪构成予以规定,也就是说,《俄罗斯联邦刑法典》分则第 263.1 条第 3、4 款明确规定了共同过失犯罪的刑事责任。申言之,虽然俄现行刑事立法规定的共同犯罪概念是“二人以上故意共同实施故意犯罪”,即仅承认故意犯罪可以构成共同犯罪,排除了过失犯罪成立共同犯罪的可能性,但《俄罗斯联邦刑法典》分则第 263.1 条的规定却明确地认可了共同过失犯罪的立法存在。此种情形与我国刑法有关交通肇事罪共犯的司法认定有异曲同工之处。根据我国刑法规定,共同犯罪也只限于故意犯罪范畴之内,即不承认共同过失犯罪,但最高人民法院《关于审理交通肇事刑事案件具体应用法律若干问题的解释》第 5 条第 2 款规定,“交通肇事后,单位主管人员、机动车辆所有人、承包人或者乘车人指使肇事人逃逸,致使被害人因得不到救助而死亡的,以交通肇事罪的共犯论处”。根据我国现行刑事立法规定,交通肇事罪是典型的过失犯罪,但此司法解释却规定了此罪的共犯形式。很显然,此条司法解释与我国现行《刑法》有关共同犯罪的规定之间是有冲突的,这自然会引起学界对于此问题的热议。简言之,俄罗斯以立法模式、而我国则以司法解释的方式部分认可了过失共犯的存在。

(三)犯罪中止情况下各类共犯人刑事责任问题

《俄罗斯联邦刑法典》中实行犯以外的其他共犯人的犯罪中止特征体现为两个方面:一是所有共犯人共有的一般特征;二是每个共犯人(组织犯、教唆犯、帮助犯)所特有的专门特征。共有特征分为这样几种情况:①任何一个共犯人的犯罪中止都不能排除其他共犯人的刑事责任,因为这些共犯人在共同犯罪活动中作出的“加功”行为并没有丧失其社会危害性;②只有当实行犯没有将行为进行到底的情况下,才有可能存在其他各共犯人的犯罪中止,因为如果实行犯的行为已包含既遂犯罪的构成,则所有共犯人的故意及其犯罪活动的社会危害性既已实现,此时便不可能再有犯罪中止的发生;③每一个共犯人,只有在撤回其在共同犯罪活动中“加功”的情况下,才能成立犯罪中止。共犯人的专门特征,主要体现于其在撤回自己在共同犯罪活动中“加功”时所实施行为的性质。撤回自己的"加功",意指消除自己为实行犯实施犯罪创造必要条件方面所付出的努力。共犯人撤回自己在共同犯罪活动中的"加功",通常体现为一种积极行为方式。

(1)实行犯的中止。俄学界通说认为,单个实行犯的犯罪中止认定没有什么特别之处,即只要符合《俄罗斯联邦刑法典》第31条规定的全部条件即可(已经开始的犯罪行为没有进行到底;实行犯意识到可以将犯罪进行到底;拒绝将犯罪进行到底是其自愿的,而非被迫且这种拒绝是具有终局性的;如果行为人已实际实施的行为中含有其他犯罪构成,则他应当对此承担刑事责任)。此外,单个实行犯的犯罪中止行为还可以体现为消极行为方式,即不再继续实施已经开始的犯罪行为,但是,如果是存在技术分工的共同实行犯的情况,则共同犯罪人的犯罪中止就只能是以积极的方式完成,即需要积极干预因果关系的发展进程、采取必要措施制止其他实行犯将犯罪行为进行到底。后一种情形存在的前提是:每个实行犯实施了具体犯罪构成客观方面的一部分,并且不能剔除自己在共同犯罪中已作出的"加功",只是终止了自己后续行为的情况。

(2)教唆犯、组织犯的中止。怂恿实行犯产生犯罪决意的教唆犯,以及集聚其他共犯人力量的组织犯,只是为后续的共同行为及其结果之间的因果关系奠定了基础。此因果关系的后续发展,基本上已经不再取决于前述这些共犯人,而取决于实行犯。因此,组织犯和教唆犯为了消除其行为的社会危害性,就应当切断后续因果关系的发展,制止实行犯将犯罪进行到底。组织犯应当努力消除其他共犯人的集聚,而教唆犯则应当尽力使实行犯放弃实施犯罪的决意。也就是说,组织犯和教唆犯采取一切措施的结果应当只有一个,就是使实行犯停止犯罪。如果组织犯和教唆犯采取前述一系列行为仍然无法制止犯罪,则他们应当及时向权力机关报案,以便制止实行犯的犯罪行为。如果组织犯和教唆犯最终没能阻止实行犯实施犯罪,则他们应当承担刑事责任,而他们所采取的措施,法院在量刑时可以将其认定为积极悔过的从轻处罚情节(《俄罗斯联邦刑法典》第31条第5款、第61条第1款第9项)。

组织犯罪团伙的行为人,其犯罪中止可以发生在团伙成立前,并且体现为其破坏团伙组建的行为中。如果团伙犯罪的组织犯与其他共犯一起参与具体犯罪的实施,则对这些犯罪团伙的组织犯应当适用《俄罗斯联邦刑法典》第31条第4款的规定①。此种情况下的犯罪中止,指的并非组建团伙的事实,而是没有将具体犯罪进行到底。

(3)帮助犯的中止。如前所述,帮助犯对于实行犯实施犯罪的决意,只是起到强化作用,所以帮助犯的行为并不会在犯罪行为和犯罪结果之间产生因果关系,而只是对因果关系的发展起协助作用。因此,帮助犯对于因果关系发展的干预,以及自己对共同犯罪活动“加功”的消除,其认定标准当是采取一切措施阻止实行犯实施犯罪。如果帮助犯采取了一切可以采取的措施,而实行犯还是实施了犯罪的情况,帮助犯不负刑事责任。此外,俄学界还对共同犯罪中实质帮助犯和智力帮助犯“加功”的撤回标准进行了分别阐释。申言之,智力帮助犯成立犯罪中止的撤回标准是:应当说服实行犯放弃实施犯罪。实质帮助犯的撤回标准是:撤回其提供给实行犯用来实施犯罪的手段或工具,或者恢复其为犯罪实施排除的障碍。之所以做这种区分,是因为智力帮助犯通过直接影响实行犯意识和意志的方式,强化实行犯实施犯罪的决意,而实质帮助犯则是通过为实行犯提供身体的、物质的或组织方面的帮助,间接作用于实行犯的意识和意志。

帮助犯的犯罪中止,通常表现为作为方式,但如果事先给予实行犯协助其实施犯罪的许诺并非具体作为方式,则此时帮助犯的犯罪中止可以是不作为。这里所说的“许诺”不同于《俄罗斯联邦刑法典》第33条第5款(后半段)规定的关于犯罪后提供协助的“事先允诺”。后一种“允诺”,在实行犯实施犯罪之前不要求有任何的作为,其“允诺”本身就已经是对共同犯罪活动的“加功”了;如果此时的帮助犯在实行犯完成犯罪后不履行其事先所做的允诺,则这种情况可以在一定条件下认定为帮助犯的积极悔过情节,其可能会影响事态的后续发展,但不是对实行犯犯罪活动本身的影响。相比较而言,在帮助犯“许诺”协助犯

① 《俄罗斯联邦刑法典》第31条第4款规定:“组织犯和教唆犯,如果及时向权力机关报告或者采取其他措施制止了实行犯将犯罪进行到底,不负刑事责任……”。

罪实施的情况下,其“许诺”必须起到实质强化实行犯之犯罪决意的作用,即帮助犯应当以《俄罗斯联邦刑法典》第 33 条第 5 款(前半段)规定的相应具体行为的实施来兑现自己的承诺,也就是说,这种许诺应当体现为具体的智力帮助行为或者实质帮助行为。如果帮助犯在犯罪实施前即向实行犯表达了中止其所承诺的帮助,则意味着他单方面消除了对实行犯犯罪意图的强化作用。此时的中止是指帮助犯采取了其所能采取的一切措施来制止犯罪,包括以不作为的方式消除了自己对于共同犯罪活动的“加功”。这种情形下的帮助犯,可以认定为犯罪中止,从而排除其刑事责任。

(四)无特殊身份者参与特殊主体共同犯罪的归责问题

根据俄现行刑事立法的规定,无特殊身份者参与特殊主体犯罪,在某些情形下是可以被认定为共犯的,其理由是无特殊身份者在犯罪实施过程中为特殊主体提供了实际帮助。然而,《俄罗斯联邦刑法典》仅在第 34 条第 4 款对此进行了专门规定,即“不是本法典分则相应条款专门规定的犯罪主体的人,参与实施该条款所规定犯罪的,应该作为该犯罪的组织犯、教唆犯或帮助犯对该犯罪承担刑事责任”。由此可见,《俄罗斯联邦刑法典》并没有对特殊主体的共同犯罪问题进行全面、细致的规定。此款规范仅适用于那些犯罪主体范围被法律所严格限制的罪名(比如,根据《俄罗斯联邦刑法典》第 331 条第 1 款的规定,违反军职罪的主体只能是处于军事集训期间的军人、预备役公民)。在此类情况下,只有特殊犯罪主体才能被认定为实行犯和共同实行犯,其他不具有特殊主体身份的共犯人只能是组织犯、教唆犯或帮助犯的角色。这里的例外情形是,如果法律中规定的特殊主体具有相当的普遍性特征,则对于可以成为犯罪主体的行为人范围的限制便没有那么严格的限制(犯罪主体是一般的专门主体)。此种情形下,若不属于特殊犯罪主体的行为人实际参与实施了犯罪客观方面的基本要件行为,则也可以成为此类犯罪的共同实行犯。例如,根据《俄罗斯联邦刑法典》规定,强奸罪的主体只能是男人,但是,如果女人参与了制服被害人反抗行为的,则她就是强奸罪的共同实行犯。

在特殊主体共同犯罪中,还会涉及共犯人的特殊身份作为法定情节在刑事立法中的规定问题,这种情节有两类:一是特殊主体作为犯罪加重责任构成要件的情形;二是特殊主体是从重处罚的法定情节(第63条)。如果其中一个共犯人具备立法规定的前述法定情节,则这种情节可以归责于其他共犯的条件有二:其一,此类情节应当是其他共犯人也认识到的,即是其他共犯人的故意内容;其二,此类情节加重了整个行为的社会危害性。例如,《俄罗斯联邦刑法典》规定,利用职务地位进行诈骗是诈骗罪的加重责任构成要件(第159条和第3款),如果几个人共同实施诈骗行为,他们当中有一个人在诈骗过程中利用了自己的职务地位,那么,若其他共犯人都知道这种情形的存在,则此加重责任要件将归责于所有共犯人。“职务地位”要素的存在加大了实施此类犯罪行为的可能性,这不仅提高了其中一个共犯人的社会危害性,而且也加重了整个诈骗行为的社会危害性。当然,如果只有其中一个共犯人具备前述情节,而其他共犯人对此一无所知,或者此情节没有提高行为整体的社会危害性,则此类情节只归责于这个特定的共犯人。

五、结　语

俄刑法理论与司法实践中共犯定罪量刑中的问题之所以层出不穷,其原因在于共犯制度的核心问题没有得到很好的解决。有组织团伙犯罪活动与单个人实施的犯罪相比,呈现出的是更加复杂多样的法律属性。在对团伙共犯行为进行定罪时,不仅要考虑各共犯人之间合意的程度、行为之间组织的严密程度,而且还涉及各类共犯人参与犯罪的程度、其行为与犯罪后果之间的因果关系等一系列相关要素。虽然俄学者在其共犯论著中也一直在寻求一条公认且能够在一定程度上实现公平正义、符合司法适用的路径,但在共犯理念及相关争议问题的解决方面并未全部得以实现,这必然导致司法实践中共犯定罪量刑结果出现偏差与误判。

Institute of Complicity in Crime in Russian Criminal Law and Related Controversial Issues

Pang Dongmei

[**内容摘要**]共犯制度是刑法总则制度中最复杂,也是最具争议的问题。相较于中国刑法,俄罗斯刑法有关共犯制度的规定更加凸显从重处罚的价值取向(相对于单个人犯罪)。这不仅体现于《俄罗斯联邦刑法典》第7章关于共犯制度的专章集中规定(第32条至第36条),而且还见诸于总则其他条款(第31条第4、5款,第63条第1款第3、4项,第67条),以及分则诸多条款有关共犯责任和特别共犯的立法规定。与此同时,虽然俄学界对于共犯制度的研究已近200年的历史,但学界对于共犯制度中亟待解决的理论问题,仍然存在相当大的意见分歧。有关共犯及共犯人刑事责任的学理探讨,迄今为止仍然是百家争鸣且缺乏统一共识的研究现状。由于各类犯罪组织所实施社会危害行为的数量和规模不断扩张,多人实施行为之定罪过程存在相当数量的虚构与推定,追究各类共犯人刑事责任时引入不可胜数的假定式根据,从而导致共犯定罪过程困难重重。

[**关键词**]共犯;共犯人;刑事责任;定罪量刑;争议问题

Abstract: The institution of complicity in crime is the most complex and controversial issue in the criminal law system. In comparison with the criminal legislation of China, the provisions of the Russian criminal legislation on the system of accomplices emphasize the value orientation of severe punishment (in relation to crimes committed by one person). This is reflected not only in the concentrated provisions of Chapter Ⅶ of the Criminal Code of the Russian Federation on the system of accomplices (Articles 32 – 36), but also in other provisions of the General Part of the Criminal Code of the Russian Federation (such as parts 4 and 5 of Article 31; paragraphs 3 and 4 of Part 1 of Article 63; Article 67), as well as the relevant legislative provisions of many provisions of the Special Part of the Criminal Code of the Russian Federation on the responsibility of accomplices and special accomplices. At the same time, despite the fact that the Russian scientific community has been studying the institution of complicity in crime for almost 200 years, there is still considerable disagreement in the scientific community regarding the theoretical problems that need to be solved in the system of complicity. The scientific debate on complicity itself and on the criminal responsibility of accomplices is still relevant and does not have a single consensus. The number and size of acts of public danger committed by various criminal organizations are increasing, there are a significant number of fictions and presumptions in the process of conviction for actions committed by several people, as well as countless hypothetical conditional grounds for criminal prosecution of all kinds of accomplices, which leads to the fact that the process of conviction for complicity is difficult.

Keywords: Complicity; Accomplices; Criminal Liability; Qualification of the Crime and Sentencing; Controversial Issues

假想防卫中故意的阻却路径检讨

程　昇*

目　次

一、引　言

根据一般的理解,所谓假想防卫,是指客观上不存在正当防卫的要件,但行为人在主观上误以为其存在而采取反击的情况,属于违法阻却事由认识错误。① 对于这种"有意"行为,最终应认定为过失或意外,学界几乎没有异议。但目前理论上普遍承认故意的双重定位,即同时存在构成要件故意和责任故意,对于故意如何阻却,则尚未达成共识。假想防卫涉及的内容极其庞杂,与对故意的体系性地位和认识内容、违法性、有责性等内容的理解相关,可以说贯穿了犯罪论体系的全部阶层。因此各学说之间,若其中一方面的基本观念或立论点存在差异,就会最

---

* 中国社会科学院大学法学院博士研究生。

① 学理上也称为容许构成要件错误或正当化事由认识错误。

终引向迥然不同的解释路径,甚至完全相斥,这是学界无法形成统一意见的主要原因。

学理上的模糊和纷争,注定导致司法实务对假想防卫的判断存在疑难。在最高人民法院发布的指导案例"王长友过失杀人案"中,法官认为假想防卫行为人仅具有心理意义上的故意,而非刑法上的犯罪故意,应承担过失犯罪的刑事责任。[①] 但如后文所述,该说理并未对所谓"刑法上的犯罪故意"提出明确判断标准。且经笔者统计,上传至中国裁判文书网的案例中,对于确实存在假想防卫情形的,大多数法官仍认为应成立故意犯罪,认定为过失犯罪或意外的判例甚少。[②] 显然,指导案例未能起到理想的指引效果。基于此,本文意图在教义学层面厘清并检讨假想防卫情形中故意的阻却路径,以期为司法实践中故意的判

① 最高人民法院刑事审判一、二、三、四、五庭编:《中国刑事审判指导案例1(刑法总则)》,法律出版社2017年版,第39页。

② 认定成立故意的判例共有16起:广东省茂名市中级人民法院(2018)粤09刑终521号刑事附带民事裁定书、广东省博罗县人民法院(2017)粤1322刑初264号刑事判决书、甘肃省兰州市中级人民法院(2017)甘01刑初97号刑事判决书、山东省烟台市中级人民法院(2020)鲁06刑终77号刑事裁定书、湖南省张家界市中级人民法院(2019)湘08刑终9号刑事裁定书、福建省泉州市中级人民法院(2015)泉刑终字第1357号刑事裁定书、山东省栖霞市人民法院(2019)鲁0686刑初225号刑事附带民事判决书、湖北省通城县人民法院(2018)鄂1222刑初101号刑事判决书、广西壮族自治区金秀瑶族自治县人民法院(2017)桂1324刑初140号刑事判决书、安徽省寿县人民法院(2017)皖0422刑初294号刑事判决书、山西省垣曲县人民法院(2016)晋0827刑监字第2号驳回申诉通知书、广西壮族自治区扶绥县人民法院(2016)桂1421刑初132号刑事判决书、河北省石家庄市新华区人民法院(2015)新刑初字第419号刑事判决书、湖南省衡南县人民法院(2015)南法刑初字第77号刑事附带民事判决书、甘肃省兰州市七里河区人民法院(2014)七少刑初字第7号刑事判决书、陕西省咸阳市秦都区人民法院(2011)咸秦刑初字第00148号刑事判决书。认定成立过失或意外的判例共有6起:参见山东省博兴县人民法院(2021)鲁1625刑初3号刑事判决书、广东省中山市第一人民法院(2017)粤2071刑初271号刑事附带民事判决书、四川省绵阳市涪城区人民法院(2015)涪刑初字第393号刑事判决书、贵州省贵阳市云岩区人民法院(2015)云刑初字第574号刑事判决书、河北省平山县人民法院(2015)平刑初字第110号刑事判决书、浙江省临海市人民法院(2014)台临刑初字第759号刑事判决书。成立故意与成立过失的判例比例约为8∶3。统计自中国裁判文书网,https://wenshu. court. gov. cn,数据截至2021年9月20日。

断提供恰当的学理支持和明确标准。

需提前说明的是,本文是在三阶层犯罪论体系及故意的双重定位之立场上展开的讨论。诚然,研究假想防卫情况下行为人故意的判断问题,关键自然在于故意的体系性地位及其要素。但其中所涉及的各犯罪论体系等内容[如二阶层和三阶层犯罪论体系之优劣、(新)古典或新古典和目的主义综合犯罪论之选择等]的详尽研究与讨论,非本文所能力及。况且,假想防卫之所以成为一个理论上的难题,也恰是因为在犯罪论的演进过程中,故意形成了双重定位所致。若直接回归(新)古典犯罪论体系,或采故意的单一定位之立场,实际上只是用转换立场的方式抹消了问题,而非解决问题。本文旨在就问题本身讨论解决方案,因此必须预设三阶层犯罪论体系及故意双重定位的前提,唯此才能围绕问题解决的核心展开。

二、前后置判断路径的分野与相争

假想防卫中故意阻却的路径,可以概括为前置判断与后置判断两种,且存在两种不同层面上的意义:一是以三阶层犯罪论体系的阶层顺序为标准,将故意置于不法阶层(构成要件符合性+违法性阶层)属于前置判断,相对地,将故意置于最后的有责性阶层则属于后置判断。二是在故意的双重定位前提下,以故意最终由何者决定为标准,由前置的故意决定属于前置判断,反之,由后置的故意决定则属于后置判断。后者正是假想防卫问题的实质性分歧所在。

(一)第一种意义上前置判断的形成

最初的古典犯罪论体系把故意置于最后的有责性阶层,即将故意的判断后置。其所采的心理责任论认为,主观心理就是责任的实体,责任就是对主观心理所进行的评价。若想将一个不法行为评价为是有责的,就要求客观结果与行为人的意思活动之间存在关联,即在认定行为具有违法性之后,行为人还须在主观上受到非难。因此,故意(过失亦然)就作为责任的要件,被安排在有责性阶层,也作为责任类型而使用。到了新古典犯罪论,构成要件符合性阶层中开始出现主观要素,但也仅限于目的、倾向等特殊的主观要素。在责任阶层,罪责观念开始从心理责任论向规范责任论转变。1927年施密特在对李斯特《刑法教科书》第25次修订中,摒弃了先前版本中的心理责任论,改而采用规范责任论。① 对于故意之必需内容,书中写道"行为人的认识,不仅包括对行为的事实上的后果有认识,而且还必须包括对行为的社会危害性要素有认识。易言之,对行为的反社会意义的认识属于故意的范畴,也即对'行为的法律后果有预见'"。② 遵循这一表述,故意的认识开始与义务违反性(或称危害社会性或违法性)的意识相链接,即故意之中开始包含违法性认识。至于故意的体系性地位,暂且没有因为责任观念的转变而发生变动。

从目的主义犯罪论体系将故意移至构成要件符合性阶层开始,故意的体系地位发生变迁,判断开始前置化。目的行为论认为,人的行为是对目的执行。③ 故意恰好具有意思实现的内涵,于是就与行为的目的性等同起来,作为行为的主观不法特征而成为构成要件要素。值得注意的是,这次故意的体系地位变动并没有波及违法性认识。原本被包含在故意中的违法性,开始从故意中分离出来,单独留在了有责性阶层中,成为一个中心的、独立的要素。④ 再到新古典和目的主义的综合犯罪论体系,虽然在行为论上没有采目的行为论,但在构成要件论上仍然肯定了构成要件的故意。不过,与目的主义犯罪论体系不同,故意并不是全部都属于构成要件,而是一部分属于构成要件,另一部分属于责任领域。一方面,故意有对违法性的加重机能,对于行为不法有着重要

---

① 参见陈兴良:《期待可能性的体系性地位——以罪责构造的变动为线索的考察》,载《中国法学》2008年第5期。

② 参见[德]弗兰茨·冯·李斯特:《李斯特德国刑法教科书》,徐久生译,北京大学出版社2021年版,第230~231页。

③ 参见[德]韦尔策尔:《目的行为论导论:刑法理论的新图景》,陈璇译,中国人民大学出版社2015年版,第1页。

④ 参见[德]汉斯·海因里希·耶塞克、[德]托马斯·魏根特:《德国刑法教科书(上)》,徐久生译,中国法制出版社2017年版,第291页。

意义,是类型化的主观态度;另一方面,故意作为思想非价的载体,是反规范的态度,相较于过失犯而言,是一种加重的罪责形式。[①] 这样一来,之前搬迁到构成要件符合性阶层的故意又以责任故意这一"第二身份"重新回归到有责性阶层,由此取得了犯罪论体系上的双重定位。且责任故意没有将违法性认识重新融合进来,而是二者并列,作为两个相互独立的责任要素。至此,故意的双重定位得到普遍承认,即使是后来的目的理性犯罪论体系,也仅在客观归责的理论方面发展自身,对故意的双重定位予以全盘接纳。前置判断在第一种意义上正式形成,也引发了前后置判断在第二种意义上的矛盾。

(二)第二种意义上的实质性分歧与后置判断的失势

一山难容二虎,故意的判断最终以何者为准,是故意前后置判断在第二种意义上的展开的核心矛盾。

原本在古典和新古典体系中,由于故意的判断在第一种意义上始终是后置的,因此可以直接对故意作出整体性判断。即使是像张明楷、陈兴良等教授那样对(新)古典犯罪论体系加以调整,将故意和违法性认识分离,由于故意始终只后置于责任阶层,对假想防卫问题的处理方式依然是一步到位。具体而言,张明楷教授认为,故意实际上是对为违法性提供根据(奠定基础)的事实的认识与容忍,当行为人认识到自己在实施正当行为时,就意味着其没有认识到为违法性提供根据的事实,因而不存在犯罪的故意。[②] 陈兴良教授则认为,所谓违法性阻却事由的前提事实的错误,属于构成要件错误,行为人对行为的违法性的事实根据并无认识,因而阻却故意。[③]

---

① 参见[德]乌尔斯·金德霍伊泽尔:《刑法总论教科书(第六版)》,蔡桂生译,北京大学出版社 2015 年版,第 136 页。

② 参见张明楷:《刑法学》(第 5 版),法律出版社 2016 年版,第 280 页。

③ 参见陈兴良:《教义刑法学》(第 3 版),中国人民大学出版社 2017 年版,第 382、492 页。

但当故意前置判断后,后置判断就陷入尴尬的境地。如果前置判断得出阻却故意的结果,那后置判断就不再有必要,可若前置判断中故意并没被阻却,交由后置判断得出过失的结果,那就需要解释这样一个问题,即对故意类型的不法,何以施加过失非难？有学者认为,肯定了故意,却又要否定故意之罪责,是很困难的,这在学理上并不协调。① 更有学者直言"故意不法 + 过失罪责"的诡异混合结构,会让人形成可恣意改造犯罪审查体系的印象。② 在许多学者看来,双重判断已然不必要,仅前置判断就足以完成所有的判断任务。

后置判断面临的诘难不仅在于判断的前后协调,甚至其本身的存在都遭受质疑。我国台湾地区林钰雄教授在教科书中提到,故意的不法行为表征了故意罪责形态,在罪责层次判断故意的罪责形态,其实是多此一举,仅有的实益,目前其实只在于所谓容许构成要件错误的处理。③ 日本山口厚教授也作出类似评论,若认为责任故意的认识、遇见对象只限于违法性阻却事由该当事实的话,就会产生责任故意的实体究竟是什么,责任"故意"是否仅具有非常空虚的内容的疑问。④

甚至柏浪涛教授从责任认定机制的角度,认为"责任要素"的表述本身就是错误的,责任不存在自身的要素,就更不存在作为责任要素的责任故意。其认为,责任并不是一个实体概念,只是一种评价。违法虽然也是一种评价,但是它有自己的"零部件",即构成要件要素。违法评价的对象是构成要件的基础事实(质料),是对其自身属性(合法或违法)的评价;若评价为违法,则构成要件的基础事实便塑成违法性构成要件要素,简称为违法要素。责任评价的对象也是违法事实,谴责的

① 参见[德]乌尔斯・金德霍伊泽尔:《刑法总论教科书(第六版)》,蔡桂生译,北京大学出版社 2015 年版,第 281 页。

② 参见蔡圣伟:《"'误想防卫'与谈稿"》,载刘明祥、张天虹主编:《故意与错误论研究》,北京大学出版社 2016 年版,第 475 页。

③ 参见林钰雄:《新刑法总则》,台北,元照出版有限公司 2016 年版,第 304 页。

④ 参见[日]山口厚:《对佐伯仁志"故意・错误论"的评论》,载[日]山口厚、井田良、佐伯仁志:《理论刑法学的最前线》,岩波书店 2001 年版,第 126 页。转引自陈家林:《外国刑法:基础理论与研究动向》,华中科技大学出版社 2013 年版,第 90 页。

对象是行为人。故意与过失、责任能力、违法性认识可能性、期待可能性等虽然被统称为责任要素,可它们实际上只是责任评价的对象、条件,是评价活动的组成部分,不能组成责任自身的要素。故意之所以能影响责任,是因为故意作为违法事实的要素,是责任评价的对象,评价对象不同,评价结论当然不同,但不能因此将评价对象等同于评价结论或评价本身。①

显然,责任故意虽持双重定位之名,但在体系中则是被逐渐淡忘甚至实质忽略的。面对前置判断的诘难,后置判断已然式微。

(三)前置判断路径的贯通方案

既然前置判断处于不法阶层,也就意味着有构成要件符合性和违法性阶层两条可能的贯通路径。

1. 已被放弃的消极的构成要件说

尝试在构成要件符合性阶层完成判断的解决方案,便是消极的构成要件说。该说认为,构成要件包括积极和消极两部分。正当防卫等负面构成要件,法律效果和其他一般犯罪构成要件的处理原则没有两样。若行为人主观上误认为有正当防卫之阻却不法情形,结果是欠缺构成要件故意,所以不构成故意犯罪。②

消极的构成要件说实际上就是采二阶层的犯罪论体系,对此,有观点认为,二阶层和三阶层的犯罪论体系的差异仅仅是审查顺序的差别而已:二分的犯罪论体系是先考察所有客观不法的条件,再考察所有主观不法的条件。二者区别的意义并不大,只是在对正当化构成要件之前提条件事实性的认识错误情况下,认为可以排除故意这一个点上存在差别。③

① 参见柏浪涛:《错误论的新视角》,中国民主法制出版社 2020 年版,第 341 页。

② 参见黄荣坚:《基础刑法学(上)》,台北,元照出版有限公司 2012 年版,第 205 ~ 206 页。

③ 参见[德]乌尔斯·金德霍伊泽尔:《刑法总论教科书(第六版)》,蔡桂生译,北京大学出版社 2015 年版,第 52 页。

但即使能够轻松化解假想防卫的难题,消极的构成要件理论也不得不面临众多的反对意见。主要的批评认为,构成要件和违法性的区分,具有刑事政策上与刑法技术上的重要功能,即囊括各个具体犯罪成立的特征,以警示公民,具有明确的一般预防功能。因此,构成要件是罪刑法定原则最为严格的体现。[①] 构成要件是抽象性、类型性的事实判断,作为划定禁止类推范围的标准,有着保障人权的基本功能。而违法性则是实质性、具体性的判断,不具有类型性的特点,对其的判断可以跳出刑法框架而"类推",以整体法秩序作为判断标准,与构成要件性质全然不同。若是将二者直接合二为一,不仅会模糊类推的标准界限,而且会导致在实际的犯罪认定中难以遵循从形式到实质的审查顺序,导致实际判断内容减少,损害人权保障机能。另外,从规范区分的角度来说,构成要件符合性和违法性两个阶层的行为规范是不同的。二者虽然在均是行为规范的问题这一点上有共通性,但前者是禁止规范层面上的问题,后者是容许规范层面上的问题,这两者必须被区分。[②] 总体来说,虽然在国内外不乏学者主张和支持,但二阶层体系因其本身的理解偏差,从未取代三阶层成为通说。仅有的贡献只在于赋予了容许构成要件错误以特别处理的理论基础,但"为了搬走一块砖而拆掉整座城堡"的做法,不被普遍认同。[③]

2. 正盛的实质判断路径方案——不法故意说

近年来,更多学者着眼于在违法性阶层对故意进行实质判断,基本可以将这一解决方案概括为不法故意说。论者站在行为无价值二元论的立场上,认为故意可在违法性阶层阻却,表述大同小异。如周光权教授认为假想防卫行为具备结果无价值,但行为人主观上是为了制止不法侵害,这使得先前成立的构成要件故意从规范评价的角度看被"抵

① 参见李海东:《刑法原理入门:犯罪论基础》,法律出版社1998年版,第37页。

② 参见[日]高桥则夫:《刑法总论》,李世阳译,中国政法大学出版社2020年版,第78页以下。

③ 参见林钰雄:《新刑法总则》,台北,元照出版有限公司2016年版,第135页。

消”、被排除，而不再存在故意的行为无价值。① 与之类似，杨绪峰博士认为，在假想防卫的情形中，“正当化事由的事实前提错误属于事实错误，理应阻却‘不法的故意’”，②即认为在假想防卫的情形下，承认作为一般性判断的构成要件故意的成立，但在违法性阶层，阻却作为实质性判断的不法故意。

面对如此的路径安排，存在疑问的是，否认故意的成立后，过失又是从哪一阶段开始认定？对此，不法故意说认为，重新回到构成要件符合性阶段认定过失，整体思路表现为“构成要件符合性阶层：成立构成要件故意→违法性阶层：不存在实质的不法故意→构成要件符合性阶层：成立构成要件过失”。但这样处理，遇到的麻烦实际上不在于故意的排除，而在于过失的成立。先前成立的构成要件故意被排除后，若是回头成立构成要件的过失，便产生了前后不一的逆转现象（也被比喻成“回旋飞镖”现象），这也是该路径必须面对的最令人头疼的指摘。

作为回应，周光权教授认为，这是形式上的迂回，构成要件故意的判断只是一个初步判断，结合正当化构成要件错误重新排除在之前已审查过的构成要件符合性阶层的构成要件故意，是属于不同层面的判断。③ 杨续峰博士解释道：此处“回旋飞镖”现象的产生，是由于对构成要件故意进行了先形式、后实质判断的结果，其通过了形式层面的检验，但在实质层面上被阻却了。并且认为，“飞镖现象”是指重新返回原构成要件该当性阶层探讨是否存在构成要件过失的情形，但正确的处理方式是将判断时点重新提前到行为人产生误认之时，例如，行为人误以为存在不法侵害，进行反击，构成要件故意的判断时点是行为人在实施反击行为那一刻，但在否认了不法的故意后，过失犯成立与否的判断时点就要回到行为人误以为存在不法侵害的那一刻，一旦将判断时点提前，就是一个新的犯罪构成的判断，而非返回原构成要件，因此不

① 参见周光权：《行为无价值论的中国展开》，法律出版社2015年版，第165页。
② 参见杨绪峰：《假想防卫的体系性反思》，载《法学家》2019年第1期。
③ 参见周光权：《行为无价值论的中国展开》，法律出版社2015年版，第165页。

属于"飞镖现象"。①

基本上,前置判断将以实质判断为核心的不法故意说作为解决方案,实现了路径的贯通,在与后置判断的对抗中后来居上,如今势头正盛,几近成为国内新晋通说。

三、前置判断路径的检讨

对前置判断路径的检讨仍是必要。虽然前置判断的路径看似融贯,但并不意味着完全没有问题。相关论者自圆其说的同时,也潜藏着说理上的逻辑矛盾,以及客观主义方法论偏移的嫌疑。

(一)对"回旋飞镖"回应的逻辑缺陷

首当其冲的仍是"回旋飞镖"现象。支持不法故意说的学者的回应,无论是认为仅是形式上的迂回,还是开启了一个新的犯罪构成判断而非返回原来的犯罪构成判断,都无法否认这一现象的存在。因为无论如何表述,前置判断的故意阻却路径都表现为:在构成要件符合性阶段确认成立构成要件故意,在后续的判断中再将其排除或阻却。而一旦承认构成要件的故意先行成立,再予以否认,这种"飞镖现象"就无法避免,原因在于否认构成要件故意的目的就是另行成立构成要件过失。质言之,前置判断的路径本身就是建立在"飞镖现象"之上的。

而认为"开启了一个新的犯罪构成判断"更是存在逻辑上的矛盾。试问,两次判断都是在构成要件符合性阶层作出的,且得出不同的结论,如何能说不属于"飞镖现象"？对同一个犯罪事实进行构成要件符合性上的检验,又如何能说是新的犯罪构成的判断？实际上,所谓"新的"犯罪构成的判断,和之前"旧的"犯罪构成的判断之间的关键区别并非判断时点。按照杨绪峰博士所说,"将构成要件故意的判断时点重新提前到行为人产生误认的时候",这说明"新的"犯罪构成的判断

① 参见杨绪峰:《假想防卫的体系性反思》,载《法学家》2019年第1期。

时点向前推移的目的是提前考虑行为人的误认心理,让误认心理主导成立构成要件故意或是过失的判断。但相比之下,“旧的”犯罪构成并非不考虑行为人的误认心理,而是在构成要件符合性阶段找不到误认心理的合适位置。倘若认为“新的”犯罪构成判断才是正确的,就必须先行论证假想防卫中的误认心理属于构成要件故意的内容,而这已经涉及对犯罪论体系的修改。因此,所谓“新旧”犯罪构成的判断,存在偷换判断标准的问题,核心区别在于采用的犯罪构成体系不同,绝非判断的起始时点不同。对此,杨绪峰博士确有论及(如下文所述),但即使如此,这之中还藏着一个逻辑悖论:如果在构成要件符合性阶层,对于构成要件故意或过失的判断就包含了误认心理,那从始至终就不会重启一个新的犯罪构成判断。既然误认心理本身就属于构成要件符合性阶层需要考虑的心理内容,那么对于构成要件故意或过失的判断,在理论设计上本就是“一次性”的,根本不必回头排除或重新认定,又何须开启一个“新的”判断?

看来,不法故意说对构成要件故意先肯后否之处理会导致“飞镖现象”,这是逻辑上的必然结果,相关论者认为不属于“飞镖现象”的辩解稍显生硬。

(二)故意认识内容的阶层性混淆

既然“回旋飞镖”现象是不法故意说在逻辑上的必然结果,就不应回避,不如大方承认该现象的存在,对其予以合理解释才是关键。若真能实现理论上的自洽,前置判断的路径依然走得通。但似乎不法故意说所宣称的实质判断难以合理解释故意判断的前后反转。

如果对于构成要件故意的先肯后否,是形式和实质判断的不同结果,就意味着暗藏这样一个逻辑:两个阶层得出不同的结论,是因为评价的标准不同,前者是一般性的判断,后者是具体实质的判断,而被判断的对象——构成要件故意,在前后两个阶段并没有改变。对此,不法故意说将经过实质判断的构成要件故意,称之为不法的故意。但这是存在疑问的。“故意包含两层意思,一个是‘有关一定精神事态的价值判断',另一个是与价值判断有关的'精神事态本身'。可将前者称作'概念'性故意,将后者称作'实体'性故意。"[①]刑法学语境中的故意是"实体"性故意,是一个评价性、总括性的概念,我们无法一步到位地判断故意是否成立,必须从是否有对事实的认识、实现的意欲等方面考察而得出结论。简而言之,是因为存在相应的心理事实才成立故意,而不是因为故意成立才存在相应的心理事实。因此将构成要件故意移至违法性阶层进行实质的检验,就语言逻辑来说,这样的表述意味着将构成要件故意所包含的心理内容作为检验对象。但构成要件符合性阶层和违法性阶层审查的是不同的内容。"从阶段分析的角度来讲,第一个阶段是从构成要件该当性推定违法性的过程,第二阶段是寻找违法阻却事由,从而反驳、检验乃至推翻推定的过程。"[②]在违法性阶层需要考察主观的违法阻却要素,以正当防卫为例,行为人必须有对防卫情状的认识。但客观构成要件的故意规制机能决定,构成要件故意的认识对象以客观构成要件为限,不包含对防卫情状的认识,因此根本无法提供做实质判断要求的相应质料。为了调和这一矛盾,行为无价值的不法故意说认为,构成要件故意的认识对象一开始就包含构成要件该当事实和违法性的基础事实。这样一来,构成要件的故意认识内容就得到扩张。对此,杨续峰博士辩解道,客观构成要件的规制机能,只是要求故意应当认识到客观构成要件的全部,并不意味着故意的认识内容仅限于客观构成要件。可一旦对构成要件故意作出如此调整,那么实际上已经向消极的构成要件理论靠近。不难发现,不管如何调整构成要件故意的认识范围,该说在体系上都会面临捉襟见肘的局面。

故意在各个阶段所要求的心理内容究竟为何,是亟须明确的。构成要件是一种将社会生活中出现的事实加以类型化的观念形象,进而将其抽象为法律上的概念。[③] 以存在论的方法论为指导,构成要件故

---

① 郑泽善:《刑法总论争议问题研究》,北京大学出版社 2013 年版,第 193 页。

② 邓子滨:《刑事法中的推定》,中国人民公安大学出版社 2003 年版,第 144 页。

③ 参见[日]小野清一郎:《犯罪构成要件理论》,中国人民公安大学出版社 1991 年版,第 6～7 页。

意的内涵也可借助现实和日常用语以明确。“人类的认知和行为是在动机的支配下进行的。所谓动机是指推动人的活动并使活动朝向某一目标的内部动力。动机的基础是人类的各种需要,即个体在心理上和生理上的某种不平衡状态。”①在心理学上,行为层面的动机是对人的行为的激发、维持和指引,具有发动行为的作用,能推动个体产生某种活动,将行为指向一定的对象或目标,是一种目的性心理。这种实现构成要件的目的性与刑法上的故意概念恰好是同一的,因此故意也能被理解成是行为的本质的构成要素。② 在这个意义上,行为人所想对应行为人所为,主客观构成要件要素实现相互应合,构成要件故意的认识范围当然以客观构成要件为限。此处并不否认行为人有着超出构成要件故意范围的心理事实,但在检验构成要件故意时,我们仅仅检验构成要件故意所要求的心理内容的部分是否存在,而其余的部分(如“为了防卫”等心理事实)在该构成要件符合性阶段缺少规范判断的意义,或是搁置,或是抛弃,至少在对于构成要件故意的检验之时是无须处理的。此处构成要件故意的成立是将部分客观心理事实通过规范评价而得到的结果,也是阶段性的判断结果。因此我们可以说,在构成要件符合性阶段,构成要件故意要求认识的内容就仅是客观构成要件。

德国刑法理论中,不法指的是符合构成要件且违法,在犯罪论体系上,不法阶层相当于构成要件符合性和违法性两个阶层的统合叫法。“由于构成要件原则上是违法类型,因此没有必要将作为违法要素的故意独立作为违法故意,而应当被统合到构成要件故意中。但是,正确而言,应当被称为构成要件的违法故意。”③构成要件故意有给予犯罪类型以违法性特征的功能,是主观违法要素,故而成立构成要件故意也能够推定出存在违法的故意,这是故意的属性决定的。但违法性阶层

① 彭聃龄主编:《普通心理学》,北京师范大学出版社 2019 年版,第 3 页。

② 参见郑军男:《德日构成要件理论的嬗变——贝林及其之后的理论发展》,载《当代法学》2009 年第 6 期。

③ [日]高桥则夫:《刑法总论》,李世阳译,中国政法大学出版社 2020 年版,第 150 页以下。

实际上是违法性阻却事由在主客观方面的检验,我们需要另行检验行为人是否有主观上的违法阻却心理。[①] 如此说明,不法的故意实际上统合了两个阶层的心理内容,除了构成要件故意之外,另外还包含着不同的心理内容,即对防卫情状等为违法性提供基础事实的认识和正当化意欲。用公式来表达的话,就是"不法的故意 = 存在构成要件故意(违法故意) + 不存在违法阻却心理"。显然,违法阻却心理不属于构成要件故意,但仍是不法故意整体判断的内容。由于在确认不法故意成立时,对其做的是消极判断,即处于"无"的状态而容易被人忽略,所以常呈现出"不法的故意 = 构成要件故意(违法故意)"的最终样态。但必须指出,不法的故意确实考虑了构成要件故意之外的心理内容,这些内容是违法阻却心理,它们只是躲在阴影处难以被发现,不能否认其存在。质言之,从构成要件故意到不法故意的过渡,不是简单的更名,而是故意的内涵和所包含心理内容的改变或扩容,二者是包含与被包含的关系。因此,针对构成要件故意做不同层次上的判断,将业已成立的构成要件故意在违法性阶层予以否定,就表述来说是不准确的,逻辑难以自洽。不法故意说将构成要件故意与不法故意在一定程度上混同,应当说存在斟酌的余地。

(三)法理层面的检验:次级规则欠缺启动条件

上述对故意内容的厘清,就结果来看,是将违法阻却心理从构成要件故意中分离出来,明确其作为不法故意的心理内容之独立地位。在此基础上,不法故意说似乎只需接受以上修正,便仍能通过认定假想防卫行为人存在违法阻却心理,来维持阻却不法故意的结论。但这样的解释路径欠缺了阻却不法故意在规范上的启动条件。

关于法律规范的本体结构,英国法学家哈特提出的结构类型理论认为法律是法律规则的体系,由两种相关但不同类型的规则组合而成。第一种类型是初级规则,要求人们去做或不做某种行为。第

---

① 更激进的表达,或许可以称之为"违法阻却的故意"。

二种类型则是次级规则，人们可以通过做或说某些事，而引入新的、取消或修改初级规则，或者以各种方式决定它们的作用范围，或控制它们的运作。① 假如只有初级规则，每个人将只拥有固定的义务去做或不做某些事，那么从这种固定义务的履行中所获得的好处就无法免除或者转让，不存在任何刻意变更一般规则的方法，而且在特定个案中由规则所产生的义务，亦不能通过任何个人的刻意选择而加以变动或修正。② 这种静态性特点将导致利益的关系在变动的社会环境中变得紧张，而调和这种利益冲突就是次级规则存在的必要性和意义所在。刑法中关于违法阻却事由的规定就是典型的次级规则。以正当防卫为例，在紧急情况下攻击甚至杀死袭击者的权利，不是简单意味着诫杀的遗漏，而意指相对于袭击者的利益，有价值地优先考虑被袭击者的利益。③

不难发现，初级规则所涉及个人的行为指引，相对地，次级规则只涉及初级规则本身，规定了初级规则被确定、引进、废止、变动的方式。以哈特的话来说，次级规则是“寄生在第一种类型的规则之上”。在刑法规范的体系中，禁止、命令规范属于初级规则，容许规范属于次级规则，它们整合成了行为规范，前者被配置在构成要件，后者被配置在违法性。禁止、命令规范已经规定了所有的行为模式，容许规范只是对触犯禁止、命令规范的违法事实的决定性确认。正当防卫正是这样一种容许规范，根据《刑法》第 20 条的规定，正当防卫不负刑事责任，由此赋予了行为人选择是否进行正当防卫的权利，即次级规则的规范效果是：如果选择防卫，行为人不必承担违反初级规则设定的义务之法律后果。这样便能对正当防卫的要件作出规范上的解释：防卫情状的存在

① 参见［英］哈特：《法律的概念》（第 3 版），许家馨、李冠宜译，法律出版社 2018 年版，第 137 页。

② 参见［英］哈特：《法律的概念》（第 3 版），许家馨、李冠宜译，法律出版社 2018 年版，第 151 页。

③ 参见［德］菲利普斯：《规范理论》，载［德］阿图尔·考夫曼、［德］温弗里德·哈斯默尔主编：《当代法哲学和法律理论导论》，郑永流译，法律出版社 2013 年版，第 345 ~ 346 页。

是适用次级规则的前提条件,而防卫意图则是赋予行为以“选择”这一规范上的意义。

假想防卫情况下,由于不存在客观现实的防卫情状,因此适用正当防卫这一次级规则的前提条件缺失,那么也就更不存在所谓的对防卫的“选择”,故不能认为存在防卫意图。此处否认的是指规范意义上的防卫意图,而非心理层面的防卫意图。行为人确实存在防卫的想法,但并不符合容许规范的要求,无法在规范上成立。对此,陈兴良教授精辟地评论道,“假想防卫的防卫意图是基于行为人对事实的认识错误而发生的,因此是假的,法律对其作出了否定的评价”①。防卫意图中的正当防卫的认识,必须是对客观存在的不法侵害的实际情况的真实和正确的反映。如果行为人对事实发生了认识错误,正当防卫就失去了其现实基础,不得认为行为人主观上具有防卫意图。② 既然不能认定为存在违法阻却心理,那么对行为人主观心理的评价应该认定为成立不法的故意。

至此可以得出结论,假想防卫违反了作为初级规则的禁止规范,同时不满足作为次级规则的容许规范要求,因此违反行为规范,存在故意杀人的行为无价值。在犯罪论体系的判断上,构成要件符合性阶段成立构成要件故意,违法性阶段成立实质的不法故意,易言之,即使是修正的不法故意说,在违法性阶段阻却故意的尝试仍是失败的。

(四)小结:应坚持客观主义方法论

不法故意说站在行为无价值论之立场上,认为违法性的本质是人的违法。现代的行为无价值二元论强调犯罪是违反行为规范,进而侵害法益的行为,认为违法的构成要素不仅有结果无价值,而且包括将行

---

① 陈兴良:《正当防卫论》(第 3 版),中国人民大学出版社 2017 年版,第 147 页。

② 参见陈兴良:《正当防卫论》(第 3 版),中国人民大学出版社 2017 年版,第 56 页。

为人的主观要素考虑在内的行为无价值。[①] 这遭受到了客观主义的质疑,即主观违法性是否会影响违法性的客观性。对此,行为无价值论者对于违法的客观性之理解作出相应调整,认为主观违法要素仍然是一种客观违法论,不过是一种修正的客观违法论(或称主观的客观违法论)。行为规范作为违法性判断基准,是对抽象的、一般人的行为指引和命令。[②] 因此违法的客观性不再是指判断对象的客观性,而是指判断标准的客观性。"说违法性是客观的,只是意味着它是一种普遍性的价值判断,但它的对象,即行为,却是客观(外部世界)与主观要素的统一体。"[③]行为无价值的二元论,在判断的标准上坚持客观性,以迎合客观主义的要求。

但不法故意说在假想防卫问题上的错误和纠结,恰是因为没有坚持判断标准的客观性,考虑了行为人的自我判断所致。蔡桂生博士认为,行为无价值论的不法故意说的错误在于,从行为人事前的角度来看犯罪如何发生。构成要件符合性中的行为规范旨在实现一般预防,违法性和有责性则主要是评价规范意义上的判断。因此从违法性阶层开始,应由专业的司法者进行事后判断,不能凭借行为人的判断来决定是否有不法。这样才有助于实现构成要件对第三者的"呼吁"功能。[④] 这一评论已经很接近问题的关键,但没有切中问题的要害,对第三者的"呼吁"功能只是客观主义的机能,非客观主义方法论本身的宣示。刑法客观主义,就是要对违法确立一个"一般使用的标准",这一标准是外在的,它们的适用不以行为人对其所作所为的自我判断是否正确为前提。[⑤] 从客观的判断来说,不存在防卫情状之时,自然就不存在违法

① 参见张明楷:《行为无价值论与结果无价值论》,北京大学出版社 2012 年版,第 101~102 页。

② 参见周光权:《行为无价值论的中国展开》,法律出版社 2015 年版,第 155 页。

③ [德]韦尔策尔:《目的行为论导论:刑法理论的新图景》,陈璇译,中国人民大学出版社 2015 年版,第 24 页。

④ 参见蔡桂生:《刑法中假想正当化的责任效果:法律效果转用之责任说的辨析、质疑及回应》,载《中国社会科学院研究生院学报》2021 年第 1 期。

⑤ 参见[美]乔治·弗莱彻:《反思刑法》,邓子滨译,华夏出版社 2008 年版,第 371 页。

阻却事由。而既然称之为“假想”,也在一定程度上暗指,从外部的一般人立场来看不会认为是不法侵害。按照先客观后主观的判断顺序,在对客观得出否定的结论后,已经无须再对主观做规范上的评价。正如不存在故意杀人的行为却存在故意杀人的心理时,在否定客观行为之后,必须放弃对主观心理的追评。“刑法客观主义不是不重视主观要素。而是认为其作用是居于客观要件之后的。”①站在客观主义的立场,自然也就没有必要认为假想防卫的行为无价值减少了。“行为无价值不是由于行为人主观上相信才被排除,而是因为合法化认识和合法化情形相一致时,行为非价才被排除。”②悄然偏离客观主义的方法论,或许正是不法故意说的“盲点”所在,也意味着前置判断的路径并不如表面那样融贯。

四、后置判断路径的立场选择

既然前置判断的路径存在难以扫清的障碍,那么可以尝试把视野转回弱势的后置判断的路径。有必要重新审视针对后置判断的诘难,并构建故意后置判断的具体路径及判断标准。

(一)责任要素及责任故意证立

如上文所提及,故意的前置判断对后置判断进行猛攻,甚至质疑其本身的存在:认为有责性阶层所要判断的“责任”并不是一个实体,只是一种评价,其自身并不包含要素。这实际上是在说,构成要件和违法性是一种实体性概念,责任却不是,而要素是指实体构成的部分,只能依附于实体性概念,所以存在“构成要件要素”“违法要素”,而不存在“责任要素”,那作为责任要素的责任故意就更不应该存在。

---

① 周光权:《刑法客观主义与方法论》(第2版),法律出版社2020年版,第28页。

② [德]汉斯·海因里希·耶塞克、[德]托马斯·魏根特:《德国刑法教科书(上)》,徐久生译,中国法制出版社2017年版,第620页。

但这种将故意的判断彻底提前,并抹消后置判断的尝试存在理解上的偏差——将实体理解成仅包含事实性内容。所谓实体,是实在内容和性质的统一,既包括事实性的要素,也就是包括事实评价,同时也包括价值判断,即规范评价。① “构成要件”不仅是实体概念,也是规范性概念。“构成要件”来源于德语中的“Tatbestand”一词,在德语的语境中,不仅用来表示法律上的构成要件,也有符合构成要件的事实的意思。② 前者是观念性、规范性与类型性的概念,后者是事实性的概念,它们类似模具与产品的关系。“在汉语中,构成要件作为一个观念性、规范性与类型性的概念是没有疑问的,它不会与构成事实相混淆。”③ 我们平时在犯罪论体系意义上使用的“构成要件”一词,是指建构犯罪的要件,即“模具”。“构成要件要素”就是指“模具”的组成部分,可见“要素”并非只指向事实性内容,完全可以指向观念性、规范性的内容,其依附于观念性、规范性的概念,也不存在语义的障碍。三阶层的犯罪论作为一种定罪的思维方法和操作规程,可以看作一种定罪模具,那么“违法性”和“责任”当然也是一种概念性、规范性的存在。在构成要件符合性阶层,我们以构成要件要素为标准,对各个事实部分进行评价。从判断模型的意义上来说,要素是模型的组成部分。从评价过程的意义上来说,对要素的检验是评价的内容或组成部分。在违法性阶层和责任阶层,对“要素”也应做统一、一致的理解。“违法性要素”和“责任要素”意指各自概念的组成部分,也同时指向各自阶段需要考察的对象或内容。反之亦然,相应阶层判断中评价的对象或内容,当然可以被称作“要素”。

必须指出,要素依附于观念性的概念时,总是指向相应的事实。所以当我们说评价的对象是要素的时候,就是在说评价的对象是要素所

---

① 参见梁根林主编:《当代刑法思潮论坛(第一卷):刑罚体系与犯罪构造》,北京大学出版社 2016 年版,第 30 页。

② 参见[日]小野清一郎:《犯罪构成要件理论》,中国人民公安大学出版社 1991 年版,第 7 页。

③ 陈兴良:《教义刑法学》(第 3 版),中国人民大学出版社 2017 年版,第 159 页。

指向的事实。要素和评价的对象,在事实的指向性层面达成统一。在构成要件符合性阶层,构成要件要素指向如行为、结果等具体事实,也指向因果关系等抽象事实。类似地,在有责性阶层,责任要素指向如责任年龄具体事实,也指向期待可能性等抽象事实。可见,要素所指向的事实可以是具体的,也可以是抽象的,不影响所依附概念的观念性。由此看来,"违法性要素"和"责任要素"皆不存在用语错误。在有责性阶层,既然承认故意是责任评价的对象,故意毫无疑问就是责任要素。

接着需要说明的是,责任故意指向的、需要检验的事实是什么。指向的事实不明确,对责任故意的判断就模糊不清,招致对责任故意内容空虚的批评,也间接导致了上述对责任故意概念本身的错误解读。

首先应明确要素指向的、需要检验的事实的属性,这与对三阶层犯罪论评价过程的理解有关。三阶层犯罪论体系的检验,每一后序阶层的检验都以前序阶层检验完成为前提。但对于检验的对象,存在两种不同的理解(如图1、图2所示)。一种理解认为,三阶层的检验是先对基础事实进行构成要件符合性检验,再对构成事实进行违法评价,塑成违法事实,最后就违法事实进行评责任价,看能否谴责行为人(见图1)。另一种理解认为,三阶层的检验是对基础事实按顺序进行构成要件符合性、违法性、有责性的评价(见图2)。二者的细微区别在于:前

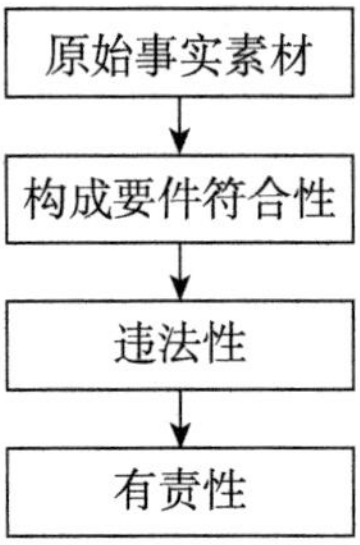

图1　第一种理解

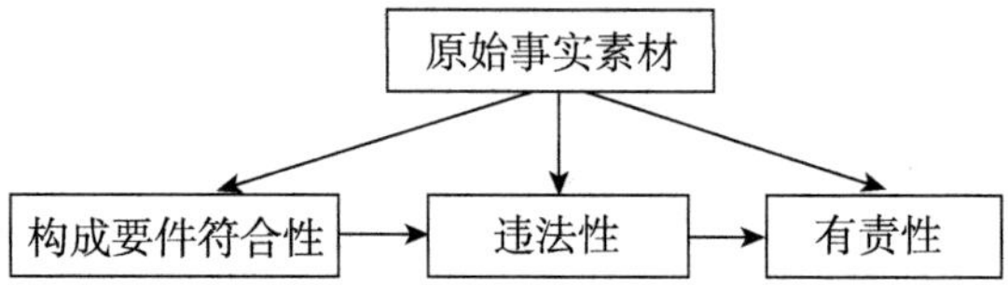

图2　第二种理解

者认为基础事实经过构成要件符合性阶层的评价后,转化成符合构成要件的规范事实(构成事实),从违法性开始就是对规范事实的检验,而后者认为三个阶层都是对基础事实的检验,是属于不同层次的检验。

笔者认为,后者的理解才是正确的。以违法性阶层为例,在违法性阶层我们需要确认构成事实的属性,这一评价过程是通过考察违法阻却事由是否存在完成的。构成要件符合性与违法性的判断具有共通性,在肯定存在构成要件符合性时,原则上也能肯定、其实是推定违法性的存在,在违法性论中,只研究是否存在违法性阻却事由就已足够。① 也就是说,违法性实际上是要评价构成要件要素和违法阻却事由是否存在。如前文所述,"要素"或"评价的对象"都是指向同一客观事实的概念,所以更准确的表达应该是,要评价"构成要件要素"和"违法阻却事由"②所指向的事实是否存在。这些事实被提前赋予了积极和消极的违法属性,确认它们是否存在,便能得出违法性的最终结论。违法性的积极评价部分,已由构成要件符合性的判断代劳,所以违法性阶层只需完成剩下的消极评价部分即可。但构成事实不包含防卫情状等违法阻却要素,根本无法成为违法性判断的质料。因此,"违法性阻却事由"所指向的事实只能是原始事实,而非构成事实。同理,在有责性阶层检验责任故意、责任年龄、违法性认识可能性等要素时,评价的质料也绝非违法事实所能提供。显然,责任故意指向的事实也是原始事实。

责任故意指向的原始事实之具体内容,则需借助责任故意的内涵来说明。责任是指就符合构成要件的违法行为,对行为人加以非难的可能性。关于责任非难的实体,存在从心理责任论到规范责任论的变迁。心理责任论认为责任就是与行为人表现在外的违法行为相对应的内在心理态度,在具有责任能力的情况下,责任的判断就是故意与过失心理的认定。但这种完全在心理关系层面上把握责任的观点,无法说明为何具备故意或过失等心理事实,就能够对行为人施以责任非难。对此,规范责任论(当前通说)给出了合理解释:责任是对心理状态的

① 参见邓子滨:《刑事法中的推定》,中国人民公安大学出版社2003年版,第150页。

② 此处虽然称作"违法阻却事由",而非称"违法要素",笔者认为更多是出于用语的习惯。因为在违法性的评价过程中,对违法阻却事由判断的方向是"无",违法性是"有",自然不会把一个"无"的东西称为要素。不过,若是称为"违法阻却要素"或"消极的违法要素",想必也不会出现理解上的偏差。

规范性评价,规范期待行为人依照理性能够意识到自己的行为为法所不许,并依此意识形成反抗动机,以遵守规范、实施合法行为,但行为人基于自由意志仍然作出了实施违法行为的意思决定时,就违反了规范的期待,故要施加责任非难。但若认为责任的内涵仅存在于规范层面,则属于对规范责任论的误读。“虽说是规范的责任论,也并非否定心理的要素的存在。”①其责任非难的核心——反抗法规范的意思决定,作为一种规范性心理,正是建立在对违法性的认识这种事实性心理的基础之上。因此故意就在认识和意思决定两个层面上,为归责提供心理事实,成为责任判断的对象而成为责任要素。质言之,责任故意就是行为违反法规范的认识和意思决定,即违反法规范的知和欲。

如上所述,故意的内涵存在于事实与规范两个层面,前者是对行为的支配,后者是对法规范的违反,也正是这样的双重意义,使得故意同时属于构成要件和责任阶层。“故意是能够提诉违法性的意识的认识,在此意义上,故意是一个整体性的东西。”②对于故意的非难,行为人直面规范的前提是能够意识到行为的违法性。违法性作为客观事实的属性,借由对客观事实的认识而被意识到。因此,责任故意指向的事实应当是为违法性提供基础的事实,包括客观构成要件和客观违法阻却事由的事实,也即不法的事实。在此重申,此处“不法的事实”是指相对应的原始事实,而非经过不法阶层评价后的规范事实。

对此,有批评认为,这样的双重判断会导致对故意进行重复评价。③ 因为不法事实包括客观构成要件和违法阻却事由,是构成要件符合性和违法性两阶层所有的客观性内容。而构成要件故意是对客观构成要件的认识和意欲,若不存在违法阻却的心理,就能进一步认定为不法故意。也就是说,在对构成要件故意或不法故意的判断中,以上心

① [日]平野龙一:《刑法总论Ⅱ》,有斐阁 1975 年版,第 271 页。转引自张明楷:《外国刑法纲要》(第 3 版),法律出版社 2020 年版,第 165 页。

② [日]前田雅英:《刑法总论讲义》(第 6 版),曾文科译,北京大学出版社 2017 年版,第 165 页。

③ 参见张明楷:《行为无价值论与结果无价值论》,北京大学 2012 年版,第 92 页。

理事实已经经过一次评价了。若责任故意指向的事实也是不法事实,则有重复评价之嫌。应当说,这种批评没有意识到责任故意是对行为人主观心理在不同层面、不同方向的判断。构成要件故意或不法故意,是在不法层面,对心理作为行为之属性进行的否定评价,是事实性的。责任故意是对反规范的态度所做的否定评价,是规范性的。二者是故意的一体两面,都来自对同样的原始心理事实的评价,可以认为是对故意进行了两次不同意义上的评价,但绝对称不上是"重复"。

(二)后置判断的本土路径

在德日学界,作为后置判断路径的构建方案的相关代表学说主要有三种:严格责任说、限制责任说、法律后果援用之责任说。

严格责任说认为,有关构成要件错误之外的错误,全都属于禁止错误,故违法阻却事由的认识错误应交由违法性认识(可能性)来处理。[①]在假想防卫情况下,行为人不存在违法性认识可能性,因而阻却责任。但这样的处理,会导致在理论设计上只有成立故意犯罪或无罪两种结局,无法成立过失。另外,想证明"完全不存在违法性认识可能"极其困难,更何况行为人并没有对法律规范产生错误认知,而是误认了事实状况。因此严格责任说难言正确。

限制责任说则是将违法阻却事由的认识错误类推适用构成要件错误来阻却故意。但该说存在这样一个分歧点:排除的究竟是构成要件故意还是责任故意?[②] 将假想防卫作为构成要件错误来对待,阻却的似乎应是构成要件故意,但这回到了不法故意说的原点,将再度面临"回旋飞镖"的指摘,可若想阻却责任故意,又与类推适用构成要件错

① 参见[日]前田雅英:《刑法总论讲义》(第6版),曾文科译,北京大学出版社2017年版,第148页。

② 参见[德]埃里克·希尔根多夫:《德国刑法中的责任》,黄笑岩译,载梁根林、高艳东、[德]埃里克·希尔根多夫主编:《责任理论与责任要素》,北京大学出版社2020年版,第11页。

误的表述相悖,因此限制责任说存在逻辑说理上的困难。为了解决分歧,法律后果援用之责任说应运而生,该说采取了一种颇为聪明的表述:援用构成要件错误的法律后果,在责任阶层阻却责任故意。

不难发现,限制责任说和法律后果援用之责任说对假想防卫的解释都稍显繁杂,前者类推适用构成要件错误,通过类比适用其"路径"的方式处理,后者则援用构成要件错误的法律效果,通过援用其"结果"的方式处理,似乎更多的是在语言表述上的绕圈。这实际上与学说的发源地——德国的实体法规定有关。关于事实上的认识错误,《德国刑法》第 16 条第(1)款规定:"行为人行为时对法定构成要件缺乏认识,不认为是故意犯罪,但要对其过失犯罪予以处罚。"①该法条将行为人误认的事实限定在法定构成要件的范围内,可防卫情状确实不属于法定构成要件,对其产生误认无法直接适用该条规定以阻却故意。面对"拦路虎",限制责任说只能退而求其次,选择类推适用该条规定。法律后果援用之责任说,其名就彰显了思想核心,即仅援用该条规定的后果,而不援用规定本身,在这一点上以求与限制责任说相区分。二说各自采取了十分谨慎的路径与表述以迎合实定法的规定,且在通说地位的争夺战中分庭抗礼。

切换至本土视角,我国《刑法》没有对事实上的认识错误加以详细规定,仅在第 14 条规定了故意犯罪相关概念,因此实体法未限制故意的阻却路径,那么对于责任说的选择或修正也不必像德国学者那样谨小慎微。依上文所述之理由,假想防卫情形下,我们应当选择后置判断的路径,即在责任阶层阻却责任故意,就结论而言,法律后果援用之责任说是正确的。但我国既然不存在类似《德国刑法》第 16 条第(1)款的相关规定,也就谈不上"法律后果的援用",倚仗本土实定法的便利,在责任阶层一步到位地否定责任故意即可。至于学说的命名,直接称之为"责任说"或"责任故意说"是较为合适的。

与前置判断面临的"飞镖现象"的质疑类似,后置判断同样需要解释此处从故意不法到过失罪责的最终转向。对此,只需把目光暂时放

---

① 《德国刑法典》,徐久生译,北京大学出版社 2019 年版,第 11 页。

回故意的单一定位，重新审视故意的分化，或许就不难理解了。在采规范责任论的新古典犯罪论体系中，故意只有单一定位，但对其的判断实际上包含了事实性和规范性两部分。因为责任是在意志自由的基础上选择违反规范之不利后果，所以最终的罪责形式应取决于反抗法规范的意志决定。而反抗法规范的规范性判断，是以认识法规范这一事实性判断为前提的。故意拥有提诉违法性意识的功能，若存在违法阻却事由的认识错误，作为事实认识错误，当然妨碍建构完整的违法性认识的心理基础事实。因此，在故意的单一定位下，我们看似直接对故意做整体判断，但在判断的内部，其实是遵循从事实性到规范性的检验顺序，且结论以后者为准。而后，故意分化成构成要件故意和责任故意，本质是将一部分事实性判断分由构成要件符合性阶层来完成。相较于单一定位的故意来说，双重定位的故意只将一部分的心理事实判断提前处理，仅意味着犯罪论体系上的技术性调整，而没有对判断的整体内容进行增添或减少，也没有对判断的顺序做颠倒。试问，在整体内容没有做增减、判断顺序没有做调整的情况下，故意的判断何以面临掣肘？至于为何唯独违法阻却事由的认识错误成为责任故意判断的例外，是因为分化出构成要件故意的目的在于精确建构不法的类型，但是类型性的特点独属于构成要件，违法阻却事由不具有类型性的特点无助于不法类型的建构，当然留在了原位。

“阻却故意并不是只阻却故意不法，同时亦阻却故意罪责。”①反之亦然，成立故意并不是只成立构成要件故意或不法故意，同时亦成立责任故意。在这个意义上，故意是一个整体性判断。假想防卫情形下，倘若将构成要件故意和责任故意重新归一，在责任阶层对非难的判断做内部划分，依然会呈现“成立构成要件故意＋阻却责任故意（成立责任过失）”的样态，所以，从整体的视角来看，故意其实从未成立。正如日本的高桥则夫教授所言：“在该情形中，并不当然地必须回溯性地判断构成要件过失的有无，而是在责任阶段承认从故意向过失的横向滑行。据此，就肯定了具有构成要件故意的过失犯，但是，构成要件故意只不

① 许玉秀：《当代刑法思潮》，中国民主法制出版社2005年版，第188页。

过是在犯罪论体系的入口中的判断而已,最终对于该行为只能作为过失对其进行责任非难,从而在结果上成立过失犯,并未有任何问题。"[①] 总之,既然能轻易接受单一定位下对故意或过失的整体判断结果,那将原本处于整体判断内部的判断过程以阶段化明晰,就更没有理由拒绝。由此看来,质疑并不成立。

(三)司法实践中故意的具体判定

承接上文,故意作为一个整体判断,是事实性判断和规范性判断的统一。遗憾的是,在司法实践中,故意的判断很大程度上止步于事实性判断,没有继续向最终的规范性判断迈进。从裁判文书来看,法官基本认为,行为人只要有杀伤他人的行为意思,就成立故意。对于假想防卫性质的认定,更多是从"非正当防卫"的判断出发,转化为"所以不阻却故意"的结论。[②] 这显然只是构成要件故意的认定。应当说,在大多数司法工作人员那里,责任故意与构成要件故意是混同的,既没有规范性判断的意识,也不知该如何判断。

这在一定程度上与指导案例本身说理不清有关。在指导案例"王长友过失致人死亡案"的裁判理由中,法官认为,根据《刑法》第14条的规定,犯罪故意是指行为人明知自己的行为会发生危害社会的结果,并且希望或放任这种结果发生。而假想防卫行为人由于存在认识错误,不仅没有认识到其行为会发生危害社会的后果,而且认为自己的行为是合法正当的。因此假想防卫的故意只有心理学上的意义,而非刑法上的犯罪故意。[③] 在案件发生的当时(1999年),四要件的犯罪构成理论在学界占据主导地位,故此处对故意的说明,存有明显的四要件理

① [日]高桥则夫:《刑法总论》,李世阳译,中国政法大学出版社2020年版,第269页。

② 例如安徽省寿县人民法院刑事判决书,(2017)皖0422刑初294号。

③ 参见最高人民法院刑事审判一、二、三、四、五庭编:《中国刑事审判指导案例1(刑法总则)》,法律出版社2017年版,第39页。

论痕迹。但四要件理论缺少具有包容性和解释力的基本概念,“主观方面”作为故意的上位概念,仅仅是对行为人在主观方面因素的概括,意义限于字表,只是一个记叙性的普遍概念,这种抽象和概括处于一种很浅的层次,不具有规范性和价值判断的功能,①所以“故意”在主观方面的统摄下,意义也仅限于心理状态本身。这便导致犯罪故意和心理故意同样都是对主观心理的概括,二者难以明确区分。例如,四要件理论认为,犯罪故意的认识内容是犯罪构成要件的客观事实,即对行为、结果的内容和性质的认识,②而心理学上的故意也包含对行为、结果的认识,与犯罪故意的内容在很大程度上重合。由此可见,基于四要件理论的裁判理由中对故意的说明很大程度上仍处于心理层面,在一定程度上与心理故意混同。“认为自己的行为是合法正当”的表述,说明法官已有规范性判断的意识,可惜受限于四要件理论的固有缺陷,难以具体展开。在此,有必要在三阶层的理论框架下,重新说明如何判断责任故意,以期为司法实践提供具有可操作性的指引。

上文已经论证,责任故意是违反法规范的知和欲,与构成要件故意是一体两面的关系,因此其内容同样也是对为违法性提供基础的事实的认识。③ 但在具体的判断中,只需考察是否存在对正当事由提供基础的事实的误认即已足够。理由如下:

故意的内容包括知和欲,在心理学的语境中,二者分别对应着行为的意识和动机。在行为水平上,意识是对信息的觉知,意味着受意愿支配的动作或活动,与自动化的动作相反;动机是使行为朝向某一目标行进的内部动力,意味着行为的激活、发动。④ 正是基于这样的理解,客观主义认为,行为是意识的客观化、现实化,内心的意识通过外部的姿

① 参见车浩:《阶层犯罪论的构造》,法律出版社2017年版,第97页。

② 参见高明暄、马克昌主编:《刑法学》(第9版),北京大学出版社、高等教育出版社2019年版,第104页。

③ 相对地,责任过失的内容就是在没有认识到为违法性提供基础的事实上,违反了注意义务。

④ 参见彭聃龄主编:《普通心理学》,北京师范大学出版社2019年版,第184、334页。

态在社会生活中现实化、由意识赋予统一的意义时,就可以作为行为来把握。[①] 行为是意识的征表和实现。质言之,行为人实施了故意的行为,就等于存在故意的心理。

严格来讲,这一判断过程是一种推定。“人的精神世界是看不见摸不着的,外在的行为永远只能部分地说明人在想什么,对精神世界的判断,用‘推定’一词是比较准确的。”[②]必须承认的是,对于事实和规范的故意之判断,很难泾渭分明地截然划分,因为客观事实总是具有规范之属性。正是在这个意义上,我们接着推定:认识了事实,就等于认识了事实的规范属性,亦即认识了规范;作出行为的意思决定,就等于作出了违反规范的意思决定。也就是说,故意的不法行为表征了故意罪责形态,成立构成要件的故意(或不法的故意),就成立责任的故意。因此,从行为到故意的判断,实际上存在两个推定:(1)在构成要件符合性阶层,存在构成要件行为,推定存在构成要件故意。(2)构成要件故意经违法性阶层实质判断之后,认为成立不法故意的,推定存在责任的故意。

推定意味着可以反驳或排除。在具体的司法判断中,必须建立判断主观要素的“客观”标准。[③] 行为作为心理的“客观”标准之一,其对心理的推定当然允许基于其他的客观事实予以反证,驳倒原推定的结论。如同违法阻却事由的存在能够排除构成要件的违法性推定,假想防卫正是属于责任推定的例外。质言之,责任故意考察的绝大部分内容,已由不法故意代劳,唯独需要考虑例外的情形,即是否存在为正当事由提供基础的事实的认识错误。若不存在该认识错误,就成立责任故意,反之则阻却责任故意。

具体而言,对假想防卫行为人故意的判定过程表现为:(1)构成要件阶段符合性阶段,行为人存在客观的构成要件要素事实与对构成要

---

① 参见张明楷:《刑法的基本立场》,商务印书馆2019年版,第75~76页。

② 邓子滨:《刑事法中的推定》,中国人民公安大学出版社2003年版,第119页。

③ 参见周光权:《刑法客观主义与方法论》(第2版),法律出版社2020年版,第28页。

件要素的认识，符合构成要件，存在构成要件的故意。(2)违法性阶段，行为人基于对防卫情状的误认，为了“保护”法益，实施了自认为“保护”法益的行为，但基于客观主义基本要求，不能认定为防卫行为和防卫意思，并不阻却违法性。(3)有责性阶段，“即使考虑到自己的行为是被许可的，由于存在实现构成要件的认识，因而面对着规范的问题”①，行为人对法规范本身没有产生误解，而是基于对客观事实的错误认识，遵照规范的指引，激发了“保护”法益的行为决意，难以被评价为完全违反法规范的期待，因此在行为的意识和意思决定的层面上无法为故意归责提供心理事实，不成立责任故意。如果行为人在对存在防卫情状的错误认识上，违反了注意义务，则成立责任过失。

五、结　语

刑法教义学的目标在于对建构犯罪的各种要件在体系上予以恰当安置。对假想防卫如何阻却故意这一“烫手山芋”的合理解释，绝非教义学内部的自我纠结，恰是对犯罪论体系和相关理论是否合理、自洽的检验，且能为司法实践提供学理支持。构成要件符合性和违法性的阶层功能在于判定行为人是否实施了刑法所禁止的不法行为，而能否就此对行为人实施非难则是有责性阶层的任务。故意既然作为责任形式，就必定依托责任概念，在有责性阶层占据一席之地。或许是因为责任故意在绝大多数情形下可直接由不法故意推定成立，让人往往忽略了其背后的真义。以假想防卫为主要代表，对正当化事由前提事实的误认能够反驳推定，本身就是责任故意内涵的最好表现。因此，对于责任故意，理论上应予以重视并赋予其应有的体系地位，而非仅仅认为是一个多余的概念或例外。故意的前后置判断也应各司其职，避免越俎代庖。

对故意的理解必须从事实向规范深化，这一点对于司法实践来说尤为重要，倘若仅承认在构成要件符合性阶段的事实性故意，相当于割

① [日]野村稔：《刑法总论》，全理其、何力译，法律出版社2001年版，第241页。

舍了故意的规范性侧面,放弃了规范责任论为故意带来的功能增量。就结论来说,本文采后置判断路径的立场是对规范责任论的坚守。理论的发展总是向前进步的,但也切勿走得太快而忽略了沿途的风景,有时候新问题的答案或许就藏在来时的所经之路上。

Review on the Path of Refutation of Intention in Imaginary Defense

Cheng Sheng

[**内容摘要**]假想防卫中,针对故意整体判断以何者为准的核心分歧,不法阶层的前置判断已抢占主导,甚至尝试通过否定责任故意本身来排挤责任阶层的后置判断。但前置判断的路径并不融贯,不法故意说对“飞镖现象”的解释存在逻辑漏洞,对故意认识内容存在阶层性混淆,在法理层面欠缺规则适用条件,未能贯彻客观主义。应将视野转回失势的后置判断路径,在教义学和语学上能够证立责任故意的体系性地位,且可与我国实体法恰当衔接,“故意+过失”结构是将处于整体判断内部的“事实性判断+规范性判断”以阶段化明晰的结果。司法实践中,责任故意绝大多数情况下可由不法故意推定,仅需考虑假想防卫等例外情形,故考察是否存在对正当事由的误认即为已足。

[**关键词**]假想防卫;不法故意说;客观主义;责任故意;责任说

Abstract: In imaginary defense, about the debate on which should prevail in the overall judgment of intention, the pre-judgment in the level of illegitimacy has took the lead, and tried to exclude the post-judgment of the level of culpability by denying the intention of culpability. However, the theory of the intention of illegitimacy has logical loopholes when explaining “boomerang phenomenon”, hierarchical confusion about the content of intention, and the lack of applicable conditions of rules in jurisprudence, because the objectivism methodology of criminal law is not implemented. We should turn to the path of post-judgment. It can reprove the systematic position of the intention of culpability in doctrinal and linguistic terms, and properly connected with our criminal law. The structure of " intention + negligence" is the result of phasing and clarifying the "factual judgment + normative judgment" in the overall judgment. In judicial practice, the intention of culpability can be inferred from the intention of illegitimacy almost, we only need to consider the exceptions such as hypothetical defense, so investigating whether there is a misrecognition of the fact of justification is enough.

Keywords: Imaginary Defense; the Theory of the Intention of Illegitimacy; Objectivism Methodology; the Intention of Culpability; the Theory of Culpability

〔刑事执行法〕

行刑法治化的日本路径及其对中国的启示*

赵新新**

目　　次

一、绪　　言

20 世纪 90 年代以来，我国的法治化进程由对法律制度的完善逐渐转向对法治的再认识、对法治主义的追求上。① 1999 年第九届全国人大二次会议通过宪法修正案，将"中华人民共和国实行依法治国，建设社会主义法治国家"正式写入《宪法》。与此相应，我国刑事法领域也

---

* 本文受 2022 年上海政法学院青年科研基金支持。

** 上海政法学院警务学院讲师、法学博士。

① 参见王启富：《对"法制与法治"之我见》，载《政法论坛》1993 年第 5 期；孙国华：《法制与法治不应混同》，载《中国法学》1993 年第 3 期；陈佑武、李步云：《中国法治理论四十年：发展、创新及前景》，载《政治与法律》2018 年第 12 期。

取得了显著的进步。比如在刑事诉讼法领域引入了"无罪推定"原则,刑法中正式确立了"罪刑法定"原则等。但是,与刑事诉讼法、刑法一样作为刑事法重要组成部分的监狱行刑法领域尚未确立相应的内容。

纵观我国有关监狱行刑的研究,大致可以分为三个阶段:第一,1949年至20世纪80年代初期。有关监狱行刑的研究主要围绕劳动改造展开,集中体现在对在劳动改造的政策、方针,劳动改造管教队的管理,强制劳动,服刑人员的改造等方面,具有鲜明的时代色彩。① 第二,20世纪80年代中期至20世纪90年代后期。受改革开放的影响,如何进一步完善法律制度成为备受关注的问题。与之相应,有关监狱行刑的研究主要集中在监狱管理、矫正、强制劳动等相关的制度完善上。② 第三,20世纪90年代后期至今。这期间监狱行刑的研究主要集中在具体的执行制度、监狱管理、教育改造、社区矫正等有关刑罚执行和服刑人员处遇方面。③ 这其中,出现了以服刑人员的权利义务为中心展开的研究。比如1979年李步云、徐柄在《论我国罪犯的法律地位》一文中否定了改革开放之前关于"罪犯是敌人"的认识,确立了"罪犯是公民"这一监狱行刑的前提,④并相应地列举了监狱行刑中应给予受刑服刑人员一些权利。⑤ 在2004年我国《宪法》正式规定了"国家尊重和保障人权"之后,有关服刑人员权利的研究较之前有所增加,但也仅仅是停留

---

① 参见赵震江主编:《中国法制四十年》,北京大学出版社1990年版,第74~77页;徐觉非等编:《劳动改造学》,群众出版社1981年版,第27~46页。

② 参见杨殿升、张金桑主编:《中国特色监狱制度研究》,法律出版社1999年版,第51、195页;孙晓雳:《中国劳动改造制度的理论与实践——历史与现实》,中国政法大学出版社1994年版,第123、165页;邱兴隆:《刑罚学》,中国政法大学出版社1999年版,第380、387页。

③ 参见韩玉胜等:《刑事执行法学研究》,中国人民大学2007年版,第53~81、135页;刘崇亮:《制度性需求下〈监狱法〉修改研究》,中国法制出版社2006年版,第88、95页。

④ 参见李步云、徐柄:《论我国罪犯的法律地位》,载《人民日报》1979年10月31日,第4版;李步云:《再论我国罪犯的法律地位》,载《法学杂志》1980年第3期。

⑤ 参见李步云、徐柄:《论我国罪犯的法律地位》,载《人民日报》1979年10月31日,第4版。

在对服刑人员应当享有的权利进行列举式探讨上,①并没有突破李步云、徐柄在《论我国罪犯的法律地位》一文中的认识。

我国在监狱行刑方面的研究主要存在以下三方面的不足:第一,仅仅在形式上承认了服刑人员是公民,并没有从宪法、法治主义的视角出发去体系性地明确其作为公民与国家之间的权利义务关系。第二,多数研究仅仅是列举性地说明了服刑人员应当享有的权利,对于其为什么应当享有某些权利,为什么不应当享有某些权利,却没有从法理上进行阐明。第三,尚未充分认识到鉴于监狱行刑特殊性应从其内部关系——拘禁关系、处遇关系、秩序关系②审视服刑人员的权利义务。

与其他法学领域相比,我国监狱行刑法学研究在国际监狱行刑法研究领域还没有充分获得应有的话语权。③ 不同的是,与我国一衣带水、同属东亚文化圈的日本,经历了“拿来主义”式的行刑理论借鉴之后,20世纪80年代以来,在服刑人员人权保障思潮的影响下,不管是在立法上还是在实务上亦形成了自己的特色。

因此,本文以构建符合中国特色社会主义法治道路发展需求的行刑法治化路径为目标,从法治主义原则④出发,以服刑人员的法律地位

① 参见王莉君:《论囚犯的法律地位》,载《犯罪与改造研究》2004年第11期;李均仁:《关于罪犯也是公民问题的探究》,载《犯罪与改造研究》2015年第2期;冯建仓主编:《服刑人员权利保护研究》,中国检察出版社2016年版,第12~13页。

② 本文所主张的拘禁关系是惩罚关系,即将服刑人员拘禁在哪里,如何拘禁都是围绕惩罚而展开的;社会复归处遇关系是指为了服刑人员回归社会,对其进行矫正处遇以及维持其人类社会性的权利保障;监狱纪律秩序关系为了维持监狱进行正常活动而产生的行刑关系。参见王云海:《监狱行刑的法理》,中国人民大学出版社2010年版,第10~17页。

③ 参见王云海:《监狱行刑的法理》,中国人民大学出版社2010年版,第1页。

④ 本文认为法治主义原则包括四方面的内容。第一,保留原则,公民享有的所有权利和自由,不需要任何人、任何机构特别地赋予。第二,法律主义原则,当国家对公民权利进行限制时,需要通过事前的立法进行限制,并且其限制的必要性、根据、程序、代价等必须明确。第三,比例原则,国家对公民权利的限制或者剥夺必须具有合目的性,必须限定在必要且最小限度内。第四,司法救济原则,当公民对于国家权力限制或剥夺其权利的行为有异议时,允许其通过诉讼寻求司法救济。这种以法治主义为核心构建的国家权力与公民之间的关系,即为一般权力关系。参见柳建龙:《论基本权利冲突》,载《中外法学》2021年第6期;[日]福田雅章:《日本の社会文化構造と人権》,明石書店2002年版,第21页;[日]宫崎繁樹、五十嵐二葉、福田雅章:《刑事手続ハンドブック》,青峰社1991年版,第368页。

和权利、义务为中心,从以下四个方面展开研究:第一,日本行刑法治化的发展、变化;第二,行刑法治化之下日本服刑人员的权利义务;第三,中日服刑人员具体权利义务的比较;第四,日本行刑法治化的经验、教训对中国的启示。

二、日本行刑法治化的发展、变化

(一)特别权力关系论

从1908年《监狱法》(已废除)实施至20世纪50年代中期,日本的行刑支配理论是特别权力关系论,其行刑关系呈现为特别权力关系。所谓特别权力关系,是指在国家或者公共团体与特定主体的关系上,国家或者公共团体与特定主体之间是完全的支配与被支配关系,而支持这种关系存续的理论即为特别权力关系论,该理论在以君主专制为前提和背景的明治时代,由宪法、行政法学者从德国公法学领域引入。[①]但是,明治时代,却称不上是日本真正的法治时代,或者说这一时代的法治仅仅是形式上的存在。[②] 比如,在有关服刑人员的权利保障上,仅仅只有一些形式性、概括性的规定,实质、具体的法律少之又少。又如,在《监狱法》之下广泛允许敕令、省令、通达等行政命令的存在,在国家权力尤其是行政权力的发动上造成很多例外情形。

这一时期的行刑活动完全属于行政管控活动。服刑人员被强制收容到监狱之后,便处于一种不同于一般权力关系的营造物利用关系,监狱长官根据管控需要,对服刑人员进行概括性支配。在行刑的所有方面,行刑方都可以在毫无法律依据的情形下恣意地进行自由裁量。[③]服刑人员作为一般公民所享有的基本权利也可以在毫无法律根据的情

---

① 参见赵新新:《日本服刑人员的法律地位及对中国的启示》,载《中国监狱学刊》2020年第3期。

② [日]澤登文治:《受刑者の人権と人間の尊厳》,日本評論社2019年版,第20页。

③ 高知地方裁判所判决/昭和38年(ワ)第197号。

形下被限制或者剥夺。[1] 当服刑人员对这种权利限制或者剥夺有异议时,因为处于特别权力关系之下,也不能通过诉讼的方式寻求救济。

(二)特别权力关系论的修正

第二次世界大战之后,《日本国宪法》得以颁布。一方面,在《日本国宪法》中并没有明确规定特别权力关系的内容,甚至不存在消极性支持该理论的条文。《日本国宪法》明确规定了法治主义[2](Rule of law),禁止公权力的恣意性,确立了保障人权原则,这些都使得法治主义理念得以强化。因而尊重和保障公民权利的议题备受关注。与此相应,在部门法领域,刑法中的"罪刑法定"、刑事诉讼法中的"无罪推定"、行政法中的"依法行政"原则也得以确立下来。在此背景下,先前的特别权力关系论没有了存续空间。

最具代表性的是1958年8月20日大阪地方法院作出的"平峰判决"。[3] 该判决首次肯定了即使处于特别权力关系中的服刑人员,当其基本权利受到行刑方侵害时,也可以通过诉讼的方式寻求司法救济。以此为契机,行刑中的特别权力关系论得以修正,特别权力关系修正论确立。在该主张之下,服刑人员的重要基本权利受到保护,即对于服刑人员的重要基本权利,如果没有合理理由和法律依据,行刑方不得进行限制或者剥夺。[4] 特别是当服刑人员的基本权利因行刑方的自由裁量受到侵害时,允许其通过诉讼寻求司法救济。[5] 但是,特别权力关系修正论也有其局限性。因为其依然肯定国家与服刑人员之间特别权力关系的存在,服刑人员仍受行刑方的概括性支配。因此,从法治主义视角

---

① 参见[日]室井力:《特別権力関係論》,頸草書房1968年版,第336页。

② 参见[日]橋本公亘:《在監者の人権》,《刑政》第74卷第10号,第14页;[日]室井力:《特別権力関係論》,勁草書房1968年版,第361页。

③ 案件详细内容见[日]大阪地方裁判所判决昭和33年8月20日。

④ [日]大阪地方裁判所判决/昭和33年8月20日。

⑤ [日]大阪地方裁判所判决/昭和33年8月20日。

来看,特别权力关系修正论内部可以说是自相矛盾的。[①]

(三)特别权力关系论的否定

“平峰判决”之后不久,围绕对行刑中特别权力关系否定的研究亦得以展开。[②] 特别权力关系否定论认为,《日本国宪法》中确立了法治主义和保障人权原则。因此,即使在行刑关系这种特殊的统治关系之中,国家与服刑人员之间的关系和其与一般公民的关系应该是一样的,因而没有必要继续维持特别权力关系这一概念。[③]

因监狱行刑的现场性和专业性,当涉及对服刑人员的权利自由限制时,该怎么办呢? 有学者提出通过法律授权的方式赋予行刑方相应的自由裁量权。从而特别权力关系——这一“权威主义亡灵”即可消亡。[④] 但是这一设想直至2006年才得以实现。在此之前,在特别权力关系否定论之下,涉及对服刑人员的权利限制时,还是通过行刑方自由裁量的方式实现。关于行刑方裁量权的界限以及具体应该怎样裁量,也出现了很多标准。比如,“合目的裁量标准”主张在拘禁或惩罚目的的范围内对服刑人员进行权利限制;[⑤]又如,“盖然危险性标准”主张从现实危险性的程度出发,对服刑人员的权利自由实施限制或剥夺;[⑥]再如,“公共福祉标准”主张当服刑人员的行为危害到公共福祉时,才可对其进行权利限制。但是这些标准只能为限制行刑方的恣意裁量权提

---

① 参见[日]室井力:《特別権力関係論》,頸草書房1968年版,第413页;[日]本庄武:《受刑者の法的地位と自由刑の改革》,本庄武、武内謙治編著:《刑罰制度改革の前に考えておくべきこと》,日本評論社2017年版,第85~86页。

② 参见[日]室井力:《受刑者の収容関係と特別権力関係理論》,载《刑政》第74卷第5号,第17页。

③ 参见[日]松島諄吉:《在監関係について》,《磯崎辰五郎先生喜寿記念——現代における〈法の支配〉》,法律文化社1979年版,第274~275页。

④ [日]福田雅章:《日本の社会文化構造と人権》,明石書店2002年版,第168页。

⑤ [日]菊田幸一:《受刑者の人権と法的地位》,日本評論社1999年版,第6~7页。

⑥ 参见[日]鴨下守孝:《新行刑法要論》,東京法令出版2015年版,第98页。

供一个大致的方向,因为其都太过于抽象,在具体标准上不够明确,最终只能流于表面,即对服刑人员权利自由的限制仍是由行刑方恣意裁量。由此可见,仅仅否定特别权力关系论并不能使行刑关系达到法治主义的要求。

(四)诸利益衡量论的确立

在 1983 年的"淀号判决"中,日本最高裁判所确立了"诸利益衡量"标准,在司法实务上,国家与服刑人员之间的特别权力关系被彻底否定,并且关于对服刑人员权利自由的限制权限实质上由行刑方的自由裁量转变为裁判所的司法审查。

当时日本最高裁判所认为判断行刑机关对服刑人员的权利限制是否合法,应从三方面进行诸利益衡量。[①] 首先,行刑主体对服刑人员进行权利限制时必须有具体依据,一般认为该具体依据是出于收容或维持秩序的需要。[②] 最高裁判所认为"为了防止其逃跑……为了维持刑事设施内的纪律,保障其正常运营,必要时亦可对其实施人身以及其他方面的自由限制"。其次,限制的允许基准,行刑主体对服刑人员的权利限制不得超过其自由裁量的界限,如果自由裁量超过裁量权的界限则违法。最高裁判所认为:"当服刑人员行为仅仅具有危害刑事设施内部纪律、秩序的一般的、抽象的危险时,是不能对其进行自由限制的,只有当其具有危害刑事设施内部纪律、秩序的危险,且这种危险具有相当的盖然性,不可放任不管时,才具有采取具体措施的必要。"最后,限制的具体措施的合法性判断,当行刑主体的自由裁量违法时,其需要接受司法审查。最高裁判所认为:"对被羁押人员的自由限制是否合理且必要,需要参照行刑的目的,并与被限制自由的内容、性质、程度以及具体限制的样态、程度等进行比较、衡量后决定。"

---

① [日]東京地方裁判所判決/平成 4 年 7 月 27 日。

② 参见王云海:《监狱纪律与秩序的法理》,载杜钢建、白巴根编:《法下的人权与国权》,法律出版社 2009 年版,第 321 ~ 323 页。

(五)正当程序关系论的提出

在2006年日本《刑事收容设施以及被收容人员的处遇等相关法律》(以下简称《刑事设施收容法》)生效之前,作为行刑依据的法律一直是1908年制定的《监狱法》,但是因为《监狱法》仅仅只有75条,不论对服刑人员的权利保障与限制上,还是对行刑主体的权限界定上都不够明确。实际上,行刑往往是以敕令、省令、通达等行政命令为依据进行的。这些虽然有的是以法律为依据而制定,但是涉及行刑实务中的具体问题时,依法行刑并不能真正发挥其应有价值。为此,以福田雅章为代表的学者在《日本国宪法》第31条的基础上提出了正当程序关系论。

《日本国宪法》第31条规定:"任何人非经法定程序,其生命、自由不受剥夺,亦不得被处以其他刑罚。"不仅有关刑罚权的实体法内容必须由法律规定和满足实体正当,且刑罚程序亦必须由法律规定和满足程序正当,该规定被认为是对国家刑罚权的限制。[①] 日本学者认为,国家刑罚权包括规制犯罪的立法过程(一般刑罚权),一般刑罚权实现的执法和司法过程(个别的、观念的刑罚权),最终的刑罚执行和行刑过程(现实的刑罚权)。[②] 在此基础上,福田雅章等人认为《日本国宪法》第31条实质上是从立法、司法以及刑事执行等方面对国家刑罚权进行限制。同时,由于刑罚的执行以及行刑过程也属于行政权所涉及的领域。因此,对一般国民适用的行政作用原理在此也当然适用。[③]

正当程序关系论将行刑与宪法、法治主义与行刑法、刑事政策在理论上结合起来,以试图实质上促进日本行刑的宪法化、法治化。之所以这样说是因为其具有以下优点。首先,尝试将宪法上的人权尊重原则

① [日]宮崎繁樹、五十嵐二葉、福田雅章:《刑事手続ハンドブック》,青峰社1991年版,第330页。

② [日]団藤重光:《刑法綱要(総論)》,創文社1990年版,第368页。

③ [日]宮崎繁樹、五十嵐二葉、福田雅章:《刑事手続ハンドブック》,青峰社1991年版,第330页。

与正当程序原则适用到行刑中。从该理论出发,《日本国宪法》中的人权推定原则也应当对服刑人员适用,即使在行刑关系中,服刑人员的个人尊严以及权利也应当最大限度地受到法律保护,[①]当然,服刑人员与国家的关系也应当从正当程序关系出发进行理解,即对行刑完全适用正当程序关系论。其次,正当程序关系论将国家刑罚权的行使分为立法、司法、行刑的过程,主张行刑和立法、司法一样应当依据尊重人权精神和正当程序原则展开。根据正当程序关系论,国家刑罚权的行使不仅包括刑法的制定、司法适用过程,也包括行刑这一最重要的具有实质意义的环节。因此,应当如立法阶段的"罪刑法定"、司法阶段的"无罪推定"一样,在行刑阶段通过法律明确服刑人员的法律地位、权利、义务。最后,正当程序关系论将法律论与处遇论、行刑理念与行刑实务在理论上结合起来。根据正当程序关系论,为了实现尊重、保障人权的目标或者确保服刑人员的法律地位,国家具有义务积极、实质地保障服刑人员未被限制的权利。因此,应当实现自由刑纯化,即对服刑人员严格限制刑罚的内容,不对其造成不必要的痛苦;应当实现行刑社会化,即为了保障服刑人员未被限制的权利,国家应当实施特殊的处遇政策促进其复归社会以及为了维持监狱纪律秩序对服刑人员权利限制的最小化。[②]

三、行刑法治化之下日本服刑人员的权利义务

如上所述,日本行刑法治化路径在经历特别权力关系论、特别权力关系修正论、特别权力关系否定论以及诸利益衡量论之后,在理论上转向了正当程序关系论。在正当程序关系论之下,行刑的内部关系被分为三部分,即拘禁关系、处遇关系、秩序关系。以福田雅章为代表的正当程序关系论的支持者参与了日本行刑法改革,在法治主义理念以及

---

① [日]宮崎繁樹、五十嵐二葉、福田雅章:《刑事手続ハンドブック》,青峰社1991年版,第331页。

② 参见[日]福田雅章:《日本の社会文化構造と人権》,明石書店2002年版,第169~173页。

正当程序关系论的影响、推动下,2006 年日本《刑事设施收容法》成立。该法一共 293 条,从拘禁关系、处遇关系、秩序关系等行刑内部关系出发翔实地明确了服刑人员的权利义务、行刑机关的权限等,与《监狱法》时代相比确实促进了行刑的法治化发展。

(一)拘禁关系下的权利义务

在正当程序关系论之下,拘禁关系属于犯罪人责任范围内监狱行刑的本来内容,①国家在此之下实施刑罚,对服刑人员的自由进行限制或者剥夺,将服刑人员与一般社会相隔离,其涉及将服刑人员拘禁在哪里、如何拘禁的问题。② 作为刑罚的效果和报应的体现,日本拘禁关系下的内容一般具有较强的义务性和强制性,比如,作为刑罚表现形式的拘禁的开始与结束、拘禁的时间段、拘禁的分离等都有明确的义务性和强制性。但是这种义务和强制并不当然具有绝对性,具体体现为以下两个方面。

第一,收监之后的移送。《刑事设施收容法》中并没有对收监之后的移送进行规定。对于日本服刑人员而言,移送到底是义务性内容还是权利性内容法律规定并不明确。在实践中,与之有关的所有内容都由刑事设施的长官裁量决定。

问题是,在服刑人员与行刑机构之间,往往会因移送产生利害关系,因此又不能任刑事设施长官恣意裁量。根据日本《行政事件诉讼法》第 3 条第 1、2 款的规定,服刑人员对于刑事设施长官的移送决定有异议时可以提起诉讼。从以往的实务经验来看,对此存在两种裁判倾向:其一,将移送裁量作为行政处分。认为移送对行刑内部的拘禁关系尤其是对服刑人员的权利产生了影响,因而从保护服刑人员权利出发,允许其通过诉讼提出异议。③ 其二,将移送裁量作为事实处分。认为

---

① [日]桥爪隆著、赵新新译:《日本刑法中对责任能力的认定》,载《财经法学》2021 年第 1 期。

② 参见王云海:《监狱行刑的法理》,中国人民大学出版社 2010 年版,第 9 ~ 11 页。

③ [日]千葉地方裁判所判决/昭和 33 年(行)第 19 号。

对于服刑人员的移送,行刑机关无须进行告知、无须考量其是否具有相当性。[①] 在第二种情形中,移送就完全成为了由行刑机关概括性支配的内容,于服刑人员而言成为绝对义务性内容。[②]

第二,刑务作业的义务性不断削弱。根据日本《刑法典》第12条刑务作业是惩罚手段,具有义务性。从时代变化来看,日本的刑务作业的作用、目的经历了惩罚、震慑到更生、回归社会,再具体化到提高服刑人员的劳动意愿、培养其回归社会的劳动知识、技能。在这种背景下,刑务作业"去惩罚化""去痛苦化""去强制化"的观点不断被提及。[③] 以此为前提,随着日本社会老龄化加剧,高龄服刑人员增加,监狱出现了福祉化过剩,现实中不仅高龄服刑人员拒绝参加劳动,甚至也出现了具有劳动能力的服刑人员拒绝刑务作业的现象。[④] 因此导致了拘禁关系之下刑务作业的惩罚性和义务性降低。

(二)处遇关系下的权利义务

在正当程序关系论之下,处遇关系属于政策性质的内容,目的在于维持服刑人员的社会性以及促进其复归社会,其具体内容根据矫正改造的需要,从科学性角度予以确定,根据各个服刑人员的实际状况设定不同的内容,允许处遇内容因人而异,国家与服刑人员之间是一种非强制性的协商关系,[⑤]即处遇关系之下,应当注重的是对服刑人员权利的保障,而非设定义务。

---

① [日]德島地方裁判所判決/昭和44年(行ウ)第8号。

② [日]福岡地方裁判所判決/昭和42年(行ウ)第27号。

③ [日]本庄武:《受刑者の法的地位と自由刑の改革》,本庄武、武内謙治編著:《刑罰制度改革の前に考えておくべきこと》,日本評論社2017年版,第96页。

④ [日]倉茂由美子《高齢化〈リハビリ〉も刑務作業》,《読売新聞》2021年6月18日,第12版。

⑤ 参见王云海:《监狱行刑的法理》,中国人民大学出版社2010年版,第10~11页;[日]宮崎繁樹、五十嵐二葉、福田雅章:《刑事手続ハンドブック》,青峰社1991年版,第330页。

受正当程序关系论的影响,较日本《监狱法》时代相比,处遇关系之下确实更注重服刑人员的权利保障。《刑事设施收容法》从给养、医疗卫生、宗教行为、书籍阅读、外部交流等方面对涉及服刑人员权利的内容进行了明确规定,并在权利限制的基准和根据上进行了具体化。如为了保障服刑人员的基本生活条件,《刑事设施收容法》明确规定了行刑机关给予、借予服刑人员的物品范围以及服刑人员自给物品的范围和条件。又如,为了保障服刑人员健康卫生方面的权利,《刑事设施收容法》明确具体地规定了清洁、洗浴、理发、剃须、体检、就医、指定医生就诊、传染病预防等方面的内容,并且规定了行刑机关在保障服刑人员身心健康、及时就医、传染病防范等方面的义务。再如,为了保障服刑人员获取知识的权利以及同外部交流的权利,《刑事设施收容法》明确规定了服刑人员自费阅读书籍、报刊的条件、与外部交流、会见、通信的条件,并且相应地规定了行刑机关的义务。

尽管如此,在实际的处遇关系中日本服刑人员并非完全不承担义务性内容。[①]《刑事设施收容法》中明确规定了刑务作业、改善指导、教科指导三种强制性处遇措施。如《刑事设施收容法》第 94 条明确规定服刑人员必须参加职业教育和职业训练,处遇关系之下刑务作业当然地成为了义务性内容。又如,《刑事设施收容法》第 103 条规定的改善指导,其中包括酒精依存戒除指导、暴力行为防止指导、药物依存戒除指导、暴力团脱离指导、性犯罪再犯防止指导、交通安全指导等,对于服刑人员而言,全部是义务性内容。再如,根据《刑事设施收容法》第 104 条的规定,对于没有完成义务教育或者学历程度较低的服刑人员实施强制性教科指导。并且根据《刑事设施收容法》第 74 条以及第 150 条的规定,对于拒绝矫正指导的服刑人员,刑事设施长官可以对其进行惩罚。由此可见,在日本处遇关系之下,服刑人员与国家之间并非是一种对等的协商关系,而更倾向于一种以法律为依据的行政管理关系。

---

① [日]名取俊也:《刑事施設及び受刑者の処遇等に関する法律の概要》,《ジュリスト》第 1289 号,第 22 页。

(三)秩序关系下的权利义务

秩序关系的首要、核心内容在于使监狱的集体生活得以正常持续,其中既要注重对服刑人员进行权利保护,也涉及对其权利的限制。可以说秩序问题居于监狱行刑的诸问题之首,聚刑事执行中的诸问题于一身。[①] 比如,日本服刑人员与刑事执行方的纠纷就主要是围绕着秩序关系展开的。为了实现服刑人员权利保护与限制之间的平衡,《刑事设施收容法》第73条第2款明确规定了行刑方为维持监狱秩序而对服刑人员采取限制措施时必须遵循比例原则。以此为基础,将秩序关系之下的具体内容明确化。

值得注意的是在上述几个环节中,《刑事设施收容法》在对服刑人员进行限制规定时,都对比例原则进行了具体化规定。比如,在对服刑人员进行收容隔离的规定中,明确了收容隔离的条件、期间以及必须就服刑人员的健康状态听取医生的意见。又如,在保护室的使用规定中,明确了保护室使用的构造、设备标准、条件、期间、权限行使主体以及就服刑人员健康状态听取医生意见等。

(四)日本服刑人员的权利救济

从法治主义以及正当程序关系论出发,在行刑内部关系之下明确服刑人员的权利义务就足够了吗?显然不是这样的,虽然服刑人员处于与一般公民不同的集体生活环境和处遇状态,但是从自由刑纯化的理念出发,也不能任由行刑方对其权利进行限制,要保证其权利救济的渠道。[②] 因此,为了充分保障服刑人员的权利,日本从行政救济和司法救济两方面构建了服刑人员权利救济制度。

---

① 参见王云海:《监狱纪律与秩序的法理》,载杜钢建、白巴根编:《法下的人权与国权》,法律出版社2009年版,第321页。

② 参见[日]鴨下守孝:《新行刑法要論》,東京法令出版2015年版,第68~69页。

根据《刑事设施收容法》规定，服刑人员可以进行的行政救济方式包括三种。第一，“审查的申请”，即服刑人员对刑事设施长官所作出的处分决定（如禁止阅读书籍、收容隔离等）有异议时，可以对矫正管区的长官提出审查申请。“审查的申请”采用二审制，即服刑人员对矫正管区长官的审查有异议时，还可以向法务大臣提出再审查的申请。第二，“事实的申告”，服刑人员对于行刑方所作出的一时性的事实行为（如违法对服刑人员的身体使用有形力）有异议时，可以向矫正管区长官或者法务大臣提出事实的申告、再审告。第三，“意见的提出”，与上述两种行政救济不同，“意见的提出”的适用范围更广，即服刑人员对于自己所受待遇有异议时，不受时间限制均可向法务大臣提出意见。

经过上述行政救济之后，当服刑人员对于解决结果不满，对于自己的遭遇仍有异议时，依据《日本国宪法》第 32 条以及《国家赔偿法》第 1 条第 1 款，其可以自身权利遭受行刑方侵害为由，提起行政诉讼或者民事诉讼。

四、中日服刑人员具体权利义务的比较

（一）法治背景下我国服刑人员的权利义务特点

20 世纪 90 年代以来，我国对法治的认识不断深刻。在我国法治建设不断深入推进的历程中，服刑人员的权利义务内容在法律上不断充实，形成中国特色社会主义法治体系中的一部分并呈现鲜明特色。

第一，依据法律对服刑人员的权利进行保护。1994 年，我国《监狱法》制定，通过法律明确对服刑人员进行权利保护，一改以往依靠条例、行政规范等为依据进行监狱行刑的现状。如《监狱法》总则第 7 条第 1 款规定：“罪犯的人格不受侮辱，其人身安全、合法财产和辩护、申诉、控告、检举以及其他未被依法剥夺或者限制的权利不受侵犯。”对服刑人员的权利保护进行了总括性、列举式的规定。又如，在上述第 7 条的基础上，《监狱法》第 21 条至第 24 条对服刑人员申诉、控告、检举权的保障进行了进一步规定。再如，《监狱法》第 47、48、71 条分别对服

刑人员的通信权、会见面、休息权进行了规定。除此之外,1997 年《刑法》中还新增了虐待被监管人员罪的罪名,为服刑人员的健康、人身乃至生命相关的权利提供了刚性保障。

第二,强化了对监狱行刑方的权力限制。首先,《监狱法》第 14 条对监狱警察的禁止行为进行了列举式的明确规定,并且明示了相应的行政责任和刑事责任。其次,对于监狱警察使用戒具、武器的条件进行了规定,限制了行刑权力行使的恣意性。比如《监狱法》第 46 条明确规定了五种可以使用武器的情形:(1)罪犯聚众骚乱、暴乱的;(2)罪犯脱逃或者拒捕的;(3)罪犯持有凶器或者其他危险物,正在行凶或者破坏,危及他人生命、财产安全的;(4)劫夺罪犯的;(5)罪犯抢夺武器的。最后,明确了监狱行刑方对服刑人员给予刑罚的条件。根据《监狱法》第 58 条规定,当服刑人员具有:聚众哄闹监狱,扰乱正常秩序;辱骂或者殴打人民警察;欺压其他罪犯;偷窃、赌博、打架斗殴、寻衅滋事;有劳动能力拒不参加劳动或者消极怠工,经教育不改;以自伤、自残手段逃避劳动;在生产劳动中故意违反操作规程,或者有意损坏生产工具;有违反监规纪律的其他行为等破坏监狱管理秩序的情形之一时,监狱可以给予警告、记过或者禁闭的惩罚。

第三,对学历教育、职业教育的重视。《监狱法》在保留思想教育的同时,明确规定了学历教育、职业教育相关内容,使得服刑人员的受教育权有了实质性保障。如根据《监狱法》第 63 条规定,服刑人员接受扫盲教育、初等教育和初级中等教育,经考试合格的,由教育部门发给相应的学业证书。又如,根据《监狱法》第 64 条规定,服刑人员接受职业技术教育,经考核合格的,由劳动部门发给相应的技术等级证书。并且《监狱法》明确规定“罪犯的文化和职业技术教育,应当列入所在地区教育规划。监狱应当设立教室、图书阅览室等必要的教育设施”等内容,以保障服刑人员的获取知识的权利。

第四,服刑人员的权利救济制度不断完善。首先,积极保障服刑人员的控告、检举权。如依据《监狱法》第 23 条规定,对于服刑人员提出的控告、检举材料,监狱不得扣押,应当及时处理或者转送公安机关或者人民检察院处理。其次,国家赔偿制度的确立。1994 年制定的《国家赔偿法》中规定了行政赔偿和刑事赔偿制度，当服刑人员的人身、财产权利受到行刑方的侵害时，能够依据相关规定请求国家赔偿。① 最后，针对刑事执行的检察监督制度不断完善充实。检察监督一直是服刑人权利救济的重要方式。但是，很长一段时间内，其依据仅仅是行政法规、司法解释等。《监狱法》第6条明确规定了人民检察院对监狱行刑活动的合法性进行监督，为检察监督提供了法律依据。但是《监狱法》并没有规定检察院以什么样的方式实施检察监督。2008年最高人民检察院出台了《人民检察院监狱检察办法》，通过该办法可以看出，检察机关通过对监狱违法行为提出纠正意见和检察建议的方式进行监督，并且检察机关以纠正意见的方式开展行刑监察在2012年作为刑罚执行监督的内容被正式写入《刑事诉讼法》，以检察建议的方式开展行刑监察亦于2018年被正式规定在《人民检察院组织法》中。另外，我国监狱监督的常态是派驻检察，即将检察机关的监所检察部门派驻到监狱内部，由派驻检察人员常驻监狱、深入监狱内部，进行常态化的检察监督。② 但是，派驻检察模式在实践中也暴露出一些问题，同时，考虑监督者与被监督者长时间共处同一空间的客观事实③，《人民检察院组织法》中正式规定了监狱监督的巡回检察模式，以提升检察监督的有效性。

第五，社区矫正促进了行刑社会化。社区矫正是依法在社区中监管、改造和帮扶犯罪人的非监禁刑执行制度。④ 从2003年试点以来，社区矫正制度不断得以完善，2019年《社区矫正法》制定，以专门法形式明确了社区矫正在刑事执行中的地位，即对于被判处管制、缓刑、假释、暂予监外执行的服刑人员依法在社区中进行监管、改造和帮扶的非

---

① 从我国司法实践来看，服刑人员可以寻求国家赔偿的情形仅包括重大行政违法事件和刑事案件。

② 参见李奋飞、王怡然：《监狱检察的三种模式》，载《国家检察官学院学报》2019年第3期。

③ 参见李奋飞、王怡然：《监狱检察的三种模式》，载《国家检察官学院学报》2019年第3期。

④ 参见吴宗宪主编：《刑事执行法学》，中国人民大学出版社2019年版，第254页。

监禁刑执行制度。该制度除积极推动服刑人员社会复归之外,还注重一般社会对刑事执行的参与。[①] 一方面是注重专业人员的参与,从《社区矫正法》第10、11条的规定可以看出,根据矫正需要,具有法律、教育、心理、社会工作等专业知识或者实践经验的社会工作者等专业人员都可以参与到社区矫正活动中。另一方面是注重服刑人员周边相关人士的参与,根据《社区矫正法》第24、25条规定社区矫正对象居住地的居民委员会、村民委员会的人员,社区矫正对象的监护人、家庭成员以及其所在单位或者就读学校的人员等都可以参与到矫正工作中。

(二)中日服刑人员具体权利义务的共同点

中日服刑人员具体权利义务的共同点体现在两国的行刑都具有刑事惩罚兼行政管理性特征。具体体现为以下四方面。

首先,无条件地接受拘禁收容状态和处遇管理状态都是服刑人员的义务。无论在我国还是日本,都实施分类拘禁收容和分类处遇管理,对此服刑人员不能提出异议。对于被拘禁收容在哪里、接受什么样的分类管理,无论在日本还是我国服刑人员都不能自行选择。

其次,为了矫正、改造服刑人员,无论我国还是日本都实施强制处遇。在日本,矫正处遇包括刑务作业、改善指导、教科执导三种类型,根据《刑事设施收容法》规定,接受矫正处遇是服刑人员的义务,如若抵抗或者拒绝,可以强制进行或者给予惩罚。在我国作为矫正、改造服刑人员的处遇措施有强制劳动、教育改造,根据相关法律规定,服刑人员必须无条件地参加这些内容,在其抵抗或拒绝的情形下,同样可以进行强制或者惩罚。因此,不管在我国还是日本,于服刑人员而言,矫正处遇都是义务性的。

再次,为了维持监狱的纪律秩序,无论我国还是日本,都设定有惩罚性内容,据此行刑方可以限制服刑人员的权利。如对于违反、破坏监狱纪律秩序的行为,日本的《刑事设施收容法》中规定了隔离、捕绳、手

① 参见吴宗宪主编:《社区矫正导论》,中国人民大学出版社2011年版,第5页。

铐、拘束衣、戒具、武器的使用等；我国的《监狱法》中规定了警告、记过、关禁闭、戒具及武器的使用等。

最后，当服刑人员认为其自身权利受到行刑方的侵害时，形式上都可以在行政内部提出申诉以及一定条件下寻求司法救济。比如，在日本服刑人员有向行政长官提出“审查的申请”、“事实的申告”以及对法务大臣提出意见三种行政内部救济途径；另外，服刑人员的权利在受到行刑方的不法侵害时，如若该侵害达到可以诉讼的程度，其也可以通过向裁判所提起诉讼的方式寻求权利救济。在我国，服刑人员的权利受到行刑方的侵害时，主要是通过向监狱管理机关、检察机关提出控告、检举的方式寻求救济。当然，如若服刑人员的人身权利受到来自行刑方的侵害，构成严重行政违法事件或者犯罪的，依据我国《刑法》《国家赔偿法》的相关规定也可以通过诉讼的方式寻求权利救济。

（三）中日服刑人员具体权利义务的不同点

如上所述，从形式上看，中日服刑人员在权利义务上有不少共同点，进而使得中日的行刑都具有刑事惩罚兼行政管理的特征。但是，从实质上两国服刑人员具体权利义务上还是有所差别，这也影响了两国在监狱管理过程中是倾向于依法管理还是倾向于依裁量管理。具体体现在以下四方面。

第一，虽然接受拘禁收容都是服刑人员的义务，但是在日本这种义务不具有绝对性。比如收监之后拘禁收容的场所变更一般根据狱政管理需要由监狱决定。而在日本，当拘禁收容场所的变更涉及服刑人员的权利时，行刑方就不能再进行概括性支配。比如在千叶地方裁判所1960年4月14日作出的判决（在该判决中，原告服刑人员甲在被从浦和刑务所移送到千叶刑务所74天后，又被移送到宇都宫刑务所，原告甲对此不满，提起诉讼请求取消上述处分）①认为，“因为服刑人员对刑务所的运营不当提出批评，作为报复就将其移送到其他刑务所……已

① ［日］千葉地方裁判所判決/昭和33年（行）第19号。

经超出了自由裁量的范围,影响到了拘禁法律关系……虽然于服刑人员而言,宪法第 22 条规定的居所自由受到限制,但是绝不意味着服刑人员与社会绝对隔离,服刑人员被拘禁在刑务所就意味着其居所确定了下来,在此之下会影响到其会见、通信的权利,因此,移送处分违法"①。虽然类似案例也有被驳回起诉的,②但至少该问题在日本已经引起了关注。③

第二,处遇内容的不同。首先,在矫正处遇内容方面,两国服刑人员的具体权利义务不同。日本《刑事设施收容法》对矫正处遇的内容进行了明确规定,即刑务作业、改善指导、教科指导。根据我国《监狱法》规定,毫无疑问强制劳动、教育改造都属于矫正处遇的内容。但根据《监狱法》第 47 条规定,如果行刑方发现服刑人员的通信内容影响其改造,则可以把信件扣留,但具体什么情形下属于影响其改造,《监狱法》中并没有进一步具体规定。另外,除矫正处遇之外,其他具体权利义务的内容也不相同。日本《刑事设施收容法》从给养、医疗卫生、宗教行为、书籍阅读、对外交流等方面对服刑人员的权利义务以及行刑方的相关权限进行了详细规定。我国《监狱法》第 7 条明确规定了服刑人员"人身安全、合法财产和辩护、申诉、控告、检举以及其他未被依法剥夺或者限制的权利不受侵犯"。但是,由于相关内容规定的比较简略,在具体适用的时候甚至需要参照《监狱法》之前制定的《监狱、劳改队管教工作细则》等。

第三,为维持监狱纪律秩序,对服刑人员适用惩罚、处分及制止措施时,在是否充分认识到比例原则方面有所不同。在日本,关于维持监狱纪律秩序措施的适用,《刑事设施收容法》明确规定了比例原则。与此相应,在规定具体的措施时,将比例原则进行了具体化规定。如在遵守事项中,明确规定了遵守事项的范围,将对服刑人员的限制规定在最

---

① [日]千葉地方裁判所判決/昭和 33 年(行)第 19 号。

② [日]広島地方裁判所判決/昭和 44 年(行)第 6 号。

③ 参见[日]菊田幸一:《受刑者の法的権利》,三省堂 2016 年版,第 32 ~ 33 页;[日]千葉地方裁判所判決/昭和 33 年(行)第 19 号。

小且必要的限度内。又如,在有关服刑人员身体检查的条文中,明确规定了检查的根据、主体、界限等。再如,在有关隔离及保护室的使用的条文中,明确规定了采取这些措施的要件、限度、期间以及必须充分考虑服刑人员的健康状态等内容。在比例原则之下不仅明确了服刑人员的义务范围,也限制了行刑方恣意行使自由裁量权的可能。与日本不同,我国《监狱法》中对比例原则的体现较少。《监狱法》虽然规定了戒具、武器的使用,记过、警告、关禁闭等惩罚措施,但是这些规定却比较简单,尤其是适用要件存在一些抽象不够明确的情形。如《监狱法》第45条关于可以使用戒具的情形中有这样的规定"罪犯有其他危险行为需要采取防范措施的",那么什么样的行为是危险行为法律中却没有明确规定。又如,《监狱法》依据第58条规定"有违反监规纪律的其他行为的"可以给予服刑人员警告、记过或者禁闭,但这里的"监规纪律"是什么,是监狱制定的还是全国范围内统一的,其范围并不明确。

第四,服刑人员权利救济的具体规定不同。在日本,服刑人员对行刑方的自由裁量有异议时,在一定条件下可以通过诉讼的方式寻求救济,即在行刑过程中,当服刑人员的权利受到来自行刑方的侵害时,在满足诉讼条件的情形下,其可以通过行政诉讼或者民事诉讼的方式,寻求权利救济以及国家赔偿。但是,由于程序上的限制,与行政救济相比,提起诉讼并非易事。因此,《刑事设施收容法》中规定了比较完善的行政救济措施。与日本不同,我国服刑人员对行刑方的自由裁量有异议的情况下,一般是不能通过诉讼的方式寻求救济的。1996年的"徐其才诉江苏省监狱管理局案"被认为是我国行刑行政诉讼的第一案,[①]该案判决认为行刑方的自由裁量属于司法行政行为,不是具体行政行为,驳回了徐其才的诉讼请求。[②] 该案判决对之后的实务产生了深远的影响,笔者在北大法宝上几乎没有找到类似的案例。作为例外,当服刑人员的人身权利因行刑方的自由裁量或者不作为受到侵害,导致刑事事件或者重大行政违法事件的情形下,才通过诉讼的方式寻求

① 参见赵云恒:《罪犯权利保障论》,法律出版社2008年版,第94页。

② 参见江苏省南京市通州区人民法院行政判决书,(1996)通行终字第83号。

救济。根据《监狱法》规定，当服刑人员对行刑方的自由裁量有异议时，只能通过控告、检举的方式进行救济。的确，在我国服刑人员权利救济制度不断完善的过程中，检察监督发挥了很大的作用，但是该监督也只是以检察建议、检察意见的方式进行，充其量只是对行政救济内部制度的完善，与权利救济的司法化有着本质的差别。

五、日本的行刑法治化路径对我国的启示

通过对日本行刑法治化路径的梳理，以及中日行刑法治化背景下服刑人员权利义务的比较，可以看出日本的行刑并未完全达到正当程序关系论下的标准，仍处于实现正当程序关系的探索期。但这并不影响在理论路径上正当程序关系论的价值。其不仅能够将行刑与法治、行刑的法的一面与政策的一面很好地结合起来，并且能够实质上促进行刑法治化。之所以这样说，是因为其具有以下三方面的优势。

第一，正当程序关系论将宪法上的尊重人权原则与正当程序理论结合起来。在正当程序关系论看来，尊重人权原则同样对服刑人员适用，即服刑人员的权利同样应该受到最大限度的保护。① 并且，对于服刑人员与国家的关系，亦必须在正当程序之下理解。这样的理论路径在我国依宪治国、依法治国的背景下有适用空间。我国《宪法》第33条第3款明确规定“国家尊重和保障人权”为服刑人员的权利同样应受到最大限度的保护提供了根本依据。我国《宪法》第37条规定“任何公民，非经人民检察院批准或者决定或者人民法院决定，并由公安机关执行，不受逮捕。禁止非法拘禁和以其他方法非法剥夺或者限制公民的人身自由，禁止非法搜查公民的身体”，亦能够为从正当程序出发处理服刑人员与国家之间的关系提供依据。

第二，正当程序关系论强调国家刑罚权的行使过程由立法、司法、行刑组成，同样，行刑过程也应如立法、司法中所强调的那样，在尊重人

① ［日］宮崎繁樹、五十嵐二葉、福田雅章:《刑事手続ハンドブック》，青峰社1991年版，第330页。

权和正当程序之下进行。国家刑罚权的行使不仅包括制定刑法等法律的立法过程、适用刑法定罪量刑的司法过程,也包括实现国家刑罚权的行刑——在实现国家刑罚权上处于实质上最重要环节的过程。因此,与立法上的"无罪推定"、司法上的"罪刑法定"一样,在行刑阶段"行刑法定"亦必不可少,即必须在法律上明确服刑人员的权利义务和行刑方的权限。

第三,正当程序关系论能够将法律论和处遇论、行刑理念和行刑实务从理论上结合起来。根据正当程序关系论,为了保障人权,国家对于保障服刑人员未被限制的权利负有积极义务,即为了实现自由刑纯化(严格限制自由刑的内容)、行刑社会化(为了保障服刑人员未被自由刑限制的权利,国家应当采取特殊的政策和保障措施)以及监狱纪律秩序的维持必须将对服刑人员的权利限制限定在必要且最小范围内。

因此,本文以正当程序关系论为基准,参照中日服刑人员具体权利义务的比较尤其是日本行刑法治化的经验、教训,为我国行刑法治化的进一步完善得出以下五点启示。

(一)加强"行刑不是宪法、法治之例外"的认识

在进一步推进我国行刑法治化的过程中,必须在"自由刑纯化论"之下力求"行刑纯化"。既要避免像日本特别权利关系论下由恣意裁量导致的过度管控,又要避免像日本《监狱法》时代那样过度地将文化、道德因素考虑到行刑之中。让行刑回归到"行刑"本身的价值,将刑事执行权放在行政权的范畴考量,①将行刑作为行政活动对待,在其过程中确立、贯彻"依法行政、依法行刑"的原则。另外,关于行刑、服刑人员权利义务和行刑方权限的讨论,也都应该从宪法、行政法、刑事法的视角出发展开"法治化"的研究。在此意义下的"行刑纯化"应当

① 参见冯殿美、侯艳芳:《刑事执行权及其制约》,载《河南社会科学》2005 年第 1 期。

作为我国行刑法治化的起点。

(二)肯定服刑人员也适用“人权推定”这一前提

从劳动改造时代以来行刑的变化来看,我国服刑人员的法律地位变化经历了“惩罚改造的对象”、[①]“特殊的公民”[②]到“列举的权利主体”。这其中都是以服刑人员遭受刑罚而导致权利被严格限制或者丧失为前提的。“特别权利关系”之下的日本更甚,即服刑人员只要受到刑罚,其人权就当然丧失,日本也因此受到了血的教训,如 2003 年震惊日本全国的名古屋刑务所工作人员惩罚服刑人员致死事件。[③] 可以说这一前提不仅违反了法治主义中的保留原则,也违反了正当程序关系论中人权推定的原理,更容易对行刑实务产生负面影响。从日本的经验教训可以看出,要推动行刑的法治化就要改变这一前提。当然,正如保留原则、尊重人权精神所要求的那样,即使是服刑人员也应当是权利享有的主体,其只不过是因为犯罪受到刑罚,在服刑过程中作为刑罚效果的体现,权利受到一定的限制与剥夺。在此意义上与其说其为“列举的权利主体”倒不如说是“列举的义务主体”,从法治主义与尊重、保护人权的宪法精神出发,于服刑人员而言,除了要承担作为犯罪、刑罚效果的义务之外,其当然享有所有的权利。以此为前提,作为刑罚效果的义务边界在哪里,应最大限度地由法律规定,在法律无论如何都触及不到的领域,可以参照诸利益衡量标准。

---

① 参见李步云、徐柄:《论我国罪犯的法律地位》,载《人民日报》1979 年 10 月 31 日,第 4 版。

② 唐琮瑶:《犯人是不是公民?》,载周明东等选编:《劳动改造法学概论参考资料》,中央广播电视大学出版社 1987 年版,第 167 页;康立群:《公民身份观念是公民意识的基础》,载《河北法学》1989 年第 2 期。

③ [日]岡上雅美:《名古屋刑務所事件その後——革手錠事件に関する名古屋地判 2007 年 3 月 30 日を契機として》,《法学セミナー》第 52 巻第 7 号,第 7 ~ 10 页。

(三)确立“行刑法定”原则

行刑尤其是自由刑执行是国家刑罚权行使的实质环节。正如正当程序关系论所示的那样,近代以后,国家在行使刑罚权时必须要满足正当程序的要求。① 因此,在制定刑法等法律的立法阶段要确立罪刑法定原则,在法律实施的司法阶段要遵守无罪推定原则。同样作为国家刑罚权实施的一环,且最重要的实质环节的行刑领域目前还没有确立相应的原则。为实现行刑的法治化,在行刑阶段,确立与“罪刑法定”“无罪推定”相匹敌的“行刑法定”原则是必不可少的。日本为什么到21世纪还会发生名古屋事件那样的恶性监狱凌虐?就是因为《监狱法》时代并没有实现依法治监而是将刑罚执行、监狱管理概括性地交给了行刑机关的自由裁量。因此,在行刑法定原则和依法治监的目标之下,应当通过制定法律最大限度地将刑罚的内容、执行的细节、服刑人员的义务、行刑方的权限予以明示,且要求行刑方以此为根据进行行刑。由于监狱的特殊性,面对专门性、现场性、突发性的情形,法律无论如何都触及不到时,要在允许司法审查的前提下准许行刑方进行自由裁量。但为了避免这种自由裁量的恣意性,要允许司法机关对行刑方的裁量适当与否进行审查,当然这种审查也应当遵循比例原则,尽量在诸利益衡量的基准下进行、尽量满足“行刑法定”的要求,并在法律之下确立明确的裁量、审查基准。

(四)实施“自由刑纯化”和“行刑社会化”

即使确立了行刑法定原则,行刑也不是就立刻满足了宪法上的程序要求,达到了法治化的目标。从尊重人权的精神出发,法律规定的行刑内容需要满足合目的性的最小必要限度。如正当程序关系论所示,

① 参见[日]福田雅章:《日本の社会文化構造と人権》,明石書店2002年版,第169~173页。

行刑关系包括"拘禁关系""处遇关系""秩序关系"。对于拘禁关系,应该从刑法本来的目的——报应和预防看待,以宪法上的尊重人权和正当程序理念为出发点,将其内容限定在最小必要限度内,达到服刑人员不从监狱逃走的程度即可。对于处遇关系,在其之下开展的矫正、改造、社会复归处遇是否真的科学有效、被法律所允许以及这些措施是否可以强制实施,[①]既需要在科学角度亦需要在法学角度进行审查、思考。只有这些措施科学上是有效且被法律所允许时才可以实施。对于秩序关系,因为其本来的目的就是维护监狱的共同生活和共同活动,因此应在此目的之下实施相应的措施,将过剩限制服刑人员权利的措施排除出去。但是,无论日本还是我国在属于矫正、改善、社会复归的处遇关系领域,处遇作为服刑人员义务的现象依然存在。也因此导致了惩罚与处遇的界限、义务与权利的界限不是足够明确。为实现行刑的法治化,对此展开进一步的纯化是必要的。另外,在自由刑纯化之后,从理论上来说,很多权利是服刑人员本来所拥有的。但是由于其在监狱等场所服刑,事实上这些权利实现起来是非常困难的,为了解决这一困境推进服刑人员权利真正的实现,"行刑社会化"是必不可少的。在我国这样的意识还需进一步提升,比如,一些情形看似是促进行刑社会化的措施,与其说是为了实现服刑人员的权利,倒不如说是为了达到改造、矫正的效果。

同时,在自由刑纯化和行刑社会化过程中,在刑事政策上也要注意平衡社会公平,警惕监狱福祉化过剩。避免出现日本那样服刑人员比社会人员过得更舒服的现象。[②] 服刑人员虽然不能完全受制于"劣等原则",[③]但也不能超越一般民众。如果监狱沦为福祉机构,高墙内的人反而比社会上的人生活得更好更轻松,那无疑会削弱刑罚的意义。

---

① 参见彭文华:《刑罚的分配正义与刑罚制度体系化》,载《中外法学》2021年第5期。

② 参见[日]倉茂由美子:《高齢化「リハビリ」も刑務作業》,《読売新聞》2021年6月18日,第12版。

③ 参见王云海:《监狱行刑的法理》,中国人民大学出版社2010年版,第130页。

(五)扩大对行刑本身的司法审查和救济

为了实现行刑的法治化,司法审判机关的介入是必不可少的。正如本文所示,在日本,当服刑人员对行刑机关的自由裁量有异议时,必须穷尽"审查的申请"、"再审查的申请"以及"事实申告"这三种行政机关内部救济方式之后,才可以向裁判所提起诉讼寻求救济。但至少在理论和现实上,其对于行刑机关的自由裁量有异议时是可以通过诉讼寻求救济的。与此相对,在我国只有服刑人员的人身权利因行刑机关的自由裁量或不作为而遭受侵害,形成重大行政违法案件或者刑事案件时,服刑人员才可以通过诉讼的方式寻求救济,对于行刑内容本身是不可以通过诉讼的方式寻求救济。当其对于行刑内容本身或过程有异议时,只能向行政机关内部或者负有行刑监督义务的检察机关控告、检举。对于行刑内容本身司法审判机关事实上是不能介入的。除重大行政违法案件、刑事案件之外,行刑内容本身是作为司法行政行为完全独立于司法审查和救济的。但是,由于行政内部的救济具有其局限性,①如若不允许司法审查和救济,服刑人员的权利难免会在遭到侵害时得不到充分的救济。因此,实现行刑司法化,扩大服刑人员行刑诉讼的范围,让行刑的内容本身成为司法审查和救济的对象,是我国行刑法治化进程中所必不可少的议题。

The Japanese Path of Llegalization of Criminal Execution and Its Eenlightenment to China

Zhao Xinxin

[**内容摘要**]行刑法治化是罪刑法定原则在刑事执行领域的延伸和体现,是依宪治国、依法治国和加强人权法治保障的应有之义。日本

① 参见刘崇亮:《制度性需求下〈监狱法〉修改研究》,中国法制出版社2018年版,第167页。

的行刑法治化在路径上经历了特别权力关系论、特别权力关系修正论、特别权力关系否定论、诸利益衡量论,至今处于正当程序关系论之下的发展探索中。中日行刑法治化面临的共同问题是在立法以及刑事执行中如何处理惩罚与处遇的界限、服刑人员权利与义务的边界。我国具有贯彻落实法治主义和正当程序关系论的根基。据此,确立服刑人员的义务法定、人权推定、权利救济司法化以及行刑中的自由刑纯化、行刑社会化,正是日本行刑法治化路径中的经验、教训于我国的启示意义。

[**关键词**]行刑法定;正当程序关系;比例原则;自由刑纯化;行刑社会化

Abstract: Legalization of execution is the extension and manifestation of the principle of statutory crime and punishment in the field of criminal execution, and it is the proper meaning of governing the country according to the constitution, governing the country according to the law and strengthening the protection of human rights and the rule of law. The legalization of execution in Japan has experienced the development and exploration of the special power relationship theory, the special power relationship revision theory, the special power relationship negation theory, and the interest measurement theory. It is still under the development and exploration of the due process relationship theory. The common problems faced by China and Japan in the Legalization of execution are: how to deal with the boundary between punishment and judicial state, and the boundary between the rights and obligations of prisoners in legislation and criminal execution. China has the foundation to implement the doctrine of the rule of law and the theory of due process relationship. Accordingly, the establishment of legal obligations of prisoners, presumption of human rights, judicialization of rights relief, and the purification of free punishment, the socialization of execution in execution are the enlightenment of Japan's experience and lessons in the path of legalization of execution in our country.

Keywords: Legalization of Execution; Due Process Relations; The Principle of Proportionality; Purification of Freedom Punishment; Socialization of Execution